> ひと目でわかる

Office 365

サイトカスタマイズ&開発編

SharePoint Server 2016 対応版

株式会社イルミネート・ジャパン
奥田 理恵 ｜ 著

日経BP社

前書き

　本書を手にしていただき、ありがとうございます。本書はSharePoint（SharePoint Online、SharePoint Server）のサイト構築において、ブラウザーベースで行える基本設定だけではなく、カスタマイズや開発を行いたい方向けの解説書です。SharePoint活用には、まず標準機能の理解がもちろん必要ですが、場合によってはさらに詳細なニーズに対応するため、カスタマイズや開発が求められることがあります。SharePointはバージョンを重ねるたび、標準で利用できる機能だけではなく、その拡張性においても進化しています。また現在はSharePoint Online（Office 365）に対して先に新しい機能が導入され、その後オンプレミス製品であるSharePoint Serverに展開されるモデルへと変化しています。本書は、前作である「ひと目でわかるSharePoint 2013サイトカスタマイズ＆開発編」の新バージョンとして執筆しておりますが、前作執筆時と比較しても、モダンサイトをはじめとするSharePoint自体に対する新機能はもちろん、カスタマイズや開発方法も進化をとげています。本書にてSharePoint機能拡張の全体像から、具体的なカスタマイズ/開発方法をご理解いただければと思います。

Office 365のアップデートについて

　本書の内容には、クラウドサービスであるOffice 365にて提供されるものを多く含みます。Office 365は日々進化を続けていくため、新しい機能の追加やそれに伴う画面変更は常に行われています。解説内容についても今後のアップデートにより、内容や画面が変更される可能性があることにご留意ください。特に操作画面は最も変更の可能性が高いと言えますが、アーキテクチャから大きく変更されることは稀だと言えますので、一度しっかりとご理解いただいた内容は、多少操作画面が変更されても十分活用いただけます。

本書の対象者について

　本書の対象者はSharePointサイト構築担当者やSharePoint開発者ですが、実際読んでいただく方の中には、これからSharePointサイト構築に携わられる方もいらっしゃれば、すでにご経験がある方もいらっしゃることと思います。これからSharePointのカスタマイズ/開発を行う方にもしっかりとご理解いただけるよう、すべてのしくみを1冊の本で解説しきることは難しいですが、以前のバージョンから変わらないしくみであっても必須で理解すべき重要なポイントであると著者が考える内容については解説を含めております。またご経験者の方が、既存知識のアップデートのために読んでいただく際にも、できるだけ活用につなげていただけるよう、本書には豊富なサンプルコードを含めております。入門書として、またリファレンスとして、活用いただきたいと思っております。

本書の前提知識について

　SharePointカスタマイズおよび開発内容の解説にフォーカスするため、SharePointの基本機能や
ブラウザーベースで行える設定方法については本書では前提知識としています。具体的には、基本的な
SharePoint知識（サイトコレクションとサイトの違い、SharePoint管理者の違いなど）、ブラウザー
操作でのサイト構築操作（新しいサイトの作成、ライブラリやリストの作成および設定、サイトに対す
るアクセス権設定など）、利用ユーザーの基本操作などが挙げられ、これらをご存じであることを前提
として本書内の手順を記載しております。SharePoint初心者の方は、本書を読み進めていただく前に、
これら基本機能や操作についてご理解いただくことを推奨いたします。体系立てて基本を理解いただく
には、本書と同シリーズの「ひと目でわかるSharePoint Server 2016」がお勧めです。

　本書が皆様のSharePoint活用、サイト構築において知識アップのお役に立てれば幸いです。

　最後となりますが、本書執筆の機会をくださり、企画から編集までお世話になった日経BP社の柳沢
さん、関係者の皆様、心から感謝します。

はじめに

「ひと目でわかるシリーズ」は、"知りたい機能がすばやく探せるビジュアルリファレンス"というコンセプトのもとに、SharePoint Online（Office 365）およびSharePoint Serverのサイトカスタマイズ方法や開発方法をわかりやすく解説しました。

本書の表記

本書では、次のように表記しています。

- ■リボン、ウィンドウ、アイコン、メニュー、コマンド、ツールバー、ダイアログボックスの名称やボタン上の表示、各種ボックス内の選択項目の表示を、原則として［　］で囲んで表記しています。
- ■画面上の のボタンは、すべて▲、▼と表記しています。
- ■本書でのボタン名の表記は、画面上にボタン名が表示される場合はそのボタン名を、表示されない場合はポップアップヒントに表示される名前を使用しています。
- ■手順説明の中で、「［○○］メニューの［××］をクリックする」とある場合は、［○○］をクリックしてコマンド一覧を表示し、［××］をクリックしてコマンドを実行します。
- ■手順説明の中で、「［○○］タブの［△△］の［××］をクリックする」とある場合は、［○○］をクリックしてタブを表示し、［△△］グループの［××］をクリックしてコマンドを実行します。

Webサイトによる情報提供

本書に掲載されているWebサイトについて

本書に掲載されているWebサイトに関する情報は、本書の編集時点で確認済みのものです。Webサイトは、内容やアドレスの変更が頻繁に行われるため、本書の発行後、内容の変更、追加、削除やアドレスの移動、閉鎖などが行われる場合があります。あらかじめご了承ください。

訂正情報の掲載について

　本書の内容については細心の注意を払っておりますが、発行後に判明した訂正情報については本書のWebページに掲載いたします。URLは下記のとおりです。

　　https://project.nikkeibp.co.jp/bnt/atcl/17/P53520/

本書のサンプルファイルについて

　本書で使用しているサンプルファイルを、本書のWebページからダウンロードすることができます。下記のURLにアクセスし、［データダウンロード］の［サンプルファイルのダウンロード］をクリックすると、ダウンロードページに移動します。ダウンロード方法の詳細や、サンプルファイルを使用する際の注意事項を確認したうえでご利用ください（ファイルのダウンロードには日経IDおよび日経BPブックス＆テキストOnlineへの登録が必要になります。登録はいずれも無料です）。

　　https://project.nikkeibp.co.jp/bnt/atcl/17/P53520/

　また本書に掲載しているサンプルコードやスクリプトは、解説を目的としたものです。解説内容を理解しやすくするため、エラー処理を簡潔化していたり、含めていない場合があります。実際に利用される際にはご留意ください。サンプルコードのご利用および運用結果に関しまして、出版社ならびに著者は一切の責任を負いません。

はじめに　(4)

第1章　SharePointサイト構築におけるカスタマイズ/開発　1

1 SharePointカスタマイズ/開発の概要　2

2 SharePoint API　5

3 カスタマイズ方法　12

4 パッケージとして展開が行える開発方法　17

第2章　SharePointサイトデザインのしくみとカスタマイズ　21

1 SharePointページモデル　22

2 サイトデザインカスタマイズ方法の種類　28

3 デザインカスタマイズ時に考慮すべきこと　34

4 代替CSSによるカスタマイズ　37

5 ユーザーカスタムアクションを利用したJavaScript組み込み　50

6 カスタムページレイアウトの作成　61

　コラム　マスターページのカスタマイズ　71

7 JSリンクによるリストカスタマイズ　73

8 ページに対するCSS追加　88

9 表示テンプレートによる検索表示カスタマイズ　95

第3章　JavaScriptによるフロントエンドカスタマイズ　131

1 JavaScriptカスタマイズで利用するAPI　132

　コラム　**SP.SOD**クラスによる動的なスクリプトロード処理　141

2 WebパーツによるJavaScriptの組み込み　143

　コラム　**JavaScript**による各種操作　150

目次　(7)

第4章

PowerShellの利用 161

1 SharePointでのPowerShell概要 162

2 SharePoint ServerのPowerShellの利用 163

C_{コラム} **Windows**タスクスケジューラーでの**PowerShell**スクリプト実行 174

3 SharePoint Online管理シェルの利用 175

4 SharePoint CSOM PowerShellの利用 179

第5章

PowerAppsの利用 185

1 PowerApps概要 186

2 PowerAppsの利用環境 190

3 モダンリストでのアプリ作成 - 基本 196

4 モダンリストでのアプリ作成 - Flowと連携 216

5 SharePointをデータソースとしたアプリ作成 229

6 PowerAppsアプリの共有と管理 243

第6章

Microsoft Flowの利用 249

1 Microsoft Flow概要 250

2 Microsoft Flowの利用環境 258

3 リストアイテムの登録時に通知送信 260

C_{コラム} フローの詳細画面 267

4 ライブラリでの回覧フロー 269

5 承認フローの利用 277

6 PowerAppsと連動したフロー 285

第7章 SharePointアドインの開発 291

1 SharePointアドイン概要 292

2 SharePointアドイン開発の基礎 305

3 SharePointホスト型アドインの開発 314

4 プロバイダーホスト型アドイン 348

5 アドイン用ポリシーの利用 366

6 パッケージとカタログへの展開について 369

第8章 SharePoint FrameworkによるクライアントサイドWebパーツ開発 379

1 SharePoint Framework概要 380

2 利用するツールと開発環境の準備 384

3 クライアントサイドWebパーツの開発 - 基本 388

4 クライアントサイドWebパーツの展開 410

5 Office UI Fabricの利用 415

C コラム SharePoint Frameworkの今後のロードマップ 428

6 [参考] Microsoft Graph APIの利用 430

索引 439

SharePointサイト構築におけるカスタマイズ/開発

第 **1** 章

1 SharePointカスタマイズ/開発の概要

2 SharePoint API

3 カスタマイズ方法

4 パッケージとして展開が行える開発方法

SharePointは、標準で搭載されている機能を組み合わせて、ブラウザーベースで設定を行うことでサイト作成が行えます。またそれだけではなく、より便利に、またよりニーズに沿った機能を提供できるように、カスタマイズ/開発を行うツールやしくみが用意されています。

第1章ではSharePointのカスタマイズ/開発方法についての全体像や、コーディング時に利用するSharePoint APIについて解説します。

1 SharePointカスタマイズ/開発の概要

　SharePointは製品としてリリースされてから既に何年も経過しており、バージョンアップのたびに進化を遂げてきました。またクラウドサービスとして提供されているOffice 365の普及に伴い、利用者も増えてきています。SharePoint Server、SharePoint Online、どちらを利用しているか、また導入しているエディションやOffice 365のメニューにより、一部機能差はありますが、SharePointには標準で数多くの機能が用意されています。「全社レベルや部門レベルのポータルサイトを作成し情報発信を行いたい」、「チームやグループ単位でファイル、共通の予定、データ、会話などの関連情報を集約して共有するチームサイトとして利用したい」、「ブログや掲示板を利用して情報共有、コラボレーションを行いたい」、「組織内に存在するファイルや各種データを検索できるしくみがほしい」、「バージョン管理やレコード管理、承認/回覧などの機能を持つ文書管理サイトとして利用したい」、「BI機能と連携したダッシュボードサイトを提供したい」など、さまざまなニーズに対応できる情報プラットフォームです。

　SharePointサイトの利用目的により、使う機能は異なりますが、基本的には標準で提供されている機能を組み合わせてサイトを作成し、利用します。またOffice 365を利用している場合、SharePointだけではなく、Office 365で提供されるその他のさまざまな機能と連携した活用も行えます。SharePoint OnlineはOffice 365に含まれるため当然と言えますが、SharePoint ServerにおいてもOffice 365とのハイブリッド利用時に、検索やOneDrive for Business、ユーザープロファイル等の連携機能を利用できます。

　まずは数多くあるSharePoint機能から目的に沿った機能を選択しなければいけないというハードルはありますが、基本的にブラウザーベースで設定画面を利用して行えるため、コーディングスキルや特別なITスキルを持たないユーザーでもサイトの作成や設定が可能です。SharePointの一番よくある利用パターンとも言えるチームサイトとして利用する場合は、利用する機能も比較的わかりやすく、かつ設定も難しくはありません。

　またさらに便利に利用したり、より詳細な業務ニーズに対応するため、カスタマイズや開発を行うためのツールやしくみも用意されており、ブラウザーベースの設定により作成したサイトに対してカスタマイズを加えたり、開発した内容を組み込んだうえでのサイト利用が行えます。

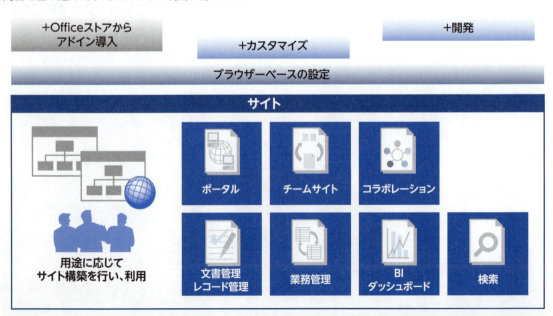

「カスタマイズ」と「開発」の違いを、明確に定義することは難しいですが、本書では次のように定義しています。

- **カスタマイズ**
  次の内容をカスタマイズとしています。コーディングが伴う場合でもパッケージ化するしくみを利用せず、直接サイトに組み込む場合は開発とはしていません。
  ・ブラウザー設定だけではなく、別途ツールやサービスを利用してサイトに設定や機能追加を行う場合
  ・Web標準技術（HTML、CSS、JavaScript）を用いたカスタマイズ内容を直接サイトに組み込む場合
- **開発**
  コーディングを伴って作成した内容を、パッケージとしてSharePointに展開する場合

　どこまでをカスタマイズと呼び、何を開発と位置付けるかは、「コーディングが発生するかどうか」や「標準機能ではないものはすべてカスタマイズ（もしくは開発）とする」、「自分でできることはカスタマイズ、委託が必要な内容は開発」といったその組織のユーザースキルやITルールに依存するなど、さまざまな解釈があるため、あまり厳密な定義を行う必要はないと著者は考えています。ただし組織のルールとして「サイト管理者によるカスタマイズは禁止」などと定める場合には、"どこからをカスタマイズとするか"についてその組織内における定義は必要でしょう。サイト構築を受託する際にも、「カスタマイズせず標準機能の範疇で行ってほしい」といった依頼内容を受けた場合などには、双方間において同様のことが言えます。関係者間での食い違いがあると、良い結果につながらないことは明らかです。

　また実際にカスタマイズや開発を必要とする場合にも、その方法は複数あります。同じ結果を得るためであっても、複数のアプローチが存在する場合もあります。わかりやすい例としてサイトのデザイン変更を挙げてみましょう。サイトの見た目変更は比較的よく挙がるニーズの1つと言えますが、「サイトにフッターを追加していほしい」、これだけでも数パターンの実現方法があるため、答えは1つではありません（サイトのデザイン変更の具体的な内容は第2章で解説）。実現したい内容、サイト構築にかけられるコスト、実際にカスタマイズ/開発を行う担当者のスキルセット、再利用性や一部変更が必要となったときのメンテナンス性が必要かどうか、利用しているSharePoint環境にマッチしているかどうか、組織内に運用ポリシーやルールがある場合はそれに沿った内容であるか、これらを複合的に考慮したうえで、適切と言える方法を選択する必要があります。場合によっては、考慮した結果カスタマイズも開発も行わないという結論にいたることも正解の1つです。

クラシックサイトとモダンサイト

　現在SharePointでは、クラシックサイトとモダンサイトと呼ばれる2種類のサイトを利用できます。

クラシックサイト

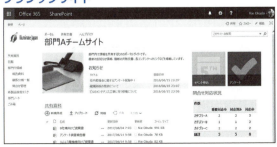

モダンサイト

標準で利用できる機能も異なるため、サイトに含めたい内容やニーズにより使い分けますが、カスタマイズ/開発時に利用できる機能や方法も、クラシックサイトとモダンサイトでは一部異なります。

クラシックサイト

　SharePoint Online、SharePoint Server両方で利用できます。以前のバージョンから利用されている通常のサイトです。管理画面からサイトコレクションを作成した場合、また既存サイトにサブサイトを作成した場合はクラシックサイトが作成されます。
　クラシックサイト内にはモダンページやモダンリスト、モダンライブラリの作成が可能です。これらを作成することでクラシックサイトをモダンサイトとして利用できるよう変更も可能です。

モダンサイト

　現在はSharePoint Onlineでのみ提供されています。SharePoint Serverには将来のアップデートにて追加される予定です。あらゆるデバイスに対応する完全なレスポンシブエクスペリエンスを提供することや、ニュースやクイックリンク、アクティビティ機能などモダンサイト内のページ（モダンページ）でのみ利用できる機能が提供されています。またリスト、ライブラリも同様にモダン表示となりモダンリスト、モダンライブラリと呼ばれます。
　モダンサイトには2種類の作成方法があります。

- **モダンチームサイト**

　Office 365グループの作成時に自動的に作成されます。Office 365グループのメンバー間で利用できるチームサイトです。
　また、[SharePoint]画面に表示できる[新しいサイト]メニューからの作成も可能で、この場合モダンチームサイトの作成と共にOffice 365グループが自動的に作成されます。

- **モダンコミュニケーションサイト**

　[SharePoint]画面の[新しいサイト]メニューより作成できます。

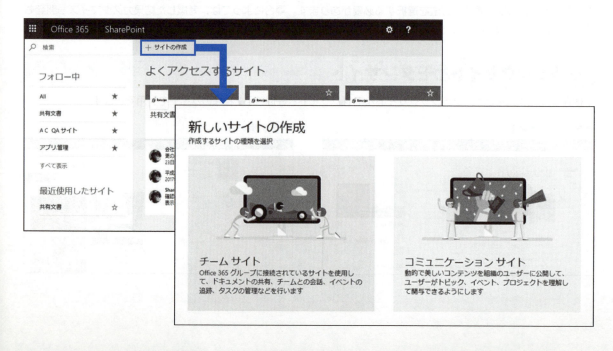

2 SharePoint API

　コーディングを伴うカスタマイズや開発を行う場合、SharePointに対するデータアクセスにはSharePoint APIを利用します。またSharePoint APIには複数の種類が用意されています。どのようなカスタマイズ/開発を行うかにより、利用すべきAPIは異なるため、まずは全体像を確認しましょう。
　SharePoint APIには大きく、**クライアントAPI**と**サーバーAPI**の2種類があります。

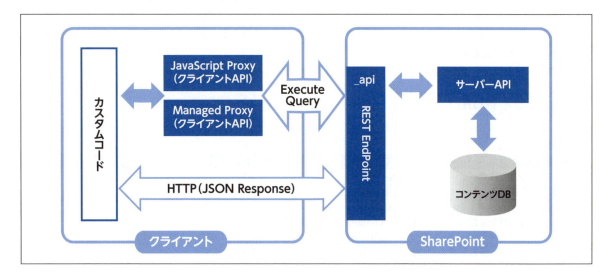

クライアントAPI

　クライアントAPIは、SharePointサーバー外から実行するSharePoint APIのことを指します。実行環境がクライアントOSという意味ではなく、クライアント端末はもちろんSharePointサーバー以外のWebサーバーからの実行も可能です。SharePoint Serverに対する操作はもちろんですが、クラウドサービスであるため、サーバー環境上で直接カスタムコードを実行できないSharePoint Onlineへの操作も可能です。現在SharePointのカスタマイズや開発において、主に利用するAPIです。

　クライアントAPIで操作できる内容は下記のとおりです。

- サイトコレクション内のオブジェクト（サイトコレクション、サイト、リストなど）
- 検索
- ユーザープロファイル
- 管理メタデータ
- ソーシャル
- BCS（Business Connectivity Services）

　SharePoint Serverのファーム全体に関する操作や、SharePoint Onlineにおけるサブスクリプションやテナントに対する操作はサポートされていません。わかりやすく言い換えると、SharePoint Serverにおいては「サーバー

の全体管理」でサーバー管理者が行うレベルの操作、SharePoint Onlineでは「SharePoint Online管理センター」で全体管理者が行うレベルの操作については、クライアントAPIでは操作できないと理解してください。例外はありますが、基本的には管理レベルがサイトコレクション内である内容がクライアントAPIで操作できる範囲です。

またクライアントAPIには、REST APIとクライアントサイドオブジェクトモデルの2種類が用意されています。これらにSharePoint操作に対する機能差はありません。

REST API

URIアドレスの指定によりさまざまな処理が行え、アセンブリやライブラリへの参照の必要なく、HTTPリクエストにより利用できます。エンドポイントに対してHTTPリクエストを行う際、OData（Open Data Protocol）構文を利用して、Create/Read/Update/Delete操作を行います。またODataの$batchオプションを利用することで複数の要求を1回の呼び出しとして実行させることも可能です。HTTPリクエストにより利用できるため、さまざまなプラットフォームで使えます。

基本のエンドポイントは次のとおりで、行いたい処理に相当するURIを組み立てて利用します。

http://サイトURL/_api/

エンドポイント例

内容	URLエンドポイント	HTTPメソッド	Bodyコンテンツ
サイトコレクション取得	_api/site	GET	
サイトのタイトル取得	_api/web/title	GET	
サイト内の全リスト取得	_api/web/lists	GET	
特定のリストプロパティ取得	_api/web/lists/getbyTitle('リスト名')	GET	
特定のリスト内のアイテム取得	_api/web/lists/getbyTitle('リスト名')/items	GET	

リスト作成	_api/web/lists/	POST	{
			'_metadata':{'type':SP.List},
			 'AllowContentTypes': true,
			 'BaseTemplate': 104,
			 'ContentTypesEnabled': true,
			 'Description': '説明',
			 'Title': 'リスト名'
			}

リストアイテム追加	_api/web/lists/getbyTitle('リスト名')/items	POST	{
			 '_metadata':{'type':SP.listnameListItem},
			 'Title': '値'
			}

検索実行	_api/search/query?querytext='検索構文'	GET	

REST呼び出しの実行では、基本的にはカレントユーザー（操作ユーザー）の資格情報を利用して認証されます。GET操作を行う場合には、特別考慮することはありませんが、それ以外の要求の場合、HTTPヘッダーのX-RequestDigestにフォームダイジェストの値を含めて利用します。SharePointページでは、そのページ内のコントロールからフォームダイジェスト値を$("#__REQUESTDIGEST").val()と記述することで取得できます。

```
"X-RequestDigest": $("#__REQUESTDIGEST").val()
```

- リスト取得時（JavaScript例）

```
$.ajax({
  url: "http://サイトURL/_api/web/lists/GetByTitle('リスト名')",
  method: "GET",
  headers: {  "accept": "application/json;odata=verbose" },
  success: successHandler,
  error: errorHandler
});
```

- リスト作成時（JavaScript例）

```
$.ajax({
  url: "http://サイトURL/_api/web/lists",
  method: "POST",
  data: JSON.stringify({
    '__metadata': { 'type': 'SP.List' },
    'BaseTemplate': 100,
    'Description': 'リストの説明',
    'Title': 'リスト名'
  }),
  headers: {
    "accept": "application/json;odata=verbose",
    "content-type": "application/json;odata=verbose",
    "X-RequestDigest": $("#__REQUESTDIGEST").val()
  },
  success: successHandler,
  error: errorHandler
});
```

クライアントサイドオブジェクトモデル

クライアントサイドオブジェクトモデルを利用して記述されたコードは、内部ではRESTサービスである_apiを利用して、SharePointと通信を行います。バッチ処理でSharePointに送信され、実行結果がクライアントに返されます。

◆ JavaScript オブジェクトモデル

JavaScriptで利用できるクライアントサイドオブジェクトモデルです。SharePoint環境の［%ProgramFiles%¥Common Files¥Microsoft Shared¥web server extensions¥16¥TEMPLATE¥LAYOUTS］フォルダーに複数のjsファイルにより用意されています。SharePointサイトURL/_layouts/15/の相対パスで参照可能です。またJavaScriptオブジェクトモデルでは非同期処理でSharePointとやり取りを行います。

実行はカレントユーザー（操作ユーザー）の資格情報を利用して認証されます。

● リスト取得時の例

```
var context = new SP.ClientContext();
var web = context.get_web();
var list = web.get_lists().getByTitle("リスト名");
context.load(list);
context.executeQueryAsync(successHandler, errorHandler);
```

● リスト作成時の例

```
var context = new SP.ClientContext();
var web = context.get_web();
var listCreationInfo = new SP.ListCreationInformation();
listCreationInfo.set_title("リスト名");
listCreationInfo.set_templateType( SP.ListTemplateType.genericList);
web.get_lists().add(listCreationInfo);
context.executeQueryAsync(successHandler, errorHandler);
```

◆ .NET クライアントサイドオブジェクトモデル

.NET Framework上で利用できるクライアントサイドオブジェクトモデルです。アセンブリ参照を追加して利用します。再頒布可能パッケージ「SharePoint Server 2016 Client Components SDK」および「SharePoint Online Client Components SDK」として提供されています。

実行時にはSharePointに対するサーバー間認証をOAuthフローにより行い、取得したアクセストークンを利用します。サーバー間認証をサポートするライブラリも用意されています。ユーザー権限での実行、またアドイン用ポリシーを利用してユーザー権限とは異なる権限による実行も可能です。

● リスト取得時の例

```
List list = context.Web.Lists.GetByTitle("リスト名");
context.Load(list);
context.ExecuteQuery();
```

● リスト作成時の例

```
ListCollection lists = context.Web.Lists;
ListCreationInformation listInfo = new ListCreationInformation();
listInfo.Title ="リストタイトル";
listInfo.TemplateType = 100;
lists.Add(listInfo);
context.ExecuteQuery();
```

> プロバイダーホスト型SharePointアドインでは、.NETクライアントサイドオブジェクトモデルを利用することで、カレントユーザーではない権限での実行を含めることも可能です。詳細は「第7章　SharePointアドインの開発」で解説します。

サーバーAPI

　サーバー APIは、SharePointサーバー上での実行が必要です。そのためSharePoint Onlineでは利用できません。.NET開発（C#、Visual Studio）で扱え、SharePoint Serverにおけるファームソリューション開発時にのみ利用します。クライアントAPIで扱える内容に加えてサーバー管理機能についてもアクセスできます。SharePoint環境の［%Program Files%¥Common Files¥Microsoft Shared¥web server extensions¥16¥ISAPI］フォルダー内にアセンブリが用意されているため、これを参照して開発を行います。SharePoint Server 2016では、以前のバージョンのSharePoint Serverから引き続きファームソリューションはサポートされていますが、現在SharePoint開発においては可能な限りクライアントサイドでの開発が推奨されているため、主に利用する開発モデルではありません。そのため、本書ではサーバー APIの利用や、ファームソリューションについての詳細は触れていません。

ヒント

ファームソリューション開発の参考書籍

本書の前バージョンである『ひと目でわかる SharePoint 2013 サイトカスタマイズ＆開発編』にファームソリューション開発に関する解説が含まれています。SharePoint Server 2016においても内容は同様です。

各SharePoint APIの略称と利用比較

各SharePoint APIは、次のような略称で記述されることが一般的です。

- REST：REST API
- JSOM：JavaScriptオブジェクトモデル
- CSOM：.NETクライアントサイドオブジェクトモデル
- SSOM：サーバー API（サーバーサイドオブジェクトモデル）

利用比較

実行環境 SharePoint API種類 カスタマイズ/開発方法	クライアントサイド クライアントAPI REST	JSOM	サーバーサイド CSOM（C#）	サーバー API SSOM
デザインカスタマイズ（JSリンク、表示テンプレート含む）	○	○	−	−
Webパーツを利用したJavaScriptの組み込み	○	○	−	−
SharePointホスト型SharePointアドイン	○	○	−	−
プロバイダーホスト型SharePointアドイン	○	○	○	−
SharePoint Framework	○	○	−	−
ファームソリューション	○	○	−	○

SharePoint Patterns and Practices

　SharePoint Patterns and Practices（PnP）は、SharePoint開発者によって運営される、オープンソースにてソースコードやサンプル、技術ドキュメントを提供するコミュニティプロジェクトです。本書でSharePointカスタマイズ/開発の基本を理解いただいた後にご覧いただくことをお勧めします。特にサンプルコードや利用例が数多く提供されています。

Patterns and Practices
https://dev.office.com/patterns-and-practices

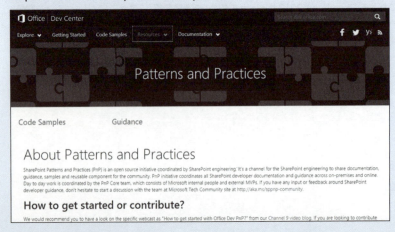

Microsoft Graph API

　Microsoft Graph APIは、マイクロソフトが提供する各種クラウドサービスにアクセスするためのエンドポイントです（SharePoint APIではありません）。Office 365やコンシューマー向けのサービスに対して、ユーザー、ファイル、メール、予定表などのさまざまな情報にアクセスでき、複数サービスからのデータ取得を、統一されたエンドポイントによりアクセスできます。サポートされているプラットフォームも下記のとおり多数あります。

　また、ユーザーの操作や作業相手、データに基づいて、機械学習された関連性を基にデータにアクセスできる点が大きな特徴です。

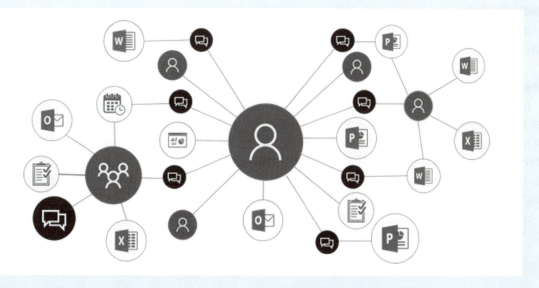

　SharePoint開発時においても、Office 365上のさまざまなデータと連携した開発を行いたい場合に併せて活用できます。

3 カスタマイズ方法

現在のSharePointでは、新しい機能はSharePoint Online（Office 365）から提供が始まり、その後SharePoint ServerにFeature Packとして追加されるリリースモデルとされています。モダンサイトがわかりやすい例と言えるでしょう。また標準利用できる機能だけではなく、カスタマイズ時に利用できる機能やしくみも同様です。以前のSharePointバージョンと比べてカスタマイズ面においても変更があり、大きく位置付けが変わったものや、新しく登場した機能があります。

SharePointと連携するツールを利用したカスタマイズ

SharePointのカスタマイズや設定変更に利用できるツールや機能は、以前のバージョンと比べて、大きく位置付けが変わりました。また新しくSharePointカスタマイズのしくみとして利用できるサービスが登場しています。

新しく登場したサービスとの連携

2016年11月にPowerApps、Microsoft Flowが正式リリースされました。双方ともOffice 365やその他の各種クラウド上のデータ、またオンプレミス上のデータと連携した利用が行えるクラウドサービスです。Office 365にライセンスが含まれており、次のような利用が行えます。

◆PowerApps

PowerAppsは、モバイルやWebに対応したビジネスアプリケーションを構築できるサービスです。クラウド、オンプレ上のさまざまなデータに接続し、そのデータを扱うアプリをノンコーディングで作成できます。SharePointと連携したモバイルやタブレットに最適化されたアプリ作成ツールとして利用できます。またモダンリストとの連携機能もあります。

本書では「第5章　PowerAppsの利用」において、SharePointとPowerAppsを連携したシナリオについて解説しています。

◆Microsoft Flow

Microsoft Flowは、アプリケーションやサービス間でのプロセスを自動化できるサービスです。様々なプラットフォーム間を接続し、通知送信やデータに対する処理、タスクプロセスなどを組み合わせたフローの作成/実行が行えます。Office 365や、Google Drive、DropBox、Azureなど数多くのサービスと接続可能なコネクタが用意されており、これらに対する一連の処理を自動化するフローを作成できます。モダンリスト、モダンライブラリと連携して動作する機能を持っているため、リストやライブラリに保存したデータに対するフローを作成する機能としても活用できます。

本書では「第6章　Microsoft Flowの利用」で、詳細を解説しています。

将来的に利用できなくなるツール

　SharePointサイトのカスタマイズをサポートするSharePoint Designer、またSharePointと連携しフォームカスタマイズが行えるInfoPathは2013バージョンを最後とし、今後新しいバージョンのリリースはされません。それぞれ2026年までのサポートとされています。

◆SharePoint Designer 2013

　SharePointサイトのカスタマイズツールとして無償で提供されているツールです。ツール自体のバージョンは2013ですが、SharePoint Server 2016およびSharePoint Onlineで構築されたクラシックサイトに対するカスタマイズが行えます。ツールの導入や利用方法についての知識は必要となりますが、開発者レベルのスキルを必要とせず、次のカスタマイズが行えます。

- SharePointワークフローの編集
- リストフォームに対する編集、リスト内へのカスタムアクションの追加
- サイト内の各ファイルを直接開いてコードレベルでの編集（ページレイアウト、マスターページの編集に主に利用）

◆InfoPath 2013

　InfoPath Forms Servicesが利用可能なSharePoint環境（Enterprise機能が利用可能な環境）において、リストフォームのカスタマイズが行えます。

> AccessアプリもOffice 365では廃止となりました。2017年6月より新しいAccessアプリは作成できなくなり、既存のAccessアプリも2018年4月には停止される予定です。SharePoint Serverでは製品のライフサイクルと同様にサポートされる予定です。

今後の位置付け

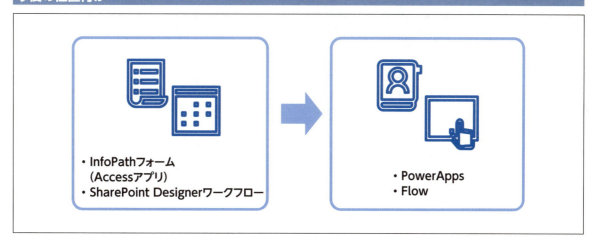

◆フォームシナリオ

InfoPathは2026年までサポートは続くため、今すぐ利用できなくなるわけではありません。しかし将来的に廃止されることが確実であるため、可能な限りSharePointにおける今後のフォームカスタマイズシナリオは、同様にフォーム作成が行えるPowerAppsの利用を含めて検討してください。またOffice 365では廃止となったAccessアプリも同様です。ただしInfoPathの後継というわけではなく別機能として考え、InfoPathと同等の機能が確実に利用できるわけではないという点は留意してください。

	PowerAppsアプリ	InfoPathフォーム
モバイル対応	◎ 基本モバイルに最適化された状態で作成される。Android、iOS用の専用アプリもあり	× ブラウザーフォーム対応を行った場合、モバイル端末ではフルブラウザーで開くことは可能フォームカスタマイズはクラシックリストが対応
データ接続	◎ SharePointはもちろん各種サービスへの接続が可能	○ SharePoint、SQLに接続可能
SharePointデータとの連携性	△ リストで扱える列に対して一部InfoPathの方が扱いやすい形式がある※	○ リストで扱える列はほぼ対応
SharePointリストへの組み込み	△ リストに対するモバイルアプリが作成可能。ブラウザー上でも、モバイル画面サイズで開くため、完全にリストと結合はされていない※	○ リストフォームとして組み込み可能
画面デザイン	○	○ モバイル対応を除くと、作成できる画面のデザインレベルに大きな差はないが、画面作成時の操作感は異なる
フォーム作成時に求められるスキルレベル	○	○ それぞれのツールの使い方や機能の理解は必要だが、どちらも基本的にノンコーディングでの作成が可能。PowerAppsの方が新しい機能であるため、現時点で参考となる資料が多く見つかりやすいのはInfoPathと言える
オフラインシナリオ	× PowerAppsはクラウドサービスであるため、オフラインシナリオはそもそも考慮しない	◎ InfoPathがクライアントアプリケーションとして利用可能であるため、オフライン利用に対応したフォーム展開も可能
印刷	× ブラウザー画面をそのまま印刷することは可能だが、PowerAppsアプリに対する印刷画面機能は現在ない。PowerAppsアプリからExcelデータに書き込み接続は作成できるため、アプリ内の工夫でカバーすることは可能	○ InfoPathがクライアントアプリケーションとして利用可能であるため、印刷対応も行いやすい
環境	Office 365ライセンスに含まれる。SharePoint Serverでは別途ライセンスが必要。リストから起動させるしくみはモダンリストが対応	ブラウザーフォーム対応にはEnterpriseライセンスが必要。InfoPathによるフォームカスタマイズはクラシックリストが対応

表に示すように、モバイル対応やさまざまなサービス/データとの接続性はPowerAppsの方が優れていますが、添付ファイルやドロップダウンなどInfoPathの方が扱いやすいといえるリスト列もあります。PowerAppsでは完全にリストフォームとして組み込みができない点も同様です。しかし上記表の「※」の部分は、今後のアップデートによる対応が既に予定されています。またそれ以外にも、クラウドサービスであるPowerAppsは機能が拡張されていくことが予想されます。

利用環境がOffice 365であるか、SharePoint Serverであるかによりライセンス面やモダンリストの導入状況が異なるため、PowerAppsの検討に対する優先度は異なると言えます。また2026年までサポートは続くため、今すぐInfoPathが利用できなくなるわけではありませんが、Office 365の場合は、ライセンスに含まれている点も含めてぜひフォームシナリオに今から検討に加えてみるべき機能だと思います。

◆ワークフローシナリオ

SharePoint Designer 2013もInfoPathと同様に2026年までのサポートとされています。今後のワークフローシナリオではMicrosoft Flowが後継とされています。またMicrosoft Flowで作成できるフローと、SharePointワークフローも100%同じ機能が利用できるわけではありません。

	Microsoft Flow	SharePointワークフロー (SharePoint Designer 2013)
モバイル対応	◎ Android、iOS用の専用アプリもあり。モバイルアプリからの承認作業や、メールからの作業も可能	× フルブラウザーで開いて作業は可能
データ接続	◎ SharePointはもちろん各種サービスと連携したフローが作成可能	△ SharePointデータへの接続についても、基本は同じサイト内となる（RESTサービス呼び出しにより他サイト、他サービスとの連携のしくみはあり）
ワークフロー起動オプション	◎ リストアイテムに対する手動開始、新規作成または更新時の自動開始をサポート。連携サービスからの起動も可能（メールを受信したとき、OneDriveにファイルが保存されたとき等）	○ リストアイテムに対する手動開始、新規作成または更新時の自動開始をサポート
SharePointリストへの組み込み	○ モダンリスト、ライブラリに対応	○ クラシックリスト、ライブラリに対応
フローデザイン	○ ブラウザー上のフローデザイン画面を利用	○ SharePoint Designer 2013を利用
フロー作成時に求められるスキルレベル	○ それぞれのツールの使い方や機能の理解は必要だが、どちらも基本的にノンコーディングでのフロー作成が可能	○
環境	Office 365ライセンスに含まれる。SharePoint Serverでは別途ライセンスが必要	SharePoint Online、SharePoint Server 2016ともに利用可能

Microsoft Flowは、「SharePointと連携も可能な」フロー作成機能です。そのためSharePointに限らず、対応するさまざまなデータソースと連携したフロー作成が行えます。一方SharePointワークフローは「SharePointの」ワークフロー機能です。リストアイテムやファイルに対する詳細な操作を含むアクションが豊富なのはSharePointワークフローだと言えます。ただしPowerAppsと同様にMicrosoft Flowはクラウドサービスであるため、今後のアップデートによりSharePointに対する操作についても、それ以外のサービスに対する操作も機能が拡張されていくことが予想できます。またMicrosoft FlowはAzure Logic Apps上で動作しているため、Logic Appsへの拡張性も期待できます。これらを踏まえたうえでの導入検討に関する優先度はPowerAppsと同様のことが言えるでしょう。

Web標準技術を利用したカスタマイズ

SharePoint 2013のバージョンより、クライアントサイドでのカスタマイズや開発をサポートするためのクライアントAPIが拡充されてきました。これもクラウドサービスに対する市場ニーズの拡大、SharePoint Online（Office 365）の普及に伴うものと言えるでしょう。特にクライアントサイドで利用できるクライアントAPI（REST、JSOM）は利用シーンが拡大しており、パッケージとしての展開を行う開発時だけではなく、直接SharePointサイトに組み込むカスタマイズ時にも利用できます。HTML、CSS、JavaScriptベースで行うカスタマイズには、次のような内容が挙げられます。

デザインカスタマイズ

サイト全体に対するデザインカスタマイズはHTML、CSS、JavaScriptにより行えます。具体的には次の方法があります。

- 代替CSSによるサイトデザイン変更
- ユーザーカスタムアクションによるJavaScript組み込み
- クライアントサイドレンダリングを利用したデザイン変更（JSリンクや表示テンプレート）

本書では、「第2章　SharePointサイトデザインのしくみとカスタマイズ」で詳細を解説しています。また上記の方法はすべてクラシックサイトが対象とされています。モダンサイトにおけるデザインカスタマイズは、今後提供される内容が増えていくことが予想されます。現時点ではまだプレビューですが、SharePoint Framework Extensionsによるカスタムヘッダーやフッターの追加、リスト内における列表示のカスタマイズ、モダンリストに対するコマンドメニューの追加機能が提供されています。

Webパーツにより JavaScript をサイトに追加

挿入したHTML、CSS、JavaScriptを内部で動作させるスクリプトエディターWebパーツは、Web標準技術でのカスタマイズ内容をSharePointに追加する機能として利用できます。またSharePointクライアントAPIを利用してJavaScriptを記述することで、標準では含まれない機能や、表示形式をカスタム作成できます。

本書では、「第3章　JavaScriptによるフロントエンドカスタマイズ」で詳細を解説しています。またこの方法によるカスタマイズ時にも対象はクラシックサイトです。モダンサイトは、noscriptサイトと呼ばれる「カスタムスクリプトを実行できないようにする」設定とされているサイトであり、この設定をオフにすることは現在サポートされていません。JavaScriptベースで作成した内容をモダンサイトに追加する方法としては、SharePoint FrameworkクライアントサイドWebパーツがあります。

4 パッケージとして展開が行える開発方法

　SharePoint開発は、製品と同じく歴史/変遷があり、特に多くの技術者が苦労をしてきた分野と言えます。現在のSharePoint開発は背後にある基本理念が以前とは大きく変わっています。

　ひと昔前（SharePoint 2007以前）のSharePoint開発はサーバーサイド開発を基本とするフレームワークであったため、.NET開発で行われていました。サーバーサイド開発、かつSharePointサーバーAPIを扱うことで、ある意味どのようなニーズにも対応できたと言えますが、.NET開発スキルが大前提であり、かつSharePointのしくみを把握したうえで開発が必要であるなど、開発者に求められるスキルは高くかつ汎用的ではないものでした。その理由の1つは、ソリューション開発と言われるサーバーサイドのSharePoint開発では、開発したプログラムをWebパーツやフィーチャーとして、直接SharePoint Server環境へインストールして動作させるしくみであるためです。SharePoint環境上で直接動作させるプログラムとして開発するため、標準で搭載している機能との動作の兼ね合いはもちろん、カスタムプログラムに不具合や問題が含まれていた場合、サーバー全体の動作やパフォーマンスに直接影響を及ぼしてしまうおそれがあるからです。SharePointという巨大フレームワークの内部構造を熟知したうえでの開発が必要であるため、これからSharePoint開発を行いたいという開発者にはハードルが高く、特に.NET開発経験もない場合には、SharePoint開発者になるまでの道のりは遠いものでした。また利用者側も、直接サーバー環境にインストールを行うことに対して、サーバー動作やパフォーマンスへの影響や製品アップグレード時の懸念から避ける傾向にもありました。

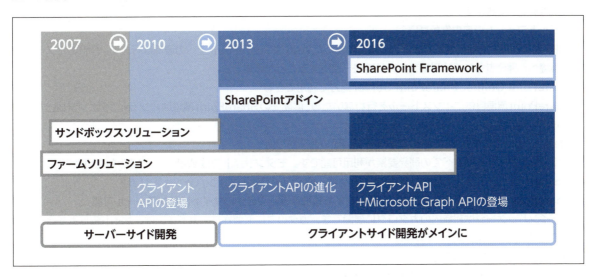

　1つ前のバージョンであるSharePoint 2013より、SharePoint開発はクライアントサイド開発中心にシフトしています。背景にはクラウドサービスの普及に伴うSharePoint Onlineへの対応性、またJavaScriptをはじめとするクライアントサイド開発技術の進化があります。SharePointはクライアントAPIを用意するとともに、現在次の2種類のクライアントサイドでの開発モデルを提供しています。

- **SharePointアドイン**
- **SharePoint Framework**

両方ともSharePoint環境上では一切プログラムを動作させず、カスタムコードはすべてSharePoint環境外で実行させるモデルです。カスタムコードはSharePoint上でも、それ以外のサーバーやクラウド上にも展開可能であり、また開発に用いるプラットフォームも.NET開発一択ではなくなりました。Visual StudioとC#を利用することが唯一のSharePoint開発方法ではなくなり、より一般的な開発手法を利用できることで、開発者に求められるスキルセットも、より一般的な内容となりました。開発者が自由に開発方法が選択できるようになったとも言えます。

従来からのものを含めると、開発モデルは現在次の3種類があります。

SharePointアドイン（SharePoint Add-ins）

SharePoint 2013より追加された開発モデルです。別環境上で動作するWebアプリケーションを開発し、SharePointと連動させて動作するしくみです。

- **SharePoint環境上に直接インストールされない**

  SharePointアドインとして開発したWebアプリケーションは、SharePoint環境上では動作させません。開発したWebの展開方法は2種類あり、SharePoint上（この場合JavaScriptのみサポート）、もしくは任意のサーバー/クラウド環境にホスティングできます。カスタムコードはすべてSharePoint環境外で動作します。

- **クライアントAPIを利用**

  開発したWebの展開場所により利用できるクライアントAPIの種類は異なります。SharePoint上にアドインを展開した場合、カスタムコードはJavaScriptのみ利用できるため、クライアントAPIはJSOMもしくはRESTを利用します。アドインを任意のホスティング環境に展開する場合は、JSOM、REST、CSOMとすべてのクライアントAPIを利用できます。

- **プラットフォームの自由度が高い**

  .NET開発以外でも開発可能です。その場合開発したWebはSharePoint上への展開は行えず、任意のホスティング環境へ、開発者もしくは利用者自身が展開・運用することが必要です。

- **SharePoint Online、SharePoint Server両方で利用できる**

  SharePoint環境自体にインストールを行わないため、展開先のSharePoint環境はオンライン/オンプレどちらでも対応可能です。

- **Webパーツ、カスタムメニュー、フルページ画面の開発が可能**

  クラシックサイトではすべての開発要素が利用可能です。モダンサイトではWebパーツのみ対応可能です。
  ※SharePointアドインで開発したWebパーツは、開発用語ではアドインパーツと呼びます。

- **SharePoint環境に展開されたアドインは、サイト管理者権限で自分のサイトにインストール可能**

  アドインパッケージは組織内のカタログに展開でき、カタログに展開されたアドインは、サイト管理者が自由に自分のサイト内へのインストール/削除を行えます。

- **Officeストアへの展開が可能**

  SharePointアドインはOfficeストアへの展開および販売が行えます。

ヒント

SharePointアドインの進化

SharePointアドインは、SharePoint 2013での登場時にはApps for SharePoint（SharePoint用アプリ）と呼ばれていました。その後SharePointアドインと名称を変え、一部のしくみが変更され、また機能が進化し、現在の完成形に至った開発モデルです。Webや書籍等で古いものだと以前の名称で解説されていたり、今は利用できない機能が解説に含まれることがあるため、ご注意ください。本書の前バージョンである『ひと目でわかるSharePoint 2013サイトカスタマイズ＆開発編』においても、執筆当時の名称である「SharePoint用アプリ」と記載しており、また今は利用できない自動ホスト型の記載も含まれています。

SharePoint Framework

　一番新しい開発モデルで、モダンサイトに対応した開発を行うためのしくみとして、また完全なクライアントサイド開発を特徴とするしくみです。

- **SharePoint環境上に直接インストールされない**
  SharePoint Frameworkは完全なクライアントサイド開発です。カスタムコードはすべてJavaScriptで実装するため、SharePoint環境上に直接インストールしないことはもちろん、動作はブラウザー上です。開発したJavaScriptは任意のCDN環境へ展開します。クラウド上でもよいですし、SharePointライブラリでもかまいません。
- **クライアントサイドで動作するクライアントAPIを利用**
  前述のとおりカスタムコードはJavaScriptとなるため、クライアントAPIで扱えるものはクライアントサイドで動作するJSOM、RESTです。
- **SharePoint Online、SharePoint Server両方で利用できる**
  SharePoint環境自体にインストールを行わないため、展開先のSharePoint環境はオンライン/オンプレどちらでも対応可能です。この点はSharePointアドインと同様ですが、現在SharePoint FrameworkはまだSharePoint Serverには含まれていません。今後のアップデートでSharePoint Serverで利用できるようになった場合だと想定してください。
- **Webパーツ開発が可能**
  モダンサイトでの利用を対象としたWebパーツ開発が行えます。またクラシックサイトでの利用も可能です。
  ※SharePoint Frameworkで開発したWebパーツは、開発用語ではクライアントサイドWebパーツと呼びます。
  ※またWebパーツだけではなく、モダンサイトに対応した他の開発要素も現在プレビュー版で登場しています。
- **SharePoint環境に展開された内容は、サイト管理者が自分のサイトですぐに利用可能**
  SharePoint Frameworkパッケージは組織内のカタログに展開でき、カタログに展開されると、各サイトでWebパーツとして利用できます。

ファームソリューション開発

　SharePoint 2007/2010時代からある開発モデルです。SharePointサーバー上に直接インストールを行うしくみです。現在は基本的には利用しません。SharePointアドインやSharePoint Frameworkで開発できる内容はソリューションでは開発しないことが推奨されています。

- **SharePoint環境上に直接インストールが必要（SharePoint環境上で直接動作）**
  インストール作業にはサーバー管理者権限が必要であり、またWebサーバーのリセットも必要です。カスタムコードはSharePoint環境上で動作します。
- **サーバーAPIを利用**
  サーバーAPIを利用して開発を行います。そのためクライアントAPIでは操作できないサーバー全体に対する管理操作や、タイマージョブやカスタムフィールド型（リスト列のデータ型）、サーバー自体に対する拡張が行えます。
- **.NET開発**
  SharePoint Serverは.NET Frameworkをベースとしているため、ソリューション開発において、開発言語はC#またはVisual Basic、開発ツールはVisual Studioを利用して行います。

- **SharePoint Server環境のみにインストールできる**
  SharePoint環境のローカルディレクトリに直接アセンブリや定義ファイルを展開するインストール方法であるため、SharePoint Onlineへのインストールはできません。
- **開発要素**
  前述しているサーバーの全体管理に対する拡張、カスタムタイマージョブ、カスタムフィールド型、さらにイベントレシーバー、Webパーツ、リスト定義、サイト定義など、SharePoint上のあらゆるオブジェクトに対するカスタム開発が可能です。

ヒント

サンドボックスソリューションについて

SharePoint 2010において利用できたサンドボックスソリューションは現在非推奨です。クラシックサイト上での動作は行えますが、基本的には利用しません。

開発方法選択のポイント

前にも触れたとおり、基本的にはソリューション開発はどうしても必要である理由がない限り行いません。SharePoint上に直接インストールせず、カスタムコードもSharePoint外で動作させるSharePointアドインもしくはSharePoint Frameworkを選択することが推奨されます。それぞれの違いを次の図にまとめます。

SharePointアドイン	SharePoint Framework
展開方法により、カスタムコードはクライアントサイド/サーバーサイド両方から選択可能	クライアントサイドでの実行のみ
SharePointクライアントAPIを利用	SharePointクライアントAPIのJSOM、RESTを利用
開発したWebパーツは、SharePointサイト上ではiframeで動作	開発したWebパーツはSharePointページ内で直接動作
基本クラシックサイトが対象 （Webパーツはモダンサイトでも動作可能）	基本モダンサイトが対象 （Webパーツはクラシックサイトでも動作可能）
Visual Studioでの開発がメイン（必須ではない）	オープンソースツールを利用した開発
Webパーツ、カスタムアクション、フルページ、リモートイベントレシーバーの開発が可能	現在正式リリースされているのはWebパーツ開発のみ （※今後拡張予定）

SharePointサイトデザインの
しくみとカスタマイズ

第 **2** 章

1 SharePointページモデル

2 サイトデザインカスタマイズ方法の種類

3 デザインカスタマイズ時に考慮すべきこと

4 代替CSSによるカスタマイズ

5 ユーザーカスタムアクションを利用したJavaScript組み込み

6 カスタムページレイアウトの作成

7 JSリンクによるリストカスタマイズ

8 ページに対するCSS追加

9 表示テンプレートによる検索表示カスタマイズ

SharePointサイト構築において、デザイン変更は比較的よくあるカスタマイズニーズの1つと言えます。サイトの用途により求められるデザイン内容は異なりますが、SharePointサイトのデザインカスタマイズを行うためには、しくみの理解はもちろん、複数あるカスタマイズ方法から、実現したいデザイン内容や利用環境に合わせて適切な方法を選択する必要があります。

第2章では、サイトデザインのしくみを解説し、各カスタマイズ方法、適切な方法の選び方を解説します。

1 SharePointページモデル

SharePointで提供されるサイトデザインは、次のようなデザインを既定として提供されます。

SharePoint Server 2016

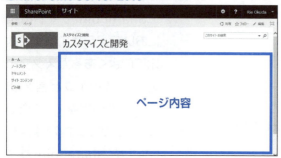

SharePoint Online

　SharePoint Server 2016環境とSharePoint Online環境において、既定デザインの違いはほとんどありません。異なる点は、上部にあるスイートバーの内容のみです。

SharePoint Server 2016

- 左上には「SharePoint」「サイト」と表記
- 右上にはサインインユーザー名が表示

SharePoint Online

- 左上には「Office 365」「SharePoint」と表記
- 右上にはサインインユーザーのユーザー名および写真が表示
- Office 365全体で利用される（SharePoint Online以外の画面を開いた際にも画面最上部に表示される）

　また前述の既定デザインはクラシックUIとされ、通常のサイト作成を行った場合に提供されます。Office 365と連動して作成できるモダンチームサイトやモダンコミュニケーションサイトでは、モダンUIという別のデザインが適用されます。モダンサイトでは次のようなデザインが既定で提供されます。クラシックサイトとのデザイン面での大きな違いは、リボンメニューがない点や完全なレスポンシブデザインである点が挙げられます。

第2章　SharePointサイトデザインのしくみとカスタマイズ

第1章にも記載したとおり、本書の執筆時において、モダンサイトはSharePoint Onlineのみで提供されています。
通常のサイト作成時にはクラシックサイトが作成されます。ただし、クラシックサイトにおいても、サイト内のリストやライブラリはモダンUIでの表示を行うよう設定でき、またモダンUIのページをサイト内に作成できます。そのためクラシックサイトを、モダンUIに切り替えて利用することが可能です。

SharePoint Server 2016では今後のFeature Packにて提供予定です。

マスターページ

　サイトデザインを簡易図にすると、次図のようになり、サイト内の全ページにおいて同じ内容が表示されるメニューエリアと各ページの内容が表示されるコンテンツエリアに大きく分けられます。

　サイト内のすべてのページに共通デザインを適用するためのしくみとして、SharePointではASP.NETのテクノロジであるマスターページを利用しています。サイト内のすべてのページ（.aspx）は、マスターページ（.master）を参照しています。またマスターページを参照しているページは「コンテンツページ」と言います。
　各ページは、マスターページにより定義される全体デザイン/レイアウトおよび、全ページ共通で表示する各コントロールと、コンテンツページに含まれるページ内容が組み合わされ、1つのWebページとして提供されます。

SharePointには標準でいくつかのマスターページが用意されており、クラシックサイトで利用できるものとしてseattle.masterとoslo.masterの2種類があります。既定で適用されているマスターページはseattle.masterです。

seattle.master

oslo.master

マスターページに含まれる内容

```
1   <%@Master language="C#"%>
2   <%@ Register Tagprefix="SharePoint" Namespace="Microsoft.SharePoint.WebControls" Assembly="Microsoft.SharePoint, Versi
3   <%@ Import Namespace="Microsoft.SharePoint.ApplicationPages" %>
4   <%@ Register Tagprefix="WebPartPages" Namespace="Microsoft.SharePoint.WebPartPages" Assembly="Microsoft.SharePoint, Ve
5   <%@ Register TagPrefix="wssuc" TagName="Welcome" src="~/_controltemplates/15/Welcome.ascx" %>
6   <!DOCTYPE html PUBLIC "-//W3C//DTD XHTML 1.0 Strict//EN"
7       "http://www.w3.org/TR/xhtml1/DTD/xhtml1-strict.dtd">
8   <SharePoint:SPHtmlTag dir="<%$Resources:wss,multipages_direction_dir_value%>" ID="SPHtmlTag" runat="server" >
9   <head runat="server">
10      <meta name="GENERATOR" content="Microsoft SharePoint" />
11      <meta http-equiv="Content-type" content="text/html; charset=utf-8" />
12      <SharePoint:IECompatibleMetaTag runat="server" />
13      <meta http-equiv="Expires" content="0" />
14      <SharePoint:SPPinnedSiteTile runat="server" TileUrl="/_layouts/15/images/SharePointMetroAppTile.png" TileColor="#0
15      <SharePoint:RobotsMetaTag runat="server" />
16      <SharePoint:PageTitle runat="server">
17          <asp:ContentPlaceHolder id="PlaceHolderPageTitle" runat="server">
18              <SharePoint:ProjectProperty Property="Title" runat="server" />
19          </asp:ContentPlaceHolder>
20      </SharePoint:PageTitle>
21      <SharePoint:SPShortcutIcon runat="server" IconUrl="/_layouts/15/images/favicon.ico?rev=44" />
22      <SharePoint:StartScript runat="server" />
23      <SharePoint:CssLink runat="server" Version="15"/>
24      <SharePoint:ScriptLink language="javascript" name="core.js" OnDemand="true" runat="server" Localizable="false" />
25      <SharePoint:ScriptLink language="javascript" name="menu.js" OnDemand="true" runat="server" Localizable="false" />
26      <SharePoint:ScriptLink language="javascript" name="callout.js" OnDemand="true" runat="server" Localizable="false"
27      <SharePoint:ScriptLink language="javascript" name="sharing.js" OnDemand="true" runat="server" Localizable="false"
28      <SharePoint:ScriptLink language="javascript" name="suitelinks.js" OnDemand="true" runat="server" Localizable="fals
29      <SharePoint:CustomJSUrl runat="server" />
30      <SharePoint:SoapDiscoveryLink runat="server" />
31      <SharePoint:AjaxDelta id="DeltaPlaceHolderAdditionalPageHead" Container="false" runat="server">
32          <asp:ContentPlaceHolder id="PlaceHolderAdditionalPageHead" runat="server" />
33          <SharePoint:DelegateControl runat="server" ControlId="AdditionalPageHead" AllowMultipleControls="true" />
34          <asp:ContentPlaceHolder id="PlaceHolderBodyAreaClass" Visible="true" runat="server" />
35      </SharePoint:AjaxDelta>
36      <SharePoint:CssRegistration Name="Themable/corev15.css" runat="server" />
37  </head>
38  <body>
39      <SharePoint:ImageLink runat="server"/>
40      <SharePoint:SPNoScript runat="server"/>                         ※中略・右略
        }
529         <SharePoint:AjaxDelta id="DeltaPlaceHolderMain" BlockElement="true" IsMainContent="true" runat="server">
530             <asp:ContentPlaceHolder id="PlaceHolderMain" runat="server" />
531         </SharePoint:AjaxDelta>
532     </div>
533     <SharePoint:AjaxDelta id="DeltaFormDigest" BlockElement="true" runat="server">
534         <asp:ContentPlaceHolder id="PlaceHolderFormDigest" runat="server">
535             <SharePoint:FormDigest runat="server" />
536         </asp:ContentPlaceHolder>
537     </SharePoint:AjaxDelta>
538 </asp:ContentPlaceHolder>
539 <asp:ContentPlaceHolder id="PlaceHolderSiteName" runat="server" Visible="false" />
540 <asp:ContentPlaceHolder id="PlaceHolderHorizontalNav" runat="server" Visible="false" />
541 <asp:ContentPlaceHolder id="PlaceHolderPageImage" runat="server" Visible="false" />
542 <asp:ContentPlaceHolder id="PlaceHolderTitleLeftBorder" runat="server" Visible="false" />
543 <asp:ContentPlaceHolder id="PlaceHolderMiniConsole" runat="server" Visible="false" />
544 <asp:ContentPlaceHolder id="PlaceHolderTitleRightMargin" runat="server" Visible="false" />
545 <asp:ContentPlaceHolder id="PlaceHolderTitleAreaSeparator" runat="server" Visible="false" />
546 <asp:ContentPlaceHolder id="PlaceHolderNavSpacer" runat="server" Visible="false" />
547 <asp:ContentPlaceHolder id="PlaceHolderLeftNavBarBorder" runat="server" Visible="false" />
548 <asp:ContentPlaceHolder id="PlaceHolderBodyLeftBorder" runat="server" Visible="false" />
549 <asp:ContentPlaceHolder id="PlaceHolderBodyRightMargin" runat="server" Visible="false" />
550 <asp:ContentPlaceHolder id="PlaceHolderTitleAreaClass" runat="server" Visible="false" />
551 <asp:ContentPlaceHolder id="PlaceHolderGlobalNavigation" runat="server" Visible="false" />
552 <asp:ContentPlaceHolder id="PlaceHolderGlobalNavigationSiteMap" runat="server" Visible="false" />
553 <asp:ContentPlaceHolder id="WSSDesignConsole" runat="server" Visible="false" />
554         </div>
555 <%@ Register TagPrefix="wssuc" TagName="HelpPanel" src="~/_controltemplates/15/HelpPanel.ascx" %>
556 <SharePoint:AjaxDelta id="DeltaHelpPanel" runat="server"><div id = "helppanelCntdiv" class="ms-Help-PanelContainer"><
557 <SharePoint:AjaxDelta id="DeltaPageInstrumentation" runat="server"><SharePoint:FlightedContent runat="server" ExpFea
558     <SharePoint:PageInstrumentationControl runat="server" Id="PageInstrumentationControl" /></SharePoint:Flighted
559 </SharePoint:PageForm>
560 <SharePoint:AjaxDelta id="DeltaPlaceHolderUtilityContent" runat="server">
561     <asp:ContentPlaceHolder id="PlaceHolderUtilityContent" runat="server" />
562 </SharePoint:AjaxDelta>
563 <SharePoint:ScriptBlock runat="server">
564     var g_Workspace = "s4-workspace";
565 </SharePoint:ScriptBlock>
566 </body>
567 </SharePoint:SPHtmlTag>
```

seattle.master

マスターページは.master拡張子のファイルであり、HTMLにより定義された共通デザイン、レイアウトに加えてASP.NETコードにより定義された各コントロールが含まれています。

@Masterディレクティブ	マスターページファイル宣言
@Registerディレクティブ	プレフィックスを関連付けてSharePointコントロールを登録
@Importディレクティブ	名前空間のインポート
HTMLコード	ページで利用するHTML構造を定義
<asp:から始まるタグ	ASP.NETコントロール
<SharePoint:から始まるタグ	各SharePointコントロール

マスターページより参照しているCSSファイル

マスターページ内には全体デザインおよびレイアウトに加えて、SharePointページ内に含まれる各コントロール要素がHTMLコードとASP.NETコード（SharePointコード）により定義されています。多数のCSSファイルが既定でSharePointページに適用されますが、主要なスタイルはcorev15.cssを利用しています（seattle.masterの場合）。

マスターページ内に含まれている<SharePoint:CssRegistration Name="Themable/corev15.css" runat="server" />によりCSSファイルへの参照が定義されています。corev15.cssは各サイト内に保存されているわけではなく、サーバー上のSharePoint 16フォルダー以下（¥TEMPLATE¥LAYOUTS¥1041¥STYLES）に格納され、全サイト共通で利用しています。そのため、このファイル自体の編集は基本行いません（SharePoint Onlineにおいては不可能）。

この章の「4　代替CSSによるカスタマイズ」で詳細に解説しますが、CSSをカスタマイズする際は別途CSSファイルを作成し、それをサイトに適用する方法を利用します。またcorev15.css内には、/* [ReplaceFont(themeFont:"body")] */や/* [ReplaceColor(themeColor:"PageBackground")] */という形式のコメントが多く含まれています。[外観の変更]から、テーマ（構成済みの外観）を適用すると、このコメント直後のCSS属性の値が変更されるしくみとなっています。

マスターページ内のコンテンツプレースホルダー

マスターページとコンテンツページはContentPlaceHolderコントロールを利用して、内容を連動しています。マスターページ内にはContentPlaceHolderコントロールが複数配置されており、このコントロール内に定義された内容は、各コンテンツページ側で上書きできるしくみです。各ContentPlaceHolderコントロールにはIDが付与され、コンテンツページ側ではこのIDを利用してContentPlaceHolderコントロールで指定された領域内のコンテンツ内容を定義しています。

● seattle.master内の主なContentPlaceHolderコントロール

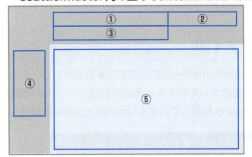

番号	ID	マスターページでの既定の内容
①	PlaceHolderTopNavBar	グローバルナビゲーション
②	PlaceHolderSearchArea	検索ボックス
③	PlaceHolderPageTitleInTitleArea	サイトタイトル、ページタイトル
④	PlaceHolderLeftNavBar	サイドリンクバー
⑤	PlaceHolderMain	空白

マスターページ内で、各ページ内容を表示するための領域は**PlaceHolderMain**というIDのContentPlaceHolderコントロールで指定されており、既定で内容は空白となっています。上図では⑤の領域の部分です。

・マスターページ内

```
526    <SharePoint:AjaxDelta id="DeltaPageStatusBar" BlockElement="true" runat="server">
527        <div id="pageStatusBar"></div>
528    </SharePoint:AjaxDelta>
529    <SharePoint:AjaxDelta id="DeltaPlaceHolderMain" BlockElement="true" IsMainContent="true" runat="server">
530        <asp:ContentPlaceHolder id="PlaceHolderMain" runat="server" />
531    </SharePoint:AjaxDelta>
532 </div>
```

・コンテンツページ内

```
<asp:Content ContentPlaceHolderId="PlaceHolderMain" runat="server">

    ページ内容


</asp:Content>
```

ヒント

ダウンロード最小化戦略とマスターページ

ダウンロード最小化戦略は、サイト内で現在開いているページから次のページに移動する際に、必要な部分のみをレンダリングすることで、クライアント環境でのデータダウンロード量を削減し、それによりページのロード時間を減らすための機能です。各サイト単位で［サイト機能の管理］よりアクティブ化／非アクティブ化設定が行えます。

この機能に関する定義もマスターページ内に含まれており、ダウンロード最小化戦略が利用されているサイトでは、<SharePoint:AjaxDeltaタグで囲まれた内容が、ページレンダリング時に更新され、そうではないContentPlaceHolderコントロール内の内容は更新されないしくみです。

発行ページとページレイアウト

　ページレイアウトは、発行ページで利用するページ内容のテンプレートです。発行ページ作成時や、発行ページの編集時に選択でき、既定で複数のページレイアウトが用意されています。またカスタムページレイアウトの作成も可能です。

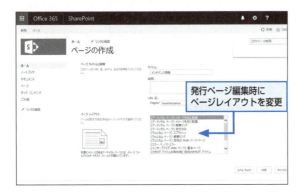

[イメージを右に配置] ページレイアウトを使用　　　　　[本文のみ] ページレイアウトを使用

選択したページレイアウトによって、内容部分のレイアウトが変更される

　ページレイアウトは、複数のページで、一貫性のあるレイアウトおよびデザインを利用してコンテンツを表示するために利用します。同じページレイアウトを利用しているページは、内容部分のレイアウト構造は同様となります。

2 サイトデザインカスタマイズ方法の種類

SharePointサイトのデザインを変更する方法は複数あります。どのようなことを実現したいかにより、ふさわしいカスタマイズ方法の選択が求められます。またカスタマイズを行わなくても、設定により変更できる内容も一部あるため、まずはカスタマイズが必要かどうかを検討し、次にカスタマイズニーズに応じた方法を選んでください。

設定ベースで行えるデザイン変更

画面デザインの一部は、設定により変更が可能です。設定で変更できる要素は下記のとおりです。ここで解説する設定内容以外について、デザイン変更を行いたい場合にはカスタマイズが必要です。

- ロゴ画像の変更

ロゴ画像ファイルを用意し、サイトごとにロゴ画像を変更できます。

サイトの設定画面内の［タイトル、説明、ロゴ］メニューより設定できます。

- ［外観の変更］機能による色合いとレイアウトの変更

　［外観の変更］機能により、全体の色合い/レイアウト/背景画像の指定/フォント種類の変更によるデザイン編集が行えます。サイトの設定画面内の［外観の変更］メニューより設定でき、構成済みの外観（次図）一覧より選択した内容をサイトに適用できます。

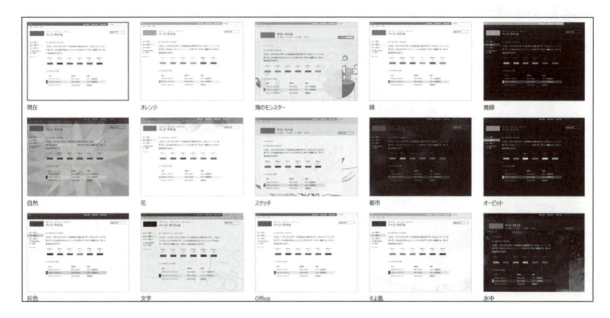

　また構成済みの外観を選択してサイトに適用するだけではなく、背景画像や色、レイアウトを選択したデザインの指定も行えます。

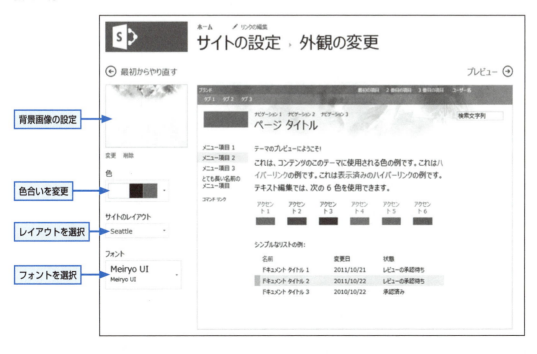

レイアウトは、seattle、oslo（標準で用意されているマスターページ）から選択できます。また選択できる色は既定で30パターンほどカラーパレットが用意されています。
　カラーパレットは、各要素に適用したい色を.spcolor（XML形式のファイル）として定義することで、追加も可能です。作成した.spcolorファイルはサイトコレクションのテーマギャラリー内の［15］フォルダー以下に保存することで、外観の変更画面より利用できるようになります。

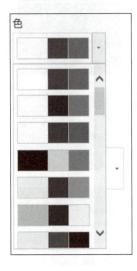
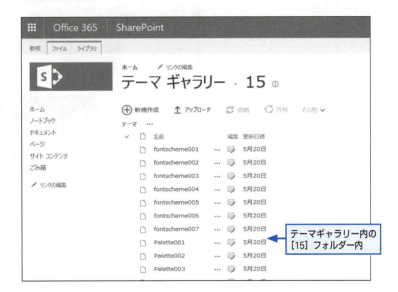

テーマギャラリー内の［15］フォルダー内

　.spcolorファイルの作成は、SharePoint Color Palette Toolを利用することでGUI画面を利用して行えます。各要素に対する色を指定し、.spcolorファイルとして保存が行える便利なツールです。

• **SharePoint Color Palette Tool**

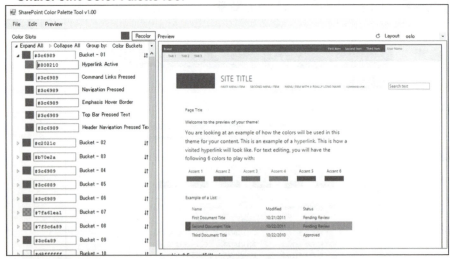

マイクロソフトのダウンロードセンターより利用できます。
https://www.microsoft.com/en-us/download/details.aspx?id=38182
※フォントの追加も.spfontファイルにより行えます。また構成済みの外観（背景画像/色/レイアウト/フォント指定の組み合わせ）として登録することも可能です。

既定のレイアウト（seattle もしくは oslo）に対する変更ニーズがなく、サイトの各要素に対する色のみの変更を行いたい場合、カラーパレットの定義まで活用することで、カスタマイズを行うことなく外観の変更にて対応できます。

- **Office 365 のカスタムテーマ**

Office 365 でのみ提供されている機能です。

スイートバーの背景色、文字色、アクセントカラーの指定、および中央部に画像を利用したリンクを表示する設定が行えます。スイートバーは SharePoint Online だけではなく、Office 365 の全画面で共通です。

Office 365 管理センターにて、[組織のプロファイル] カテゴリにある [組織用のカスタムテーマの管理] より設定できます。

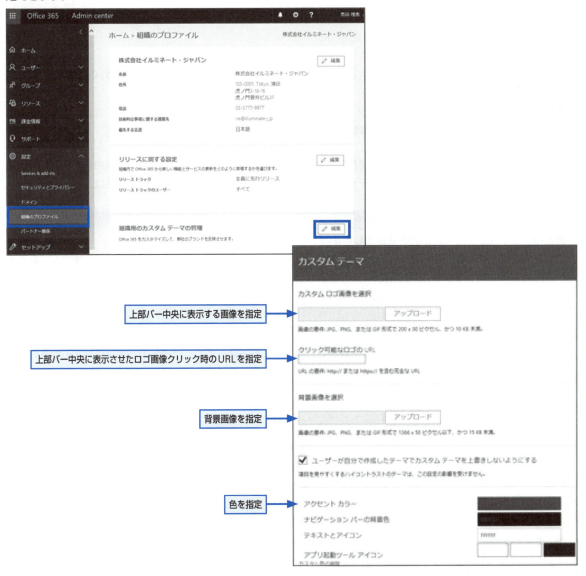

サイトの全体デザインに対するカスタマイズ

サイトデザインのブランディングが必要など、サイト全体に適用するデザインに対して変更を加えたい場合に、どのようなカスタマイズ方法があるか確認しましょう。

たとえば次のような内容を実現したい場合です。

- **全体レイアウトの変更**
  例：サイドリンクバーは必要ない、コンテンツ表示領域の位置変更や幅調整、サイトタイトル表示エリアの高さ調整など
- **各コントロールの表示デザイン変更**
  例：サイトロゴ、サイトタイトル、グローバルナビゲーション、現在のナビゲーションに対するデザイン変更
- **フッターの追加**
- **動作の追加**
  例：グローバルナビゲーションや現在のナビゲーションの各リンクに対して折りたたみや、ホバー動作を追加したいなど
- **表示内容に対するセキュリティトリミング**
  例：スイートバーやリボンの内容を閲覧権限で利用する場合には非表示としたいなど

このような内容は、特定のページにのみ適用してもあまり意味がなく、サイト全体（サイト内の全ページ）で適用したいカスタマイズ内容と言えます。全体デザインに対する変更が行える主なカスタマイズ方法は、次のとおりです。

代替 CSS によるカスタマイズ

既定のデザインに、カスタム CSS を追加します。

この方法で実現できるデザインニーズは多くありますが、CSS の範疇を超えたカスタマイズは行えません。たとえば、HTML 構造に対する変更や、JavaScript が必要な動作の追加は、この方法では実現できません。

作成したカスタム CSS は代替 CSS の設定により、サイト全体に適用できます。

ユーザーカスタムアクションを利用した JavaScript の組み込み

デザイン操作を行う JavaScript ファイルを作成し、サイトに組み込みます。サイトの各要素に対する動作の追加や、HTML 要素の追加など JavaScript 操作にてデザイン変更を行います。

作成した JavaScript ファイルを、サイト内の全ページに適用させるためには、ユーザーカスタムアクションを利用します。

マスターページのカスタマイズ

マスターページに対するカスタマイズにより、HTML 構造の変更やカスタム CSS、カスタム JavaScript の組み込みを伴うデザインカスタマイズが行えます。また SharePoint コントロールの 1 つであるセキュリティトリムコントロールをマスターページに含めることで、権限に応じた表示切り替えもデザイン内に含められます。

デザインマネージャーを利用し、事前に用意した HTML デザインをベースにしたマスターページ作成も可能であるため、サイトデザインを大幅に変更できるカスタマイズ方法です。

特定のコンテンツ表示に対するカスタマイズ

サイト全体に対するデザイン変更ではなく、特定のページや、特定のコンテンツに対する場合においても、デザインカスタマイズ方法は複数あります。
この場合、変更対象により方法を選択します。

カスタムページレイアウトの作成

発行ページで利用されるページレイアウトはカスタム作成が可能です。コンテンツエリア内のレイアウト構造を自由に定義するために利用します。また全体デザインに対するカスタマイズニーズと言える、フッター追加やJavaScriptの組み込みについても、ページレイアウトを作成することで、発行ページに対しては対応できます。

JSリンクによるアイテム表示のカスタマイズ

JSリンクとは、SharePointのクライアントサイドレンダリングにより、リストの表示形式をカスタマイズする方法です。リストやライブラリ内のアイテムの一覧表示形式（ビュー）や、各フォームのデザイン変更に利用します。

ページに対するCSS、JavaScriptの追加

既定のデザインを変更するためのカスタムCSSやカスタムJavaScriptを作成し、コンテンツエディターWebパーツやスクリプトエディターWebパーツを利用して特定のページに対する適用が行えます。
サイト内のすべてのコンテンツをデザイン変更の対象にできます。

表示テンプレートによる検索表示のカスタマイズ

検索画面やコンテンツ検索Webパーツの表示形式は、表示テンプレートによって定義されています。表示テンプレートを作成することでこれらの画面に対するデザイン変更が行えます。

> クエリ結果Webパーツの表示形式についてもカスタマイズ可能です。以前のバージョンのSharePointと同様であるため本書では触れませんが、XSLTテンプレートの定義、および.webpartファイルの編集によりカスタマイズが可能です。

3 デザインカスタマイズ時に考慮すべきこと

SharePointではポータル、ドキュメント管理、データ管理、検索などのさまざまな機能を組み合わせたサイトを提供できます。また利用シナリオの多くは、「ポータルサイト」もしくは「チームサイト」のどちらかに分類されるでしょう。情報を見やすく発信することを目的とした「ポータルサイト」と、チームメンバー間でファイル共有やデータ管理を行うことを主な目的とした「チームサイト」では、サイト内に必要な機能も違えば、求められるデザインレベルも異なります。ポータルサイトとして利用している場合は、デザイン面も含めてサイトの要件になりやすく、また求められるデザインニーズも「組織に合わせてブランディングしたサイトデザインにしたい」「最近のトレンドを取り入れたデザインにしたい」「SharePointには見えないデザインにしたい」等、全体デザインに対する大幅な変更を伴うものになりがちです。対してチームサイトの場合は、デザインに対する変更を求められるケースは比較的少ないと言えます。サイト全体のデザインよりも、「特定の機能を使いやすい画面にしたい」「共有しているデータを見やすくしたい」といった特定のコンテンツに対するデザイン変更を求められることの方が多いのではないでしょうか。

サイトデザインのカスタマイズは、この章の「2　サイトデザインのカスタマイズ方法の種類」で解説したとおり、サイト内のどの部分を変更したいのかによりますが、同じレベルのデザインを実現する場合にも、カスタマイズ方法が複数存在するケースがあります。たとえば、全体デザインをカスタマイズしたい場合にも、代替CSS/JavaScriptの組み込み/マスターページのカスタマイズと3種類のカスタマイズ方法があります。具体的にどのようなデザインを実現しなければいけないかによって、選択する方法は異なりますが、利用しているSharePoint環境にふさわしいやり方であるかという点も考慮が必要です。

「サイト内のどの部分を、どのように変更したいのか」および「利用しているサイト環境に合った方法かどうか」を併せて検討したうえでカスタマイズ方法を決定してください。また当然のことですが、実現したい内容にカスタマイズ方法が複数存在する場合、できる限り実装の手間が少ない方法、もしくは軽量な方法を選択すべきです。

全体デザインのカスタマイズを行う場合

SharePointサイトはマスターページにより全体デザインが定義されています。しかし全体デザインに対するカスタマイズを行いたい場合、マスターページのカスタマイズは最適な方法ではありません。逆に可能な限りマスターページのカスタマイズは避け、他の方法での実現を目指すことをお勧めします。

マスターページは製品アップデートの対象となるファイルです。またSharePointサイトに必要な各コントロールや、各ページ内のコンテンツが表示されるContentPlaceHolderコントロールなど、サイトが動作するために必要なさまざまな定義や処理が組み込まれているため、アップデートの影響を受けやすいものだとも言えます。

以前のバージョンのSharePoint Serverにおいてもマスターページに対するカスタマイズは、可能な限り避けるべきと言え、製品バージョンアップの際にはそのカスタマイズ内容がアップデートに対応できない点が大きな理由でした。現在のSharePointでは、アップデートの頻度が以前のバージョンよりも多いため、マスターページに対するカスタマイズを避けるべき要因はさらに増しています。SharePoint Onlineは特にそうだと言えます。クラウドサービスであるため、常にクラウド側でアップデートが行われることを考慮しなければいけません。機能が次々とロールアウトされていく中で、新機能の追加/既存機能の変更に伴い、マスターページに対する変更が行われる可能性もあります。SharePoint Server 2016の場合も、Feature Packの適用により同様のことは考えられます。

アップデートによりマスターページに対する変更が行われた場合、その対象となるのは製品標準のマスターページのみです。カスタムマスターページは対象になりません。スクラッチで作成したカスタムマスターページはもちろん、製品標準のseattle.masterのコピーを作成してカスタマイズしている場合も、seattle.masterを直接上書きしてい

る場合も、そのファイルはアップデート対象にはなりません。

　カスタマイズを行ったマスターページはコンテンツデータベース内に保存されます。変更を一切行っていない製品標準のマスターページは、マスターページギャラリー内に入っているように見えますが、実際にはサーバーのファイルシステム上に格納されています。アップデートの対象となるのは、サーバーのファイルシステム上にあるマスターページのみです。seattle.masterを直接上書きするカスタマイズを行った場合にも、アップデート対象外となるのはこのためです。

　もちろんSharePoint Onlineに対するすべてのアップデートで、マスターページに対する変更が発生しているわけではありません。しかしOffice 365のロードマップから確認できるように、アップデート自体はかなり頻繁に行われています。インパクトをできるだけ最小限に留めるためには、マスターページのカスタマイズはできるだけ避けた方がよいと言えます。ただしマスターページ以外のカスタマイズ方法を選択していれば、アップデートに対する影響がまったくないと言えるわけでもありません。たとえばマスターページはカスタマイズせず、CSSやJavaScript追加によるデザイン変更を行っている際にも、ページのDOM構造や各HTML要素のID、また適用されている標準CSSのクラス名が変更されるようなアップデートが発生した場合は、それらをふまえた上で記述するカスタムCSSやカスタムJavaScriptが動作しなくなる可能性はあります。アップデートにより追加された新機能が利用できない、変更された機能が正しく動作しない、という一番インパクトが大きい影響を受けてしまう可能性があるのが、マスターページのカスタマイズだということです。

　理論的には、アップデート後のマスターページ内容を解析し、もし変更がされていた場合に、その変更内容をカスタムマスターページにも反映することで対応は可能です。しかしアップデートのたびに、マスターページ内容を解析し、変更があるかどうか、またどの部分が変更点であるかをチェックして、それをカスタムマスターページ内に組み込み、動作確認をしなければいけないという運用コストはあまり現実的とは言えません。SharePoint Server 2016の場合、Feature Packの適用はコントロール可能であるため、SharePoint Onlineよりもマスターページのカスタマイズを避けるべき理由は少ないと言えますが、将来的なメンテナンスをできるだけ少なくするためにも可能な限り避けた方がいい点は同様です。

　サイトの全体デザイン変更が必要な場合、まずは代替CSSやJavaScriptの組み込み、また発行サイトの場合はカスタムページレイアウト等、マスターページ以外の方法で実現できないかどうかを検討します。サイトブランディング時に求められる多くの要素はこれらの方法でも実現可能です。

SharePoint Onlineではスイートバーのカスタマイズはしない

　SharePoint Online環境でサイトのデザインカスタマイズを行う場合、スイートバーに対する変更は基本的に行いません。スイートバーはSharePoint Onlineのみで利用しているわけではなくOffice 365全体で利用されていることが理由です。SharePoint Online側でカスタマイズしたとしても、Office 365により提供されるその他の画面（メール、予定表、Delveなど）を開いた場合には、SharePoint Onlineのしくみを利用して行ったカスタマイズ内容はもちろん適用されません。スイートバーに対する変更は、Office 365管理センターから行える設定内容のみに留めておくことが賢明です。

モダンサイトでのデザインカスタマイズ

　モダンサイトは、さまざまなデバイスに対応できる完全なレスポンシブデザインであることや、高い応答性を持つデザインを既定で提供します。クラシックサイトとはしくみが異なるため、デザインカスタマイズ時に行える点も違います。下記はモダンサイトでは利用できないデザインカスタマイズ方法です。

● **ページレイアウト**

　ページレイアウトは、クラシックサイトでのみ利用可能である発行ページで使うものです。モダンサイトでのレイアウト変更は、既定で複数のレイアウトオプションが提供されています。

● **代替CSS、カスタムマスターページ**

　代替CSS設定、カスタムマスターページは、クラシックサイトでのみ利用できる機能です。モダンサイトでは現在、同様のブランディング機能は提供されていません。今後のアップデートにより、SharePoint Frameworkの機能として提供される予定です。

● **JavaScriptの組み込み**

　ユーザーカスタムアクションによるScriptBlockの組み込み、ページ内へのJavaScript追加ともに、モダンサイトでは現在サポートされていません。モダンサイトはスクリプト機能が無効となっています。
　第8章で解説するSharePoint Frameworkを利用し、クライアントサイドWebパーツの作成により代替します。

これは本書執筆時の内容です。今後のアップデートにより変更される可能性があります。

4 代替CSSによるカスタマイズ

　マスターページ内には全体デザインやレイアウト、各コントロール要素がHTMLコードとASP.NETコードにより定義されています。多数のCSSファイルが既定でSharePointページに適用されますが、主なスタイルはcorev15.cssを利用しています（seattle.masterの場合）。既定で利用されているCSSファイルに定義されているスタイルをオーバーライドして独自のCSSファイルを作成し、サイトに適用することで全体デザインのカスタマイズが行えます。カスタムCSSファイルをサイトに対して適用する設定を「代替CSS」と言います。

　SharePointの既定デザインが提供するHTML内容を解析し、CSSを記述することでカスタマイズを行います。そのためこのカスタマイズ方法では特別なSharePoint開発技術を必要としません。HTML、CSSが扱えるWeb編集レベルのスキルで行えます。既定デザインで提供されるHTML内容（各要素のID名や適用される標準CSSクラス名）が、製品アップデートにより変更された場合、カスタマイズ内容が動作しなくなり、再度CSS編集が必要となる可能性についても考慮が必要ですが、必要とされるスキルや内容ともに、比較的手軽かつ軽量なカスタマイズであるため、全体デザイン変更に適した方法だと言えます。

代替CSSによるカスタマイズ方法

　代替CSSによる全体デザインのカスタマイズは、下記のように行います。またサイト管理者権限が必要です。

1. HTML内容の解析

　SharePointの既定デザインが提供するHTML内容より、デザイン変更を行いたい箇所のHTML内容や各要素のID、適用されているCSSクラス名を確認します。ブラウザーの開発者ツールが便利です。Windows環境の場合、F12キーを押すと表示されます。

> 下記の操作解説はInternet Explorerを利用しています。

◆開発者ツールを開く
SharePointサイトを開き、F12キーを押して開発者ツールを開きます。

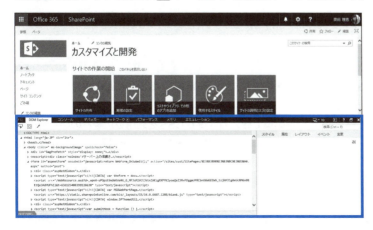

> ブラウザーの［ツール］－［F12開発者ツール］をクリックする操作や、画面上を右クリックして［要素の検査］をクリックする操作でも開けます。

◆ [DOM Explorer] ツールの利用

表示しているページのHTMLとCSS内容を確認できます。[要素の選択] および [DOM要素の強調表示] を選択しておくと、変更したい箇所のHTMLを見つけやすくなります。

[要素の選択]	マウスカーソルを当てたHTML要素をハイライトし、クリックすることでDOM Explorer内で、該当コード位置へ移動
[DOM要素の強調表示]	ソースコード内の選択した内容を、画面上でハイライト表示

また選択しているHTML要素の階層は、下部に階層リンクとして表示されます。選択したHTML要素に適用されているCSS内容は [スタイルウィンドウ] 内で確認します。

[要素の選択]、[DOM要素の強調表示] はトグルボタンです。再度利用する際にはもう一度クリックして選択します。

2. 解析した内容を基に、既定のデザインをオーバーライドするCSSファイルを作成

開発者ツールで内容を確認しながらカスタムCSSファイルを作成します。任意のCSSファイルの編集ツールを利用ください。テキストエディターでもかまいません。

開発者ツール内のスタイルウィンドウ内で直接CSS内容を編集でき、カスタムCSSを適用した場合の結果を確認しながらCSSファイルの作成作業が行えます。変更したいHTML要素のIDやCSSクラス名を利用し、デザインを変更するためのCSSを記述します。

◆ 例

サイトタイトルのHTML要素およびCSSを確認し、スタイルウィンドウでCSSを編集し、結果を確認（次図は背景色の追加、フォントカラーの変更を行った例です）。

第2章　SharePointサイトデザインのしくみとカスタマイズ

開発者ツール内で追加したCSSはサイトに適用されているわけではありません。編集結果がプレビューされています。開発者ツールを閉じ、ページをリロードすると元の状態に戻ります。

このように編集作業を重ねた後、スタイルウィンドウの［変更］タブ内で編集したCSS内容のすべてを確認できます。

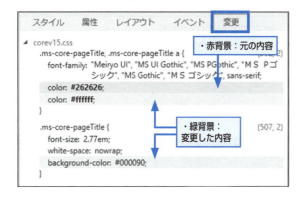

編集したスタイル内容を記述したCSSファイルを作成し、ローカルPC上に保存します（次図は背景色の追加、フォントカラーの変更を行った例です）。

```
.ms-core-pageTitle{
  background-color:#000090;
}

.ms-core-pageTitle, .ms-core-pageTitle a{
  color:#ffffff;
}
```

ヒント

メモ帳でのCSSファイル保存

メモ帳（テキストエディター）を利用している場合、CSSファイルとして保存する際に、ファイルの種類を［すべてのファイル］を選択し、ファイル名は拡張子を含めて指定します。また文字モードはUTF-8を選択します。

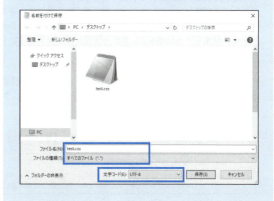

3. 代替CSSによりサイトに適用

作成したCSSファイルをサイト内に保存し、代替CSS設定を利用してサイトに適用します。

代替CSS設定をサイトの設定画面から行う場合、事前にサイト機能である[SharePoint Server発行機能]のアクティブ化が必要です。

❶
作成したCSSファイルを、サイト内の任意のライブラリ内に保存する。
● 例：[サイトのリソースファイル] ライブラリなど。

❷
[設定] メニューより [サイトの設定] をクリックする。

❸
サイトの設定画面より [マスターページ] をクリックする。
※サイトの設定画面内に、[マスターページ] メニューが表示されない場合は、サイト機能 [SharePoint Server発行機能] がアクティブ化されていないため、アクティブ化する。

❹
[代替CSSのURL] で [このサイト、およびこのサイトを継承するすべてのサイトで使用されるCSSファイルを指定する] を選択し、[参照] よりサイト内に保存したCSSファイルを指定して、[OK] をクリックする。

❺
サイトにCSSファイルが適用される。サイト内のすべてのページにカスタムCSS内容が適用される。
※モダンUIを利用しているリストやライブラリは除く。

ヒント

サイト機能 [SharePoint Server発行機能] のアクティブ化

代替CSSの設定を行うために利用する[マスターページ]設定画面は、サイト機能である[SharePoint Server発行機能]がアクティブ化されているサイトでのみ利用できます。

またサイト機能[SharePoint Server発行機能]を各サイトでアクティブ化設定を行うためには、前提条件として、該当サイトコレクションに対して、サイトコレクション機能[SharePoint Server発行インフラストラクチャ]がアクティブ化されている必要があります。設定を行う担当者が、サイト管理者である場合（サイトコレクション管理者権限を持たない）、該当サイトコレクションの管理者に設定を依頼する必要があります。

・**サイトコレクション機能：サイトコレクション管理者が設定可能**
トップレベルサイトの、サイトの設定画面で、[サイトコレクションの管理] セクション内の [サイトコレクションの機能] をクリックします。

[SharePoint Server発行インフラストラクチャ] をアクティブ化します。

- **サイト機能：サイト管理者が設定可能**
サイトの設定画面で、[サイトの操作] セクション内の [サイト機能の管理] をクリックします。

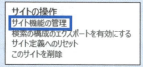

[SharePoint Server 発行機能] をアクティブ化します。

> **ヒント**
>
> **サイト機能 [SharePoint Server 発行機能] のアクティブ化が行えない場合**
>
> サイト機能である [SharePoint Server 発行機能] のアクティブ化が行えない場合、GUI画面での設定は行えません。その場合クライアントAPIを利用して、代替CSSをサイトに適用可能です。
> 下記はJavaScriptで代替CSS設定を行うためのサンプルコードです。任意のページ内にスクリプトエディターWebパーツを利用して挿入して実行ください。実行にはサイト管理者権限が必要です。
> スクリプトエディターWebパーツの利用方法は第3章で解説しています。
>
> [代替CSS設定] [代替CSS設定 解除]
>
> ```
> <input type="button" onclick="setCSS('CSSファイルのURLパス')" value='代替CSS設定' />
> <input type="button" onclick="setCSS('')" value='代替CSS設定 解除' />
>
> <script>
> function setCSS(csspath){
>   var ctx = new SP.ClientContext.get_current();
>   var web= ctx.get_web();
>   web.set_alternateCssUrl(csspath);
>   web.update();
>   ctx.executeQueryAsync(
>       function(sender, args){
>           alert("設定変更しました");window.location.reload(); },
>       function(sender, args){ alert("エラー " + args.get_message());}
>   );
> }
> </script>
> ```

CSSにより実現できるデザイン

　CSSで実現できるレベルのカスタマイズが可能です。次のような内容がCSSでは実現できないカスタマイズ例です。

- **クリック、ホバー等のユーザー操作時の動作追加**
　CSSではクリック、ホバー等のユーザー操作時にスタイル変更を行うことはできますが、アコーディオンやタブ切り替えのような動作を追加することはできません。CSSで定義が行えない動作を追加したい場合は、JavaScriptによるカスタマイズが必要です。

- **全体デザインに存在しない要素の追加**
　全体デザイン内にフッター領域を追加する、サイトリンクバー下部に固定リンクを追加する等、既定のデザイン内に存在しない要素を追加することはCSSではできません。

JavaScriptにより動的に追加、発行ページにのみ適用できればよい場合はページレイアウトを作成、もしくはマスターページに対するカスタマイズのいずれかが必要な内容です。

- **既定デザインのHTMLレイアウト構造を、CSSで行えるレベルを超えてカスタマイズしたい場合**
  たとえば特定のdiv領域を非表示にする場合や、HTML要素の位置を右寄せから左寄せに変更するなどの場合であればCSSでカスタマイズ可能です。HTML要素の場所を大きく移動したい場合は、HTML編集が必要となるため、CSSのみでは行えません。
  この場合も、JavaScriptカスタマイズ、発行ページにのみ適用できればよい場合はページレイアウトを作成、もしくはマスターページに対するカスタマイズのいずれかが必要な内容です。

- **セキュリティトリミングを実現したい場合**
  サイトに対するアクセス権により、特定のデザイン内容を非表示にしたい場合、CSSのみでは実現できません。一番よくある例は、ポータルサイトとして利用した場合に、閲覧ユーザーにはリボン領域を非表示としたいといった内容です。
  この場合も、JavaScriptカスタマイズ、発行ページにのみ適用できればよい場合はページレイアウトを作成、もしくはマスターページに対するカスタマイズのいずれかが必要な内容です。

ヒント

既定デザインのHTML構造

既定のデザイン（seattleを利用の場合）、全体画面のHTML構造は次のようになっています（概要です）。

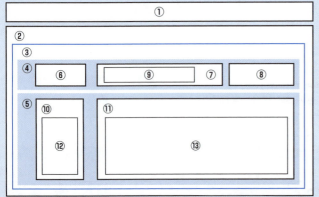

① div id="s4-ribbonrow"	リボン領域
② div id="s4-workspace"	全体
③ div id="s4-bodyContainer"	内容全体
④ div id="s4-titlerow"	ロゴ、サイトタイトル、グローバルナビゲーション、検索ボックスを含む領域
⑤ div id="contentRow"	サイドリンクバー、ページ内容を含む領域
⑥ div id="siteIcon"	サイトロゴを含む領域
⑦ div class="ms-breadcrumb-box ms-tableCell ms-verticalAlignTop"	サイトタイトル、グローバルナビゲーションを含む領域
⑧ div="ms-mpSearchBox ms-floatRight"	検索ボックスを含む領域
⑨ div class="ms-breadcrumb-top"	グローバルナビゲーションを含む領域
⑩ div id="sideNavBox"	サイドリンクバーを含む領域
⑪ div id="contentBox"	ページ内容を含む領域
⑫ div id="DeltaPlaceHolderLeftNavBar"	サイドリンクバーを含む領域
⑬ div id="DeltaPlaceHolderMain"	ページ内容を含む領域

代替CSSサンプル

下記はよくあるカスタマイズ内容に対するCSSサンプルです。

タイトルエリアの縦幅調整 / ロゴ画像サイズ調整

コンテンツエリアを広く利用するため、タイトルエリアの縦幅を狭く調整する例です。併せてサイトロゴの縦幅も調整しています。

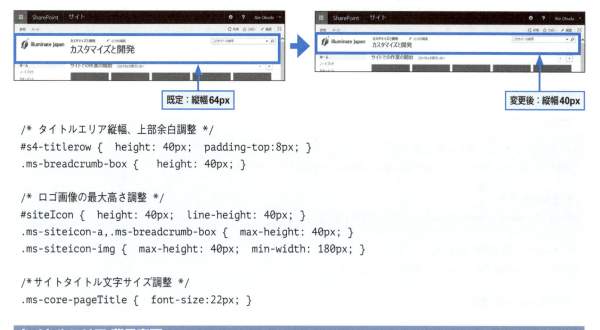

```
/* タイトルエリア縦幅、上部余白調整 */
#s4-titlerow  {  height: 40px;  padding-top:8px; }
.ms-breadcrumb-box {   height: 40px; }

/* ロゴ画像の最大高さ調整 */
#siteIcon  {  height: 40px;  line-height: 40px; }
.ms-siteicon-a,.ms-breadcrumb-box  {  max-height: 40px; }
.ms-siteicon-img {  max-height: 40px;  min-width: 180px; }

/*サイトタイトル文字サイズ調整 */
.ms-core-pageTitle {  font-size:22px; }
```

タイトルエリア 背景変更

タイトルエリアの背景を変更する例です。

```
/* タイトルエリア背景指定 */
#s4-titlerow  {  background: #EFF8FB;
  /* background-image: url("画像ファイルパス"); 背景に画像を指定する場合   */   }

/* タイトルエリア内の検索ボックスの背景 指定 */
.ms-srch-sb-border,.ms-srch-sb-borderFocused{  background-color: #ffffff; }
```

リボンタブの背景変更

リボンタブの背景を変更する例です。

```
/* リボンタブの背景 指定 */
#globalNavBox{  background-color:#CED8F6; }
```

スイートバーの背景変更（SharePoint Server のみ）

スイートバーの背景を変更する例です。SharePoint Online(Office 365) 環境では推奨されない内容であるため、SharePoint Server環境における例です。

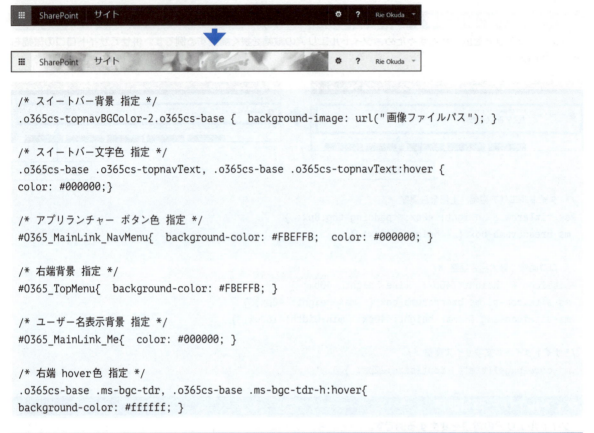

```
/* スイートバー背景 指定 */
.o365cs-topnavBGColor-2.o365cs-base {  background-image: url("画像ファイルパス"); }

/* スイートバー文字色 指定 */
.o365cs-base .o365cs-topnavText, .o365cs-base .o365cs-topnavText:hover {
color: #000000;}

/* アプリランチャー ボタン色 指定 */
#O365_MainLink_NavMenu{  background-color: #FBEFFB;  color: #000000; }

/* 右端背景 指定 */
#O365_TopMenu{  background-color: #FBEFFB; }

/* ユーザー名表示背景 指定 */
#O365_MainLink_Me{  color: #000000; }

/* 右端 hover色 指定 */
.o365cs-base .ms-bgc-tdr, .o365cs-base .ms-bgc-tdr-h:hover{
background-color: #ffffff; }
```

グローバルナビゲーションのデザイン変更①

グローバルナビゲーション（トップリンクバー）のデザイン変更例です。ルートリンク（自動的に表示される一番左のリンク）や［リンクの編集］メニュー、サイトタイトルを非表示としています。

```css
/* タイトル非表示 */
#pageTitle {  display: none; }


/* 余白調整 */
#contentRow{  padding-top:0px; }
#s4-titlerow{  padding-top:10px }


/* グローバルナビゲーションルートリンク 非表示 */
.ms-core-listMenu-horizontalBox li.static > a{  display: none !important; }


/*リンクの編集メニュー 非表示 */
.ms-listMenu-editLink {  display:none !important; }


/* グローバルナビゲーションデザイン変更 */
.ms-core-listMenu-horizontalBox li.static > ul a{  display: block !important; }
.ms-navedit-editLinksText > span > .ms-metadata,
.ms-core-listMenuEdit > tr > .ms-navedit-linkCell > .ms-core-listMenu-item{  color:white; }
.ms-core-listMenu-horizontalBox{
  width: 100%; margin: 5px 0px 0px 0px;background-color: #3742a6 }
.ms-core-listMenu-horizontalBox ul{  padding:1px 1px 1px 3px;}
.ms-core-listMenu-horizontalBox ul li {
  float:left;padding:0; margin:0px 0px 0px 5px;text-align:center; }
.ms-core-listMenu-horizontalBox li.static > .ms-core-listMenu-item{
  width:120px; border-left: 8px solid #E0F8F7;  background-color: #3742a6;
  padding: 3px 10px;font-weight:bold; text-decoration: none; color: #E1E2CF;
  margin: 5px 0px 0px 0px; text-align: left; font-size: 14px; }
.ms-core-listMenu-horizontalBox a.ms-core-listMenu-item:hover,
.ms-core-listMenu-horizontalBox a.ms-core-listMenu-selected.ms-core-listMenu-item:hover,
  a.ms-tv-item:hover, a.ms-tv-header:hover{
  border-left: 8px solid #E0F8F7;background-color: #006400;}


/* hoverで表示されるリンク スタイル */
.ms-core-listMenu-horizontalBox ul.dynamic {
  background-color: #fff;border: 1px solid #e5e5e5 !important;
  padding: 0 !important;width:140px !important;margin-left:10px;}
.ms-core-listMenu-horizontalBox ul.dynamic li {
  background-color: #fff !important;list-style:none; margin:0px;
  border-top: 1px solid #e5e5e5 !important;text-align:left;}
.ms-core-listMenu-horizontalBox ul.dynamic li a {  padding: 5px;width:130px; }
.ms-core-listMenu-horizontalBox ul.dynamic li a:hover {
  color: #fff !important;background-color:#006400;border:0px;width:130px; }
.ms-core-listMenu-horizontalBox ul.dynamic li:first-child {
  border-top: none !important;}
```

グローバルナビゲーションのデザイン変更②

　グローバルナビゲーション（トップリンクバー）のデザイン変更例です。サイトタイトルと位置を入れ替える内容を含みます。

```
/* グローバルナビゲーション全体 */
#pageTitle{   position:relative;top:-40px;font-size:24px;padding-left:5px;  }
.ms-breadcrumb-top{   background-color:#D8D8D8;position:relative;top:28px;  }
.ms-core-listMenu-horizontalBox li.static > .ms-core-listMenu-item{
  min-width:60px;text-align:center;  }

/*リンク 文字スタイル */
.ms-core-navigation li.static a:link, ul.root > li.static a:visited{
  font-size:14px;color:#222  }
.ms-core-navigation > div > ul.root > li.static > ul.static >
li.selected a:link, ul.root > li.static > ul.static > li.selected a:visited{
  color:#222; background-color:#fff}

/*リンク 余白指定 */
.ms-core-navigation ul.root{ padding-top:5px;padding-left:5px }
.ms-core-navigation li a{ border:1px #fff solid;padding:5px;  }
.ms-core-listMenu-horizontalBox li.static>.ms-core-listMenu-item{ margin-right:4px }

/*リンク hover 時スタイル */
.ms-breadcrumb-top .ms-core-navigation ul.static > li a:hover{
  color:#222; background-color:#fff;  }

/* hoverで表示されるリンク スタイル */
.ms-core-navigation ul.dynamic { width: 200px !important; box-shadow: 0 0; }
.ms-core-navigation li.dynamic a{ padding:3px; }
.ms-core-navigation li.dynamic {
  line-height: 1.5em; float: left; width: 50%;  box-sizing: border-box; }
```

サイドリンクバーの非表示

サイドリンクバー領域を非表示とする例です。

```
/*サイドリンクバー 非表示 */
#sideNavBox {  display: none; }
#contentBox {  margin-left:20px !important; }
```

サイドリンクバーのデザイン変更

サイドリンクバーのデザインを変更する例です。

```
/* 見出しリンク スタイル */
.ms-core-listMenu-verticalBox UL.root > LI > .menu-item{
  font-weight:bold;color:black;  border-bottom:1px #6E6E6E dotted;
     min-height:20px;  padding:5px 0px 0px 10px;  font-size:13px;  margin-bottom:3px;}

/* 見出しリンク hover スタイル */
.ms-core-listMenu-verticalBox > ul.root > li.static > ul.static > li.static > a:hover {
  color: #ffffff !important;  background-color:#D8D8D8 !important; }

/* 見出しリンク selected スタイル */
.ms-core-listMenu-verticalBox > ul.root > li.selected > a {  background-color:#D8D8D8;}
.ms-core-listMenu-verticalBox > ul.root > li > a:hover {
  background-color:#D8D8D8;  color:#ffffff !important; }
```

```
/*リンク スタイル */
.ms-core-listMenu-verticalBox > ul.root > li.static > ul.static > li > a{
  font-size:12px;  padding-left:20px !important; }
.ms-core-listMenu-verticalBox > ul.root > li.static > ul.static > li > a.selected {
  color: #D8D8D8 !important;  background-color:#ffffff !important; font-weight:bold; }
```

Webパーツのタイトルバーのデザイン変更

Webパーツのタイトルバーのデザインを変更する例です。

```
/* Webパーツタイトルバー スタイル */
.ms-webpart-chrome-title {
  background: #F1F0F0;  border-left: solid 5px #819FF7; padding-left:5px; }
```

リッチテキスト編集時のスタイル追加

　ページ内容の編集時にリボン内から利用できるフォントサイズやフォントカラー、ハイライトカラー、ページ要素スタイルを追加する例です。

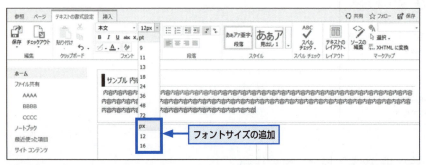

フォントサイズの追加

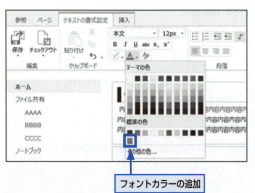

フォントカラーの追加

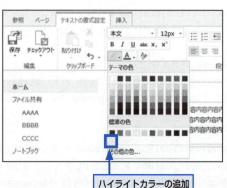

ハイライトカラーの追加

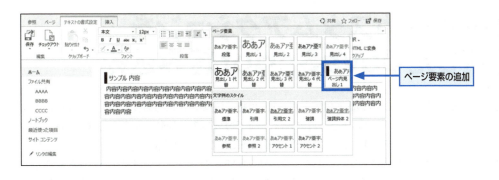

ページ要素の追加

```
/* フォントサイズ追加 */
.ms-rteFontSize-CustomFontSize12{ font-size:12px; }
.ms-rteFontSize-CustomFontSize16{ font-size:16px; }

/* フォントカラー追加 */
.ms-rteForeColor-CustomForeColorPink{ color:#FF00BF; -ms-color:"明るいピンク"; }

/* ハイライトカラー追加 */
.ms-rteBackColor-CustomBackColorPink{
 background-color:#F5F6CE; -ms-color:"薄いイエロー"; }

/* ページ要素 */
DIV.ms-rteElement-CustomElement{ -ms-name:"ページ内見出し1"; }
.ms-rteElement-CustomElement{
border-bottom:1px dotted #000099; border-left:8px solid #000099;
padding:5px; font-size:16px; margin-bottom:3px; }
```

5 ユーザーカスタムアクションを利用したJavaScript組み込み

　全体デザインのカスタマイズ時には、CSSのみでは実現が難しい内容が必要なこともあります。たとえば、ヘッダーやフッターを追加したい場合を考えてみましょう。この場合、既定デザインのHTML内に存在しない内容を追加することになるため、CSSでは実現不可能です。またサイドリンクバーを折りたためるようにしたいなど、ユーザー操作に合わせた動作を追加したい場合も同様です。このような場合、HTML要素や動作を追加する処理を記述したJavaScriptを作成します。折りたたみやスライダーなどユーザー操作による動作を追加したい場合はもちろんJavaScriptが必要であることはわかりやすいと言えますが、ヘッダーやフッターを追加したい場合はどうでしょうか？ CSSでは不可能ですが、マスターページに直接HTML要素を追加することも方法の1つです。しかしこの章の「3　デザインカスタマイズ時に考慮すべきこと」で前述のとおり、マスターページに対するカスタマイズはできる限り避けるべきだということを考えると、HTML要素の追加を行いたい場合もJavaScript組み込み方法を利用する場合があります。

　CSSでのカスタマイズと同様に、一般的なWeb標準技術（HTML、CSS、JavaScript）で行えるカスタマイズですので、SharePoint独自の特別な開発技術は必要ないと言えます。また各種DOM操作やスライダー、アコーディオンなどの動作組み込みに、jQueryプラグインなどの便利なJavaScriptライブラリが利用できる点もJavaScriptカスタマイズのメリットです。

　では、カスタムJavaScriptはどのようにしてサイトに適用するのでしょうか？ コンテンツエディター Webパーツやスクリプトエディター Webパーツを利用して、JavaScriptブロックやJavaScriptファイルへのリンクを挿入する方法が一番簡単なJavaScriptの組み込み方法だと言えますが、全体デザインのカスタマイズ時にはこの方法は向いていません。サイト内の全ページにWebパーツを利用してJavaScriptを埋め込むわけにはいかないためです。特定のページ内コンテンツに対する処理をJavaScriptで組み込む場合はよいのですが、全ページに適用したいデザイン内容の場合は、Webパーツによる組み込みは行いません。

　ユーザーカスタムアクションにより、JavaScriptへのリンクをサイト内の全ページに適用します。サイトコレクション全体に対する適用も可能です。ユーザーカスタムアクションをサイトもしくはサイトコレクションに展開したい場合、次のいずれかのSharePoint APIを利用して設定が可能です。

- PowerShell
- クライアントAPI（JavaScript、C#）
- RESTサービス

　ここではユーザーカスタムアクションを利用したJavaScriptの組み込み方法を、デザインカスタマイズ例を挙げながら解説します。またユーザーカスタムアクションの適用には、最も手軽に実行が行えるJavaScriptのSharePointクライアントAPIを利用します。ユーザーカスタムアクションの簡易管理画面の作成方法も併せて解説します。

ヒント

SharePointアドインによるリモートプロビジョニング

前記のSharePoint APIによるユーザーカスタムアクションの展開に加えて、JSファイルなどの各種ファイルの展開と、GUIベースの設定画面を提供したい場合、SharePointアドインによるリモートプロビジョニングも行えます。

SharePointアドインによるリモートプロビジョニングは、SharePoint Patterns and Practices(PnP)にてサンプルが提供されています。

[Officeデベロッパーセンター]JavaScriptを使用してSharePointサイトUIをカスタマイズする
https://msdn.microsoft.com/pnp_articles/customize-your-sharepoint-site-ui-by-using-javascript

※ SharePoint Patterns and Practices(PnP)とは、Office 365やSharePoint開発/カスタマイズに参考となる記事、サンプルを提供するものです。

SharePointアドイン開発には、SharePoint API(JavaScriptもしくはC#)を利用します。本書では第7章でSharePointアドインの開発方法を解説します。

ヒント

ページレイアウトによるJavaScriptの組み込みについて

ユーザーカスタムアクション以外にも、発行ページのみに適用できればよい場合は、カスタムページレイアウトの作成も適用方法の1つです。カスタムで作成したページレイアウト内にJavaScriptコード、もしくはJavaScriptファイルへのリンクを含めます。カスタムページレイアウトを利用するすべての発行ページで、カスタムJavaScriptコードの実行トリガーを含められます。ページレイアウトの作成方法については、この章の「6 カスタムページレイアウトの作成」を参照してください。

1. JavaScriptの記述

既定のデザインが提供するHTML内容をベースに、カスタマイズ内容を実現するためのJavaScriptファイルを作成します。既定のデザインのHTML内容を確認する際は、CSSを記述するときと同様にブラウザーの開発者ツールが便利です。

例①:フッターの追加

画面下部にフッターを追加する例です。

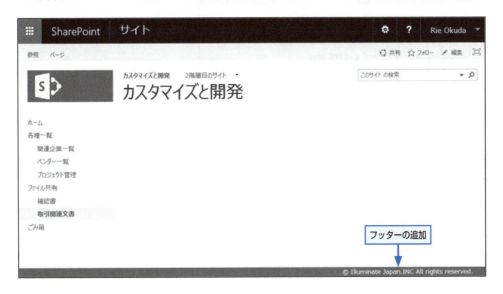

◆JavaScriptファイルの内容

```
_spBodyOnLoadFunctionNames.push("CreateFooter");

function CreateFooter(){
  //画面最下部に追加するフッター内容が表示されるよう既存コンテンツdivタグの高さを調整
  var sideheight= document.getElementById("sideNavBox").clientHeight;
  var contentheight = document.getElementById("contentBox").clientHeight;
  if(sideheight > contentheight){
    document.getElementById("contentBox").style.height=sideheight+"px"; }

  // フッターとして表示する内容を作成
  var FooterDiv = document.createElement('div');
  FooterDiv.innerHTML = '<div id="footer" class="s4-notdlg"
    style="background-color: #0072C6;height: 20px;padding:0px 30px;color:white">
    <span style="float:right;">© Illuminate Japan.INC All rights reserved.</span>
    </div>';

  // フッター内容を追加
  var s4workspace = document.getElementById("s4-workspace");
  s4workspace.appendChild(FooterDiv);
}
```

- ページ下部（**ID**が**s4-workspace**の**div**タグ内下部）に**div**タグで作成したフッター内容を追加
- 画面最下部にフッターが表示されるよう、事前に既存の**div**タグの高さを指定

例②：サイドリンクバーへの折りたたみ追加

サイドリンクバーに折りたたみ動作を追加する例です。

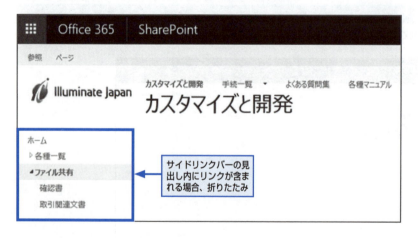

第2章　SharePointサイトデザインのしくみとカスタマイズ　53

● この章の「4　代替CSSによるカスタマイズ」で解説したCSSによるデザイン変更を組み合わせた例

```
ホーム
◢各種一覧
 関連企業一覧
 ベンダー一覧
 プロジェクト管理
▷ファイル共有
```

◆**JavaScript ファイルの内容**

```javascript
_spBodyOnLoadFunctionNames.push("SideBarAccordion");

function SideBarAccordion(){
  // jQueryファイルへの参照追加
  var script=document.createElement("script");
  script.setAttribute("src","//ajax.aspnetcdn.com/ajax/jQuery/jquery-1.12.4.min.js");
  script.setAttribute("type","text/javascript");
  document.body.appendChild(script);

  //サイドリンクバーのリンクを含む見出し要素を取得
  var headingLinks = $("div [id$='QuickLaunchMenu']> ul > li:has('ul')> a");
  var headings = $("div [id$='QuickLaunchMenu']> ul > li:has('ul')> span");

  // 折りたたみ用画像を追加
  // 見出しがリンクの場合、そうでない場合両方に対応
  headingLinks.prepend("<span class='ms-commentexpand-iconouter ac-icon'><img src='/
    _layouts/15/images/spcommon.png' class='ms-commentexpand-icon'></span>");
  headings.prepend("<span class='ms-commentexpand-iconouter ac-icon'><img src='
    /_layouts/15/images/spcommon.png' class='ms-commentexpand-icon'></span>");

  // 既定は折りたたみ
  headingLinks.closest("li").find("> ul").hide();
  headings.closest("li").find("> ul").hide();

  // クリック時の展開/非展開 操作追加
  headingLinks.click(function(){
    var innerul = $(this).closest("li").find("> ul");
    if(innerul.is(":visible")){
      $(this).find(".ac-icon").replaceWith("<span class='ms-commentexpand-iconouter ac-
icon'><img src='/_layouts/15/images/spcommon.png' class='ms-commentexpand-icon'></span>");
      innerul.slideUp();
    } else {
      $(this).find(".ac-icon").replaceWith("<span class='ms-commentcollapse-iconouter
```

```
ac-icon'><img src='/_layouts/15/images/spcommon.png' class='ms-commentcollapse-icon'></span>");
      innerul.slideDown();
    }
  });

  headings.click(function(){
  var innerul = $(this).closest("li").find("> ul");
  if(innerul.is(":visible")){
    $(this).find(".ac-icon").replaceWith("<span class='ms-commentexpand-iconouter ac-icon'>
        <img src='/_layouts/15/images/spcommon.png' class='ms-commentexpand-icon'></span>");
    innerul.slideUp();
  } else {
    $(this).find(".ac-icon").replaceWith("<span class='ms-commentcollapse-iconouter ac-icon'>
        <img src='/_layouts/15/images/spcommon.png' class='ms-commentcollapse-icon'></span>");
    innerul.slideDown();
  }
  });
}
```

- jQuery参照を追加
- サイドリンクバー内の、リンク（階層下の内容）を含む見出しに対して展開/非展開をクリック操作するための画像表示を追加
- 既定では見出し内のリンクは折りたたみ
- クリックで展開/非展開を行う操作を追加

例③：フッター内にサイト階層リンクを追加

　例①のフッター追加に対して、SharePoint API（JavaScriptオブジェクトモデル）を利用してサイト階層リンクを追加画面下部にフッターを追加する例です。

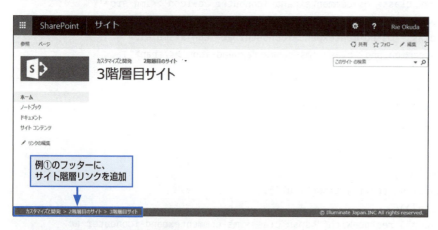

◆ **JavaScript ファイルの内容**

```
_spBodyOnLoadFunctionNames.push("CreateFooter");

function CreateFooter(){
```

```
  var sideheight= document.getElementById("sideNavBox").clientHeight;
  var contentheight = document.getElementById("contentBox").clientHeight;
  if(sideheight>contentheight){
    document.getElementById("contentBox").style.height=sideheight+"px";}
  var s4workspace = document.getElementById("s4-workspace");
  var FooterDiv = document.createElement('div');
FooterDiv.innerHTML = '<div id="footer" class="s4-notdlg" style="background-color:
    #0072C6;height: 20px;padding:0px 30px;color:white"><span style="float:right;">
      ©Illuminate Japan.INC All rights reserved.</span></div>';
  s4workspace.appendChild(FooterDiv);
  // ↑ ここまでは例①と同様

  createWebHierarchy();
}


// JSOM を利用してサイト階層リンクを作成
function createWebHierarchy(){
    SP.SOD.executeOrDelayUntilScriptLoaded(function(){
      var ctx = SP.ClientContext.get_current();
      site = ctx.get_site();
      currentWeb= ctx.get_web();
      ctx.load(site, 'ServerRelativeUrl');
      ctx.load(currentWeb, 'ServerRelativeUrl', 'Title', 'ParentWeb', 'Url');

      // カレントサイトの情報を取得
      ctx.executeQueryAsync( function(){

          // 取得したカレントサイトの情報（タイトル、URL）を利用して、追加したフッターにリンクを追加
          var footerelement = document.createElement('div');
          footerelement.id = "footerWebHierarchy";
          document.getElementById("footer").appendChild(footerelement);
          var span = document.createElement('span');
          span.innerHTML = '<a href="' + currentWeb.get_url() + '" style="padding: 0px 5px;
            color: white;">' + currentWeb.get_title() + '</a>';
          CustomFooter = document.getElementById("footerWebHierarchy");
          CustomFooter.insertBefore(span.cloneNode(true),CustomFooter.childNodes[0]);

          // 親サイトが存在する場合、親サイトリンクを追加する処理へ
          if(site.get_serverRelativeUrl()!== currentWeb.get_serverRelativeUrl()){
              RecursiveWeb(currentWeb.get_parentWeb().get_serverRelativeUrl());
          }
    }, function(){ });
 }, "sp.js");
}
// 親サイトのリンクをフッターに追加
function RecursiveWeb(siteUrl){
    var clientcontext = new SP.ClientContext(siteUrl);
```

```
      site = clientcontext.get_site();
      currentWeb= clientcontext.get_web();
      clientcontext.load(currentWeb, 'ServerRelativeUrl', 'Title', 'ParentWeb', 'Url');
      clientcontext.load(site, 'ServerRelativeUrl');
      clientcontext.executeQueryAsync(function(){
      if(site.get_serverRelativeUrl()!== currentWeb.get_serverRelativeUrl()){
         var span = document.createElement('span');
         span.innerHTML = '<a href="' + currentWeb.get_url() + '" style="padding: 0px 5px;
               color: white;">' + currentWeb.get_title() + '</a><span>></span>';
         var CustomFooter = document.getElementById("footerWebHierarchy");
         CustomFooter.insertBefore(span.cloneNode(true), CustomFooter.childNodes[0]);
         RecursiveWeb(currentWeb.get_parentWeb().get_serverRelativeUrl())
      } else {
         var span = document.createElement('span');
         span.innerHTML = '<a href="' + currentWeb.get_url() + '" style="padding: 0px 5px;
               color:white;">' + currentWeb.get_title() + '</a><span>></span>';
         var CustomFooter = document.getElementById("footerWebHierarchy");
         CustomFooter.insertBefore(span.cloneNode(true), CustomFooter.childNodes[0]);
         }
   },function(){ });
}
```

- 例①のフッターに、**JavaScript**オブジェクトモデルによりサイト**URL**やタイトル情報を取得し、フッター内にリンクとして追加
- 親サイトが存在する場合、親サイトのリンクも併せて表示

> JavaScriptオブジェクトモデルについては、第3章で解説します。

ヒント

ダウンロード最小化戦略の非アクティブ化

ここで解説したJavaScript例では、ページロード時にカスタム処理を行うよう_spBodyOnLoadFunctionNamesを利用しています。他にもjQueryを利用するなどの方法で同様の動作も可能ですが、このような場合、ダウンロード最小化戦略がアクティブ化されていると動作が安定しないことがあります。ページ遷移やページロードの状態からダウンロード最小化戦略がカスタムJavaScriptを既に実行済みとしてスキップするためです。ここで解説したデザイン変更例のように常に実行したいスクリプト内容の場合は、ダウンロード最小化戦略を非アクティブ化してください。もしくはダウンロード最小化戦略がアクティブ化されていても、常にロード時に実行するスクリプトとしてRegisterModuleInit()関数を利用した呼び出しを行うことでも解決可能です。

```
RegisterModuleInit("/SiteAssets/test.js", FunctionName);
```

ダウンロード最小化戦略
ページの変化する部分のみをダウンロードし、レンダリングすることにより、サポートされるページおよびサイト テンプレートでよりすばやく滑らかなページ ナビゲーションを実行できる技術です。　　　　　　　　　　　　　　　　　　　　　　　　　　非アクティブ化　アクティブ

ダウンロード最小化戦略の既定の状態は、サイト作成時に利用したサイトテンプレートに依存します。たとえば[チームサイト]の場合はアクティブが既定値であり、[発行サイト]の場合は逆です。ダウンロード最小化戦略が利用されているかどうかは、URL内にstart.aspxが含まれているかどうかで簡単に確認できます。

> **ヒント**
> **動作確認しながらJavaScriptを記述するために**
> サイトやサイトコレクションに対するJavaScriptの適用は、ここではまだ行っていません。コード記述中に動作確認をしたい場合は、ページ内にスクリプトエディターWebパーツを利用して<script>ブロックとして挿入する方法が簡単です。スクリプトエディターWebパーツの利用方法は第3章で解説します。

2. JavaScriptファイルをサイト内の任意のライブラリに保存

作成したJavaScriptファイル（jsファイル）はサイト内の任意のライブラリ内に保存します。下記のライブラリがお勧めです。

- サイトコレクション全体に適用する場合：[スタイルライブラリ]
- サイトに対して適用する場合：[サイトのリソースファイル]

3. ユーザーカスタムアクションによる展開

ユーザーカスタムアクションによりJavaScriptファイルへの参照をサイト内の全ページに適用します。サイトコレクション全体に対する適用も可能です。ここではJavaScriptオブジェクトモデルを利用してユーザーカスタムアクションを適用する方法を解説します。またユーザーカスタムアクションを適用/解除/一覧できる画面の作成も併せて行います。

ユーザーカスタムアクション設定画面例

ユーザーカスタムアクションの管理画面の作成

❶
サイト内にページを作成する。
［サイトコンテンツ］より［サイトのページ］ライブラリを開く。
［新規］－［Wikiページ］もしくは［新規作成］をクリックし、ページ名を付けて［作成］をクリックする。
※クラシックUIのページを作成すること。ここではサイトのページを作成しているが、発行ページでもかまわない。

❷
［挿入］タブの［埋め込みコード］をクリックし、作成したページ内にスクリプトエディターWebパーツを挿入する。

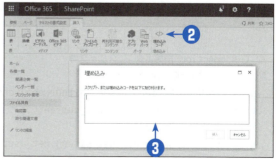

3 次のコードを挿入する。

```
<script src="//ajax.aspnetcdn.com/ajax/jQuery/jquery-1.11.1.min.js"></script>
<!--設定画面 UI-->
<span>適用範囲を選択</span>
<ul style='list-style-type:none'>
  <li><input type='radio' name='siteorweb' value='site'>サイトコレクション</li>
  <li><input type='radio' name='siteorweb' value='web'>このサイト</li></ul>
JSファイル パスを指定（相対パス）：/<input type="text" id="JSFilePath"/>
<input type="button" onclick="SetCustomActionJS()" value='CustomAction 追加'/>
<input type="button" onclick="DeleteCustomAction()" value='CustomAction 削除'/>
<input type="button" onclick="GetCustomAction()" value='CustomAction 一覧'/>
<div id="CustomActionList" style="margin:10px;"/>

<script>
// CustomAction 追加ボタン クリック時
function SetCustomActionJS(){
 var siteorWeb= $("input[name='siteorweb']:checked").val();
 var ctx = new SP.ClientContext.get_current();
 var path;
 // 適用範囲 ［サイトコレクション］［サイト］の選択内容により変更
 if(siteorWeb== "site"){
  userCustomActions = ctx.get_site().get_userCustomActions();
  path="~sitecollection/"+document.getElementById('JSFilePath').value; }
 else {
  userCustomActions = ctx.get_web().get_userCustomActions();
  path="~site/"+document.getElementById('JSFilePath').value; }

 // 指定されたJSファイルをScriptLinkとしてカスタムアクションを追加
 var action = userCustomActions.add();
 action.set_location("ScriptLink");
 action.set_title(document.getElementById('JSFilePath').value);
 action.set_scriptSrc(path);
 action.set_sequence(1000);
 action.update();
 ctx.executeQueryAsync(function(sender, args){
  alert("登録完了しました");window.location.reload(); }, onQueryFailed);
}

// CustomAction 削除ボタン クリック時
function DeleteCustomAction(){
 var siteorWeb= $("input[name='siteorweb']:checked").val();
 ctx = new SP.ClientContext.get_current();
 if(siteorWeb== "site"){
  userCustomActions = ctx.get_site().get_userCustomActions(); }
 else {
```

```javascript
  userCustomActions = ctx.get_web().get_userCustomActions(); }
 ctx.load(userCustomActions);
 ctx.executeQueryAsync(onSucceed,onQueryFailed);
}


function onSucceed(sender, args){
  // CustomAction 削除時に、指定された範囲にある CustomAction すべてを削除
  var i = 0, count = userCustomActions.get_count(), action = null;
  for(i = count - 1; i >= 0; i--){
    action = userCustomActions.get_item(i);
    action.deleteObject();
   }
   ctx.executeQueryAsync(function(sender, args){ alert("削除しました");}, onQueryFailed);
}


// CustomAction 一覧ボタン クリック時
function GetCustomAction(){
 var siteorWeb= $("input[name='siteorweb']:checked").val();
 ctx = new SP.ClientContext.get_current();
 if(siteorWeb== "site"){
     userCustomActions = ctx.get_site().get_userCustomActions(); }
 else {
     userCustomActions = ctx.get_web().get_userCustomActions(); }
 ctx.load(userCustomActions);
 ctx.executeQueryAsync(onQuerySucceeded,onQueryFailed);
}


function onQuerySucceeded(sender, args){
  // CustomAction 一覧時に、指定された範囲にある CustomAction すべてを表示
  var i = 0, count = userCustomActions.get_count(), action = null,html="";
  if(count! = 0){
    for(i = count - 1; i >= 0; i--){
        action = userCustomActions.get_item(i);
        html+="<h1>" + action.get_title() +"</h1>";
    }
   $('#CustomActionList').html(html);
  }
  else{$('#CustomActionList').text("なし");}
}


function onQueryFailed(sender, args){
  alert('エラー ' + args.get_message() +'\n' + args.get_stackTrace());}
</script>
```

④
ページを保存する。

作成したユーザーカスタムアクションの管理画面の操作方法

　設定画面の操作には、ユーザーカスタムアクションの適用範囲に対してサイト管理者、もしくはサイトコレクション管理者権限が必要です。

・CustomActionの追加時

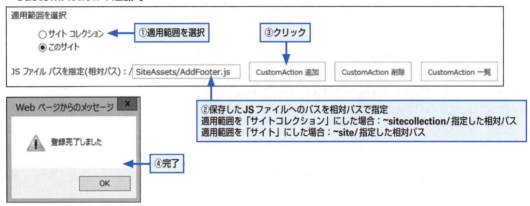

・CustomActionの一覧

・CustomActionの削除時

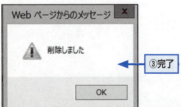

カスタムページレイアウトの作成

　発行ページでは「ページレイアウト」というページ内容の編集時に利用できるレイアウトを選択でき、既定で複数用意されています。またページレイアウトはカスタム作成も可能です。

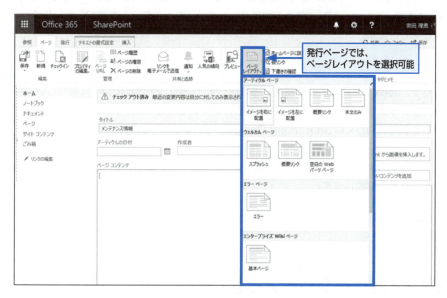

　カスタムページレイアウトを作成することで、CSSやJavaScriptの組み込み、またマスターページで定義されている各ContentPlaceHolderコントロールの上書きも行えます。内容部分のレイアウトを定義し、一貫性のあるデザインでページを複数作成したり、デザインカスタマイズ内容（CSS、JavaScript）を発行ページに対して組み込むために活用できます。

　発行ページの作成には、対象のサイトに対して［SharePoint Server発行機能］がアクティブ化されている必要があります。発行機能がアクティブ化されたサイトには自動的に［ページ］ライブラリが作成されます。［ページ］ライブラリは、発行ページ（.aspx）の保存場所として利用するライブラリです。そのため発行ページは、サイトURL/Pages/＊＊＊.aspxというURLパスでサイト内に作成されます。

　発行ページが参照するページレイアウトは、マスターページギャラリー内に格納されています。ページレイアウトは.aspx拡張子のファイルです。カスタムで作成したページレイアウトも同様にマスターページギャラリーに展開する必要があるため、カスタムページレイアウトの作成および展開作業には、サイトコレクション管理者権限もしくはトップレベルサイトのサイト管理者権限を必要とします。またカスタムページレイアウトの作成を行う場合、サイトコレクション機能［SharePoint Server発行インフラストラクチャ］をアクティブ化してください。またそのページレイアウトを利用するサイトでは、サイト機能［SharePoint Server発行機能］がアクティブ化されていることを前提とします。

ページレイアウトのカスタマイズ方法

ページレイアウトのカスタマイズ方法は2種類あります。

- **デザインマネージャーの利用**
  SharePoint 2013バージョンから登場したデザインマネージャーは、マスターページやページレイアウトの作成をHTMLベースで行うことを支援する機能を持ちます。HTMLファイルとして作成した内容を、ページレイアウトファイル（aspx）に変換できます。またページレイアウト内にSharePointコントロールを追加したい場合は、スニペットギャラリーよりコピーできます。

- **aspxを直接編集**
  デザインマネージャーを利用せず、aspxファイルとして編集する方法です。aspxファイルの扱いに慣れている場合や、標準で備わっているページレイアウトをコピーし、一部編集を行いたい場合にはこちらの方法が向いています。任意のテキストエディターを利用、もしくはSharePoint Designer 2013を利用します。

本書では標準で搭載するページレイアウトのコピーを作成し、直接aspxファイルを編集する方法を用いたページレイアウトの作成方法を、例を挙げながら解説します。

> デザインマネージャーを利用する方法は、本書の2013バージョン『ひと目でわかるSharePoint 2013サイトカスタマイズ＆開発編』にて解説しているため、本書では触れません。

例①：フッターを持つ2列ページレイアウトの作成

サイドリンクバーの非表示、フッターの追加を行い、内容部分はシンプルに2列レイアウトを持つページレイアウトの作成例です。

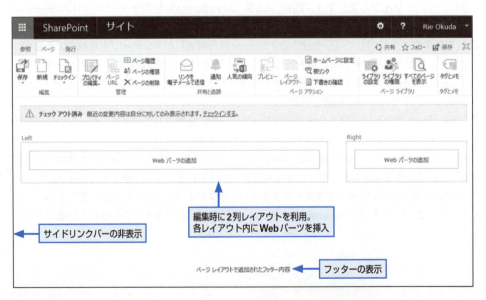

1. マスターページギャラリーからコピー

標準で用意されている［概要リンク］ページレイアウトをベースに作成します。マスターページギャラリーより該当ページレイアウトファイルをダウンロードします。

> 手順ではダウンロードしてファイル名を変更していますが、SharePoint Designer 2013 を利用する場合は、SharePoint Designer 2013 内の操作でファイルをコピーしてもかまいません。

❶ トップレベルサイトで、［設定］－［サイトの設定］をクリックする。

❷ Web デザイナーギャラリーより［マスターページとページレイアウト］をクリックする。

❸ マスターページギャラリーが開く。WelcomeLinks.aspx をダウンロードする。

❹ ダウンロードした aspx ファイルのファイル名を任意に変更する。

```
Web デザイナー ギャラリー
サイト列
サイト コンテンツ タイプ
Web パーツ
リスト テンプレート
マスター ページとページ レイアウト   ← ❷
テーマ
ソリューション
構成済みの外観
```

2. 内容編集

ダウンロードし、ファイル名を変更した aspx ファイルの内容を編集します。変更箇所は次のとおりです。

> SharePoint Designer 2013 を利用している場合、SharePoint Designer 2013 でファイルを編集してもかまいません。

◆PlaceHolderMain 内

<asp:Content ContentPlaceHolderID="PlaceHolderMain" runat="server">内を次の内容に変更します。

- **2列レイアウト内に、それぞれWebパーツ領域**
- **下部にフッター追加**

```
<div class="ms-table ms-fullWidth">
  <div class="tableCol-75">
   <WebPartPages:WebPartZone runat="server" AllowPersonalization="false" ID="LeftZone"
       FrameType="TitleBarOnly" PartChromeStyle-Width="200px" Title="Left" Orientation
       ="Vertical"><ZoneTemplate></ZoneTemplate></WebPartPages:WebPartZone>
  </div>
  <div class="tableCol-25">
   <WebPartPages:WebPartZone runat="server" AllowPersonalization="false" ID="RightZone"
       FrameType="TitleBarOnly" Title="Right" Orientation="Vertical"><ZoneTemplate>
       </ZoneTemplate></WebPartPages:WebPartZone>
  </div>
</div>
<div class="foot s4-notdlg">ページレイアウトで追加されたフッター内容</div>
```

◆スタイル追加

CSSを追加します。<asp:Content ContentPlaceholderID="PlaceHolderAdditionalPageHead" runat="server">内を次の内容に変更します。

```
<style type="text/css">
  .tableCol-75{ vertical-align:top;  width:700px;  padding-right:30px; }
  .tableCol-25{ min-width:200px;  padding-left:10px }
  .ms-table{ min-height:300px; }
  .foot { text-align:center }
  #sideNavBox {  display: none; }
  #contentBox {  margin-left:20px !important; }
</style>
```

全体

```
<%@ Page language="C#"   Inherits="Microsoft.SharePoint.Publishing.PublishingLayoutPage,
    Microsoft.SharePoint.Publishing,Version=16.0.0.0,Culture=neutral,PublicKeyToken
    =71e9bce111e9429c" %>
<%@ Register Tagprefix="SharePointWebControls" Namespace="Microsoft.SharePoint.WebControls"
    Assembly="Microsoft.SharePoint, Version=16.0.0.0, Culture=neutral, PublicKeyToken
    =71e9bce111e9429c" %> <%@ Register Tagprefix="WebPartPages" Namespace="Microsoft.
    SharePoint.WebPartPages" Assembly="Microsoft.SharePoint, Version=16.0.0.0, Culture=neutral,
    PublicKeyToken=71e9bce111e9429c" %> <%@ Register Tagprefix="PublishingWebControls"
    Namespace="Microsoft.SharePoint.Publishing.WebControls" Assembly="Microsoft.SharePoint.
    Publishing, Version=16.0.0.0, Culture=neutral, PublicKeyToken=71e9bce111e9429c" %>
    <%@ Register Tagprefix="PublishingNavigation" Namespace="Microsoft.SharePoint.Publishing.
    Navigation" Assembly="Microsoft.SharePoint.Publishing, Version=16.0.0.0, Culture=neutral,
    PublicKeyToken=71e9bce111e9429c" %>

<asp:Content ContentPlaceholderID="PlaceHolderAdditionalPageHead" runat="server">
<style type="text/css">
  .tableCol-75{vertical-align:top;width:700px;padding-right:30px;}
  .tableCol-25{min-width:200px;padding-left:10px} .ms-table{min-height:300px;}
  .foot { text-align:center} #sideNavBox {  display: none; }
  #contentBox {  margin-left:20px !important; }
</style>
<SharePointWebControls:CssRegistration name="<% $SPUrl:~sitecollection/Style
Library/~language/Themable/Core Styles/pagelayouts15.css %>" runat="server"/>
<PublishingWebControls:EditModePanel runat="server" id="editmodestyles">
<SharePointWebControls:CssRegistration name="<% $SPUrl:~sitecollection/Style
Library/~language/Themable/Core Styles/editmode15.css %>"
After="<% $SPUrl:~sitecollection/Style Library/~language/Themable/Core
Styles/pagelayouts15.css %>" runat="server"/>
</PublishingWebControls:EditModePanel>
</asp:Content>


<asp:Content ContentPlaceholderID="PlaceHolderPageTitle" runat="server">
<SharePointWebControls:FieldValue id="PageTitle" FieldName="Title" runat="server"/>
```

```
</asp:Content>

<asp:Content ContentPlaceholderID="PlaceHolderPageTitleInTitleArea" runat="server">
<SharePointWebControls:FieldValue FieldName="Title" runat="server"/>
</asp:Content>

<asp:Content ContentPlaceHolderId="PlaceHolderTitleBreadcrumb" runat="server">
<div class="breadcrumb">
<asp:SiteMapPath runat="server" SiteMapProvider="CurrentNavigation"
RenderCurrentNodeAsLink="false" SkipLinkText="" CurrentNodeStyle-
CssClass="current" NodeStyle-CssClass="ms-sitemapdirectional"/>
</div>
</asp:Content>

<asp:Content ContentPlaceholderID="PlaceHolderMain" runat="server">
<div class="ms-table ms-fullWidth">
 <div class="tableCol-75">
  <WebPartPages:WebPartZone runat="server" AllowPersonalization="false"
      ID="LeftZone" FrameType="TitleBarOnly" PartChromeStyle-Width="200px"
    Title="Left" Orientation="Vertical">
  <ZoneTemplate></ZoneTemplate></WebPartPages:WebPartZone>
 </div>
 <div class="tableCol-25">
  <WebPartPages:WebPartZone runat="server" AllowPersonalization="false"
  ID="RightZone" FrameType="TitleBarOnly" Title="Right" Orientation="Vertical">
  <ZoneTemplate></ZoneTemplate></WebPartPages:WebPartZone>
 </div>
</div>
<div class="foot s4-notdlg">ページレイアウトで追加されたフッター内容</div>
</asp:Content>
```

3. マスターページギャラリーへの保存

編集したページレイアウト（aspxファイル）を、マスターページギャラリーに保存して、メジャーバージョンに発行します。

❶ マスターページギャラリーで、[ファイル] タブの [ドキュメントのアップロード] をクリックし、ページレイアウトファイルを保存する。

❷ アップロード時にファイルのプロパティを次のように編集する。
- コンテンツタイプ：ページレイアウト
- タイトル：2列
- 関連付けるコンテンツタイプ：
  ページレイアウトのコンテンツタイプ
  ウェルカムページ

❸ ファイルをメジャーバージョンに発行する。

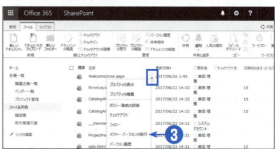

例②：JavaScriptによる折りたたみ動作を持つページレイアウトの作成

配置したWebパーツを折りたたむ機能を持つページレイアウトの作成例です。

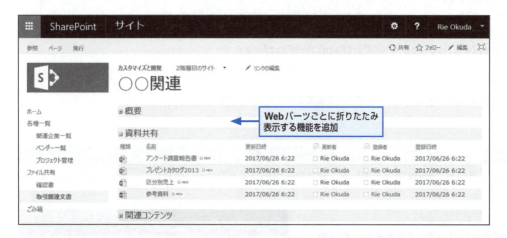

1. マスターページギャラリーからコピー

標準で用意されている［概要リンク］ページレイアウトをベースに作成します。マスターページギャラリーより該当ページレイアウトファイルをダウンロードします。

1. マスターページギャラリーより、WelcomeLinks.aspxをダウンロードする。
2. ダウンロードしたaspxファイルのファイル名を任意に変更する。

2. 内容編集

ダウンロードし、ファイル名を変更したaspxファイルの内容を編集します。変更箇所は次のとおりです。

◆スタイル追加

CSSを 追 加 し ま す。<asp:Content ContentPlaceholderID="PlaceHolderAdditionalPageHead" runat="server">の<style>ブロックの内容を、次の内容に変更します。

```
<style type="text/css">
  .ms-webpart-chrome-title{background-color:#e5f1ff;border-radius:5px;}
</style>
```

◆PlaceHolderAdditionalPageHead 内

折りたたみ機能はJavaScriptで実装します。jQueryを利用するため、ライブラリへの参照および、カスタムJavaScriptを追加します。<asp:Content ContentPlaceHolderId="PlaceHolderAdditionalPageHead" runat="server">内の最下部に次のコードを追加します。

```
  <script src="https://ajax.aspnetcdn.com/ajax/jQuery/jquery-1.11.0.min.js"
      type="text/javascript"></script>

<SharePoint:ScriptBlock runat="server">
  $(document).ready(function(){
    var i = 1;  var WPid = "WebPartWPQ1" ;
    var WPtitleid = "WebPartTitleWPQ1" ; var imageid = "imageid1" ;
    do  {
      try {
$('#' + WPtitleid).html('<img id="' + imageid + '" onClick="WPToggle(\'' + WPid
+ '\',\'' + imageid + '\')" alt="開く/閉じる" style="margin:10px 5px 0px 2px; float:left;
cursor:pointer;" src="/_layouts/images/plus.gif" />' + $('#' + WPtitleid).html());
        $('#' + WPid).css('display','none');
      }
      catch(err){}

      i = i + 1;    WPid = "WebPartWPQ" + i ;
    WPtitleid = "WebPartTitleWPQ" + i;
    imageid = "imageid" + i;
    } while($('#' + WPid).length)
  })

  function WPToggle(thisId, ImageId)
  {
    if($('#' + thisId).css('display')=='none'){
    $('#' + thisId).css('display','');
    $('#' + ImageId).attr('src','/_layouts/images/minus.gif');
    }
    else{
```

```
        $('#' + thisId).css('display','none');
        $('#' + ImageId).attr('src','/_layouts/images/plus.gif');
        }
    }
</SharePoint:ScriptBlock>
```

◆PlaceHolderMain 内

<asp:Content ContentPlaceholderID="PlaceHolderMain" runat="server">内を次の内容に変更します。

● Web パーツ領域１つを配置

```
<WebPartPages:WebPartZone runat="server" AllowPersonalization="false" ID="LeftZone"
    FrameType="TitleBarOnly" PartChromeStyle-Width="200px" Title="Left" Orientation="Vertical">
    <ZoneTemplate></ZoneTemplate></WebPartPages:WebPartZone>
```

全体

```
<%@ Page language="C#"  Inherits="Microsoft.SharePoint.Publishing.PublishingLayoutPage,
    Microsoft.SharePoint.Publishing,Version=16.0.0.0,Culture=neutral,PublicKeyToken
    =71e9bce111e9429c" %>
<%@ Register Tagprefix="SharePointWebControls" Namespace="Microsoft.SharePoint.WebControls"
    Assembly="Microsoft.SharePoint, Version=16.0.0.0, Culture=neutral, PublicKeyToken
    =71e9bce111e9429c" %> <%@ Register Tagprefix="WebPartPages" Namespace
    ="Microsoft.SharePoint.WebPartPages" Assembly="Microsoft.SharePoint, Version
    =16.0.0.0, Culture=neutral, PublicKeyToken=71e9bce111e9429c" %> <%@ Register Tagprefix
    ="PublishingWebControls" Namespace="Microsoft.SharePoint.Publishing.WebControls" Assembly
    ="Microsoft.SharePoint.Publishing, Version=16.0.0.0, Culture=neutral, PublicKeyToken
    =71e9bce111e9429c" %> <%@ Register Tagprefix="PublishingNavigation" Namespace
    ="Microsoft.SharePoint.Publishing.Navigation" Assembly="Microsoft.SharePoint.Publishing,
    Version=16.0.0.0, Culture=neutral, PublicKeyToken=71e9bce111e9429c" %>


<asp:Content ContentPlaceholderID="PlaceHolderAdditionalPageHead" runat="server">
  <style type="text/css">
    .ms-webpart-chrome-title{background-color:#e5f1ff;border-radius:5px;}
  </style>
  <SharePointWebControls:CssRegistration name="<% $SPUrl:~sitecollection/Style Library/
      ~language/Themable/Core Styles/pagelayouts15.css %>" runat="server"/>
  <PublishingWebControls:EditModePanel runat="server" id="editmodestyles">
<SharePointWebControls:CssRegistration name="<% $SPUrl:~sitecollection/Style Library/
    ~language/Themable/Core Styles/editmode15.css %>"
After="<% $SPUrl:~sitecollection/Style Library/~language/Themable/Core Styles/
    pagelayouts15.css %>" runat="server"/>
  </PublishingWebControls:EditModePanel>


<script src="https://ajax.aspnetcdn.com/ajax/jQuery/jquery-1.11.0.min.js" type
    ="text/javascript"></script>
```

```
<SharePoint:ScriptBlock runat="server">
  $(document).ready(function(){
    var i = 1;  var WPid = "WebPartWPQ1" ;
    var WPtitleid = "WebPartTitleWPQ1" ; var imageid = "imageid1" ;
    do  {
      try {
$('#' + WPtitleid).html('<img id="' + imageid + '" onClick="WPToggle(¥'' + WPid
+ '¥',¥'' + imageid + '¥')" alt="開く/閉じる" style="margin:10px 5px 0px 2px; float:left;
    cursor:pointer;" src="/_layouts/images/plus.gif" />' + $('#' + WPtitleid).html());
      $('#' + WPid).css('display','none');
    }
    catch(err){}

      i = i + 1;    WPid = "WebPartWPQ" + i ;
    WPtitleid = "WebPartTitleWPQ" + i;
    imageid = "imageid" + i;
    } while($('#' + WPid).length)
  })

  function WPToggle(thisId, ImageId)
  {
    if($('#' + thisId).css('display')=='none'){
    $('#' + thisId).css('display','');
    $('#' + ImageId).attr('src','/_layouts/images/minus.gif');
    }
    else{
    $('#' + thisId).css('display','none');
    $('#' + ImageId).attr('src','/_layouts/images/plus.gif');
    }
  }
</SharePoint:ScriptBlock>
</asp:Content>

<asp:Content ContentPlaceholderID="PlaceHolderPageTitle" runat="server">
  <SharePointWebControls:FieldValue id="PageTitle" FieldName="Title" runat="server"/>
</asp:Content>

<asp:Content ContentPlaceholderID="PlaceHolderPageTitleInTitleArea" runat="server">
  <SharePointWebControls:FieldValue FieldName="Title" runat="server"/>
</asp:Content>

<asp:Content ContentPlaceHolderId="PlaceHolderTitleBreadcrumb" runat="server">
  <div class="breadcrumb">
  <asp:SiteMapPath runat="server" SiteMapProvider="CurrentNavigation"
  RenderCurrentNodeAsLink="false" SkipLinkText="" CurrentNodeStyle-CssClass
      ="current" NodeStyle-CssClass="ms-sitemapdirectional"/>
  </div>
```

```
</asp:Content>

<asp:Content ContentPlaceholderID="PlaceHolderMain" runat="server">
<WebPartPages:WebPartZone runat="server" AllowPersonalization="false"
    ID="LeftZone" FrameType="TitleBarOnly" PartChromeStyle-Width="200px"
    Title="Left"
    Orientation="Vertical"><ZoneTemplate></ZoneTemplate></WebPartPages:WebPartZone>
</asp:Content>
```

3. マスターページギャラリーへの保存

編集したページレイアウト（aspxファイル）を、マスターページギャラリーに保存します。
アップロード時にファイルプロパティを次のように編集します。またメジャーバージョンに発行してください。

・コンテンツタイプ：ページレイアウト
・タイトル：折りたたみ
・関連付けるコンテンツタイプ：ページレイアウトのコンテンツタイプ、アーティクルページ

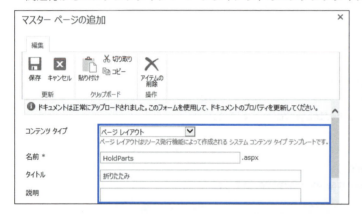

ヒント

カスタムページレイアウトの利用について

展開後、カスタムページレイアウトはサイトコレクション内の全サイトで発行ページ利用時に使えるようになります。発行ページ作成時もしくは編集時に、カスタムページレイアウトを選択して利用します。発行ページ作成の手順は下記を参考にしてください。

① サイトコンテンツより［ページ］ライブラリを開く。
② ［新規作成］－［ページ］をクリックする。
③ ページの作成画面で、ページタイトルやURLを指定、ページレイアウトの選択を行い、［作成］をクリックする。
④ ここでカスタムページレイアウトを選択する。

⑤作成したページを開き、編集モードに切り替え、内容を編集する。
⑥編集時にも、ページレイアウトは［ページレイアウト］より変更できる。
⑦ページ内容の編集後、公開する場合は発行を行う。

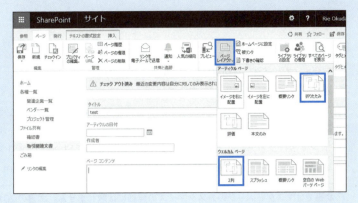

 マスターページのカスタマイズ

　マスターページは、サイト構造やレイアウト、コントロールなどの共通要素を提供するデザインテンプレートです。この章の「3　デザインカスタマイズ時に考慮すべきこと」で前述したとおり、マスターページのカスタマイズは可能な限り避けるべきですが、カスタマイズによって発生する懸念点をふまえたうえで、カスタマイズを行うことは可能です。その場合、マスターページのカスタマイズ方法として次の方法が挙げられます。

● **標準搭載のマスターページを上書き、もしくはコピーを作成して編集**
　標準のマスターページ（seattle.masterもしくはoslo.master）を直接上書き、もしくはそれらのコピーを作成して編集する方法です。
　既定デザインをベースに編集する必要があるため、スクラッチから作成する場合と比べて手間に感じることもありますが、SharePointサイトに必要な基本機能は既に組み込まれている状態で編集が行える点は大きなメリットと言えます。たとえばスクラッチで作成する場合は、SharePointで現状提供されている機能を利用するためにはどのような参照が必要か、またどのIDのContentPlaceHolderコントロールが必要かといった知識が必要となりますが、標準マスターページをカスタマイズのベースとする場合、既にそれらは組み込まれていることを前提に、デザイン面のみにフォーカスした作業が可能です。

● **スクラッチによる作成**
　スクラッチでマスターページを作成する方法です。サイト内で必要なすべての機能を組み込む必要があるため、難易度は高くなりますが、いちからデザインを起こせるため、自由度の高いデザインが実現できます。

　またマスターページのカスタマイズを行う際、上記どちらの方法でも、2種類の編集手段を利用できます。

・**masterファイルを編集**
　HTML、CSS、JavaScriptだけではなく、ASP.NETコードの編集が必要です。またSharePointサイトに必要なContentPlaceHolderコントロール、検索ボックスやナビゲーション、リボンなど各SharePointコントロールに対する理解も必要です。ASP.NET開発や古いバージョンのSharePoint開発に慣れた開発者であればこちらの方が扱いやすいことが多いでしょう。

・**デザインマネージャーを利用したHTMLベースでの編集**

HTMLファイルで編集した内容を、masterファイルへ反映するしくみを利用する方法です。HTML、CSSのみを扱うため、masterファイルを直接編集するほど深い知識は必要ありません。HTMLファイルとして作成したデザインをmasterに変換する機能やSharePointコントロールをHTMLデザインに含める機能はデザインマネージャーにより提供されます。ASP.NETやSharePointコントロールに対するソースコードを手書きする必要がなく、また任意のWeb編集ツールにより、SharePointサイトのデザイン編集が可能です。

> 本書ではマスターページのカスタマイズの詳細には触れません。本書の2013バージョン『ひと目でわかるSharePoint 2013サイトカスタマイズ&開発編』にて解説しています。本書では触れません。

カスタムマスターページをサイトに適用したい場合は、代替CSSの設定と同様に[サイトの設定]画面の[マスターページ]から設定できます。

設定画面から確認できるよう、サイト単位で[サイトマスターページ]、[システムマスターページ]と2か所に対してマスターページの設定が行えます。[サイトマスターページ]に指定したマスターページは、サイト内の発行ページが参照し、[システムマスターページ]に指定したマスターページは発行ページ以外が参照します。1つのサイト内に複数のデザインを混在させることは発行ページを計画的に使っているサイト以外ではないといえるため、ほとんどの場合[サイトマスターページ]と[システムマスターページ]は同じマスターページを指定します。ポータルサイトとして利用している発行サイトにおいて、閲覧ユーザーに提供するページは発行ページであり、ポータルサイト内で提供するコンテンツの更新画面としてリストを利用している場合などには、あえて別々にすることも可能です。ポータルサイトの利用者である閲覧ユーザーがアクセスする発行ページのみにカスタムデザインを適用し、それ以外のページはseattle.masterのままにしておくといった形です。

7 JSリンクによるリストカスタマイズ

　SharePointは、クライアントサイドレンダリング（CSR）と呼ばれる、クライアント側で動作するWebテクノロジ（HTML、CSS、JavaScript）を利用して、画面表示を行うしくみを利用しています。クライアントサイドレンダリングはSharePoint 2013バージョンより登場し、それ以前のバージョンで利用されていたXSLTに置き換わるものです。従来のサーバーサイド処理と比べると、応答性がよく、サーバー負荷も少なくて済みます。このしくみを利用し、リストビューやリストフォームの表示形式をJavaScriptで定義する方法を「JSリンク」と言います。

JSリンクの基本

　JSリンクを用いて、リストのカスタマイズを行う基本の流れは次のとおりです。

1. JavaScriptファイルの作成

　まずは実現したいデザインをJavaScriptファイルとして作成します。JSリンクのしくみを利用したうえでコードを記述します。

◆記述するJavaScriptの基本形

- 宣言……………………コンテキスト、テンプレートオブジェクトの変数宣言です。
- デザイン変更部分……SPClientTemplates.TemplateManager.RegisterTemplateOverrides()関数に指定するためのテンプレートオブジェクトとして、表示内容を指定します。テンプレートオブジェクトには、カスタマイズ内容によってFields、Item、Header、Footer、Group、Body、OnPreRender、OnPostRenderなどのプロパティが用意されています。それぞれのプロパティに表示HTMLを設定します。
- 実行……………………SPClientTemplates.TemplateManager.RegisterTemplateOverrides()関数にデザイン変更内容（テンプレートオブジェクト）を指定し、オーバーライドします。

上記のコード例は、実行すると、次のような表示となります。[Status] 列は赤字で表示され、[PercentComplete] 列は入力された数値がwidth属性に指定されたdivタグとして表示されます。

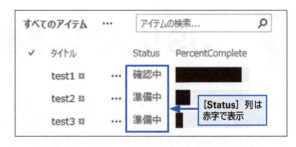

コード例では、テンプレートオブジェクトのFieldsプロパティを利用しており、この場合、列単位でのデザイン指定が可能です。また列名は内部名を利用して指定します。内部名により指定した列が、指定されたHTML内容で表示されます。

```
overrideCtx.Templates.Fields = {
    "列の内部名" : { "View" : "表示 HTML を指定" }
};
```

表示HTMLを指定する際に、列の値は次の記述で含めます。

```
<#=ctx.CurrentItem.列の内部名#>
```

ヒント

列の内部名の確認方法

JavaScript内において、列名は内部名で指定します。内部名は、列作成時に付けた名前が反映されるようになっており、その後列名を変更しても内部名は変わりません。日本語（全角文字）を利用して列名を付けた場合は、エンコードされ長い内部名になります。カスタマイズを行うことがあらかじめわかっている場合、列名はコード内で扱いやすいよう、作成時には半角文字（シングルバイト文字）で付けることをお勧めします。既存で作成されているリストにカスタマイズを行う際は、列の内部名をまずは確認してください。
列の内部名を確認する簡単な手順は、下記のとおりです。

① リストの設定画面を開く。
② 列の一覧より、内部名を調べたい列の編集画面を開く。
③ ブラウザーのアドレスボックスに表示されるURLの最後尾にある「Field=****」の「****」部分が内部名である。

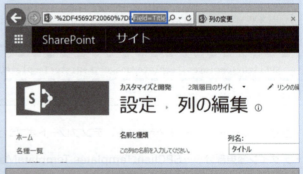

日本語名（全角文字）で列を作成した場合は、エンコードされた長い文字列となります。この場合%5Fの部分を_（アンダーバー）に置き換えます。
次図の例ですと、「%5Fx7ba1%5F%5Fx7406%5F%5Fx62c5%5F%5Fx5f53%5F」がURLから確認できます。内部名は「_x7ba1__x7406__x62c5__x5f53_」となります。

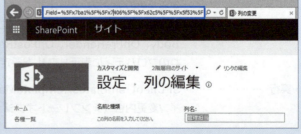

◆ JavaScript での処理結果を表示

動作を追加したい場合や、入力値によって表示形式を変更したい場合など、表示形式を列ごとに直接HTMLで指定できるケースはあまり多くはありません。JavaScriptの処理結果を表示する場合、表示HTMLを直接指定するのではなく、次のように関数の戻り値として指定します。

```
(function () {
    var overrideCtx = {};
    overrideCtx.Templates = {};

    overrideCtx.Templates.Fields = {
            "Status": { "View": StatusFieldView }
    };

    SPClientTemplates.TemplateManager.RegisterTemplateOverrides(overrideCtx);
})();
function StatusFieldView(ctx) {
    var _statusValue = ctx.CurrentItem.Status;
    if (_statusValue == "遅延中") {
        return "<span style= 'color:red'>" + _statusValue + "</span>"; }
    else {   return _statusValue ; }
}
```

上記の例だと、[Status] 列の表示形式として、StatusFieldValue関数が指定されています。StatusFieldValue関数は戻り値としてHTMLを返す必要があります。また内部で、現在のコンテキスト情報を受け取り実行されます。関数内では、コンテキスト（ctx）から取得できるCurrentItemプロパティを利用し、現在のアイテム値を取得します。現在のアイテム値を取得する場合、次のように記述します。

```
ctx.CurrentItem.列の内部名
```

実行結果は、[Status] 列の値が「遅延中」に等しい場合のみ、赤字表示となります。

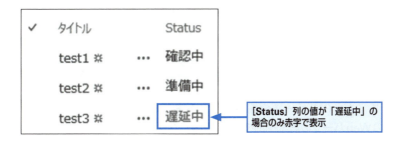

◆表示カスタマイズ領域

テンプレートオブジェクトで指定できるプロパティには、次の種類があります。コード内にて、**Templates.プロパティ名**の記述でカスタマイズ領域を指定します。

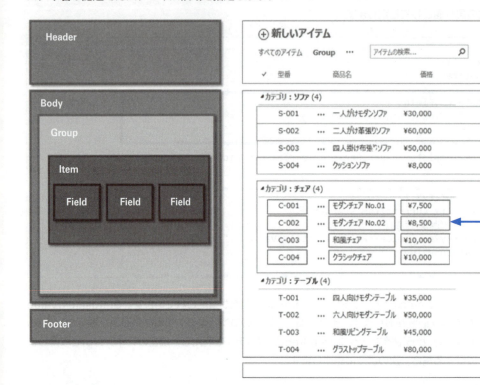

2. サイト内の任意のライブラリに JavaScript ファイルを格納

作成した JavaScript ファイルは、サイト内の任意のライブラリ内に保存します。下記のライブラリがお勧めです。

- サイトコレクション全体に適用する場合：[マスターページギャラリー] や [スタイルライブラリ]
- サイトに対して適用する場合：[サイトのリソースファイル]

3. Web パーツの [JS リンク] プロパティで適用させたい JavaScript ファイルへのパスを指定

JS リンクの適用は、SharePoint サーバーオブジェクトモデル、PowerShell、クライアントオブジェクトモデル等のコードにより適用することもできますが、GUI ベースの場合、リスト表示に利用される Web パーツ（ListViewWebPart、ListFormWebPart）の Web パーツの編集画面内にある [JS リンク] プロパティに、JavaScript ファイルへの参照を指定します。

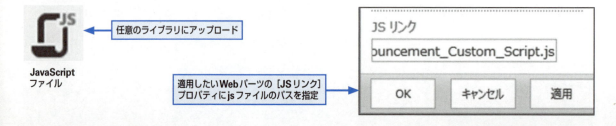

❶ 適用させたいリストビューもしくはフォームを開く。またはリストビュー Web パーツが配置されたページでもかまわない。
※ JS リンクはクラシック UI 利用が前提である。カスタムリストやドキュメントライブラリに適用する場合は、クラシック UI に切り替える。リストやライブラリの設定画面の［詳細設定］で指定できる。

❷［設定］メニューより［ページの編集］をクリックし、該当ページを編集モードに切り替える（ここではリストビューの場合の画面）。

❸ Web パーツの編集画面を開く。

❹ Web パーツの編集画面で、［その他］－［JS リンク］に SharePoint トークンを利用した JavaScript ファイルパスを指定し、［OK］をクリックする。
● マスターページギャラリーに保存した場合：
　~sitecollection/_catalogs/masterpage/***.js
● スタイルライブラリに保存した場合：
　~sitecollection/Style Library/***.js
● サイト内の［サイトのリソースファイル］に保存した場合：~site/SiteAssets/***.js

❺ ページを保存する。

JS リンク設定のポイント

◆ポイント①：JS リンクプロパティの指定方法
　JavaScript ファイルへの参照を追加する設定では、必ず先頭に SharePoint トークンを利用してください。

・~site ………………… 現在のサイトの URL
・~sitecollection … 現在のサイトコレクションの URI（トップレベルサイト URL）
・~layouts ………… /_layouts/15

◆ポイント②：複数の JavaScript ファイルを指定したい場合
　複数指定する場合は、~site/SiteAssets/test1.js|~site/SiteAssets/test2.js のように垂直線で区切ります。JS リンク内で他の JavaScript ライブラリを参照している場合などに便利です。

◆ポイント③：列の表示
　JS リンクのコード内で扱う列は、ビューに表示されている必要があります。JS リンクを設定したビューに、コード内で扱う列が表示されていない場合、エラーが発生します。

◆ポイント④：同じページ内に、複数のリストビュー Web パーツがある場合

　同じページに複数のリストビューWebパーツが配置されている場合、その中の1つにJSリンクを設定すると、ページ内の他のリストビューWebパーツでもそのレンダリングロジックが利用されます。複数のリストビュー Webパーツ内に、同じ名前の列がある場合など、コードの内容によっては注意が必要です。解決方法は、コンテキストのListTemplateType プロパティや BaseViewID プロパティを利用することです。

　ListTemplateType プロパティを利用する場合、リスト定義（アプリ作成時に選択した種類）を指定し、JSリンクが実行される箇所を指定できます。下記のように記述を追加した場合、104（お知らせリスト）のみ適用されるJSリンクとなります。

```
overrideCtx.ListTemplateType = 104;
```

　BaseViewID プロパティは、リスト定義内で定義されており、カスタムリスト定義を作成している場合には、異なるBaseViewIDを付けることも可能です。BaseViewID プロパティを利用してJSリンクの動作箇所を指定する場合、次のように指定します。

```
overrideCtx.BaseViewID = 99;
```

　1ページ内に、同じリストかつ同じBaseViewIDのWebパーツを利用しており、特定のWebパーツにのみJSリンクを適用させたい場合には、JSリンクのコード内で、実行箇所を指定するよう工夫します。たとえば次のように記述することで、リストタイトルを指定した実行が可能です。

```
if(ctx.ListTitle == "test")
{
    実行したい処理を記述
}
```

　リストタイトルも同じ場合（同じリストのWebパーツを複数配置している場合）には、さらにWebパーツのHTML要素のID等を利用した条件制御をコード内に含めることで回避が可能です。

ヒント

ListTemplateType 一覧

- ・カスタムリスト：100
- ・ドキュメントライブラリ：101
- ・リンクリスト：103
- ・お知らせ：104
- ・連絡先：105
- ・タスク：107
- ・ディスカッション掲示板：108
- ・画像ライブラリ：109

例①：リストのテーブル表示

リストビューの表示形式をデザインされたテーブル形式に変更する例です。

◆サンプルコード

```
(function(){
  var ctx = {};
  ctx.Templates = {};

  ctx.Templates.Header = HeaderView;  // ヘッダー表示
  ctx.Templates.Group= GroupView;     // グループ化表示
  ctx.Templates.Item = ItemView;      // アイテム表示
  ctx.Templates.Footer = "</table>";  // フッター表示

  SPClientTemplates.TemplateManager.RegisterTemplateOverrides(ctx);
})();

function HeaderView(ctx){
  var courseIDFieldName = ctx.ListSchema.Field[0].DisplayName;
  var courseTitleFieldName = ctx.ListSchema.Field[1].DisplayName;
  var dayFieldName = ctx.ListSchema.Field[2].DisplayName;

return "<table style='color:#333333;border-width: 1px;border-color: #666666;border-
  collapse:collapse;width:100%;'><tr><th style='padding: 8px;border:1px solid
  #666666;background-color: #dedede;'>"+courseIDFieldName+"</th><th style='padding:
  8px;border:1px solid #666666;background-
  color:#dedede;'>"+courseTitleFieldName+"</th><th style='padding: 8px;border:1px
  solid #666666;background-color:#dedede;'>"+dayFieldName+"</th></tr>";
}

function GroupView(ctx, group, groupId, listItem, listSchema, level, expand){
  return  '<tr><td colspan="3" style="padding: 8px;border:1px solid #666666;font-
  weight:bold;">' + listItem[group] + '</td></tr>';
}
```

```
function ItemView(ctx){
  // 実際の列名（内部名）に合わせて下線部分は変更してください。
  var Title = ctx.CurrentItem.Title;
  var CourseID = ctx.CurrentItem.CourseID;
  var Day = ctx.CurrentItem.day;

  return "<tr><td style='border: 1px solid #666666;padding: 8px;'>"+CourseID+"</td><td style='border: 1px solid #666666;padding: 8px;'>"+Title+"</td><td style='border: 1px solid #666666;padding: 8px;'>"+Day +"</td></tr>";
}
```

- リストの作成

カスタムリスト（クラシックUI）に、次の列が作成されていることが前提となっています。実際に作成した列に合わせて、サンプルコード内の列名指定箇所（下線部分）を変更してください。

内部名	表示名	
Title	コース名	1行テキスト
CourseID	コースID	1行テキスト
day	日数	1行テキスト
Category	対象者	1行テキストもしくは選択肢

> 列作成時に付けた名前が内部名となります。その後、列名を変更することで、内部名はそのままで表示名の変更が可能です。

- ビューの編集

適用するリストビュー、もしくはリストビューWebパーツにおいて、次のビュー設定を行います。

・[コースID]、[コース名]、[日数]、[対象者] 列を表示する
・[対象者] 列でグループ化設定し、グループ化表示は展開とする

- JSリンク設定

サンプルコードを含むJavaScriptファイルを任意のライブラリに保存します。前項で解説した手順を参考に、Webパーツの [JSリンク] プロパティにJavaScriptファイルパスを指定します。

> これは、サイト内の [サイトのリソースファイル] ライブラリにListTable.jsというファイル名でJavaScriptファイルを保存した場合の例です。実際にJavaScriptファイルを保存した場所に合わせてパスは適宜変更してください。

例②：CallOutを利用したお知らせの吹き出し表示

お知らせの表示形式を次のように変更する例です。

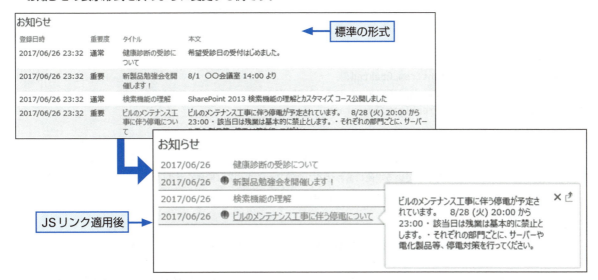

［重要度］列の値が「重要」に等しい場合は、アイコン画像を合わせて表示し、またタイトルをクリックすることで、吹き出しメニューで本文が確認できるようにしています。吹き出しメニューの作成にはSharePointが提供するJavaScriptライブラリの1つであるCallOut.jsを利用しています。

◆サンプルコード

```
(function(){
  // CSS ファイル参照を追加
  var cssId = 'myCss';
  if(!document.getElementById(cssId)){
    var head  = document.getElementsByTagName('head')[0];
    var link  = document.createElement('link');
    link.id   = cssId;
    link.rel  = 'stylesheet';
    link.type = 'text/css';
    // CSS ファイルのファイル名、保存した場所に合わせてパスは変更ください。
    link.href = '/sites/cust/SiteAssets/info.css';
    link.media = 'all';
    head.appendChild(link);
  }

  var overrideCtx = {};
  overrideCtx.Templates = {};

  overrideCtx.ListTemplateType = 104; // お知らせ リスト指定
  overrideCtx.Templates.Header = "<div><ul class='info'>"; // ヘッダー表示
  overrideCtx.Templates.Item = ItemDisplay;   // アイテム表示
```

```javascript
  overrideCtx.Templates.Footer = "</ul></div>"; // フッター表示

  SPClientTemplates.TemplateManager.RegisterTemplateOverrides(overrideCtx);
})();


function ItemDisplay(ctx){
  var Created = ctx.CurrentItem.Created;
  Created = Created.substring(0,Created.indexOf(" "));
  var Important = ctx.CurrentItem.Important;


  if( Important =="重要"){
  // ［重要度］列が「重要」に等しい場合、アイコン画像を合わせて表示
  // 実際に画像ファイルが保存されている場所にあわせて、画像ファイルパスは変更ください。
title="<img src='/sites/cust/SiteAssets/imp.gif' style='padding-right:5px;'/>"
+ ctx.CurrentItem.Title }
  else{
    title ="<span style='padding-left:15px;'> "+ctx.CurrentItem.Title+"</span>"   }


return "<li><span class='listdate'>"+Created+"</span><span class='listtitle'><a href
 ='#' onclick=¥""+"ShowCallout(this,'" + ctx.CurrentItem.ID + "','" +
            ctx.CurrentItem.Body + "');¥">"+ title +"</a></span></li>";
}


// CallOut.js を利用し吹き出し表示するための関数
function ShowCallout(sender, itemId,body){
  CalloutManager.closeAll();
  var calloutRef = CalloutManager.createNew({
     ID: 'call_' + itemId,  launchPoint: sender,
     beakOrientation: 'leftRight',   content: body,
     contentWidth: 300  });
  calloutRef.open();
}
```

• リストの作成
お知らせリストに、次のように列設定されていることが、サンプルコードの前提となっています。

内部名	表示名	
Title	タイトル	既定のまま
Body	本文	複数行テキスト ※書式なしテキストに変更
Important	重要度	選択肢（通常、重要）

• ビューの編集
適用するリストビュー、もしくはリストビューWebパーツにおいて、次のビュー設定を行います。

・［登録日時］、［重要度］、［タイトル］、［本文］列を表示
・並べ替えやフィルターは任意に追加可能

第2章　SharePointサイトデザインのしくみとカスタマイズ　83

お知らせ

登録日時	重要度	タイトル	本文
2017/06/26 23:32	通常	健康診断の受診について	希望受診日の受付はじめました。
2017/06/26 23:32	重要	新製品勉強会を開催します！	8/1　〇〇会議室 14:00 より
2017/06/26 23:32	通常	検索機能の理解	SharePoint 2013 検索機能の理解とカスタマイズ コース公開しました
2017/06/26 23:32	重要	ビルのメンテナンス工事に伴う停電について	ビルのメンテナンス工事に伴う停電が予定されています。　8/28 (火) 20:00 から23:00・該当日は残業は基本的に禁止とします。・それぞれの部門ごとに、サーバーや電化製品等、停電対策を行ってください。

● **画像の用意**
　表示にアイコン画像を利用しています。14×14ピクセルサイズの画像ファイルを用意し、任意のライブラリに保存しておきます。

● **CSSファイルの作成**
　JSリンク内でCSSファイルの参照を追加しています。あらかじめ下記の内容を含むCSSファイルを作成し、任意のライブラリに保存しておきます。

```
ul.info { list-style: none outside none;padding-left: 0;margin-top: 0; }
.info li { border-bottom: 1px solid gray;height: 1.3em;      padding: 0.3em; }
div.info { border-bottom: 1px solid gray; }
.listdate { color: gray; }
.listtitle a,.listtitle a:link{
color: #389ABE;text-decoration: none;padding-left:15px; }
.listtitle a:hover,.listtitle a:active{ text-decoration: underline; }
.info li:nth-child(odd){ background-color: #f0f0f0; }
.info li:nth-child(even){ background-color: #ffffff; }
```

● **JSリンク設定**
　サンプルコードを含むJavaScriptファイルを任意のライブラリ（画像ファイル、CSSファイルと同じ場所）に保存します。前項で解説した手順を参考に、Webパーツの［JSリンク］プロパティにJavaScriptファイルパスを指定します。
　SharePointが提供するCallOut.jsを利用しているため、CallOut.jsへの参照も併せて指定します。次のように指定してください。

JS リンク

```
~layouts/Callout.js|~site/Si
```

~layouts/Callout.js|~site/SiteAssets/info.js

> CallOut.jsの場所は/_layouts/15/CallOut.jsです。SharePointトークンを利用し、~layouts/CallOut.jsと指定しています。

> 実際に適用するJSファイルは垂直線区切り後に指定しています。サイト内の［サイトのリソースファイル］ライブラリにinfo.jsというファイル名でJavaScriptファイルを保存した場合の例です。実際にJavaScriptファイルを保存した場所に合わせてパスは適宜変更してください。

例③：OnPostRenderを利用した条件付き書式

ビューに一覧されたアイテムに対して、条件付き書式（特定の条件に合ったアイテムの背景色を変更する）を設定します。

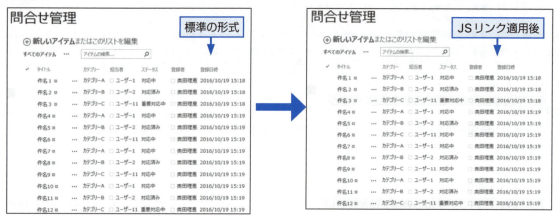

［ステータス］列の値が「重要対応中」に等しい場合は、アイテムの背景色を黄色に変更しています。

◆サンプルコード

```
(function(){
var overrideCtx = {};
overrideCtx.Templates = {};
overrideCtx.OnPostRender = Condition; // OnPostRender で条件付き書式を処理
SPClientTemplates.TemplateManager.RegisterTemplateOverrides(overrideCtx);
})();
function Condition(ctx){
for(i = 0; i < ctx.ListData.Row.length; i++){
  if(ctx.ListData.Row[i]["Status"]){
  if(ctx.ListData.Row[i]["Status"].indexOf("重要対応中")!= -1){
    var rowId = GenerateIIDForListItem(ctx, ctx.ListData.Row[i]);
    var trElement = document.getElementById(rowId);
    trElement.style.backgroundColor = "#FFFF00"; }
} }
}
```

- リストの作成

カスタムリスト（クラシックUI）に、次の列が作成されていることが、サンプルコードの前提となっています。それ以外の列は任意に作成してかまいません。

内部名	表示名	
Status	ステータス	選択肢（対応中、重要対応中、対応済み）

- ビューの編集

適用するリストビュー、もしくはリストビューWebパーツにおいて、［ステータス］列は必ず表示してください。それ以外の列は任意に表示してかまいません。

第2章　SharePointサイトデザインのしくみとカスタマイズ

- **JSリンク設定**

サンプルコードを含むJavaScriptファイルを任意のライブラリに保存します。前項で解説した手順を参考に、Webパーツの［JSリンク］プロパティにJavaScriptファイルパスを指定します。

JSリンク
~site/SiteAssets/Format.js

サイト内の［サイトのリソースファイル］ライブラリにFormat.jsというファイル名でJavaScriptファイルを保存した場合の例です。実際にJavaScriptファイルを保存した場所に合わせてパスは適宜変更してください。

例④：入力フォームにおける列操作

リスト入力フォームで列に対して次の操作を追加する例です。

- ユーザーまたはグループ列にカレントユーザーを値として自動的にセット
- 選択肢列で、特定の値を選択した場合のみ、入力項目を追加

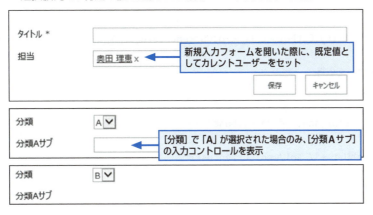

◆ **サンプルコード**

```
(function(){

(window.jQuery || document.write('<script src="//ajax.aspnetcdn.com/ajax/jquery/
  jquery-1.10.0.min.js"><\/script>'));

  var ctx = {};
  ctx.Templates = {};

  // 入力内容に応じたコントロールの表示切替処理を OnPostRender で追加
  ctx.Templates.OnPostRender = changeControl ;
  // ユーザーまたはグループ列の値設定
  ctx.Templates.Fields = {  'Assign': { 'NewForm': setCurrentUser  }   };

  SPClientTemplates.TemplateManager.RegisterTemplateOverrides(ctx);
})();

function createUserEntity(loginName,displayName)
```

```
{
    return {
        Description: loginName,
        DisplayText: displayName,
        EntityGroupName: "",
        EntityType: "",
        HierarchyIdentifier: null,
        IsResolved: true,
        Key: loginName,
        MultipleMatches:[],
        ProviderDisplayName: "",
        ProviderName: ""
    };
}

function setCurrentUser(ctx){
    var currentUser = null;
    var formCtx = SPClientTemplates.Utility.GetFormContextForCurrentField(ctx);

    // REST 呼び出しを行い、カレント ユーザーを取得
    $.ajax({
        async: false,
        headers: { "accept": "application/json; odata=verbose" },
        method: "GET",
        url: formCtx.webAttributes.WebUrl +"/_api/web/CurrentUser",
        success: function(data){
            currentUser = data.d;
        }
    });

    // REST 呼び出しで取得したカレント ユーザー値を、列値に登録できる形式に変更
    if(currentUser != null){
        var userEntry = createUserEntity(currentUser.LoginName,currentUser.Title);
        ctx.CurrentFieldValue =[];
        ctx.CurrentFieldValue.push (userEntry);
    }
    return SPClientPeoplePickerCSRTemplate(ctx);
}

function changeControl(ctx){
  var f = ctx.ListSchema.Field[0];
  // Category 列の場合
  if(f.Name == "Category")
  {
      // ドロップダウンコントロールを取得
      var fieldControl = $get(f.Name + "_" + f.Id + "_$DropDownChoice");
      // ドロップダウンコントロールに change イベント追加
```

```
        $addHandler(fieldControl, "change", function(e)
        {
            // ドロップダウンコントロールで選択された値が「A」以外の場合
// A_AddText 列のテキスト ボックスを非表示に
            if(e.target.value!="A"){
                $('input[id^=A_AddText]').val("");
                $('input[id^=A_AddText]').hide();    }
            else{   $('input[id^=A_AddText]').show();    }
        });
    }
}
```

- **リストの作成**

カスタムリスト（クラシックUI）に、次の列が作成されていることが、サンプルコードの前提となっています。それ以外の列は任意に作成してかまいません。

内部名	表示名	
Assign	担当ステータス	ユーザーまたはグループ
Category	分類	選択肢（A、B、C）、ドロップダウンを利用
A_AddText	分類Aサブ	1行テキスト

- **JSリンク設定**

サンプルコードを含むJavaScriptファイルを任意のライブラリに保存します。新規入力フォームであるNewForm.aspxにおいて、前項で解説した手順を参考に、Webパーツの［JSリンク］プロパティにJavaScriptファイルパスを指定します。
またCSR表示モードは［Standard（StandardLayout）］としてください。

> サイト内の［サイトのリソースファイル］ライブラリにSetValue.jsというファイル名でJavaScriptファイルを保存した場合の例です。実際にJavaScriptファイルを保存した場所に合わせてパスは適宜変更してください。

ヒント

CSR表示モード

クライアントサイドレンダリングにおいて、リストフォームはStandard(StandardLayout)とCustom(CSRCustomLayout)の2つのモードを持ちます。Server Renderも含めると、リストフォームには3種類の表示モードがあります。

Standard(StandardLayout)では、ListFormWebパーツにおいて、列のラベル情報と入力コントロールを含むテーブル構造で表示されます。StandardモードにおいてJSリンクでカスタマイズを行う際、基本的にはFieldsプロパティを利用して、各コントロールのカスタマイズを行います。Item、Header、Footerといったプロパティは利用できません。それらを利用する場合は、CSR表示モードとしてCustom(CSRCustomLayout)を利用します。

ページに対する CSS 追加

この章の「4 代替CSSによるカスタマイズ」では標準で利用しているCSSの上書きによるサイト全体デザインに対するカスタマイズ方法を解説しました。同様に標準CSSの上書きを行うスタイル内容は、サイト全体ではなく、特定のページにのみ適用することも可能です。

Webパーツによる CSS 追加方法

まずは代替CSSの際と同様に、HTML内容を解析し、既定デザインをオーバーライドするスタイルを記述します。記述したスタイルは、<style>タグとしてコンテンツエディターWebパーツにてページ内に追加します。

❶ 適用したいページを開き、編集モードに切り替える。

❷ ページの最下部の任意の場所に、コンテンツエディターWebパーツを挿入する。
[挿入]タブ–[Webパーツ]をクリックする。
Webパーツの一覧が表示されるので、[メディアおよびコンテンツ]カテゴリの[コンテンツエディター]を選択し、[追加]をクリックする。

❸ 挿入したコンテンツエディターWebパーツのメニューから[Webパーツの編集]をクリックする。

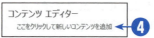

❹ Webパーツ内に表示される[ここをクリックして新しいコンテンツを追加]をクリックし、Webパーツ内にマウスカーソルを合わせておく。
※Webパーツ領域内ではなく編集領域に配置している場合で、[Webパーツの編集]メニューが表示されていない場合、[ここをクリックして新しいコンテンツを追加]は表示されない。

❺ [テキストの書式設定]タブの[ソースの編集]をクリックする。

❻ [HTMLソース]ダイアログが表示される。ページに追加したスタイル内容を<style>タグとして追加し、[OK]をクリックする。

```
<style>
  ページに対して適用させたい任意のスタイル内容
</style>
```

❼ コンテンツエディターWebパーツの編集メニューより、[外観] カテゴリの [枠の種類] を [なし] に設定し、[OK] をクリックする。

❽ ページを保存する。

❾ 追加したCSSがページ内に適用される。

ページに対するデザイン変更CSSサンプル

ページに対するCSSサンプルです。前項の手順を参考に適用してください。

リストビューWebパーツに罫線表示

リストビューWebパーツに罫線デザインを追加する例です。

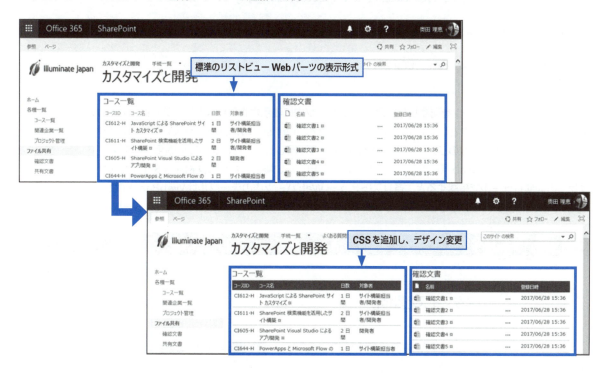

　ページ内にリストもしくはライブラリのWebパーツを挿入し、任意に設定を行います。上記画面ではWebパーツに対し、次の設定が行われていますが、必須ではありません。

- [ツールバーの種類] を [ツールバーなし]
- [現在のビューの編集] より、[各アイテムにチェックボックスを表示します] をオフ

```
<style>
  .ms-listviewtable > tbody > tr {background: white   !important; }

  .ms-listviewtable > tbody > tr td{border-bottom: 1px solid #AFAFAF !important; }

  .ms-listviewtable > tbody > tr.ms-alternating {     background: #E2E3E5;}

  .ms-listviewtable tr.ms-viewheadertr {      background: transparent; }

  tr.ms-viewheadertr > th.ms-vh-icon,tr.ms-viewheadertr > th.ms-vh,
  tr.ms-viewheadertr > th { background: #2E4C70; }

  tr.ms-viewheadertr > th.ms-vh:hover,tr.ms-viewheadertr > th.ms-vh2:hover{
   background-color: #273C51; border-color: #273C51; }

  .ms-viewheadertr a,.ms-viewheadertr div { color: white; }

  .ms-viewheadertr a:hover,.ms-viewheadertr div:hover { color: white; }

  .ms-core-menu-title{ color:black; }
</style>
```

リストビュー Web パーツを配置した場合、Web パーツ内に表示されるリストアイテムは .ms-listviewtable クラスが適用された Table タグとして表示されます。そのため .ms-listviewtable クラスを利用してスタイルを追加した場合、同じページ内に複数のリストビュー Web パーツを配置していると、すべてに適用されます。

特定のリストビュー Web パーツのみにスタイルを適用したい場合、さらに詳細なスタイル指定が必要です。ブラウザーの開発者ツールで確認すると、各リストビュー Web パーツ内のテーブルは WebPartWPQ（数字）という ID の div タグ内に含まれていることが確認できます。この div タグの ID は末尾の数字が Web パーツごとに異なります。

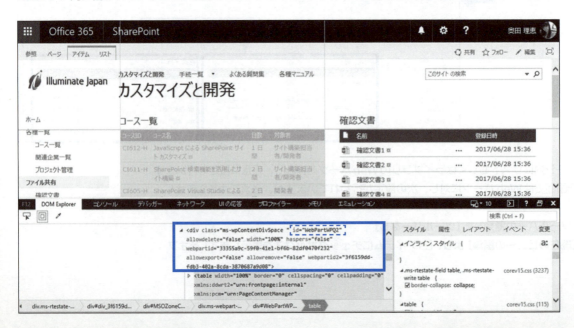

このIDを利用したスタイルを記述することで、ページ内の特定のリストビューWebパーツにのみスタイルを適用可能です。

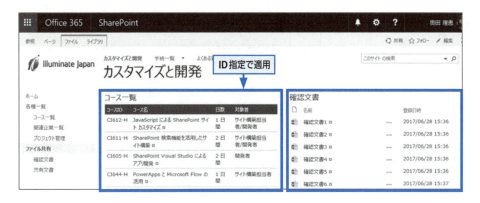

◆サンプルコード

```
<style>
#WebPartWPQ2 .ms-listviewtable > tbody > tr {background: white  !important; }

#WebPartWPQ2 .ms-listviewtable > tbody > tr td{
              border-bottom: 1px solid #AFAFAF !important; }

#WebPartWPQ2 .ms-listviewtable > tbody > tr.ms-alternating { background: #E2E3E5; }

#WebPartWPQ2 .ms-listviewtable tr.ms-viewheadertr { background: transparent; }

#WebPartWPQ2 tr.ms-viewheadertr > th.ms-vh-icon,
#WebPartWPQ2 tr.ms-viewheadertr > th.ms-vh,
#WebPartWPQ2 tr.ms-viewheadertr > th { background: #2E4C70; }

#WebPartWPQ2 tr.ms-viewheadertr > th.ms-vh:hover,
#WebPartWPQ2 tr.ms-viewheadertr > th.ms-vh2:hover{
            background-color: #273C51; border-color: #273C51; }

#WebPartWPQ2 .ms-viewheadertr a,
#WebPartWPQ2 .ms-viewheadertr div { color: white; }

#WebPartWPQ2 .ms-viewheadertr a:hover,
#WebPartWPQ2 .ms-viewheadertr div:hover { color: white; }

#WebPartWPQ2 .ms-core-menu-title{ color:black; }
</style>
```

#WebPartWPQ2のIDを指定している箇所は、実際のWebパーツ内のdivタグIDを調べて置き換えてください。

お知らせ Web パーツの列ヘッダー非表示

お知らせ Web パーツの列ヘッダーを非表示とし、各行の下に罫線を追加した例です。

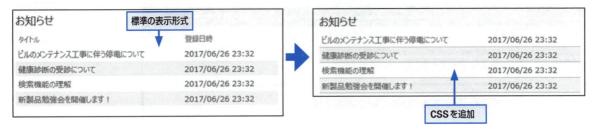

ページ内にお知らせ Web パーツを挿入し、任意に設定を行います。上記画面では Web パーツに対し、次の設定が行われていますが、必須ではありません。

- [ツールバーの種類] を [ツールバーなし]
- [現在のビューの編集] より、[各アイテムにチェックボックスを表示します] をオフ / [スタイル] を [網掛け]

```
<style>
.ms-listviewtable > tbody > tr td{ border-bottom: 1px solid #AFAFAF !important; }

.ms-listviewtable{ width:100%; }

.ms-viewheadertr{ display:none; }
</style>
```

> お知らせ Web パーツも、リストビュー Web パーツです。同じページ内にリストやライブラリの Web パーツが配置されている場合、それらの Web パーツにも同様にスタイルが適用されます。前述のとおり ID 指定のスタイルを記述することで回避します。

リストビュー Web パーツの列幅調整

リストビュー Web パーツに列を複数表示している場合、Web パーツの横幅によりデータが折り返されて表示されることがあります。折り返し表示をできるだけ避けるため、特定の列の横幅サイズを指定する例です。

```
<style>
.ms-vh-div[DisplayName='コース名']{ width:250px; }
</style>
```

> DisplayName 指定部分は、列幅を調整したい列の表示名に置き換えてください。

表示フォーム

リストの表示フォームにスタイルを適用した例です。

第2章　SharePointサイトデザインのしくみとカスタマイズ

```
<style>
table.ms-formtable{ width:1000px;  border-collapse: separate;
    border-spacing: 0; border-bottom: 1px solid #AFAFAF;  margin-bottom:20px; }

.ms-formtable td.ms-formlabel{
    width: 50px;       padding: 10px;  font-weight: bold;     vertical-align: top;
    border-right: 1px solid #AFAFAF;border-top: 1px solid #AFAFAF;
    border-left: 1px solid #AFAFAF;   background: #4169E1;   }

.ms-formtable td.ms-formlabel .ms-h3{ color:white !important; }

.ms-formtable td.ms-formbody {
    padding: 10px;  vertical-align: top;
    border-right: 1px solid #AFAFAF;border-top: 1px solid #AFAFAF; }
</style>
```

CSSを追加したWebパーツの再利用について

CSSを挿入した状態のコンテンツエディターWebパーツをエクスポートしすることで、再利用が容易に行えます。

> スクリプトエディターWebパーツも同様のことが可能です。

Webパーツのエクスポート

　コンテンツエディターWebパーツにCSSを挿入します。またWebパーツのタイトル変更およびタイトルバーを表示しないよう［枠の種類］を［なし］に設定変更しておくと便利です。

　エクスポート操作により、dwpファイルをダウンロードできます。

エクスポートした dwp ファイルの共有

　トップレベルサイト内のWebパーツギャラリーにdwpファイルをアップロードします。この操作にはトップレベルサイトのサイト管理者権限、もしくはサイトコレクション管理者権限が必要です。

❶ サイトの設定画面より、[Webパーツ]をクリックする。

❷ Webパーツギャラリーが開く。[ファイル]タブの[ドキュメントのアップロード]をクリックし、エクスポートしたdwpファイルを保存する。

❸ アップロード時に次のプロパティを指定する。
- タイトル：Webパーツの名前として表示される。
- 説明：Webパーツ挿入時の説明として表示される。
- グループ：Webパーツ挿入時のグループとなる。

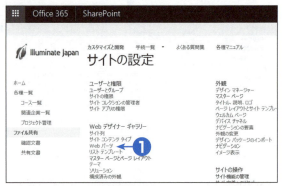

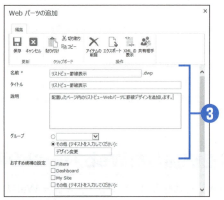

Webパーツの再利用

　ページ内にWebパーツを追加する際、選択画面に表示され、CSSが挿入された状態でWebパーツを配置できます。サイトコレクション内の全サイトで利用できます。

9 表示テンプレートによる検索表示カスタマイズ

SharePointサイトでサイト右上の検索ボックスを利用して検索を行うと、検索結果画面は、次のような内容で提供されます。

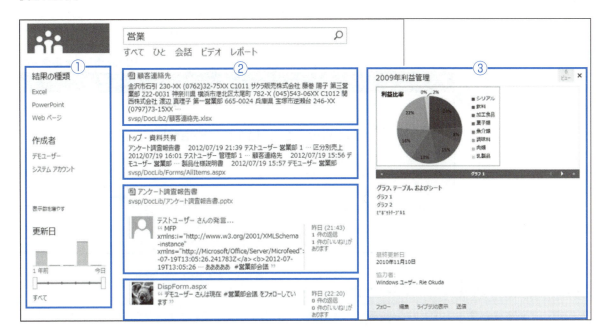

①絞り込み
　絞り込みWebパーツで構成されます。

②検索結果アイテムの一覧表示
　検索結果Webパーツで構成され、検索結果アイテムの種類により表示形式が異なります。

③ホバーパネル
　各検索結果アイテムをマウスホバーすることで表示されます。検索結果アイテムの種類により表示内容が異なります。

　検索結果の表示や、検索機能を利用するコンテンツ検索Webパーツでは、「表示テンプレート」というデザインテンプレートを利用して内容を表示しています。表示テンプレートをカスタマイズすることで、検索関連の表示デザインを変更できます。表示テンプレートもJSリンクと同様にクライアントサイドレンダリングの1つです。
　標準の検索画面においても、表示テンプレートが利用されており、標準で用意されている表示テンプレートは、マスターページやページレイアウトと同様にマスターページギャラリーに格納されています。マスターページギャラリーの［Display Templates］フォルダー内に各表示テンプレートがカテゴリに応じてフォルダー分けされて格納されています。

マスターページギャラリーの [Display Templates] フォルダー

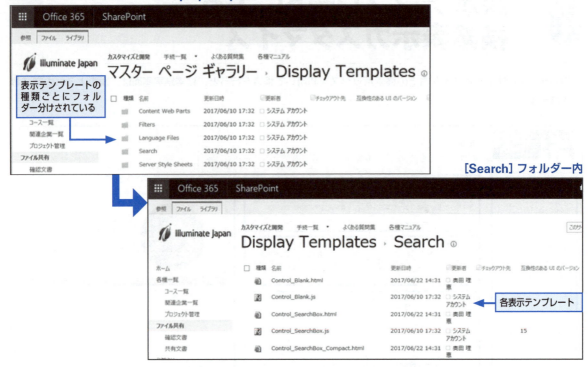

標準搭載の表示テンプレート

検索結果アイテムの表示テンプレート

検索結果が表示される検索結果Webパーツに表示される各検索結果アイテムは、検索結果の種類ごとに表示テンプレートが用意されています。マスターページギャラリー内の [Display Templates/Search] サブフォルダー内に格納されています。

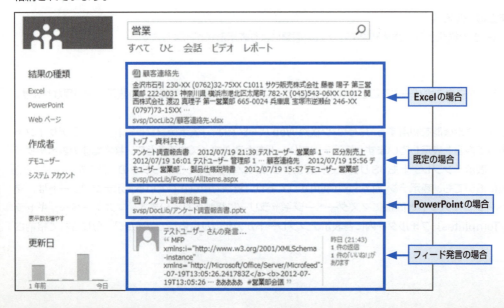

また検索結果アイテムをホバーすると表示されるホバーパネルについても、検索結果アイテムの種類ごとに用意されています。

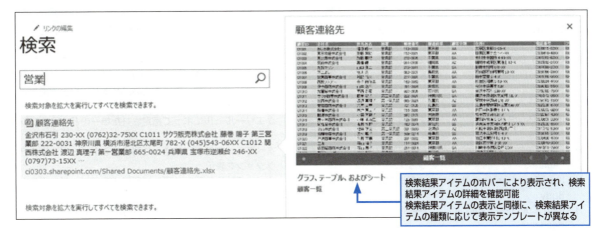

検索結果アイテムの表示テンプレートは、コントロール、アイテム、アイテムホバーパネルの3種類あります。

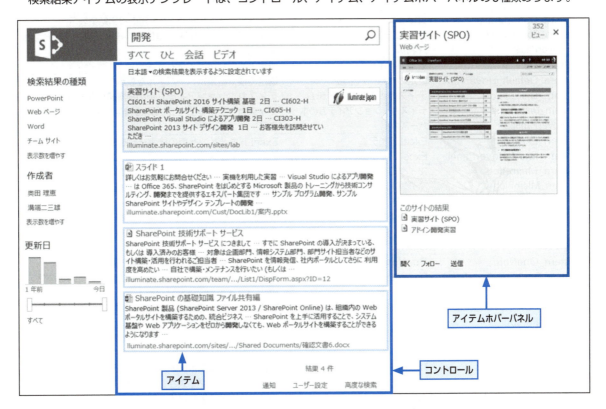

- コントロール表示テンプレート：検索結果全アイテムの全体表示に関する制御を行う
- アイテム表示テンプレート：各検索結果アイテムの表示制御を行う
- アイテムホバーパネル表示テンプレート：各検索結果アイテムホバー時の表示制御を行う

マスターページギャラリーの［Display Templates/Search フォルダー］内

《種類》 C=コントロール、I=アイテム、H=アイテムホバーパネル

種類	ファイル名	Webパーツ設定画面でのメニュー名	詳細
C	Control_SearchResults	既定の結果	検索結果Webパーツで利用される既定のコントロールテンプレート
C	Group_Default	既定のグループ	既定のグループテンプレート。選択したアイテムテンプレートに応じて水平方向または垂直方向に表示する。既定では非表示となっているため、Webパーツ設定画面では選択できない
I	Item_BestBet	おすすめコンテンツアイテム	クエリールールによって指定された単一のおすすめコンテンツを表示
H	Item_CommonHoverPanel_Actions	一般的なホバーパネルのアクション	すべての検索結果で共通して利用するホバーパネルのアクションを表示
H	Item_CommonHoverPanel_Body	一般的なホバーパネルの本体	すべての検索結果で共通して利用するホバーパネルの内容を表示
H	Item_CommonHoverPanel_Header	一般的なホバーパネルのヘッダー	すべての検索結果で共通して利用するホバーパネルのヘッダーを表示
I	Item_CommonItem_Body	一般的なアイテムの本体	すべての検索結果で共通して利用するインライン検索結果を表示
I	Item_Community	コミュニティアイテム	コミュニティへの投稿・返信用の検索結果表示
H	Item_Community_HoverPanel	コミュニティアイテムのホバーパネル	コミュニティへの投稿・返信用の検索結果ホバーパネルを表示
I	Item_Default	既定のアイテム	既定の検索結果アイテムを表示
H	Item_Default_HoverPanel	既定のホバーパネル	既定の検索結果ホバーパネルを表示
I	Item_Discussion	ディスカッションアイテム	ディスカッションアイテム用の検索結果を表示
H	Item_Discussion_HoverPanel	ディスカッションアイテムのホバーパネル	ディスカッションアイテム用の検索結果ホバーパネルを表示
I	Item_Excel	Excelアイテム	Excelドキュメント用の検索結果を表示
H	Item_Excel_HoverPanel	Excelアイテムのホバーパネル	Excelドキュメント用の検索結果ホバーパネルを表示
I	Item_MicroBlog	マイクロブログアイテム	マイクロブログへのフィードと返信用の検索結果表示
H	Item_MicroBlog_HoverPanel	マイクロブログアイテムのホバーパネル	マイクロブログへのフィードと返信用の検索結果ホバーパネルを表示
I	Item_OfficeDocument	Officeドキュメントのアイテム	Officeドキュメント用の検索結果を表示
H	Item_OfficeDocument_HoverPanel	Officeドキュメントのアイテムのホバーパネル	Officeドキュメント用の検索結果ホバーパネルを表示
I	Item_OneNote	OneNoteアイテム	OneNoteドキュメント用の検索結果を表示
H	Item_OneNote_HoverPanel	OneNoteアイテムのホバーパネル	OneNoteドキュメント用の検索結果ホバーパネルを表示
I	Item_PDF	PDFアイテム	PDFファイル用の検索結果を表示
H	Item_PDF_HoverPanel	PDFアイテムのホバーパネル	PDFファイル用の検索結果ホバーパネルを表示
I	Item_Person	ひとのアイテム	ひと用の検索結果を表示
I	Item_Person_CompactHorizontal	ひとの目的アイテム	コンパクト表示されるひと用の検索結果を表示
H	Item_Person_HoverPanel	ひとのアイテムホバーパネル	ひと用の検索結果ホバーパネルを表示
I	Item_PersonalFavorite	個人用の結果アイテム	個人用にカスタマイズされた検索結果を表示
I	Item_Picture	画像アイテム	画像用の検索結果を表示
H	Item_Picture_HoverPanel	画像アイテムのホバーパネル	画像用の検索結果ホバーパネルを表示
I	Item_PowerPoint	PowerPointアイテム	PowerPointドキュメント用の検索結果を表示
H	Item_PowerPoint_HoverPanel	PowerPointアイテムのホバーパネル	PowerPointドキュメント用の検索結果ホバーパネルを表示
I	Item_Reply	返信アイテム	コミュニティディスカッションの返信用の検索結果を表示
H	Item_Reply_HoverPanel	返信アイテムのホバーパネル	コミュニティディスカッションの返信用の検索結果ホバーパネルを表示

種類	ファイル名	Webパーツ設定画面でのメニュー名	詳細
I	Item_Site	サイトアイテム	サイト用の検索結果を表示
H	Item_Site_HoverPanel	サイトアイテムのホバーパネル	サイト用の検索結果ホバーパネルを表示
I	Item_Video	ビデオアイテム	ビデオファイル用の検索結果を表示
I	Item_VideoCompactHorizontal	ビデオ	ビデオファイル用の横レイアウトにカスタマイズされた検索結果を表示
H	Item_Video_HoverPanel	ビデオアイテムのホバーパネル	ビデオファイル用の検索結果ホバーパネルを表示
I	Item_WebPage	Webページアイテム	Webページ用の検索結果を表示
H	Item_WebPage_HoverPanel	Webページアイテムのホバーパネル	Webページ用の検索結果ホバーパネルを表示
I	Item_Word	Wordアイテム	Wordドキュメント用の検索結果を表示
H	Item_Word_HoverPanel	Wordアイテムのホバーパネル	Wordドキュメント用の検索結果ホバーパネルを表示

絞り込みの表示テンプレート

検索結果の絞り込みは、検索結果画面の左端に表示される絞り込みメニューより行えます。絞り込みメニューの実体は、絞り込みWebパーツです。絞り込みの表示形式についても表示テンプレートが利用されており、マスターページギャラリー内の［Display Templates/Filters］サブフォルダー内に格納されています。

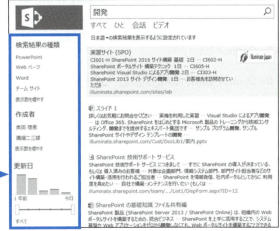

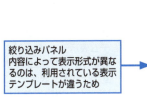

絞り込みパネル
内容によって表示形式が異なるのは、利用されている表示テンプレートが違うため

マスターページギャラリーの［Display Templates/Filters フォルダー］内

《種類》 C=コントロール、I=アイテム

種類	ファイル名	Webパーツ設定画面でのメニュー名	詳細
C	Control_Refinement	専門分野	絞り込みWebパーツの既定のコントロール表示テンプレート
C	Control_TaxonomyRefinement	既定分類の絞り込み	分類の絞り込みパネルWebパーツの既定のコントロール表示テンプレート
I	Filter_Default	絞り込みアイテム	絞り込みアイテムの表示テンプレート。ユーザーは検索結果を絞り込むために特定のリファイナーをクリック可能
I	Filter_Slider	スライダー	スライダー形式の絞り込みアイテムの表示テンプレート。ユーザーはバーをスライドすることで検索結果を絞り込み可能
I	Filter_SliderBarGraph	棒グラフ付きスライダー	スライダーと棒グラフ形式の絞り込みアイテムの表示テンプレート。ユーザーはバーをスライドするか棒グラフをクリックすることで検索結果を絞り込み可能
I	Filter_TaxonomyRefinement	カウント付きリンク	分類の絞り込みパネルWebパーツの既定のフィルター表示テンプレート

コンテンツ検索Webパーツの表示テンプレート

コンテンツ検索Webパーツの利用時には、Webパーツ内に表示する検索結果を指定するクエリ指定を行い、検索クエリ結果の表示形式は、「コントロール」と「アイテム」表示テンプレートで設定を行います。コンテンツ検索Webパーツ用の表示テンプレートマスターページギャラリー内の［Display Templates/Content WebParts］サブフォルダー内に格納されています。

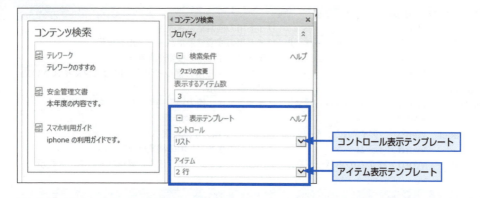

マスターページギャラリーの［Display Templates/Content WebParts］フォルダー内

《種類》　C=コントロール、I=アイテム

種類	ファイル名	Webパーツ設定画面でのメニュー名	詳細
C	Control_List	リスト	リストとしてWebパーツ内のアイテムを表示するコントロール表示テンプレート
C	Control_ListWithPaging	ページング機能付リスト	リストとしてWebパーツ内のアイテムを表示し、ページング機能を持つコントロール表示テンプレート
C	Control_Slideshow	スライドショー	Webパーツ内の項目をスライドショーとして表示するコントロール表示テンプレート
I	Item_Diagnostic	診断	Webパーツ内にクエリ結果のプロパティを表示するアイテム表示テンプレート
I	Item_LargePicture	画像（大）	Webパーツ内にクエリ結果によって返される画像を表示するアイテム表示テンプレート
I	Item_Picture3Lines	左に画像、右に3行を表示	Webパーツ内にクエリ結果によって返される画像（100ピクセル×100ピクセル）と管理対象のプロパティを表示するアイテム表示テンプレート
I	Item_PictureOnTop	上に画像、下に3行を表示	Webパーツ内にクエリ結果によって返される画像（304ピクセル×100ピクセル）と管理対象のプロパティを表示するアイテム表示テンプレート
I	Item_RecommendationsClickLogging	推奨アイテム：左に画像、右に3行を表示	Webパーツ内にクエリ結果によって返される画像（100ピクセル×100ピクセル）と管理対象のプロパティ（画像の右）を表示するアイテム表示テンプレート
I	Item_TwoLines	2行	Webパーツ内にクエリ結果によって返されるタイトルを表示し、横に小さなサムネイルアイコンを表示するアイテム表示テンプレート

表示テンプレートのカスタマイズ方法

　表示テンプレートの作成により検索に関する表示形式をカスタマイズできます。表示テンプレートを作成する際には、既存の表示テンプレートから、カスタマイズ後の内容に最も近いものをコピーして編集を行う方法がお勧めです。また表示テンプレートの実体はJavaScriptファイルですが、マスターページギャラリー内にはJavaScriptファイルだけではなく、同じファイル名のHTMLファイルも格納されています。これらは関連付けられており、HTMLファイルを編集することにより、JavaScriptファイル（表示テンプレート）に、編集内容が自動的に反映されるしくみとなっています。

カスタマイズ時の流れは次のとおりです。

1. マスターページギャラリーより、既存の表示テンプレートからベースとするHTMLファイルをダウンロードする。
2. ダウンロードしたHTMLファイルのファイル名を変更し、内容を編集する。
3. HTMLファイルをマスターページギャラリーの適切なフォルダー内にアップロードし、メジャーバージョンに発行する。自動的に同じファイル名のJavaScriptファイル（表示テンプレートファイル）が作成される。
4. カスタム表示テンプレートを適用するよう、各検索Webパーツを設定する。

> 表示テンプレートはマスターページギャラリーに格納されるため、カスタム表示テンプレートが利用できるのは該当サイトコレクション内です。またカスタム表示テンプレートをマスターページギャラリーに保存するためには、サイトコレクション管理者もしくはトップレベルサイトのサイト管理者権限が必要です。

> 上記の方法で表示テンプレートのカスタマイズを行う場合、サイトコレクション機能である[SharePoint Server発行インフラストラクチャ]を事前にアクティブ化しておいてください。

例①：ドキュメント検索結果の表示カスタマイズ

検索結果画面において、検索結果アイテムの種類に応じて、異なる表示形式で表示されます。どの表示テンプレートを利用するかは、[検索結果の種類]で定義がされています。

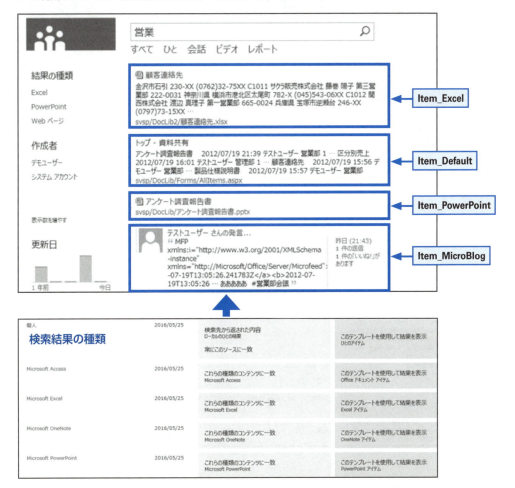

［検索結果の種類］は、SharePoint Server/SharePoint Online全体、サイトコレクション、サイトと3種類の設定範囲があり、既定ではSharePoint Server/SharePoint Online全体で定義されています。

- **SharePoint Server/SharePoint Online全体の場合**
  サーバーの全体管理やSharePoint Online管理センター内の検索管理画面内に設定画面があります。
- **サイトコレクションの場合**
  サイトコレクションの設定メニュー内にあります。
- **サイトの場合**
  サイトの設定画面内にあります。

　検索結果アイテムは既定で［検索結果の種類］の定義を参照しています。また検索結果Webパーツに対して設定を行うことで、特定の表示テンプレートを利用する設定も可能です。
　たとえば次図のように、Wordドキュメントのみを検索結果として表示する画面を検索結果画面内に、バーティカルメニューとして作成することは、ブラウザー設定のみで行えます。

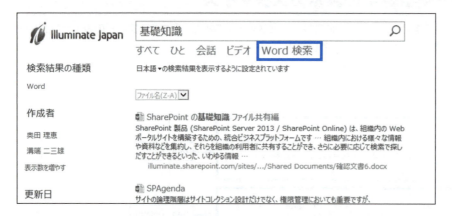

　この設定に合わせて、検索結果表示のカスタマイズを行う例を挙げながら検索結果に対する表示テンプレートのカスタマイズ方法を解説します。

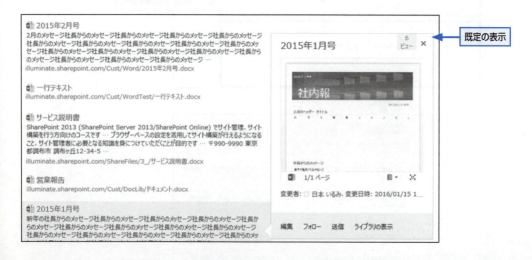

1. 検索センターサイトの作成

　検索センターサイトの設定変更を行うため、検索センターサイトを作成し、サイトコレクション専用の検索センターサイトとして設定します。[エンタープライズ検索センター]サイトテンプレートを利用するため、前提として[SharePoint Server発行インフラストラクチャ]サイトコレクション機能がアクティブ化されている必要があります。事前に設定を確認してください。

　グローバル検索センターに設定を行ってもかまわない場合は、この手順と次の2の手順は飛ばしてもかまいません。

❶ トップレベルサイトを開き、サブサイトとして検索センターサイトを[エンタープライズ検索センター]サイトテンプレートを利用して作成する。

❷ 作成した検索センターサイトに対して、サイトコレクションの利用ユーザー全員に、閲覧以上の権限を付与する。
※親サイトと同様のユーザーが利用する際には、権限を継承でもかまわない。

項目	設定値
タイトル	任意のサイト名
Webサイトのアドレス	任意のアドレス
テンプレートの選択	[エンタープライズ検索センター]
ユーザーの権限	任意に設定
ナビゲーションの継承	任意に設定

2. 検索センターの設定

　1の手順で2階層目のサブサイトとして作成した検索センターサイトを、サイトコレクション専用の検索センターとして設定します。この設定を行うことで、そのサイトコレクション内において、各サイトの右上の検索ボックスより検索を実行すると、検索結果画面として、グローバル検索センターではなく、指定した検索センターサイトが利用されます（ただし「このサイト」検索は除きます）。

❶ トップレベルサイトの設定画面を開き、[サイトコレクションの管理]の[検索の設定]をクリックする。

❷ [サイトコレクションの管理 検索の設定] 画面が開く。[検索センターのURL] に次のように設定を行い、[OK] をクリックする。
- URL：1で作成した検索センターサイトのURL/Pages

ヒント
検索センターの設定が反映されたかどうかを確認するには
この設定は反映に、最大30分程度の時間がかかる場合があります。設定が反映されたことを確認するには、サイトコレクション内の任意のサイトにおいて、右上の検索ボックスで[すべて]を選択し検索を行ってください。検索結果画面のURLを確認し、ここで指定したサイトであることが確認できれば、設定が完了しています。

3. 検索結果ページの作成

　SharePoint検索では、さまざまな内容（サイト、リスト、ライブラリ、ページ、リストアイテム、ひと、会話など）が検索結果に表示されます。検索センターサイトにより提供される検索結果画面では、既定で［すべて］・［ひと］・［会話］・［ビデオ］のバーティカル検索メニューが用意されており、検索対象を特定の分野に絞り込むためのメニューとして利用できます。

　既定で用意されている4つのバーティカル検索メニューは、それぞれ別々の検索結果ページで構成されています。

- [すべて]：**results.aspx**
- [ひと]：**peopleresults.aspx**
- [会話]：**conversationresults.aspx**
- [ビデオ]：**videoresults.aspx**

　検索センターサイトにおいて、バーティカル検索メニューは既定のメニューの削除や独自のメニュー追加が行えます。独自のメニュー追加を行う際には、まず検索結果ページを作成および設定を行い、メニューとして追加を行います。ここでは、[Word検索] バーティカル検索メニューを追加し、Wordドキュメントのみが検索結果に表示されるよう設定を行います。

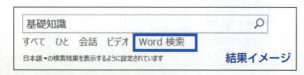

まずは検索結果ページを追加作成します。

❶ サブサイトとして作成した検索センターサイトを開く。

❷ [設定] メニューから [サイトコンテンツ] をクリックする。

❸ サイトコンテンツ一覧より [ページ] ライブラリを開く。

❹ [ページ] ライブラリで、[ファイル] タブの [新しいドキュメント] をクリックする。

❺ [ページの作成] 画面で次のように設定し、[作成] をクリックする。

項目	設定値
タイトル	Word検索
URL名	Wordresults
ページレイアウト	(ウェルカムページ) 検索結果

❻ 新しい検索結果ページが作成される。

4. 検索結果ページの設定

3で作成した検索結果ページ (Wordresults.aspx) に対して、検索結果としてWordドキュメントのみ表示するよう設定を行います。

❶ [ページ] ライブラリより、作成した検索結果ページ (Wordresults.aspx) をクリックして開く。
[設定] メニューの [ページの編集] をクリックし、編集モードに切り替える。

❷ 既定でページ内に配置されている［検索結果］Webパーツの編集メニューを開く。

❸ Webパーツの設定画面で、［クエリの変更］をクリックする。

❹ ［クエリの作成］ダイアログが開く。［クエリテキスト］に「FileExtension=docx OR FileExtension=doc」と追加し、下記となるよう編集する。

{searchboxquery} **FileExtension=docx OR FileExtension=doc**

❺ ［クエリの作成］ダイアログで［OK］をクリックする。

❻ ［検索結果］Webパーツの編集画面で［適用］をクリックする。
● ［OK］はクリックせず、次の手順に進む。

ヒント
設定内容

{searchboxquery}は検索ボックスで入力されたクエリキーワードです。これに、「FileExtension=docx OR FileExtension=doc」とクエリ構文を追加しました。ユーザーが入力した検索クエリに、検索構文として自動的に追加されます。これを「クエリ変換」と呼びます。ここで追加した内容によりファイル拡張子がdocxもしくはdocのアイテムのみ検索結果に表示されます。
［クエリの作成］画面で、設定した内容を確認したい場合は、［テストクエリ］ボタンをクリックしてください。検索結果のプレビューに検索結果が表示されます。

5. ファイル名を利用した並べ替えメニューの追加

3、4で作成、設定を行った検索結果ページにおいて、検索結果をファイル名で並べ替えが行えるよう、並べ替えメニューを追加する設定を行います。

❶ ［検索結果］Webパーツの編集画面で、［設定］－［結果コントロールの設定］－［並べ替えドロップダウンを表示する］をオンにする。
また［使用可能な並べ替え順（JSON）］の内容を次のように編集し、Webパーツの設定画面で［OK］をクリックする。

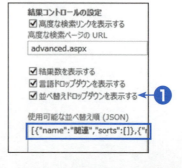

```
[{"name":"ファイル名(A-Z)","sorts":[{"p":"Filename","d":0}]},{"name":"ファイル名(Z-A)",
"sorts":[{"p":"Filename","d":1}]}]
```

❷ [発行] タブ内の [発行] をクリックし、ページを発行する。

6. バーティカルメニューとして設定

3〜5の手順で作成および設定を行った検索結果ページ（Wordresults.aspx）を、バーティカルメニューとして設定します。

❶ 検索センターサイトで、[設定] メニューから [サイトの設定] をクリックし、サイトの設定画面を開く。

❷ サイトの設定画面で、[検索] の [検索の設定] をクリックする。

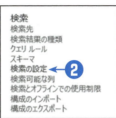

❸ [検索ナビゲーションの構成] で [リンクの追加] をクリックする。
※ここで [削除] をクリックすると、既定で表示されるバーティカル検索メニューを削除できる。

❹ [ナビゲーションリンク] ダイアログが開く。次のように設定し、[OK] をクリックする。
● タイトル：メニュー名となる文字列として「Word検索」と入力する。
● URL：ページライブラリ内に作成したWordresults.aspxを指定する。

❺ 検索の設定画面で [OK] をクリックする。

ヒント

設定内容の確認

トップレベルサイトで、右上の検索ボックスで [すべて] を選択し検索を行ってください。検索結果画面に、[Word検索] メニューが追加されたことが確認できます。

またここまでの1〜6の内容は、カスタマイズではなく、標準設定です。次の7より表示テンプレートのカスタマイズを行います。

7. コントロール表示テンプレートの作成

複数の検索結果の表示全体の設定は、コントロール表示テンプレートで定義されています。検索結果をテーブル構造で表示するために、まずはコントロール表示テンプレートを作成します。[既定の結果] コントロール表示テンプレートをベースにカスタマイズを行います。

1 トップレベルサイトで [設定] - [サイトの設定] をクリックする。

2 サイトの設定画面が開く。[Webデザイナーギャラリー] - [マスターページとページレイアウト] をクリックする。

3 [マスターページギャラリー] が開く。[Display Templates] フォルダー内の [Search] サブフォルダーを開く。既定の表示テンプレートより、[Control_SearchResults.html] をデスクトップ等の任意の場所にダウンロードする。

4 ダウンロードしたControl_SearchResults.htmlファイルの名前を「Control_SearchResults_Table.html」に変更する。

5 ダウンロードし、ファイル名を変更したHTMLファイルを任意のエディターで開く。

6 表示テンプレートを構成するHTML内容が確認できる。
<title>タグの内容を次のように変更する。

```
<title>テーブル結果</title>
```

7 「_#= ctx.RenderGroups(ctx)=#_」という内容を探す。次のように変更する。

・変更前

```
_#= ctx.RenderGroups(ctx)=#_
```

・変更後

```
<table style="width: 800px; border-collapse: collapse;">
<tr>
<td style="background-color:#000080;color:#fff;text-align:center;
font-weight:bold;border-right: solid #ddd 1px;">ファイル名</td>

<td style="background-color:#000080;color:#fff;text-align:center;
font-weight:bold;border-right: solid #ddd 1px;">更新者</td>

<td style="background-color:#000080;color:#fff;text-align:center;
font-weight:bold;border-right: solid #ddd 1px;">作成日</td>

<td style="background-color:#000080;color:#fff;text-align:center;
font-weight:bold;border-right: solid #ddd 1px;">サイト名</td>
```

```
<td style="background-color:#000080;color:#fff;text-align:center;
font-weight:bold;border-right: solid #ddd 1px;"></td>
</tr>
    _#= ctx.RenderGroups(ctx)=#_
</table>
```

> **ヒント**
>
> **#= ctx.RenderGroups(ctx)=#_**
>
> コントロール表示テンプレート内の、「_#= ctx.RenderGroups(ctx)=#_」の箇所に、検索結果アイテムが複数繰り返されて挿入されます。
> テーブル構造で表示を行うため、ここでは前に<table>開始タグとヘッダー行を追加し、後に</table>終了タグを追加しました。スタイルは別途CSSファイルをサイトやページ内に参照を追加し、クラス指定を行ってもかまいませんが、ここでは直接指定しています。追加したヘッダー行は次のようになります。
>
> | ファイル名 | 更新者 | 作成日 | サイト名 |
> |---|---|---|---|

❽ HTMLファイルを上書き保存する。

❾ HTMLファイルをマスターページギャラリーにアップロードする。
ブラウザーでマスターページギャラリーを開き、[Display Templates]フォルダー内の[Search]サブフォルダー内に編集したHTMLファイルをアップロードする。
※アップロード時のファイルプロパティは、基本的に変更する必要はない。コンテンツタイプや名前、タイトルなど必要なプロパティは設定済みである。説明のみ編集し、保存する。

❿ ファイルがアップロードされ、同名のJavaScriptファイルが自動生成されたことが確認できる。

⓫ アップロードしたHTMLファイルをメジャーバージョンに発行する。
※自動的に作成された同名のJavaScriptファイルは、併せて自動的にメジャーバージョンに発行される。

編集後の Control_SearchResults_Table.html の内容

```html
<html xmlns:mso="urn:schemas-microsoft-com:office:office" xmlns:msdt="uuid:C2F41010-65B3-11d1-A29F-00AA00C14882">
<head>
<title>テーブル結果</title>

<!--[if gte mso 9]><xml>
<mso:CustomDocumentProperties>
<mso:TemplateHidden msdt:dt="string">0</mso:TemplateHidden>
<mso:MasterPageDescription msdt:dt="string">検索結果コントロールを表示します。
</mso:MasterPageDescription>
<mso:ContentTypeId msdt:dt="string">
0x0101002039C03B61C64EC4A04F5361F385106601</mso:ContentTypeI
d>
<mso:TargetControlType msdt:dt="string">;#SearchResults;#</mso:TargetControlType>
<mso:HtmlDesignAssociated msdt:dt="string">1</mso:HtmlDesignAssociated>
</mso:CustomDocumentProperties>
</xml><! [endif] -->
</head>
<body>
  <div id="Control_SearchResults">
<!--#_

        if(Srch.U.shouldAnimate(ctx.DataProvider)){
            Srch.U.hideElement(ctx.ClientControl.get_element());
            ctx.OnPostRender = function(){ Srch.U.animateResults(ctx.ClientControl,
ctx.DataProvider.get_userAction()); };            }
_#-->

─────────中略─────────

<div id="Groups" class="ms-srch-result-groups">
<!--#_
        ctx.ListDataJSONGroupsKey = "ResultTables";
_#-->


<table style="width:800px;border-collapse: collapse;">
<tr>
<td style=" background-color:#000080;color:#fff;text-align:center;
font-weight:bold;border-right: solid #ddd 1px;">ファイル名</td>
<td style="background-color:#000080;color:#fff;text-align:center;
font-weight:bold;border-right: solid #ddd 1px;">更新者</td>
<td style="background-color:#000080;color:#fff;text-align:center;
font-weight:bold;border-right: solid #ddd 1px;">作成日</td>
<td style="background-color:#000080;color:#fff;text-align:center;
font-weight:bold;border-right: solid #ddd 1px;">サイト名</td>
<td style="background-color:#000080;color:#fff;text-align:center;
font-weight:bold;border-right: solid #ddd 1px;"></td>
</tr>
```

第2章　SharePointサイトデザインのしくみとカスタマイズ　**111**

```
      _#= ctx.RenderGroups(ctx)=#_
</table>
<!--#_
      if(ctx.ClientControl.get_shouldShowNoResultMessage()){
 _#-->
<div id="NoResult">
─────────────────省略─────────────────
```

8. アイテム表示テンプレートの作成

　次にアイテム表示テンプレートをカスタマイズします。［Wordのアイテム］アイテム表示テンプレートをベースにカスタマイズを行います。

❶
　トップレベルサイトで［設定］－［サイトの設定］をクリックする。

❷
　サイトの設定画面が開く。［Webデザイナーギャラリー］－［マスターページとページレイアウト］をクリックする。

❸
　［マスターページギャラリー］が開く。［Display Templates］フォルダー内の［Search］サブフォルダーを開く。既定の表示テンプレートより、［Item_Word.html］をデスクトップ等の任意の場所にダウンロードする。

❹
　ダウンロードしたItem_Word.htmlファイルの名前を「Item_Word_Table.html」に変更する。

❺
　ダウンロードし、ファイル名を変更したHTMLファイルを任意のエディターで開く。

❻
　表示テンプレートを構成するHTMLの内容が確認できる。
　<title>タグの内容を次のように変更する。

```
<title>Word アイテム（テーブル表示）</title>
```

❼
　コメントアウトされている箇所に、<mso:ManagedPropertyMapping msdt:dt="string">タグが確認できます。このタグの内容に、「Filename」、「CreatedOWSDATE」、「SiteTitle」、「SPWebURL」を追加する。

・変更前

```
<mso:ManagedPropertyMapping msdt:dt="string">'Title':'Title','Path':'Path','Description':'Desc
ription','EditorOWSUSER':'EditorOWSUSER','LastModifiedTime':'LastModifiedTime','CollapsingStat
us':'CollapsingStatus','DocId':'DocId','HitHighlightedSummary':'HitHighlightedSummary','HitHig
hlightedProperties':'HitHighlightedProperties','FileExtension':'FileExtension','ViewsLifeTime'
:'ViewsLifeTime','ParentLink':'ParentLink','FileType':'FileType','IsContainer':'IsContainer','
SecondaryFileExtension':'SecondaryFileExtension','DisplayAuthor':'DisplayAuthor','ServerRedire
ctedURL':'ServerRedirectedURL','SectionNames':'SectionNames','SectionIndexes':'SectionIndexes'
,'ServerRedirectedEmbedURL':'ServerRedirectedEmbedURL','ServerRedirectedPreviewURL':'ServerRed
irectedPreviewURL'</mso:ManagedPropertyMapping>
```

・変更後

```
<mso:ManagedPropertyMapping msdt:dt="string">'Title':'Title','Path':'Path',
'Description':'Description','EditorOWSUSER':'EditorOWSUSER',
'LastModifiedTime':'LastModifiedTime','CollapsingStatus':'CollapsingStatus',
'DocId':'DocId','HitHighlightedSummary':'HitHighlightedSummary',
'HitHighlightedProperties':'HitHighlightedProperties',
'FileExtension':'FileExtension','ViewsLifeTime':'ViewsLifeTime',
'ParentLink':'ParentLink','FileType':'FileType','IsContainer':'IsContainer',
'SecondaryFileExtension':'SecondaryFileExtension',
'DisplayAuthor':'DisplayAuthor','ServerRedirectedURL':'ServerRedirectedURL',
'SectionNames':'SectionNames','SectionIndexes':'SectionIndexes',
'ServerRedirectedEmbedURL':'ServerRedirectedEmbedURL',
'ServerRedirectedPreviewURL':'ServerRedirectedPreviewURL'
,'Filename','CreatedOWSDATE','SiteTitle','SPWebURL'</mso:ManagedPropertyMapping>
```

ヒント

ManagedPropertyMapping 要素

アイテム表示テンプレート内にある<mso:CustomDocumentProperties>タグには各要素が定義されていますが、その中の<mso:ManagedPropertyMapping>には、この表示テンプレートの利用時に、画面に表示を行う管理プロパティを定義します。
　ここに定義がない管理プロパティは、画面に表示が行えないため、表示を行いたい管理プロパティは定義が必要です。カンマ(,)で区切り、次の形式で定義します。

'表示テンプレートでの参照名':'管理プロパティ名'

表示テンプレートでの参照名と管理プロパティ名が同じ場合、次の形式で省略も可能です。

'管理プロパティ名'

---

8 <div id="Item_Word">タグの下にある、コメントアウトされているJavaScript内に、次の関数を追加する。

```
var formatDate = function(date){
  date=new Date(date);
  format="YYYY年MM月DD日";
  format = format.replace(/YYYY/g, date.getFullYear());
  format = format.replace(/MM/g,('0' + (date.getMonth() + 1)).slice(-2));
  format = format.replace(/DD/g,('0' + date.getDate()).slice(-2));
  return format;
};

formatAccountName = function(inString){
    try {    var parts = inString.split('|');
      if(parts.length===2){    return parts[0];    }
      else {     return parts[1];       }
    }
    catch(err){   return "";      }
};
```

第2章　SharePointサイトデザインのしくみとカスタマイズ　**113**

ヒント

表示テンプレート内のJavaScript

表示テンプレートを編集するためのHTMLファイルでは、JavaScriptはコメントアウトされています。表示テンプレートの実体である同じファイル名のJavaScript内で利用される内容なので、コメントは削除しません。また独自のJavaScriptを挿入する際にも、コメント内に追加します。
ここでは、日付情報とユーザー情報を、表示に合わせてフォーマットするための関数を2つ追加しました。

---

⑨　内容部分の下記のコードを探し、次のように変更する。

・変更前

```
<div id="_#= $htmlEncode(itemId)=#_" name="Item"
  data-displaytemplate="WordItem" class="ms-srch-item"
  onmouseover="_#= ctx.currentItem_ShowHoverPanelCallback =#_"
  onmouseout="_#= ctx.currentItem_HideHoverPanelCallback =#_">
_#=ctx.RenderBody(ctx)=#_
```

・変更後

変更前のコード内のdivタグを削除し、下記の内容に変更する。

※削除したdivタグ下にある「_#=ctx.RenderBody(ctx)=#_」はここでは削除しない。

```
<tr style="border-bottom: solid #ddd 1px;" id="_#= $htmlEncode(itemId)=#_" name="Item" data-
  displaytemplate="WordItem" class="ms-srch-item" onmouseover="_#= ctx.currentItem_
  ShowHoverPanelCallback =#_"
onmouseout="_#= ctx.currentItem_HideHoverPanelCallback =#_">

<td style="text-align:center;border: solid #ddd 1px;">
  <a href="_#=ctx.CurrentItem.Path=#_">_#=ctx.CurrentItem.Filename=#_</a>
</td>

<td style="text-align:center;border: solid #ddd 1px;">
 _#=formatAccountName(ctx.CurrentItem.EditorOWSUSER)=#_
</td>

<td style="text-align:center;border: solid #ddd 1px;"> _#=formatDate(ctx.CurrentItem.
  CreatedOWSDATE)=#_
</td>

<td style="text-align:center;border: solid #ddd 1px;">
  <a href="_#=ctx.CurrentItem.SPWebURL=#_">_#=ctx.CurrentItem.SiteTitle=#_</a>
</td>

<td style="text-align:center;border: solid #ddd 1px;">
  <a href="_#=ctx.CurrentItem.ParentLink=#_" target="_blank">保存先を開く</a>
</td>
```

```
</tr>
_#=ctx.RenderBody(ctx)=#_
```

ヒント

#=ctx.RenderBody(ctx)=#_

アイテム表示テンプレート内の「_#=ctx.RenderBody(ctx)=#_」の箇所に、検索結果アイテムが次のデザインで挿入されます。

・概要

| Title (検索結果アイテムを開くハイパーリンク) |
| Summery (検索結果アイテムのサマリー文) |
| |
| 検索結果アイテムの URL パス |

・実際の画面

> トップ - 資料共有
> アンケート調査報告書　2012/07/19 21:39 テストユーザー 営業部 1 … 区分別売上
> 2012/07/19 16:01 テストユーザー 管理部 1 … 顧客連絡先　2012/07/19 15:56 デ
> モユーザー 営業部 … 製品仕様説明書　2012/07/19 15:57 デモユーザー 営業部
> svsp/DocLib/Forms/AllItems.aspx

この内容は、現在編集中のアイテム表示テンプレートには定義されていません。共通のアイテム表示テンプレートであるItem_CommonItem_Body内（別ファイル）に定義されており、アイテム表示テンプレート内で、「_#=ctx.RenderBody(ctx)=#_」と記述すれば、Item_CommonItem_Body内の定義を参照し、タイトル、サマリー、URLがこのデザインで表示されます。
コントロール表示テンプレートで、次のデザインのテーブルヘッダーを定義しました。

ファイル名	更新者	作成日	サイト名	

この内容に合わせて、検索結果アイテムを表示するための<tr>タグ（1行）を定義しました。また<tr>タグには、onmouseover属性と、onmouseout属性を追加しています。

```
<tr style="border-bottom: solid #ddd 1px;" id="_#= $htmlEncode(itemId)=#_" name="Item" data-displaytemplate
="WordItem" class="ms-srch-item"
onmouseover="_#= ctx.currentItem_ShowHoverPanelCallback =#_"
onmouseout="_#= ctx.currentItem_HideHoverPanelCallback =#_">
```

手順で削除した既定のdivタグの属性値をそのまま利用しています。この属性はホバー時の動作を既定の内容で利用するために追加しています。

ヒント

HTML内に管理プロパティを挿入する方法

HTML内に管理プロパティを挿入する場合、次の形式で定義します。

```
ctx.CurrentItem.表示テンプレートでの参照名(管理プロパティ)
```

<mso:ManagedPropertyMapping>で定義済みの管理プロパティであれば、表示に含められます。また<mso:ManagedPropertyMapping>内に定義する際に、表示テンプレートでの参照名を指定した場合、そちらを利用して記述します。

⑩
　下記の内容について、不要な部分を削除し、次のように編集する。

・変更前
```
_#=ctx.RenderBody(ctx)=#_
<div id="_#= $htmlEncode(hoverId)=#_" class="ms-srch-hover-outerContainer"></div>
</div>
```

・変更後
　変更前の太字部分を残し、「_#=ctx.RenderBody(ctx)=#_」および、</div>を削除。

```
<div id="_#= $htmlEncode(hoverId)=#_" class="ms-srch-hover-outerContainer"></div>
```

> **ヒント**
>
> **残したdivタグについて**
>
> 「_#=ctx.RenderBody(ctx)=#_」の箇所に、共通のアイテム表示テンプレートに定義されているデザインで、検索結果アイテムが挿入されます。既定のデザインは必要ないため、ここでは削除しています。またHTML内容の変更に合わせて、</div>も削除しました。
> ここで残した下記の内容は、ホバーパネルを表示するために必要な内容です。
>
> `<div id="_#= $htmlEncode(hoverId)=#_" class="ms-srch-hover-outerContainer"></div>`

⑪ HTMLファイルを上書き保存する。

⑫ HTMLファイルをマスターページギャラリーにアップロードする。
ブラウザーでマスターページギャラリーを開き、[Display Templates]フォルダー内の[Search]サブフォルダー内に編集したHTMLファイルをアップロードする。
アップロード時のファイルプロパティは、基本的には変更する必要はない。コンテンツタイプや名前、タイトルなど必要なプロパティは設定済みである。説明のみ編集し、保存する。

⑬ ファイルがアップロードされ、同名のJavaScriptファイルが自動生成されたことが確認できる。

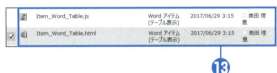

⑭ アップロードしたHTMLファイルをメジャーバージョンに発行する。

編集後の Item_Word_Table.html の内容

```
<html xmlns:mso="urn:schemas-microsoft-com:office:office" xmlns:msdt="uuid:C2F41010-65B3-11d1-A29F-00AA00C14882">
<head>
<title>Word アイテム（テーブル表示）</title>

<!--[if gte mso 9]><xml>
<mso:CustomDocumentProperties>
<mso:TemplateHidden msdt:dt="string">0</mso:TemplateHidden>
<mso:MasterPageDescription msdt:dt="string">Microsoft Word ドキュメント向けに調整された結果を表示します。</mso:MasterPageDescription>
<mso:ContentTypeId msdt:dt="string">0x0101002039C03B61C64EC4A04F5361F385106603</mso:ContentTypeId>
<mso:TargetControlType msdt:dt="string">;#SearchResults;#</mso:TargetControlType>
```

```
<mso:HtmlDesignAssociated msdt:dt="string">1</mso:HtmlDesignAssociated>
<mso:ManagedPropertyMapping msdt:dt="string">'Title':'Title','Path':'Path','Description':'Desc
ription','EditorOWSUSER':'EditorOWSUSER','LastModifiedTime':'LastModifiedTime','CollapsingStat
us':'CollapsingStatus','DocId':'DocId','HitHighlightedSummary':'HitHighlightedSummary','HitHig
hlightedProperties':'HitHighlightedProperties','FileExtension':'FileExtension','ViewsLifeTime'
:'ViewsLifeTime','ParentLink':'ParentLink','FileType':'FileType','IsContainer':'IsContainer','
SecondaryFileExtension':'SecondaryFileExtension','DisplayAuthor':'DisplayAuthor','ServerRedire
ctedURL':'ServerRedirectedURL','SectionNames':'SectionNames','SectionIndexes':'SectionIndexes'
,'ServerRedirectedEmbedURL':'ServerRedirectedEmbedURL','ServerRedirectedPreviewURL':'ServerRed
irectedPreviewURL','Filename','CreatedOWSDATE','SiteTitle','SPWebURL'</
mso:ManagedPropertyMapping>
</mso:CustomDocumentProperties>
</xml><! [endif] -->
</head>
<body>
    <div id="Item_Word">
<!--#_
        if(!$isNull(ctx.CurrentItem) && !$isNull(ctx.ClientControl)){
            var id = ctx.ClientControl.get_nextUniqueId();
            var itemId = id + Srch.U.Ids.item;
            var hoverId = id + Srch.U.Ids.hover;
            var hoverUrl = "~sitecollection/_catalogs/masterpage/Display Templates/Search/
Item_Word_HoverPanel.js";
            $setResultItem(itemId, ctx.CurrentItem);
            ctx.CurrentItem.csr_Icon = Srch.U.getIconUrlByFileExtension(ctx.CurrentItem);
            ctx.CurrentItem.csr_OpenApp = "word";
            ctx.currentItem_ShowHoverPanelCallback = Srch.U.getShowHoverPanelCallback(itemId,
hoverId, hoverUrl);
            ctx.currentItem_HideHoverPanelCallback = Srch.U.getHideHoverPanelCallback();

var formatDate = function(date){
  date=new Date(date);
  format="YYYY年MM月DD日";
  format = format.replace(/YYYY/g, date.getFullYear());
  format = format.replace(/MM/g,('0' + (date.getMonth() + 1)).slice(-2));
  format = format.replace(/DD/g,('0' + date.getDate()).slice(-2));
  return format;
};

formatAccountName = function(inString){
    try {    var parts = inString.split('|');
            if(parts.length===2){   return parts[0];   }
            else {     return parts[1];            }
        }
    catch(err){   return "";     }
};
```

```
_#-->

<tr style="border-bottom: solid #ddd 1px;" id="_#= $htmlEncode(itemId)=#_" name="Item" data-
displaytemplate="WordItem" class="ms-srch-item" onmouseover="_#= ctx.currentItem_
ShowHoverPanelCallback =#_"
onmouseout="_#= ctx.currentItem_HideHoverPanelCallback =#_">

<td style="text-align:center;border: solid #ddd 1px;">
  <a href="_#=ctx.CurrentItem.Path=#_">_#=ctx.CurrentItem.Filename=#_</a>
</td>

<td style="text-align:center;border: solid #ddd 1px;">
 _#=formatAccountName(ctx.CurrentItem.EditorOWSUSER)=#_
</td>

<td style="text-align:center;border: solid #ddd 1px;">
_#=formatDate(ctx.CurrentItem.CreatedOWSDATE)=#_
</td>

<td style="text-align:center;border: solid #ddd 1px;">
  <a href="_#=ctx.CurrentItem.SPWebURL=#_">_#=ctx.CurrentItem.SiteTitle=#_</a>
</td>

<td style="text-align:center;border: solid #ddd 1px;">
  <a href="_#=ctx.CurrentItem.ParentLink=#_" target="_blank">保存先を開く</a>
</td>

</tr>

<div id="_#= $htmlEncode(hoverId)=#_" class="ms-srch-hover-outerContainer"></div>

<!--#_
      }
_#-->
    </div>
</body>
</html>
```

9. カスタム表示テンプレートの適用

　[Word検索] 画面として利用するために作成したWordresults.aspxにおいて、カスタム作成の表示テンプレートを利用するように設定を行い、適用します。

① トップレベルサイトで［すべて］を利用して検索を行い、検索結果画面を表示させる。
検索結果画面で［Word検索］をクリックし、Wordresults.aspxを開く。

② ［設定］メニューの［ページの編集］をクリックし、編集モードに切り替える。

③ ［検索結果］Webパーツの編集メニューを開く。

④ 検索結果Webパーツの設定画面で表示テンプレートの設定を行い、［OK］をクリックする。
- 結果コントロール表示テンプレート：［テーブル結果］を指定
  Control_SearchResults_Tableの内容
- ［単一のテンプレートを使用してアイテムを表示する］を選択
- アイテム表示テンプレート：［Word アイテム（テーブル表示）］を指定
  Item_Word_Tableの内容

⑤ ページを発行する。カスタム表示テンプレートが適用され、検索結果の表示が変更されたことが確認できる。

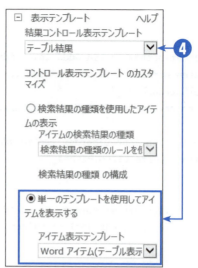

例②：コンテンツ検索Webパーツの表示カスタマイズ

コンテンツ検索Webパーツは、アイテムテンプレートにより表示形式が定義されています。既定で複数のアイテムテンプレートが用意されているため、任意のものを選択し、管理プロパティを定義済みの領域にマッピングすることでデータ表示が行えます。

次図は、コンテンツ検索Webパーツで、［2行］という標準で用意されているアイテム表示テンプレートを利用している例です。結果アイテムごとに2行のデザインで表示されており、Webパーツの設定画面内の［プロパティマッピング］で行1、行2それぞれにどの管理プロパティを表示するかを設定できます。

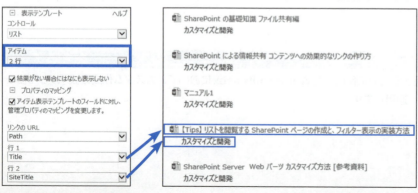

コンテンツ検索Webパーツは Enterprise 機能です。ご利用の SharePoint エディション、Office 365 メニューによりライセンスに含まれないことがあります。

第2章　SharePointサイトデザインのしくみとカスタマイズ

標準で複数の表示テンプレートが用意されていますが、表示テンプレートの作成により、カスタム表示形式をコンテンツ検索Webパーツに追加できます。ここではアイテム表示テンプレートを作成し、コンテンツ検索Webパーツの表示形式をカスタマイズする方法を解説します。

次図のように、ドキュメントのサムネイルを表示し、ハイパーリンクと3行分の管理プロパティ表示が行える表示テンプレートを作成します。

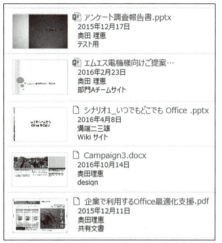

1. アイテム表示テンプレートの作成

コンテンツ検索Webパーツのアイテム表示テンプレートをカスタマイズします。［2行］アイテム表示テンプレートをベースにカスタマイズを行います。

❶ トップレベルサイトで［設定］－［サイトの設定］をクリックする。

❷ サイトの設定画面が開く。［Webデザイナーギャラリー］－［マスターページとページレイアウト］をクリックする。

❸ ［マスターページギャラリー］が開く。［Display Templates］フォルダー内の［Content WebParts］サブフォルダーを開く。既定の表示テンプレートより、［Item_TwoLines.html］をデスクトップ等の任意の場所にダウンロードする。

❹ ダウンロードしたItem_TwoLines.htmlファイルの名前を「Item_Docs.html」に変更する。

❺ ダウンロードし、ファイル名を変更したHTMLファイルを任意のエディターで開く。

❻ 表示テンプレートを構成するHTMLの内容を確認できる。
　<title>タグの内容を次のように変更する。

`<title>`ドキュメントサムネイル表示`</title>`

❼ コメントアウトされている箇所に、<mso:MasterPageDescription msdt:dt="string">タグが確認できる。このタグの内容を次のように変更する。

<mso:MasterPageDescription msdt:dt="string">**ドキュメントサムネイル表示**</mso:MasterPageDescription>

❽ <mso:ManagedPropertyMapping msdt:dt="string">タグの内容を次のように変更する。

・変更前

```
<mso:ManagedPropertyMapping msdt:dt="string">
'Link URL'{リンクの URL}:'Path','Line 1'{行 1}:'Title','Line 2'{行 2}:'',
'FileExtension','SecondaryFileExtension','IsAllDayEvent'
</mso:ManagedPropertyMapping>
```

・変更後

```
<mso:ManagedPropertyMapping msdt:dt="string">
'Picture URL'{Picture URL}:'ServerRedirectedPreviewURL',
'Link URL'{Link URL}:'Path','Line 1'{Line 1}:'Filename',
'Line 2'{Line 2}:'','Line 3'{Line 3}:'','Line 4'{Line 4}:'',
'FileExtension','SecondaryFileExtension','IsAllDayEvent'
</mso:ManagedPropertyMapping>
```

ヒント

ManagedPropertyMapping

アイテム表示テンプレート内の<mso:ManagedPropertyMapping>には、プロパティマッピングの定義を行います。検索結果の表示テンプレートでも同様の定義がありましたが、コンテンツ検索Webパーツの場合、Webパーツの設定画面でのプロパティマッピング設定と対応しています。そのため次の形式で定義を行います。

'表示テンプレート内での名前'{Webパーツ設定画面での表示名}:'既定値とする管理プロパティ名'

またWebパーツの設定画面でプロパティマッピングを行わず、表示に利用する管理プロパティも合わせて定義を行います。その場合の定義方法は検索結果の表示テンプレートと同様です。
手順においてカスタマイズのベースとしている [2行] 表示テンプレートでは、次のように定義されています。

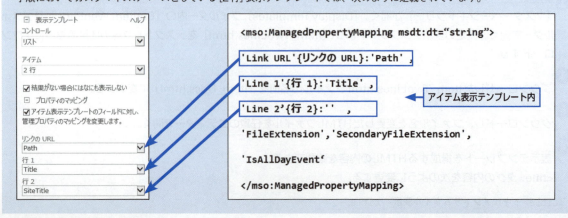

第2章 SharePointサイトデザインのしくみとカスタマイズ

この手順では、下記のようにプロパティマッピングの定義を変更しました。
既定値に指定した管理プロパティは下記の内容です。

- ServerRedirectedPreviewURL
  Office Onlineでの埋め込みに対応したドキュメントのプレビューURLアドレス
  PowerPoint、Word、pdfファイルの場合、利用できます。
- Path
  検索結果アイテムのURLパス
- Filename
  検索結果アイテムのファイル名

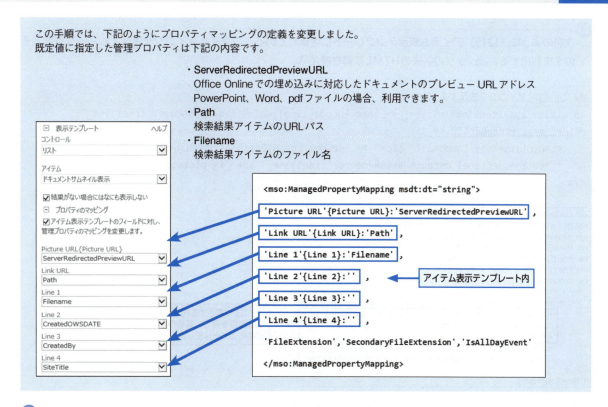

❾ `<body>`内にある`<div id="TwoLines">`タグのIDを変更する。

```
<div id="Docs">
```

❿ その下にある、コメントアウトされているJavaScript内に、次の3行(太字部分)を追加する。

```
var line1 = $getItemValue(ctx, "Line 1");
var line2 = $getItemValue(ctx, "Line 2");
var pictureURL = $getItemValue(ctx, "Picture URL");
var line3 = $getItemValue(ctx, "Line 3");
var line4 = $getItemValue(ctx, "Line 4");
```

ヒント

追加したコードについて

$getItemValue(ctx, "管理プロパティ表示テンプレート内の名前")により、Webパーツの設定画面でマッピングされた管理プロパティの値を取得できます。
もともと[2行]アイテム表示テンプレートに含まれていた内容に、マッピングを追加したぶんコードを追加しています。

HTML内に値を挿入する際には、下記の形式で指定します。
  #= 変数名 =#

[2行] アイテム表示テンプレートに含まれていた内容をそのまま利用

```
var line1 = $getItemValue(ctx, "Line 1");
var line2 = $getItemValue(ctx, "Line 2");
```

追加 ↓

```
var pictureURL = $getItemValue(ctx, "Picture URL");
var line3 = $getItemValue(ctx, "Line 3");
var line4 = $getItemValue(ctx, "Line 4");
```

121

⓫

次図のように、[2行] アイテム表示テンプレートに含まれている、ファイルアイコンを表示する<a>タグは、そのまま利用する。<a>タグの前後のHTMLは書き換える。

```
//ファイル アイコンを表示する <a> タグ
<a class="cbs-ItemLink" title="_#= $htmlEncode(line1.defaultValueRenderer(line1))=#_"
  id="_#= pictureLinkId =#_">
    <img class="cbs-Thumbnail" src="_#= $urlHtmlEncodeString(iconURL)=#_" alt="_#=
      htmlEncode(line1.defaultValueRenderer(line1))=#_" id="_#= pictureId =#_" />
</a>
```

```
var containerId = encodedId + "container";
var pictureLinkId = encodedId + "pictureLink";
var pictureId = encodedId + "picture";
var dataContainerId = encodedId + "dataContainer";
var line1LinkId = encodedId + "line1Link";
var line1Id = encodedId + "line1";
var line2Id = encodedId + "line2";
_#-->
    <div class="cbs-Item" id="_#= containerId =#_" data-displayte
        <a class="cbs-ItemLink" title="_#= $htmlEncode(line1.defau
            <img class="cbs-Thumbnail" src="_#= $urlHtmlEncodeStr
        </a>
        <div class="cbs-Detail" id="_#= dataContainerId =#_">
            <a class="cbs-Line1Link ms-noWrap ms-displayBlock" href
<!--#_
if(!line2.isEmpty)
```

> アイコンを表示する内容
> この内容を残し、前後の
> **HTMLコード**は差し替え

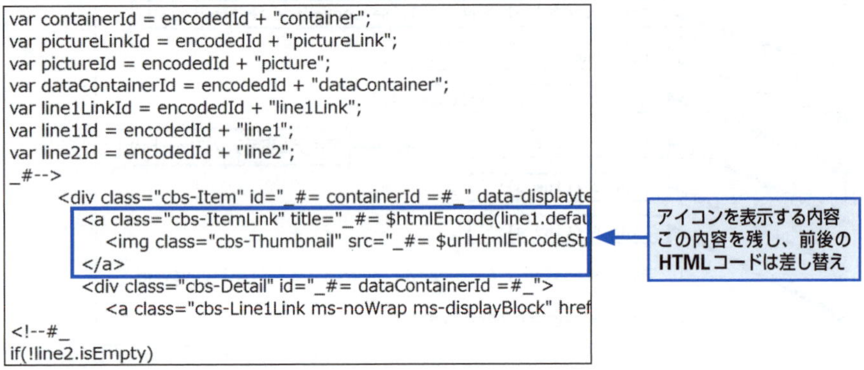

● 変更前（太字部分 ＝ ファイルアイコンを表示する<a>タグ）

```
<div class="cbs-Item" id="_#= containerId =#_" data-displaytemplate="Item2Lines">
  <a class="cbs-ItemLink"
    title="_#= $htmlEncode(line1.defaultValueRenderer(line1))=#_"
    id="_#= pictureLinkId =#_">

    <img class="cbs-Thumbnail" src="_#= $urlHtmlEncodeString(iconURL)=#_"
      alt="_#= $htmlEncode(line1.defaultValueRenderer(line1))=#_"
      id="_#= pictureId =#_" />
  </a>

  <div class="cbs-Detail" id="_#= dataContainerId =#_">
      <a class="cbs-Line1Link ms-noWrap ms-displayBlock" href="_#= linkURL =#_"
        title="_#= $htmlEncode(line1.defaultValueRenderer(line1))=#_"
        id="_#= line1LinkId =#_">_#= line1 =#_</a>

  <!--#_
  if(!line2.isEmpty)
  {
  _#-->

  <div class="cbs-Line2 ms-noWrap"
    title="_#= $htmlEncode(line2.defaultValueRenderer(line2))=#_"
    id="_#= line2Id =#_">_#= line2 =#_</div>
```

```
  <!--#_
  }
  _#-->


    </div>
  </div>
</div>
```

- 変更後 (太字部分 = ファイルアイコンを表示する<a>タグの前後を変更)

```
<a href="_#= linkURL =#_" title="_#= STSHtmlDecode(line1.value)=#_"
    id="_#= pictureLinkId =#_" style="text-decoration:none !important;">

  <div style="min-width:300px;max-width: 800px;border-top: #ddd 1px solid;
    padding: 5px 10px;height: 70px;" id="_#= containerId =#_">

  <div style="float: left;margin-top: 5px;">

<!--#_
if(!pictureURL.isEmpty)
{
_#-->

  <img style="height: 60px; width: 100px;border:1px solid #ddd;"
    src="_#= pictureURL =#_">

<!--#_
}
else{
_#-->

  <div style="height: 60px; width: 100px;background-color:#778899;"></div>

<!--#_
}
_#-->

  </div>

  <div style="margin-left: 110px;vertical-align: top;max-width: 490px;"
    id="_#= dataContainerId =#_">

  <a class="cbs-ItemLink"
    title="_#= $htmlEncode(line1.defaultValueRenderer(line1))=#_"
    id="_#= pictureLinkId =#_">
    <img class="cbs-Thumbnail" src="_#= $urlHtmlEncodeString(iconURL)=#_"
```

```
    alt="_#= $htmlEncode(line1.defaultValueRenderer(line1))=#_"
    id="_#= pictureId =#_" />
</a>

<h2 class="ms-accentText2 ms-noWrap" style="font-size:14px;" id="_#= line1Id =#_">
    _#= line1 =#_</h2>

<div class="ms-noWrap" style="color: #444;font-size:12px;padding-left:10px;">
    _#= line2 =#_</div>

<div class="ms-noWrap" style="color: #444;font-size:12px;padding-left:10px;">
    _#= line3 =#_</div>

<div class="ms-noWrap" style="color: #444;font-size:12px;padding-left:10px;">
    _#= line4 =#_</div>

      </div>
    </div>
  </a>
</div>
```

⓬ HTMLファイルを上書き保存する。

⓭ HTMLファイルをマスターページギャラリーにアップロードする。

ブラウザーでマスターページギャラリーを開き、[Display Templates] フォルダー内の [Content WebParts] サブフォルダー内に編集したHTMLファイルをアップロードする。

アップロード時のファイルプロパティは、基本的に変更する必要はない。コンテンツタイプや名前、タイトルなど必要なプロパティは設定済みである。

⓮ ファイルがアップロードされ、同名のJavaScriptファイルが自動生成されたことを確認できる。

⓯ アップロードしたHTMLファイルをメジャーバージョンに発行する。

第2章　SharePointサイトデザインのしくみとカスタマイズ　125

編集後の Item_Docs.html の内容

```html
<html xmlns:mso="urn:schemas-microsoft-com:office:office" xmlns:msdt="uuid:C2F41010-65B3-11d1-
  A29F-00AA00C14882">
<head>
<title>ドキュメントサムネイル表示</title>

<!--[if gte mso 9]><xml>
<mso:CustomDocumentProperties>
<mso:TemplateHidden msdt:dt="string">0</mso:TemplateHidden>
<mso:ManagedPropertyMapping msdt:dt="string">
'Picture URL'{Picture URL}:'ServerRedirectedPreviewURL',
'Link URL'{Link URL}:'Path','Line 1'{Line 1}:'Filename',
'Line 2'{Line 2}:'','Line 3'{Line 3}:'','Line 4'{Line 4}:'','FileExtension',
'SecondaryFileExtension','IsAllDayEvent'</mso:ManagedPropertyMapping>
<mso:MasterPageDescription msdt:dt="string">ドキュメントサムネイル表示</mso:MasterPageDescription>
<mso:ContentTypeId msdt:dt="string">0x0101002039C03B61C64EC4A04F5361F385106603002C4A4FEC5B10C9
  45A11DCFC51D5CB40E</mso:ContentTypeId>
<mso:TargetControlType msdt:dt="string">;#Content WebParts;#</mso:TargetControlType>
<mso:HtmlDesignAssociated msdt:dt="string">1</mso:HtmlDesignAssociated>
<mso:CrawlerXSLFile msdt:dt="string"></mso:CrawlerXSLFile>
<mso:HtmlDesignPreviewUrl msdt:dt="string"></mso:HtmlDesignPreviewUrl>
<mso:HtmlDesignConversionSucceeded msdt:dt="string">True</mso:HtmlDesignConversionSucceeded>
<mso:HtmlDesignStatusAndPreview msdt:dt="string">https://crieilluminate.sharepoint.com/sites/
  cust/_catalogs/masterpage/Display Templates/Content WebParts/Item_TwoLines.html, &#27491;&
  #24120;&#12395;&#22793;&#25563;&#12373;&#12428;&#12414;&#12375;&#12383;&#12290;
  </mso:HtmlDesignStatusAndPreview>
</mso:CustomDocumentProperties>
</xml><! [endif] -->
</head>


<body>
    <script>
        $includeLanguageScript(this.url, "~sitecollection/_catalogs/masterpage/Display
            Templates/Language Files/{Locale}/CustomStrings.js");
    </script>


 <div id="Docs">

<!--#_
var encodedId = $htmlEncode(ctx.ClientControl.get_nextUniqueId() + "_2lines_");

var linkURL = $getItemValue(ctx, "Link URL");
linkURL.overrideValueRenderer($urlHtmlEncodeValueObject);
var iconURL = Srch.ContentBySearch.getIconSourceFromItem(ctx.CurrentItem);

var line1 = $getItemValue(ctx, "Line 1");
var line2 = $getItemValue(ctx, "Line 2");
```

ひと目でわかる Office 365 サイトカスタマイズ＆開発編 SharePoint Server 2016 対応版

```
var line3 = $getItemValue(ctx, "Line 3");
var line4 = $getItemValue(ctx, "Line 4");
var pictureURL = $getItemValue(ctx, "Picture URL");

var containerId = encodedId + "container";
var pictureLinkId = encodedId + "pictureLink";
var pictureId = encodedId + "picture";
var dataContainerId = encodedId + "dataContainer";
var line1LinkId = encodedId + "line1Link";
var line1Id = encodedId + "line1";
var line2Id = encodedId + "line2";
_#-->

  <a href="_#= linkURL =#_" title="_#= STSHtmlDecode(line1.value)=#_"
      id="_#= pictureLinkId =#_" style="text-decoration:none !important;">

  <div style="min-width:300px;max-width: 800px;border-top: #ddd 1px solid;
     padding: 5px 10px;height: 70px;" id="_#= containerId =#_">

    <div style="float: left;margin-top: 5px;">

<!--#_
if(!pictureURL.isEmpty)
{
 _#-->

  <img style="height: 60px; width: 100px;border:1px solid #ddd;"
      src="_#= pictureURL =#_">

<!--#_
}
else{
_#-->

  <div style="height: 60px; width: 100px;background-color:#778899;"></div>

<!--#_
}
_#-->

    </div>

  <div style="margin-left: 110px;vertical-align: top;max-width: 490px;"
    id="_#= dataContainerId =#_">

  <a class="cbs-ItemLink"
```

```
          title="_#= $htmlEncode(line1.defaultValueRenderer(line1))=#_"
          id="_#= pictureLinkId =#_">
        <img class="cbs-Thumbnail" src="_#= $urlHtmlEncodeString(iconURL)=#_" alt="_#= $htmlEncode
          (line1.defaultValueRenderer(line1))=#_"
    id="_#= pictureId =#_" />
    </a>

    <h2 class="ms-accentText2 ms-noWrap" style="font-size:14px;"
      id="_#= line1Id =#_"> _#= line1 =#_</h2>

    <div class="ms-noWrap" style="color: #444;font-size:12px;padding-left:10px;">
      _#= line2 =#_</div>

    <div class="ms-noWrap" style="color: #444;font-size:12px;padding-left:10px;">
      _#= line3 =#_</div>

<div class="ms-noWrap" style="color: #444;font-size:12px;padding-left:10px;">
    _#= line4 =#_</div>

        </div>
      </div>
    </a>
  </div>
</body>
</html>
```

2. コンテンツ検索 Web パーツの設定

　コンテンツ検索Webパーツに、最近変更されたドキュメント（Word、PowerPoint、PDFファイル）を表示するようにクエリの設定を行い、カスタムで作成したアイテム表示テンプレートを利用して表示設定を行います。

❶ 任意のページを開き、編集モードに切り替える。

❷ コンテンツ検索Webパーツを挿入する。

❸ 挿入したコンテンツ検索Webパーツの編集画面を開く。

❹ コンテンツ検索Webパーツの設定画面で、[クエリの変更] をクリックする。

❺ [クエリの作成] ダイアログが開く。[詳細モードへの切り替え] をクリックした後、次のように設定し、[OK] をクリックする。
● クエリの選択：[Local SharePoint Results（システム）] を選択
● クエリテキスト：FileExtension=docx OR FileExtension=pptx OR FileExtension=pdf

❻ [クエリの作成] ダイアログで、[並べ替え] をクリックし、[Created] を [降順] に変更する。

❼ [クエリの作成] ダイアログで [OK] をクリックする。

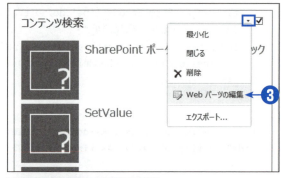

❽ コンテンツ検索Webパーツの設定画面で、［表示するアイテム数］を任意に変更する。

❾ ［表示テンプレート］カテゴリで次のように設定する。
● アイテム：［ドキュメントサムネイル表示］を選択

❿ ［プロパティのマッピング］カテゴリで次のように設定する。
● ［アイテム表示テンプレートのフィールドに対し、管理プロパティのマッピングを変更します］をオン
● Picture URL、Link URL、Line1はそのまま利用
● Line2、Line3、Line4に任意の管理プロパティを指定

⓫ Webパーツの設定画面で［OK］をクリックする。

⓬ ページを保存する。
● 発行ページの場合は、発行を行う。

⓭ 該当する検索結果アイテムが、カスタム表示テンプレートを利用して表示されることを確認できる。

ヒント

コンテンツ検索Webパーツでのプロパティのマッピングについて

コンテンツ検索Webパーツは、検索結果を表示するWebパーツです。そのためリストやライブラリに作成したすべての列がWebパーツ内に表示できるわけではありません。コンテンツがクロールされた結果、インデックス内に管理プロパティとして格納された内容のみ、Webパーツに表示されます。さらに厳密に解説すると、「取得」オプションが有効となっている管理プロパティのみが、検索結果としてコンテンツ検索Webパーツや検索結果Webパーツに値を表示できます。

例②で解説に利用したアイテム表示テンプレートでは、プロパティのマッピング内容の一部には既定値を設定しました。

● Picture URL - 既定値：[ServerRedirectedPreviewURL]
前述のとおり、Office Onlineでの埋め込みに対応したドキュメントのプレビューURLアドレスが含まれます。PowerPoint、Word、PDFファイルが対象です。この値を利用し、ドキュメントのサムネイルを表示しています。
表示テンプレート内のHTMLは、次のように定義しました。そのため画像ファイルが検索結果の場合は、Picture URLのプロパティマッピングに[Path]を指定すると、その画像が表示されます。また、画像ファイルのパスを含む管理プロパティの指定も可能です。

```
<img style="height: 60px; width: 100px;border:1px solid #ddd;"
src="_#= pictureURL =#_">
```

● Link URL - 既定値：[Path]
検索結果アイテムのURLパスを既定値としています。検索結果アイテムがファイルの場合はファイルパスとなります。

● Line1 - 既定値：[Filename]
検索結果アイテムのファイル名を既定値にしています。Line1は、Link URLで指定したURLアドレスを利用したハイパーリンクとして表示されます。

検索結果をドキュメントとする場合、Picture URL、Link URL、Line1は既定値のまま利用します（すべての種類のドキュメントがサムネイル表示に対応しているわけではありません）。それ以外のLine2、Line3、Line4には任意の管理プロパティを指定してください。

例

● Line2：[CreatedOWSDATE]を指定し、作成日を表示
● Line3：[CreatedBy]を指定し、登録者を表示
● Line4：[SiteTitle]を指定し、アイテムが保存されているサイト名を表示

ライブラリに追加した列内容を表示したい場合は、列が管理プロパティとなるようあらかじめ設定を考慮します。たとえば次のような方法が挙げられます。

● 標準で用意されているサイト列より、取得オプションが有効な管理プロパティとなるサイト列を、リストやライブラリに追加する。
[お勧めのイメージ（PublishinImages）]、[キーワード（Keywords）]など

● リスト列として作成せず、サイト列を定義して利用する
サイト列として定義した場合、インデックスの再作成後、管理プロパティとして利用できます。

● 既存のリスト列を、管理プロパティとして利用できるよう設定を行う
検索スキーマの設定変更により、既存のリスト列を、検索の管理プロパティとして利用できるよう設定が行えます。サーバー管理者/SharePoint Online管理者、およびサイトコレクション管理者権限でも設定可能です。

JavaScriptによる
フロントエンドカスタマイズ

第 **3** 章

1 JavaScript カスタマイズで利用する API

2 Web パーツによる JavaScript の組み込み

SharePointには、サーバー外部からのデータアクセスを可能とするクライアントAPI（クライアントサイドオブジェクトモデル）が複数用意されており、これにはJavaScriptより利用できるものも含まれています。これらを利用することでJavaScript、HTMLによるカスタマイズが行えます。また作成したソースコードは簡単な操作でページ内に挿入できるため、比較的手軽なカスタマイズ方法として活用いただけます。

第3章ではJavaScriptを用いたカスタマイズ方法を解説します。

1 JavaScriptカスタマイズで利用するAPI

SharePointのクライアントAPIを利用することで、リストに対する処理やサイトに対する各種設定、検索やユーザープロファイル、管理メタデータへの操作など、さまざまな処理をカスタムコードから扱えます。第1章でも解説したとおり、クライアントAPIにはさまざまな種類があり、JavaScriptから扱えるものも含まれているため、SharePointアドインやSharePoint Framework開発時はもちろん、それ以外にもさまざまなカスタマイズ時に利用できます。

JavaScript、HTMLはWebの基本であるため、開発者ではなくても、ある程度扱えるという人は多いのではないでしょうか。またこれから習得したいと考えた際にも、技術書やWebでの情報が圧倒的に多い点やブラウザーさえあれば動作を試せるため特別な開発環境を必要としない点、文法や基本ルールが他のプログラム言語と比較してやさしい点から、とっつきやすいとも言えます。

JavaScriptによるSharePointカスタマイズは、プロの開発者だけではなく、HTMLやJavaScriptを扱えるIT管理者やサイト構築担当者にとっても、サイト機能の拡張に活用いただける方法です。

JavaScriptカスタマイズで利用するクライアントAPIは、JavaScriptオブジェクトモデルとREST APIの2つです。第1章でも概要を解説しましたが、まずはこれらの基本的な扱い方から確認しましょう。

JavaScriptオブジェクトモデル

SharePointクライアントAPIの1つとして用意されているJavaScriptライブラリです。JavaScriptオブジェクトモデル（略してJSOM）と呼ばれ、複数のJavaScriptライブラリにより提供されています。これらのライブラリを利用することで、サイトやリスト、ユーザープロファイル、検索、管理メタデータなどに対する処理をJavaScriptにより記述できます。

また各JavaScriptライブラリは、SharePointサーバーのファイルシステム上にあり、[%ProgramFiles%¥Common Files¥Microsoft Shared¥Web Server Extensions¥16¥TEMPLATE¥Layouts] フォルダー内に置かれています。SharePoint Onlineでは直接このフォルダーを開いて確認することはできませんが、SharePoint Server環境の場合、サーバーにログオンし、Windowsエクスプローラーで [Layouts] フォルダーを開いて確認できます（確認する必要はありません）。

[Layouts] フォルダーは/_layouts/15/の相対パスで参照できるため、SharePoint Server/SharePoint Onlineのどちらの環境でも、次のように<script>タグで参照を追加し、利用できます。

```
<script type="text/javascript" src="/_layouts/15/sp.runtime.js"></script>
<script type="text/javascript" src="/_layouts/15/sp.js"></script>
```

JavaScriptオブジェクトモデルを利用する際の基本ライブラリは、sp.runtime.jsとsp.jsです。これらのライブラリは既定のマスターページ内のScriptLinkコントロールによりSharePointページ内に定義済みです。また行う処理に合わせてさらに追加のライブラリが必要な場合もあります。たとえば、ユーザープロファイル情報にアクセスする際にはsp.userprofiles.jsも必要です。

> 「第2章 SharePointサイトデザインのしくみとカスタマイズ」で解説した下記の内容でもJavaScriptオブジェクトモデルを利用しました。
> ・「5 ユーザーカスタムアクションを利用」
> 　「1.JavaScriptの記述」の「例③：フッター内にサイト階層リンクを追加」
> 　「3.ユーザーカスタムアクションによる展開」
> ・「7 JSリンクによるリストカスタマイズ」

JavaScript オブジェクトモデル基本

　次のスクリプト例を利用して、JavaScriptオブジェクトモデルを利用する際の基本を確認します。ボタンクリックによりサイトのタイトルとURLを取得し、画面に表示する簡単な内容です。

実行結果イメージ

```
情報取得
```
タイトル: カスタマイズと開発
URL: https:// ━━━ ━ ━ ━sharepoint.com/sites/cust

```html
<!-- HTML 内容 -->
<input type="button" onclick="GetProp()" value='情報取得'/>
<div id="info" />


<!-- jQuery ライブラリの読み込み -->
<script type="text/javascript" src="//ajax.aspnetcdn.com/ajax/jQuery/jquery-1.12.4.min.js">
  </script>


<script type="text/javascript">
<!-- HTMLのボタンクリックで呼び出す関数   -->
function GetProp() {
    ctx = SP.ClientContext.get_current();
    web = ctx.get_web();

    ctx.load(web, 'Title', 'Url');
    ctx.executeQueryAsync(onSucceeded,onFailed);
}

function onSucceeded(sender, args) {
    $('#info').html('タイトル: ' + web.get_title() + '<br/>' + 'URL: '+web.get_url());
}

function onFailed(sender, args) {
    $('#info').html('エラー: ' + args.get_message());
}
</script>
```

> JavaScriptをページ内に挿入する手順は、この章の「2 WebパーツによるJavaScriptの組み込み」で解説します。ここでは基本的なJSOMの扱い方を解説しています。

◆HTMLの内容
ボタンとSharePointから取得した内容を表示するためのdivタグを定義しています。

◆jQueryライブラリへの参照
CDN参照を利用しています。jQueryファイルをダウンロードしてサイト内に保存し、保存したファイルパスを参照してもかまいません。

◆SP.ClientContext
ctxという変数を用意し、`ctx = SP.ClientContext.get_current();`の部分でクライアントコンテキストを取得し、変数にセットしています。クライアントコンテキストはJSOM実行時に始めに取得するSharePointオブジェクトです。現在のサイト、サイトコレクション、ユーザーなどさまざまな情報を持ちます。

上記例では、get_current()により現在のサイトに対するコンテキストを取得していますが、指定したサイトのコンテキストを取得したい場合は、サイトURLをパラメーターに渡して実行します。

```
ctx = new SP.ClientContext("サイトURLを指定");
```

またクライアントコンテキストの取得方法から理解できるようにJavaScriptオブジェクトモデルを利用したスクリプトは、操作ユーザーのコンテキストで実行されます。つまりスクリプト内容に含まれる操作に対する権限をカレントユーザーが持っている必要があるということです。たとえばサイト作成を行うスクリプトを実行するためには、サイト管理者レベルの権限が必要であり、それ以外のユーザーがスクリプト内容を実行した場合は権限不足としてエラーとなります。

◆ctx.get_web()
クライアントコンテキストを使用して、あらゆるものへの参照を取得できます。例ではwebという変数を用意し、クライアントコンテキストよりwebオブジェクト（サイト）を設定しています。

◆ctx.load(web, 'Title', 'Url')
load関数により、SharePointへ送信するクエリをクライアントコンテキストにセットしています。`ctx.load(web);`と記述した場合はwebオブジェクト（サイト）すべてを取得するクエリとなります。上記では`ctx.load(web, 'Title', 'Url');`と記述することで、webオブジェクト内のTitleプロパティとUrlプロパティのみを取得するようクエリを指定しています。その後の処理で利用するプロパティのみを取得することで、必要のないデータをSharePointとクライアント間でやり取りしないようにしています。取得したいプロパティを指定する場合、プロパティ名を''で囲みます。

◆ctx.executeQueryAsync()
executeQueryAsync関数の実行までは、SharePointに対するデータアクセスは発生していません。ここまでのコード内容でwebオブジェクトはまだ取得されていないということです。SharePointへのデータアクセスは、load関数を利用してクライアントコンテキストにSharePointへの要求を設定しておき、executeQueryAsync関数で実行します。

下記のように、複数の処理内容をload関数で指定しておき、まとめてバッチ実行する操作も比較的簡単に扱えます。

```
ctx = SP.ClientContext.get_current();
web = ctx.get_web();
user= web.get_currentUser();
ctx.load(web, 'Title', 'Url');
ctx.load(user);
<!-- web、userを取得  -->
ctx.executeQueryAsync(onSucceeded,onFailed);
```

またexecuteQueryAsync関数には、SharePointから実行結果が返された後に実行するコールバック関数をパラメーターとして指定します。`ctx.executeQueryAsync(onSucceeded,onFailed);`では、実行結果が成功時には onSucceeded関数、失敗時には onFailed関数をコールバックするよう指定しています。成功時の関数には、取得したデータを利用した続きの処理、失敗時の関数にはエラー処理を記述することが一般的です。

◆**onSucceeded 関数**

取得した値を画面に表示するコードが含まれています。取得したwebオブジェクトにはload関数で指定したとおり、Titleプロパティと Urlプロパティが含まれています。`web.get_title()`や`web.get_url()`で値を取得しています。

◆**onFailed 関数**

エラーメッセージを表示しています。

REST API

SharePointクライアントAPIの1つであり、決められたURLにパラメーターを指定してHTTPアクセスすることで結果を取得するRESTfulな呼び出しが可能なインターフェイスです。結果はJSONもしくはATOM形式で取得できます。SharePoint REST APIは次のURLが基本です。

```
http://サイト URL/_api
```

サイトURLに **/_api** を指定し、さらに実行したい操作に応じてURLを組み立て実行します。たとえば、JavaScriptオブジェクトモデルの基本で解説に利用したスクリプトではカレントサイトのwebオブジェクトを取得しましたが、同様のことを行いたい際のエンドポイントは`http://サイト URL/_api/web`となります。

ブラウザーで直接URLを指定した場合も、結果を確認できます。

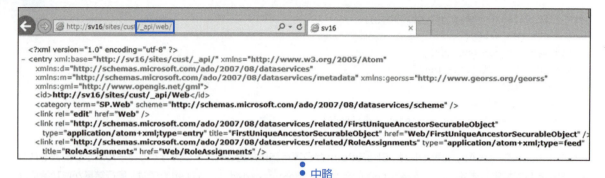

● 中略

```
- <content type="application/xml">
  - <m:properties>
    <d:AllowRssFeeds m:type="Edm.Boolean">true</d:AllowRssFeeds>
    <d:AlternateCssUrl />
    <d:AppInstanceId m:type="Edm.Guid">00000000-0000-0000-0000-000000000000</d:AppInstanceId>
    <d:Configuration m:type="Edm.Int16">0</d:Configuration>
    <d:Created m:type="Edm.DateTime">2017-06-23T08:51:33</d:Created>
  - <d:CurrentChangeToken m:type="SP.ChangeToken">
      <d:StringValue>1;2;3a8cbce0-2559-4bfb-8fc5-26db53de28ef;636354720045630000;42165</d:StringValue>
    </d:CurrentChangeToken>
    <d:CustomMasterUrl>/sites/cust/_catalogs/masterpage/seattle.master</d:CustomMasterUrl>
    <d:Description />
    <d:DocumentLibraryCalloutOfficeWebAppPreviewersDisabled
      m:type="Edm.Boolean">false</d:DocumentLibraryCalloutOfficeWebAppPreviewersDisabled>
    <d:EnableMinimalDownload m:type="Edm.Boolean">true</d:EnableMinimalDownload>
    <d:Id m:type="Edm.Guid">3a8cbce0-2559-4bfb-8fc5-26db53de28ef</d:Id>
    <d:IsMultilingual m:type="Edm.Boolean">false</d:IsMultilingual>
    <d:Language m:type="Edm.Int32">1041</d:Language>
    <d:LastItemModifiedDate m:type="Edm.DateTime">2017-07-12T16:00:04Z</d:LastItemModifiedDate>
    <d:MasterUrl>/sites/cust/_catalogs/masterpage/seattle.master</d:MasterUrl>
    <d:OverwriteTranslationsOnChange m:type="Edm.Boolean">false</d:OverwriteTranslationsOnChange>
    <d:QuickLaunchEnabled m:type="Edm.Boolean">true</d:QuickLaunchEnabled>
    <d:RecycleBinEnabled m:type="Edm.Boolean">true</d:RecycleBinEnabled>
    <d:ServerRelativeUrl>/sites/cust</d:ServerRelativeUrl>
    <d:SiteLogoUrl>/sites/cust/SiteAssets/lgo.png</d:SiteLogoUrl>
    <d:SyndicationEnabled m:type="Edm.Boolean">true</d:SyndicationEnabled>
    <d:Title>カスタマイズと開発</d:Title>  ← タイトル
    <d:TreeViewEnabled m:type="Edm.Boolean">false</d:TreeViewEnabled>
    <d:UIVersion m:type="Edm.Int32">15</d:UIVersion>
    <d:UIVersionConfigurationEnabled m:type="Edm.Boolean">false</d:UIVersionConfigurationEnabled>
    <d:Url>http://sv16/sites/cust</d:Url>  ← URL
    <d:WebTemplate>STS</d:WebTemplate>
  </m:properties>
</content>
</entry>
```

ヒント

Internet Explorerの場合

Internet Explorerでは、インターネットオプションで、[コンテンツ]タブ内にある[フィードとWebスライス]の[設定]をクリックし、[フィードの読み取りビューを有効にする]オプションをオフとした場合の結果画面です。

ブラウザーで直接エンドポイントにアクセスして結果を確認した場合、既定の応答形式であるATOM形式で確認できます。JSON形式で結果を得たい場合は、Acceptヘッダーに"application/json;odata=verbose"を含めます。JSON形式での結果確認や、GET（読み取り）操作だけではなく、それ以外の操作確認も行いたい場合、REST APIの実行が行えるツールを利用すると便利です。REST APIの実行が行えるツールはクライアントアプリケーションやWebブラウザーの拡張、さらに無償/有償などさまざまなものがあるため、自身が使いやすいと感じるものをぜひ探してみてください。

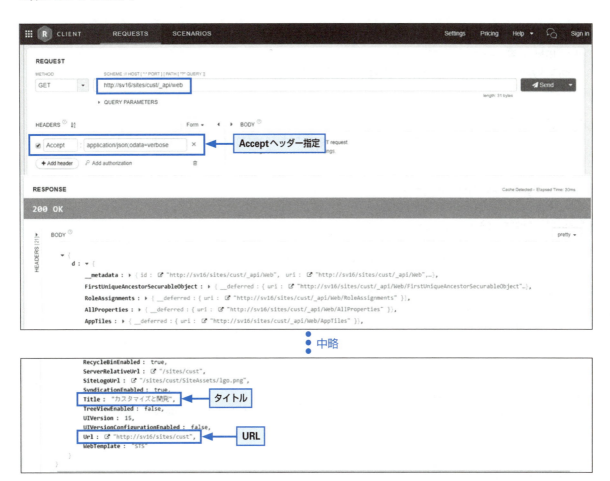

Chromeブラウザーの拡張であるRestlet Clientを利用している画面例です。

　エンドポイントにより、さまざまなSharePointへのデータアクセスが可能であり、JavaScriptからREST APIの実行も可能です。

JavaScript からの REST API 利用の基本

　JavaScriptオブジェクトモデルの基本解説と同様の内容を、REST APIで行った場合、次のようなスクリプトとなります。この内容を利用し、REST APIを利用する際の基本を確認します。

> **実行結果イメージ**
>
> 情報取得
>
> タイトル: カスタマイズと開発
> URL: https://‒ ‒ ‒ ‒ ‒sharepoint.com/sites/cust

- **ボタンクリックで、サイトのタイトル、URLを取得し表示する内容（前項のJSOM例と動作は同じ）**

```html
<!-- HTML 内容 -->
<input type="button" onclick="GetProp()" value='情報取得'/>
<div id="info" />

<!-- jQuery ライブラリの読み込み -->
<script type="text/javascript" src="//ajax.aspnetcdn.com/ajax/jQuery/jquery-1.12.4.min.js">
  </script>

<script type="text/javascript">
<!-- HTMLのボタンクリックで呼び出す関数  -->
function GetProp() {
    $.ajax({
    url: _spPageContextInfo.webAbsoluteUrl+"/_api/web",
    tupe: "GET",
    headers: { "Accept": "application/json; odata=verbose" },
    success: onSucceeded,
    error: onFailed
    });
}

function onSucceeded(data) {
    $('#info').html('タイトル: ' + data.d.Title + '<br/>' + 'URL: ' + data.d.Url);
}

function onFailed(error) {
    $('#info').html(error.statusText);
}
</script>
```

> JavaScriptをページ内に挿入する手順は、この章の「2　WebパーツによるJavaScriptの組み込み」で解説します。ここでは基本的なREST APIの扱い方を解説しています。

◆HTMLの内容
ボタンとSharePointから取得した内容を表示するためのdivタグを定義しています。

◆jQueryライブラリへの参照
CDN参照を利用しています。jQueryファイルをダウンロードしてサイト内に保存し、保存したファイルパスを参照してもかまいません。

◆$.ajax()
jQueryのajax関数を利用してREST APIの呼び出しを実行しています。呼び出しに必要な下記の値を渡しています。

- **url**：エンドポイントURLを指定します。
- **type**：HTTPメソッドのタイプを指定します（**GET、POST、PUT、DELETE**）。
- **headers**：**Accept**ヘッダーに**JSON**形式でデータを返すよう指定しています。指定しない場合は**XML**形式となります。
- **success**：呼び出し実行が成功した場合に実行する関数を指定します。
- **error**：呼び出しが失敗した場合に実行する関数を指定できます。

◆onSucceeded関数
取得した値を画面に表示するコードが含まれています。

JSOMとREST APIの違い

JavaScriptカスタマイズを行う際に利用できるJSOM（JavaScriptオブジェクトモデル）とREST APIには、扱えるデータ内容に違いはありません。JSOMの各メンバーとREST APIのエンドポイントはそれぞれ対応しているため、同等のデータアクセスが可能です。機能面では違いはないため、どちらを利用してもかまいません。下記はそれぞれの特徴です。

●コーディング時に求められるスキル
JSOMを利用する際は、クライアントコンテキストの取得、site（サイトコレクション）やweb（サイト）オブジェクト、またリストに対してクエリ実行を行いたい場合はCAMLクエリの扱い等、SharePointオブジェクトモデルに対する理解が必要です。対してREST APIはエンドポイントさえ理解すれば、SharePoint独自のオブジェクトモデルを利用する必要はありません。Ajaxを利用した呼び出し方法など代わりに理解すべきことはありますが、より一般的なJavaScriptスキルを活用できると言えます。

●得られる結果の形式
扱える内容に変わりはないことは前述したとおりですが、JSOMの場合、プロパティから直接値のみを得られることが多いことに比べ、REST APIではJSONもしくはXML形式で得られる結果セットから必要な値を取り出す作業は自分で行います。ただしREST APIはブラウザーで簡単に結果を確認できるとも言えます。

●利用できるプラットフォーム
本章ではJavaScriptでの利用を前提とした内容であるため、あまり関係ありませんが、REST APIはHTTPプロトコルを利用して実行できます。そのためJavaScriptからだけではなく、さまざまなプラットフォームで利用できるAPIです（.NET、PHP等サーバーサイドコードからももちろん扱えます）。

JavaScript記述によく利用するオブジェクト

JavaScriptを記述する際に頻繁に利用するSharePointオブジェクトを解説します。

_spPageContextInfo オブジェクト

_spPageContextInfoオブジェクトには次のような内容が含まれており、JavaScriptを記述する際に便利に利用できるものを多く含みます。次の表はよく利用する_spPageContextInfoに含まれるプロパティと値例です。

プロパティ名	説明	値例
webAbsoluteUrl	現在開いているサイトのURL	"https://test.sharepoint.com/subA"や "https://test.sharepoint.com/sites/test/subA"
siteAbsoluteUrl	現在開いているサイトコレクションのURL（トップレベルサイトURL）	"https://test.sharepoint.com"や "https://test.sharepoint.com/sites/test"
siteServerRelativeUrl	現在開いているサイトコレクションの相対パス（トップレベルサイトの相対パス）	"/"や "site/test"
serverRequestPath	現在開いているページの相対パス	"/subA/SitePages/Home.aspx"や "/sites/test/subA/SitePages/Home.aspx"
userDisplayName	カレントユーザー表示名	"Rie Okuda"
userEmail	カレントユーザーメールアドレス	"rie@illuminate-j.jp"
userId	カレントユーザー ID	14
userLoginName	カレントユーザーログイン名	"rie@illuminate-j.jp"や "illuminate¥rie"
siteId	サイトコレクションID	"{1d68be18-6cd5-4aea-9939-ca90a89ae028}"
webId	サイトID	"{a277a22c-698d-4d61-a163-f4bb92fbcc3b}"
webTitle	サイトタイトル	"サイト名"

REST APIを実行する場合など、現在アクセスしているサイトのURLや、サイトコレクションURLを動的に取得したいときや、ユーザー情報を取得したい際に便利に利用できます。

_spBodyOnLoadFunctions

ページロード時に実行されるJavaScript関数を登録するためのコレクションです。ページロード時に実行させたい処理を組み込む際に利用できます。コレクション内に実行させたいカスタム関数名をpush関数で登録します。

```
_spBodyOnLoadFunctions.push( <関数名を指定> );
```

> jQueryのdocument.ready()でも同様のことが行えます。

ExecuteOrDelayUntilScriptLoaded 関数

JavaScriptにおいて他のライブラリを利用する場合、そのライブラリのロードが行われるまでは、含まれる関数やプロパティを利用したカスタムスクリプトの動作は当然ですができません。たとえば、ページロード時にsp.jsを利用してリストアイテムを取得し画面に表示するスクリプトを記述したとします。sp.jsをロードせず、カスタムスクリプトが実行されると、実行時エラーとなります。

必要なライブラリが完全にロードされた後に、カスタム関数を実行するために、ExecuteOrDelayUntilScriptLoaded関数を利用できます。JavaScriptオブジェクトモデルを利用する場合に、SharePointが提供する各ライブラリのロードを確実にするため、カスタムスクリプト内でよく利用します。

```
<script type ="text/javascript" src ="/_layouts/15/sp.js"></script>;
<script type="text/javascript" src="//ajax.aspnetcdn.com/ajax/jQuery/jquery-1.12.4.min.js">
</script>

<script type ="text/javascript">
function customFunc(){
  // カスタム処理
}

$(function(){
   ExecuteOrDelayUntilScriptLoaded(customFunc,"sp.js");
});
</script>
```

　第2パラメーターで指定したライブラリをロード後、第1パラメーターで指定した関数を実行するよう指定します。指定したライブラリのロードが完了するまで、関数はキューに格納され実行を待ちます。既にライブラリのロードが完了している場合、関数は即時実行されます。上記例の場合、sp.jsのロード完了後に、customFunc関数が実行されます。

SP.SODクラスによる動的なスクリプトロード処理

　SharePointは、標準でもsp.jsをはじめとする複数のJavaScriptライブラリを各ページで利用しています。そのため、JavaScriptファイルのロードを必要なタイミングで動的に行う独自のしくみを持っています。実行時に利用するライブラリを必要なタイミングで動的にロードするしくみは、SP.SODクラスにより提供されinit.jsファイルに定義されています。
　ライブラリを動的にロードするよう指定するために、次の2つの関数が利用されています。

● registerSod(key,url) 関数

```
SP.SOD.registerSod("sp.js","/_layouts/15/sp.js");
```

JavaScriptライブラリを定義するために利用します。keyにはロード時に利用する名前を付け、urlにはライブラリファイルへのパスを指定します。
SharePointが標準で持つJavaScriptライブラリは多くがこの関数で定義されており、実行に必要なタイミングでロードされるしくみを利用しています。サーバーコントロールであるScriptLinkコントロールと対応しており、既定のマスターページに含まれるScriptLinkコントロールではOnDemandプロパティがtrueとされています。その場合、JavaScriptライブラリへの参照ではなく、registerSod関数を利用した定義としてHTML内に入ります。OnDemandプロパティがfalseの場合は、<script>タグを利用した通常の参照内容としてHTMLに含まれます。

自身で作成したカスタムライブラリをこの方法で定義したい場合、_spPageContextInfoを利用することで次のような記述が可能です。特定のサイトURLを埋め込む必要がなくなり汎用的なコードとして扱いやすくなります。

```
SP.SOD.registerSod("custom.js",_spPageContextInfo.siteServerRelativeUrl + "/Style Library/
  custom.js");
```

● **registerSodDep(key,dep)関数**

```
SP.SOD.registerSod("sp.js","/_layouts/15/sp.js");
SP.SOD.registerSod("sp.js","/_layouts/15/sp.runtime.js");
SP.SOD.registerSodDep("sp.js", "sp.runtime.js");
```

JavaScriptライブラリの依存関係を定義するため利用します。keyで指定したライブラリが利用される際には、depで指定したライブラリをロードするように定義できます。
上記の例の場合、sp.jsを利用する際には、sp.runtime.jsをロードするよう依存関係を定義しています。

registerSod関数やregisterSodDep関数で定義されているライブラリについて、ロードを指定するためには、executeFunc関数を利用します。

executeFunc(key,funtionName,fn)関数

```
function customFunc(){
  // script
}

SP.SOD.registerSod("sp.js","/_layouts/15/sp.js");

SP.SOD.executeFunc("sp.js", "SP.ClientContext", customFunc);
```

keyで指定したライブラリをロードし、さらにfunctionNameで指定した関数を実行後、fnで指定した関数へコールバックするよう指定できます。上記の例の場合、sp.jsをロードし、その中に含まれるSP.ClientContext関数を実行後、customFunc関数にコールバックされます。

SP.SODはクライアントにダウンロードされる不要なライブラリを減らし、ページロード時のパフォーマンスを向上させるためのしくみと言えます。標準で利用されている各JavaScriptライブラリには、このしくみが利用されているものがあります。registerSod関数で定義のみされているJavaScriptライブラリの場合、executeFunc関数により、必要なライブラリのロードとカスタムスクリプトの実行を指定可能です。ExcuteOrDelayUntilScriptLoaded関数はregisterSod関数で定義されているライブラリのロードは行いません。ライブラリのロード完了まで、カスタム関数の実行を待機する関数です。

これらのSharePointが提供する関数をカスタムスクリプト内で利用することも可能です。しかしSharePointページの種類（サイトのページや発行ページなど）により動作が一部異なることもあるため、jQueryのgetScript関数を利用するなど、他の方法で必要なライブラリをロードしてもかまいません。サンプルコードを確認するときなどに、目にすることも多いため、しくみを知っておくべき内容だと言えます。

2 Webパーツによる JavaScript の組み込み

　JavaScriptカスタマイズにおいて、記述したスクリプトはWebパーツを利用してSharePoint内に挿入します。ブラウザー操作で扱える標準Webパーツである**スクリプトエディターWebパーツ**もしくは**コンテンツエディターWebパーツ**を利用します。

　スクリプトエディターWebパーツは、その名のとおりJavaScriptを含むソースコードをページ内に挿入する際に利用します。またコンテンツエディターWebパーツもソースコードを挿入できる機能を持ちますが、直接Webパーツ内にJavaScriptを挿入する場合は、スクリプトエディターWebパーツの方が適しています。コンテンツエディターWebパーツの場合、ページ編集時にリッチテキストでの編集も行えるため、リッチテキスト編集操作により、挿入したソースコードの内容が変更されることや、ソースコードが自動修正で消されてしまう可能性があるためです。コンテンツエディターWebパーツは、HTMLページとして作成したカスタム内容をページに追加するときに利用します。

　スクリプトエディターWebパーツ、コンテンツエディターWebパーツは、第2章の「8　ページに対するCSS追加」において、<style>タグをページに追加するための方法として既に解説していますが、この章ではこれらのWebパーツを利用してJavaScriptを挿入する方法を解説します。この章の「1　JavaScriptカスタマイズで利用するAPI」でJSOMやREST APIの基本の扱い方を解説した際に用いたスクリプト例も、これらのWebパーツによりページ内に挿入できます。

　スクリプトエディターWebパーツ、コンテンツエディターWebパーツそれぞれに適したJavaScriptの組み込み手順を解説します。

> Webパーツを利用してJavaScriptをページ内に組み込む操作は、クラシックサイトでのみ行えます。またスクリプトの実行が禁止と設定されているサイトでは、クラシックサイトでも行えません。

解説で利用する JavaScript 例

　次図のようにアクセス数の多いお知らせアイテムを10件取得し、一覧表示するJavaScript例を用いてWebパーツを利用したJavaScriptの組み込み手順を解説します。

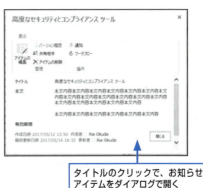

- アクセス数の多いお知らせアイテム10件を検索結果として取得し、表示
- 更新日、タイトル、お知らせアイテムが保存されているサイトのタイトルを一覧表示
- タイトルのクリックでSharePointモーダルダイアログを利用してお知らせアイテムを表示

スクリプトエディター Web パーツによる JavaScript 挿入手順

JavaScript を <script> タグとして直接ページに挿入する場合、スクリプトエディター Web パーツを利用します。

❶ JavaScript を挿入したいページを開き、編集モードに切り替える。

❷ 任意の場所に、スクリプトエディター Web パーツを挿入する。
[挿入] タブの [Web パーツ] をクリックする。Web パーツの一覧が表示されるので、[メディアおよびコンテンツ] カテゴリの [スクリプトエディター] を選択し、[追加] をクリックする。
※ [挿入] タブの [埋め込みコード] をクリックしても、スクリプトエディター Web パーツを挿入できる。

❸ 挿入したスクリプトエディター Web パーツのメニューから [Web パーツの編集] をクリックする。

❹ Web パーツ内に表示される [スニペットを編集] をクリックする。
※編集領域ではなく Web パーツ領域内に配置している場合、Web パーツの編集メニューを表示しなくても [スニペットを編集] が表示される。

❺ [埋め込み] ダイアログが表示される。ページ内に追加したい HTML および JavaScript を追加し、[挿入] をクリックする。

◆ HTML、JavaScript の例

```
<!-- jQuery ライブラリのロード -->
<script type="text/javascript" src="//ajax.aspnetcdn.com/ajax/jQuery/jquery-1.12.4.min.js">
    </script>

<!-- HTML 内容 -->
<div id="searchresults"/>

<script type="text/javascript">
$(function () {
    var scriptbase = _spPageContextInfo.webServerRelativeUrl + "/_layouts/15/";
    $.getScript(scriptbase + "sp.search.js", function(){
        ExecuteOrDelayUntilScriptLoaded(getNews, "sp.js");   }
    );
```

```
 });

<!-- 検索の実行 -->
function getNews() {
  var context = SP.ClientContext.get_current();

  <!-- 検索クエリの準備 -->
  var searchQuery = new Microsoft.SharePoint.Client.Search.Query.KeywordQuery(context);
  <!-- 検索クエリの設定 ( お知らせアイテムのみ検索 ) -->
  searchQuery.set_queryText("contentclass:STS_ListItem_Announcement");
  <!-- 検索クエリの設定 ( 結果数10件 ) -->
  searchQuery.set_rowLimit(10);
  <!-- 検索クエリの設定 ( 並べ替えを有効に、ViewsLifeTime 降順 ) -->
  searchQuery.set_enableSorting(true);
  var sortList = searchQuery.get_sortList();
  sortList.add("ViewsLifeTime", 1);
  <!-- 検索クエリの設定 ( 取得する管理プロパティを指定 ) -->
  var manageProps = searchQuery.get_selectProperties();
  manageProps.add("Title");
  manageProps.add("Path");
  manageProps.add("LastModifiedTime");
  manageProps.add("SiteTitle");
  <!-- 検索クエリの実行 -->
  var searchExecutor = new Microsoft.SharePoint.Client.Search.Query.SearchExecutor(context);
  searchResults = searchExecutor.executeQuery(searchQuery);
  context.executeQueryAsync(onSuccess, onFailure);
}

<!-- 日付データのフォーマットを行う関数 -->
var formatDate = function (date) {
  date=new Date(date);
  format="YYYY年MM月DD日";
  format = format.replace(/YYYY/g, date.getFullYear());
  format = format.replace(/MM/g, ('0' + (date.getMonth() + 1)).slice(-2));
  format = format.replace(/DD/g, ('0' + date.getDate()).slice(-2));
  return format;
};

<!-- 検索実行が成功時の処理 -->
function onSuccess() {
  <!-- 検索結果をテーブル タグとして表示 -->
  $("#searchresults").append("<table>");
  $.each(searchResults.m_value.ResultTables[0].ResultRows, function() {
      $("#searchresults").append("<tr>");
      $("#searchresults").append("<th>"+formatDate(this.LastModifiedTime)+"</th>");
      <!-- タイトルのクリック時にダイアログでアイテム表示フォームを開くリンクを生成 -->
```

```
    $("#searchresults").append("<td><a href='#' onclick='showUp(&quot;"+this.Path+"&quot;,
        &quot;"+this.Title+"&quot;);'>"+ this.Title+"</a></td>");
    $("#searchresults").append("<td>" +this.SiteTitle + "</td>");
    $("#searchresults").append("</tr>");
  });
  $("#searchresults").append("</table>");
}

function onFailure(sender, args) {
   $('#searchresults').html('エラー: ' + args.get_message());
}

<!-- ダイアログ表示を行う関数 sp.ui.dialog.js の showModalDialog 関数を利用 -->
function showUp(itemurl,itemtitle) {
    var options = {
        url: itemurl,
        title: itemtitle,
        allowMaximize: false,
        showClose: true,
        width: 500,
        height: 350
    };
    SP.SOD.execute('sp.ui.dialog.js', 'SP.UI.ModalDialog.showModalDialog', options);
}
</script>

<!-- CSS 内容 -->
<style>
#searchresults td{ padding: 2px 10px;  background-color: #fff;  border-bottom: 1px solid #ccc; }
#searchresults th{ width:110px;  padding:2px 10px;  border-left: 3px double #999;
    border-bottom: 1px solid #ccc;}
</style>
```

❻ ページを保存し、動作を確認する。

ヒント
発行ページで動作する場合

同じ JavaScript 内容を発行ページに追加した際に、発行後に動作しない場合は、$(function () {‥の箇所を下記のように変更してください。

```
$(function () {
SP.SOD.executeFunc('sp.js', 'sp.ClientContext',
    function () {
SP.SOD.executeFunc('sp.search.js', null,
    function () {
        getNews();    });
});
```

スクリプトエディター
Webパーツ

第3章　JavaScriptによるフロントエンドカスタマイズ

コンテンツエディター Webパーツによる JavaScript挿入手順

　コンテンツエディター Webパーツも、スクリプトエディター Webパーツと同様に直接Webパーツ内にHTML、JavaScriptの挿入が可能ですが、前述のとおり、直接スクリプトを挿入する場合はスクリプトエディター Webパーツを利用する方が適しています。コンテンツエディター WebパーツはHTMLファイルへのリンクを設定できます。カスタムHTMLおよびJavaScriptをHTMLファイルとして保存しておき、Webパーツ内に表示するよう設定する方法もカスタマイズ時に活用できる方法の1つです。

❶
カスタマイズするHTML、JavaScriptの内容を
HTMLファイルとして作成する。

```html
<!DOCTYPE html>
<html xmlns="http://www.w3.org/1999/xhtml">
<head>
    <meta charset="utf-8" />
    <script type="text/javascript" src="//ajax.aspnetcdn.com/ajax/jQuery/jquery-1.12.4.min.js">
    </script>

<script type="text/javascript">
$(function () {
    var scriptbase = _spPageContextInfo.webServerRelativeUrl + "/_layouts/15/";
    $.getScript(scriptbase + "sp.search.js", function(){
        ExecuteOrDelayUntilScriptLoaded(getNews, "sp.js");  }
    );
 });


function getNews() {
 var context = SP.ClientContext.get_current();
    var searchQuery = new Microsoft.SharePoint.Client.Search.Query.KeywordQuery(context);
    searchQuery.set_queryText("contentclass:STS_ListItem_Announcement");
    searchQuery.set_rowLimit(10);
    searchQuery.set_enableSorting(true);
    var sortList = searchQuery.get_sortList();
    sortList.add("ViewsLifeTime", 1);
    var manageProps = searchQuery.get_selectProperties();
    manageProps.add("Title");
    manageProps.add("Path");
    manageProps.add("LastModifiedTime");
    manageProps.add("SiteTitle");
    var searchExecutor = new Microsoft.SharePoint.Client.Search.Query.SearchExecutor(context);
    searchResults = searchExecutor.executeQuery(searchQuery);
    context.executeQueryAsync(onSuccess, onFailure);
}
```

```
var formatDate = function (date) {
  date=new Date(date);
  format="YYYY年MM月DD日";
  format = format.replace(/YYYY/g, date.getFullYear());
  format = format.replace(/MM/g, ('0' + (date.getMonth() + 1)).slice(-2));
  format = format.replace(/DD/g, ('0' + date.getDate()).slice(-2));
  return format;
};


function onSuccess() {
 $("#searchresults").append("<table>");
 $.each(searchResults.m_value.ResultTables[0].ResultRows, function() {
     $("#searchresults").append("<tr>");
     $("#searchresults").append("<th>"+formatDate(this.LastModifiedTime)+"</th>");
     $("#searchresults").append("<td><a href='#' onclick='showUp(&quot;"+
         this.Path+"&quot;,&quot;"+this.Title+"&quot;);'>"+ this.Title+"</a></td>");
     $("#searchresults").append("<td>" +this.SiteTitle + "</td>");
     $("#searchresults").append("</tr>");
 });
 $("#searchresults").append("</table>");
}


function onFailure(sender, args) {
   $('#searchresults').html('エラー：' + args.get_message());
}


function showUp(itemurl,itemtitle) {
   var options = {
      url: itemurl,
      title: itemtitle,
      allowMaximize: false,
      showClose: true,
      width: 500,
      height: 350
   };
   SP.SOD.execute('sp.ui.dialog.js', 'SP.UI.ModalDialog.showModalDialog', options);
}
</script>


<style>
#searchresults td{ padding: 2px 10px;  background-color: #fff;  border-bottom: 1px solid #ccc;}
#searchresults th{ width:110px;  padding:2px 10px;  border-left: 3px double #999;
   border-bottom: 1px solid #ccc;}
</style>


</head>
```

```
<body>
 <div id="searchresults"/>
</body>
</html>
```

❷ 作成したhtmlファイルを、任意のライブラリに保存する。
● htmlファイルを利用するユーザー全員が閲覧でアクセスできるライブラリに保存する。任意のライブラリでかまわないが、サイト内で利用する場合は［サイトのリソースファイル］ライブラリ、サイトコレクション全体で利用する場合は［スタイルライブラリ］、［マスターページギャラリー］の利用をお勧めする。

❸ HTML内容を挿入したいページを開き、編集モードに切り替える。

❹ 任意の場所に、コンテンツエディターWebパーツを挿入する。
［挿入］タブの［Webパーツ］をクリックする。Webパーツの一覧が表示されるので、［メディアおよびコンテンツ］カテゴリの［コンテンツエディター］を選択し、［追加］をクリックする。

❺ 挿入したコンテンツエディターWebパーツのメニューから［Webパーツの編集］をクリックする。

❻ コンテンツエディターWebパーツの編集メニューより、［コンテンツへのリンク］にHTMLファイルへのパスを指定する。

❼ ［外観］カテゴリの［枠の種類］を［なし］に設定し、［OK］をクリックする。

❽ ページを保存し、動作を確認する。

ヒント

Webパーツの再利用について

HTML、JavaScriptの内容を挿入した状態のスクリプトエディターWebパーツや、HTMLファイルへのリンクを設定した状態のコンテンツエディターWebパーツは、エクスポートすることで再利用が行いやすくなります。
第2章の「8　ページに対するCSS追加」の「コンテンツエディターWebパーツの再利用について」を参照してください。

JavaScriptによる各種操作

　JavaScriptでの各種操作に関するスクリプト例です。JavaScriptオブジェクトモデルやREST APIを扱う際の参考にしてください。

サイトの作成

●JSOM

```
サイト名：<input type="text" id="siteName"/>
URL：<input type="text" id="siteUrl"/>
<input type="button" onclick="createWeb()" value='サイト作成'/>

<script type="text/javascript" src="//ajax.aspnetcdn.com/ajax/jQuery/jquery-1.12.4.min.js"></script>

<script type="text/javascript">
function createWeb() {
  var context = new SP.ClientContext();
  var web = context.get_web().get_webs();
  var webCreationInfo = new SP.WebCreationInformation();
  webCreationInfo.set_title($("#siteName").val());
  webCreationInfo.set_language(1041);
  webCreationInfo.set_url($("#siteUrl").val());
  webCreationInfo.set_useSamePermissionsAsParentSite(true).,;
  webCreationInfo.set_webTemplate('STS#0');
  var newWeb = web.add(webCreationInfo);
  context.executeQueryAsync(
    function(){ alert("作成完了"); } ,
    function(sender,args){ alert(args.get_message()); }
  );
}
</script>
```

●REST API

```
サイト名：<input type="text" id="siteName"/>
URL：<input type="text" id="siteUrl"/>
<input type="button" onclick="createWeb()" value='サイト作成'/>

<script type="text/javascript" src="//ajax.aspnetcdn.com/ajax/jQuery/jquery-1.12.4.min.js"></script>

<script type="text/javascript">
function createWeb() {
  var webUrl = _spPageContextInfo.webAbsoluteUrl;
 var endpointUrl = webUrl + "/_api/web/webinfos/add";
$.ajax({
        url: endpointUrl,
        type: "POST",
        data: JSON.stringify({
```

```
            'parameters': { '__metadata':  {'type': 'SP.WebInfoCreationInformation' },
                'Url': $("#siteUrl").val(),
                'Title': $("#siteName").val(),
                'Language':1041,
                'WebTemplate':'sts#0',
                'UseUniquePermissions': false
            }
        }),
        headers: {
            "accept": "application/json;odata=verbose",
            "content-type": "application/json;odata=verbose",
            "X-RequestDigest": $("#__REQUESTDIGEST").val()
        },
        success: function(){  alert("作成完了"); },
        error: function(data){ alert(data.statusText); }
    });
 }

</script>
```

リストの作成

●JSOM

```
リスト名：<input type="text" id="listName"/>
<input type="button" onclick="CreateList()" value='リスト作成'/>

<script type="text/javascript" src="//ajax.aspnetcdn.com/ajax/jQuery/jquery-1.12.4.min.js"></script>

<script type="text/javascript">
function CreateList() {
  var context = new SP.ClientContext();
  var web = context.get_web();
  var listCreationInfo = new SP.ListCreationInformation();
  listCreationInfo.set_title($("#listName").val());
  listCreationInfo.set_templateType( SP.ListTemplateType.genericList);
  this.oList = web.get_lists().add(listCreationInfo);
  context.load(oList);
  context.executeQueryAsync(
  function(){ SP.UI.Notify.addNotification(oList.get_title() +"：作成完了"); } ,
  function(sender,args){ SP.UI.Notify.addNotification(args.get_message()); }
   );
 }
</script>
```

REST API

```
リスト名：<input type="text" id="listName"/>
<input type="button" onclick="CreateList()" value='リスト作成'/>

<script type="text/javascript" src="//ajax.aspnetcdn.com/ajax/jQuery/jquery-1.12.4.min.js"></script>

<script type="text/javascript">
function CreateList() {
  var webUrl = _spPageContextInfo.webAbsoluteUrl;
  var endpointUrl = webUrl + "/_api/web/lists";
$.ajax({
    url: endpointUrl,
    type: "POST",
    data: JSON.stringify({
        '__metadata': { 'type': 'SP.List' }, 'BaseTemplate': 100,
        'Title': $("#listName").val()
    }),
    headers: {
        "accept": "application/json;odata=verbose",
        "content-type": "application/json;odata=verbose",
        "X-RequestDigest": $("#__REQUESTDIGEST").val()
    },
 success: function(data){  SP.UI.Notify.addNotification(data.d.Title +"：作成完了"); },
 error: function(data){ SP.UI.Notify.addNotification(data.statusText); }
 });
}
</script>
```

リストの削除

JSOM

```
削除するリスト名： <input type="text" id="listName"/>
<input type="button" onclick="DeleteList()" value='リスト削除'/>

<script type="text/javascript" src="//ajax.aspnetcdn.com/ajax/jQuery/jquery-1.12.4.min.js"></script>

<script type="text/javascript">
function DeleteList() {
  var context = new SP.ClientContext();
  var web = context.get_web();
  this.oList = web.get_lists().getByTitle($("#listName").val());
  context.load(oList);
  oList.deleteObject();
  context.executeQueryAsync(
  function(){ SP.UI.Notify.addNotification($("#listName").val()+"：削除完了"); } ,
  function(sender, args){ SP.UI.Notify.addNotification(args.get_message()); }
```

第3章　**JavaScript**によるフロントエンドカスタマイズ

```
   );
 }
</script>
```

●**REST API**

```
削除するリスト名： <input type="text" id="listName"/>
<input type="button" onclick="DeleteList()" value='リスト削除'/>

<script type="text/javascript" src="//ajax.aspnetcdn.com/ajax/jQuery/jquery-1.12.4.min.js"></script>

<script type="text/javascript">
function DeleteList() {
  var webUrl = _spPageContextInfo.webAbsoluteUrl;
  var endpointUrl = webUrl + "/_api/web/lists/GetByTitle('" +
     $("#listName").val() + "')";
$.ajax({
    url: endpointUrl,   type: "POST",
    headers: {
        "accept": "application/json;odata=verbose",
        "content-type": "application/json;odata=verbose",
        "X-RequestDigest": $("#__REQUESTDIGEST").val(),
        "X-HTTP-Method": "DELETE", "IF-MATCH": "*"
    },
    success: function(){
        SP.UI.Notify.addNotification($("#listName").val()+": 削除完了"); },
    error: function(data){ SP.UI.Notify.addNotification(data.statusText); }
    });
 }
</script>
```

リストアイテムの取得

●**JSOM**

```
<div id='renderAnnouncements'></div>
<script type="text/javascript" src="//ajax.aspnetcdn.com/ajax/jQuery/jquery-1.12.4.min.js"></script>

<script type="text/javascript">
$(function(){
    ExecuteOrDelayUntilScriptLoaded(ShowListItems, "sp.js");
});

function ShowListItems(){
var context = new SP.ClientContext();
    var web = context.get_web();
    var list = web.get_lists().getByTitle("お知らせ");
```

```
    var camlString = "<View><ViewFields><FieldRef Name='Title' />" +
         "<FieldRef Name='Body' /></ViewFields></View>";
    var camlQuery = new SP.CamlQuery();
    camlQuery.set_viewXml(camlString);
    allAnnouncements = list.getItems(camlQuery);
    context.load(allAnnouncements);
    context.executeQueryAsync(success, error);
}

function success(data, req) {
    var announcementsHTML = "";
    var enumerator = allAnnouncements.getEnumerator();
    while (enumerator.moveNext()) {
        var announcement = enumerator.get_current();
        announcementsHTML = announcementsHTML +
            "<p><h2>" + announcement.get_item("Title") +
            "</h2>" + announcement.get_item("Body") +  "</p><hr>";
    }
 $('#renderAnnouncements').html(announcementsHTML);
}
function error(sender, args) {
    $('#renderAnnouncements').html(args.get_message());
}
</script>
```

●REST API

```
<div id='renderAnnouncements'></div>
<script type="text/javascript" src="//ajax.aspnetcdn.com/ajax/jQuery/jquery-1.12.4.min.js"></script>

<script type="text/javascript">
$(function(){
    ExecuteOrDelayUntilScriptLoaded(ShowListItems, "sp.js");
});

function ShowListItems(){
var webUrl = _spPageContextInfo.webAbsoluteUrl;
 var endpointUrl = webUrl + "/_api/web/lists/GetByTitle('お知らせ')/items";
$.ajax({
        url: endpointUrl,   type: "GET",
        headers: {
            "accept": "application/json;odata=verbose"
        },
        success: onSuccess,
        error: function(data){ SP.UI.Notify.addNotification(data.statusText); }
    });
 }
```

```
function onSuccess(data) {
 var announcementsHTML = "";

 $.each( data.d.results, function (key, value) {
    announcementsHTML += "<p><h2>"+ value.Title +"</h2>"
    + value.Body +"</p><hr>";
 });

 $('#renderAnnouncements').html(announcementsHTML);

}
</script>
```

■CAMLクエリ

　SharePointオブジェクトモデルを利用して、リストアイテムをクエリ結果として取得する場合、CAML（Collaborative Application Markup Language）というクエリ言語を利用します。CamlQueryオブジェクトを、getItems関数のパラメーターとして渡し、結果はリストアイテムコレクションとして取得できます。次のように、クエリをセットしなかった場合は全リストアイテムが取得されます。

```
var camlQuery = new SP.CamlQuery();
listItems = list.getItems(camlQuery);
```

　クエリをセットする場合は、次のようにCAMLクエリ文を設定します。

```
var camlQuery = new SP.CamlQuery();
camlQuery.set_viewXml("<View><ViewFields><FieldRef Name='Title' /><FieldRef Name='Body' />
  </ViewFields></View>");
listItems = list.getItems(camlQuery);
```

　CAMLクエリの基本形式は次のとおりです。大文字小文字を区別します。また列名は内部名を利用します。

```
<View>
<ViewFields>
    <FieldRef Name='ID'/>
    <FieldRef Name='Title'/>
  </ViewFields>
<Query>
    <Where>
      <And>
        <Eq>
          <FieldRef Name='year' /><Value Type='Text'>2016</Value>
        </Eq>
        <Neq>
          <FieldRef Name='completed'/><Value Type='Boolean'>1</Value>
```

```
        </Neq>
      </And>
    </Where>
    <OrderBy>
      <FieldRef Ascending='TRUE' Name='Title'/>
    </OrderBy>
  </Query>
<RowLimit>10</RowLimit>
</View>
```

論理結合

And	AND条件	Or	OR条件

比較演算子

BeginsWith	先頭文字列指定	Contains	指定文字列を含む
Eq	等しい	Neq	等しくない
IsNull	空白である	IsNotNull	空白でない
Gt	より大きい	Geq	以上
Lt	より小さい	Leq	以下

リストアイテムの作成

●JSOM

```
<input type="button" onclick="createListItem()" value='アイテム追加'/>

<script type="text/javascript">
function createListItem(){
  var context = new SP.ClientContext();
  var list = context.get_web().get_lists().getByTitle("リスト名");
  var itemCreateInfo = new SP.ListItemCreationInformation();
  addlistItem = list.addItem(itemCreateInfo);
  addlistItem.set_item('Title', '文字列'); // 一行テキスト
  addlistItem.set_item('Body', ' 文字列'); // 複数行テキスト
  addlistItem.set_item('Category', 'CategoryA'); // 選択肢
  addlistItem.set_item('Count', '100'); // 数値
  addlistItem.set_item('Date', new Date()); // 日付と時刻
  addlistItem.set_item('Completed', false); // はい/いいえ
  addlistItem.set_item('User', _spPageContextInfo.userId); //ユーザーまたはグループ
  addlistItem.set_item('Look', 1); // 参照
  addlistItem.update();
  context.load(addlistItem);
  context.executeQueryAsync(
    function(){ alert('アイテムが追加されました。ID : ' + addlistItem.get_id()); } ,
    function(sender, args){ alert('エラー ' + args.get_message()); }
  );
```

第3章　**JavaScript**によるフロントエンドカスタマイズ　**157**

```
}
</script>
```

●REST API

```
<input type="button" onclick="createListItem()" value='アイテム追加'/>

<script type="text/javascript" src="//ajax.aspnetcdn.com/ajax/jQuery/jquery-1.12.4.min.js"></script>

<script type="text/javascript">
function createListItem() {
  var webUrl = _spPageContextInfo.webAbsoluteUrl;
 var endpointUrl = webUrl + "/_api/web/lists/GetByTitle('test')/items";
$.ajax({
        url: endpointUrl,
        type: "POST",
        data: JSON.stringify({
            '__metadata': { 'type': 'SP.Data.TestListItem' },
            'Title': '文字列',
            'Body': '文字列'
         }),
        headers: {
            "accept": "application/json;odata=verbose",
            "content-type": "application/json;odata=verbose",
            "X-RequestDigest": $("#__REQUESTDIGEST").val()
        },
        success: function(data){  alert('アイテムが追加されました。ID : ' + data.d.Id); },
        error: function(data){ alert(data.statusText); }
    });
 }
</script>
```

リストアイテムの削除

●JSOM

```
削除するアイテムID : <input type="text" id="listitemid"/>>
<input type="button" onclick="deleteListItem()" value='アイテム削除'/>

<script type="text/javascript" src="//ajax.aspnetcdn.com/ajax/jQuery/jquery-1.12.4.min.js"></script>

<script type="text/javascript">
function deleteListItem(){
    var itemId = $("#listitemid").val();
    var context = new SP.ClientContext();
    var list = context.get_web().get_lists().getByTitle("test");
    var listItem = list.getItemById(itemId);
```

```
        listItem.deleteObject();
        context.executeQueryAsync(
            function(){ alert('アイテムが削除されました。ID : ' + itemId ); } ,
            function(sender, args){ alert('エラー ' + args.get_message()); }
        );
    }
</script>
```

● **REST API**

```
削除するアイテムID : <input type="text" id="listitemid"/>>
<input type="button" onclick="deleteListItem()" value='アイテム削除'/>

<script type="text/javascript" src="//ajax.aspnetcdn.com/ajax/jQuery/jquery-1.12.4.min.js"></script>

<script type="text/javascript">
function deleteListItem() {
  var itemId = $("#listitemid").val();
  var webUrl = _spPageContextInfo.webAbsoluteUrl;
  var endpointUrl = webUrl + "/_api/web/lists/GetByTitle('test')/items('" + itemId + "')";
$.ajax({
        url: endpointUrl,    type: "DELETE",
        headers: {
            "accept": "application/json;odata=verbose",
            "content-type": "application/json;odata=verbose",
            "X-RequestDigest": $("#__REQUESTDIGEST").val(),"IF-MATCH": "*"
        },
        success: function(){ alert('アイテムが削除されました。ID : ' + itemId); } ,
        error: function(data){ alert(data.statusText); }
    });
 }
</script>
```

リストアイテムの上書き

● **JSOM**

```
アイテムID : <input type="text" id="listitemid"/></br>
タイトル : <input type="text" id="titletext"/>
<input type="button" onclick="updateListItem()" value='アイテム更新'/>

<script type="text/javascript" src="//ajax.aspnetcdn.com/ajax/jQuery/jquery-1.12.4.min.js"></script>

<script type="text/javascript">
function updateListItem(){
    var itemId = $("#listitemid").val();
    var context = new SP.ClientContext();
    var list = context.get_web().get_lists().getByTitle("test");
```

```
    var listItem = list.getItemById(itemId);
    listItem.set_item('Title', $("#titletext").val());
    listItem.update();

    context.executeQueryAsync(
      function(){ alert('アイテムが更新されました。ID : ' + itemId ); } ,
      function(sender, args){ alert('エラー ' + args.get_message()); }
   );
}
</script>
```

●REST API

```
アイテムID : <input type="text" id="listitemid"/></br>
タイトル : <input type="text" id="titletext"/>
<input type="button" onclick="updateListItem()" value='アイテム更新'/>
<script type="text/javascript" src="//ajax.aspnetcdn.com/ajax/jQuery/jquery-1.12.4.min.js"></script>

<script type="text/javascript">
function updateListItem() {
  var itemId = $("#listitemid").val();
  var webUrl = _spPageContextInfo.webAbsoluteUrl;
  var endpointUrl = webUrl + "/_api/web/lists/GetByTitle('test')/items('" + itemId + "')";
$.ajax({
        url: endpointUrl,
        type: "POST",
        data: JSON.stringify({
            '__metadata': { 'type': 'SP.Data.TestListItem' },
            'Title': $("#titletext").val()
         }),
        headers: {
            "accept": "application/json;odata=verbose",
            "content-type": "application/json;odata=verbose",
            "X-RequestDigest": $("#__REQUESTDIGEST").val(),
            "X-HTTP-Method": 'MERGE', "IF-MATCH": "*"
        },
        success: function(){  alert('アイテムが更新されました。ID : ' + itemId); },
        error: function(data){ alert(data.statusText); }
    });
 }
</script>
```

PowerShellの利用

第 **4** 章

1 SharePoint での PowerShell 概要

2 SharePoint Server の PowerShell の利用

3 SharePoint Online 管理シェルの利用

4 SharePoint CSOM PowerShell の利用

PowerShellはコマンドラインシェルで利用するスクリプト言語で、各種設定や、繰り返し作業を自動化するために利用します。SharePoint ServerとSharePoint Onlineで提供されている内容は異なります。

第4章ではPowerShellの利用方法について、解説します。

SharePointでのPowerShell概要

PowerShellはコマンドラインシェルおよびスクリプト言語です。IT管理者や開発者が行うシステム管理や設定をコマンドラインで実行できます。また複数の処理をスクリプトで記述した内容を、.ps1という拡張子のスクリプトファイルとして作成することで、一連の処理を含む繰り返し作業を自動化することも可能です。

SharePointでは、利用している環境に応じて、複数の種類のPowerShellコマンドレットが提供されています。通常SharePoint Serverのサーバーの全体管理やSharePoint Online管理センターで行う各種設定および管理操作は、PowerShellにより実行可能であり、またこれらのWebベースの管理画面では提供されていない内容を含めて設定を行えます。

SharePoint関連で提供されているPowerShellには次の種類があります。

SharePoint Server管理シェル	SharePoint CSOM PowerShell
SharePoint Online管理シェル	
全体レベルの管理 (SharePoint Server全体/ SharePoint Online全体の管理)	サイトコレクション/サイトに関する 設定や各種操作

SharePoint Server の PowerShell

SharePoint Server上で利用でき、サーバーサイドで動作するPowerShellコマンドレットです。サーバーの全体管理で行うレベルのサーバー全体に対する設定から、サイトコレクションやサイトに対する設定や操作など、SharePoint上で行えるほとんどの操作を扱えます。

SharePoint Online 管理シェル

SharePoint Onlineの管理に利用できるリモートPowerShellコマンドレットです。SharePoint Onlineにリモート接続を行い、クライアントサイドで実行され、各種処理を行います。

通常SharePoint Online管理センターで行うような、SharePoint Online全体に対する管理処理が可能です。SharePoint Onlineに対する設定変更や、SharePoint Onlineユーザーやサイトコレクションを管理するために利用します。

SharePoint CSOM PowerShell

クライアントサイドで実行できるAPIの1つです。SharePoint Server、SharePoint Online両方で利用できます。

SharePoint ServerのPowerShellでは、SharePointで行えるほぼすべての作業がPowerShellから扱えますが、サーバーサイドでの実行となるため、基本的にはSharePoint Server環境での実行が必要です。またSharePoint ServerのPowerShellを実行するためにはサーバーレベルの管理者権限を必要とします。CSOM PowerShellはクライアント環境からの実行が可能です。

またSharePoint Onlineでは、SharePoint Online管理シェルで行えることはかなり限定的です。SharePoint管理センターで設定できる内容の一部しか扱えないため、検索サービスや管理メタデータサービス等のサービスに対する設定変更や、サイトの内容に関する操作は行えません。このようなSharePoint Online管理シェルでは操作できない内容を扱いたい場合にはCSOM PowerShellを利用します。

2 SharePoint Server の PowerShell の利用

　SharePoint Server の PowerShell コマンドレットは Microsoft.SharePoint.PowerShell.dll に含まれており、SharePoint Server とともにインストールされます。SharePoint Server 2016 のサーバー全体に関する管理はもちろん、サイトコレクションやサイトに関する管理/各種操作も行えます。
　SharePoint 2016 管理シェルや、Windows PowerShell で利用でき、それぞれの基本手順は下記のとおりです。

SharePoint 管理シェルで実行する場合

SharePoint 2016 管理シェルを利用する場合は、コマンドレットが含まれるスナップインの登録は必要ありません。

❶ SharePoint Server 環境でスタートメニューから [SharePoint 管理シェル] をクリックし、起動する。

❷ 任意のコマンドレットを入力し、Enterキーを押して実行する。
● ここでは Get-SPSite を利用し、指定した Web アプリケーション内のサイトコレクションを取得している。Web アプリケーションの URL は環境に合わせて指定する。

Windows PowerShell で実行する場合

　Windows PowerShell を利用する場合は、[%ProgramFiles%¥Common Files¥Microsoft Shared¥Web Server Extensions¥16¥Config¥PowerShell¥Registration] フォルダーにある SharePoint.ps1 ファイル内の Add-PSSnapin Microsoft.SharePoint.PowerShell を実行し、スナップインの登録を行う必要があります。

❶ SharePoint Server 環境でスタートメニューから [Windows PowerShell] をクリックし、起動する。

❷ スナップインの登録を行う。
下記コマンドを実行する。

Add-PSSnapin Microsoft.SharePoint.PowerShell

❸ 任意のコマンドレットを入力し、Enterキーを押して実行する。
● ここではGet-SPSiteを利用し、指定したWebアプリケーション内のサイトコレクションを取得する。WebアプリケーションのURLは環境に合わせて指定する。

スクリプトファイルを作成し、実行する場合

❶ SharePoint Server環境でスタートメニューから［Windows PowerShell ISE］をクリックし、起動する。

❷ スクリプトを記述する。
● スナップインの登録を行うためのAdd-PSSnapin Microsoft.SharePoint.PowerShellを含める。
● 実行時にパラメーターとして指定したい値がある場合、パラメーターの定義を行う。ここでは、WebAppUrlというパラメーターを1つ定義している。
● パラメーター WebAppUrlで指定されたWebアプリケーション内のサイトコレクションを取得するため、Get-SPSiteコマンドレットを利用している。

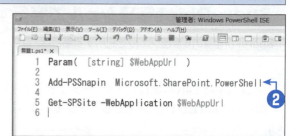

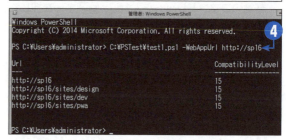

❸ ［ファイル］メニューから［名前を付けて保存］をクリックし、任意の場所に、任意のファイル名でps1ファイルとして保存する。

❹ 保存したps1ファイルをWindows PowerShellから実行する。
Windows PowerShellを起動し、前の手順で保存したps1ファイルを指定して、WebAppUrlパラメーターに値を指定し、実行する。
● ps1ファイルのパスは、前の手順で保存した場所に合わせて変更する。
● パラメーター WebAppUrlは、環境に合わせて指定する。

> **ヒント**
>
> **SharePoint ServerのPowerShellの実行権限**
>
> SharePoint Serverのインストール時に利用したユーザーアカウントには、PowerShellを実行するための権限が自動的に付与されます。インストール時に利用したユーザーアカウントやシステムアカウントを利用する場合は問題ありませんが、それ以外のユーザーで実行するためには、PowerShellを管理者として実行するか、Add-SPShellAdminコマンドレットを利用して、ユーザーにSharePoint Server 2016コマンドレットの実行権限を付与します。
>
> Windows Powershellを使用してSharePoint 2016を管理する
> https://technet.microsoft.com/ja-jp/library/ee806878(v=office.16).aspx

例①:ファイルサイズ上限値の変更

　SharePoint Server 2016では、保存できるファイルサイズとしてサポートされる上限値が10GBと大きくなっています。以前のバージョンでは2GBが上限値でした。最大ファイルサイズの制限はWebアプリケーションごとに設定可能です。サーバーの全体管理からも設定可能ですが、ここではPowerShellで設定する方法を例として解説します。
　SharePoint管理シェルを起動し、下記を実行します。

```
$webApp = Get-SPWebApplication <WebアプリケーションURLを指定>
$webApp.MaximumFileSize = 5000
$webApp.Update()
```

・設定を行うWebアプリケーションのURLは環境に合わせて指定します。
・上記では5GBを設定していますが、MaximumFileSizeを任意に指定します。

　設定後、サーバーの全体管理の［Webアプリケーションの管理］画面で設定内容を確認できます。

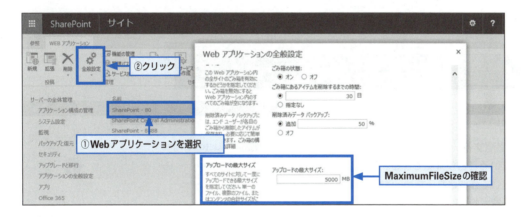

SharePoint Server 2016での既定値は2047MBです。

例②:カスタムタイルの追加設定

　SharePoint Server 2016では、Feature Pack 1（2016年11月の更新プログラム）の適用により、カスタムタイル機能が追加されています。カスタムタイルを有効にするためにはPowerShellでの設定が必要です。PowerShellの利用例としてカスタムタイルの設定方法を解説します。

❶ カスタムタイル機能がインストールされていることを確認するため、SharePoint管理シェルを起動し、次のコマンドを実行する。

```
Get-SPFeature -Identity CustomTiles
```

結果が図のように確認できる。
※確認できない場合は、該当する更新プログラムのインストールおよび構成を行う必要がある。

❷ カスタムタイル機能をWebアプリケーションに対して有効に設定する。
次のコマンドを実行する。

```
Enable-SPFeature -Identity CustomTiles -Url <WebアプリケーションURLを指定> -Force
```

● 設定を行うWebアプリケーションのURLは環境に合わせて指定する。

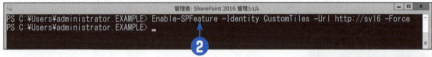

❸ 「WebアプリケーションのURL/Lists/Custom%20Tiles/」を参照する。Custom Tilesというリストが作成されていることが確認できる。このリストは隠しリストとして作成されるため、[サイトコンテンツ]等には一覧されない。

❹ Custom Tilesリストで、[新しいアイテム]をクリックし、アプリランチャーに表示したい内容を登録する。
● タイトル：タイトル文字列
● タイルの順序：既定で表示されるタイルの後に表示する順序を指定
● URL：リンク先を指定
● アイコンのURL：アイコンとして利用する画像ファイルのパスを指定。あらかじめ[サイトコレクションのイメージ]ライブラリ等に画像をアップロードしておく。
● 対象ユーザー：このタイルを表示する対象のグループを指定（省略可能）

❺ Custom Tilesリストに登録後、キャッシュのため内容がアプリランチャーに表示されるまで時間がかかることがある。すぐに表示したい場合は、ClearSuiteLinksCache()関数を実行する。[F12]キーを押し、開発者ツールを起動する。開発者ツールで［コンソール］タブを開き、「ClearSuiteLinksCache()」と入力して、実行する。

❻ 実行すると、「undesined」と表示される。開発者ツールを閉じて、ブラウザー画面を更新する。追加したカスタムタイルが確認できる。

　ここまでの操作により、指定したWebアプリケーション内の全サイトに対してカスタムタイルを表示するよう設定しました。個人用サイトを別Webアプリケーションでホストしてる場合など、Webアプリケーションを複数作成している場合、他のWebアプリケーションにはカスタムタイル内容は表示されません。ここまでと同様の手順を行うことで、別のWebアプリケーションにもカスタムタイル機能を有効にし、タイル内容の登録は行えますが、その場合カスタムタイルの内容はWebアプリケーションごとに設定が必要です。

　同じカスタムタイル内容を複数のWebアプリケーションで共有したい場合は、さらに次の手順を行います。

❼ SharePoint管理シェルを起動し、次のコマンドを実行する。

```
$webapp = Get-SPWebApplication <別のWebアプリケーションURLを指定>
$webapp.Properties.CustomTilesListHostUrl = "参照するCustom Tilesリストを持つWebアプリケーション
   URLを指定"
$webapp.Update()
```

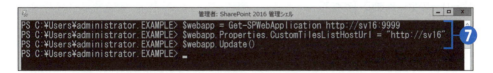

　複数のWebアプリケーションで、カスタムタイルの内容を共有できます。

例③：高速なサイトコレクション作成

　高速なサイトコレクション作成は、SharePoint Server 2016の新機能の1つです。サイトコレクション作成を従来よりも早く行う機能で、この機能を利用することで、SharePoint ServerとSQL Serverとのラウンドトリップ数を少なくし、通常のサイトコレクション作成よりもおよそ半分程度の時間でサイトコレクション作成が行えます。数多くのサイトコレクション作成を行う必要がある際に活用できます。

　まずはコンテンツデータベース内にサイトマスターを作成し、それをコピーしてサイトコレクションを作成します。データベース上でコピーを行うことで、迅速な作成が可能です。高速なサイトコレクション作成はPowerShellからのみ利用できる機能です。

❶ サイトマスターで利用できるWebテンプレートを確認する。
SharePoint管理シェルを起動し、次のコマンドを実行する。

`Get-SPWebTemplatesEnabledForSiteMaster`

サイトマスターで利用できるWebテンプレートが一覧される。既定では個人用サイトのテンプレートのみが利用できる状態になっている。

❷ チームサイトを利用できるよう設定する。
次のコマンドを実行する。

`Enable-SPWebTemplateForSiteMaster -Template "STS#0" -CompatibilityLevel 15`

追加されたことを確認するため、再度、Get-SPWebTemplatesEnabledForSiteMasterを実行する。

❸ 高速なサイトコレクション作成時のベースとなるサイトマスターをコンテンツデータベースに作成する。次のコマンドを実行する。

`New-SPSiteMaster -ContentDatabase WSS_Content -Template STS#0`

● コンテンツデータベース名は必要に応じて変更する。

▶ この操作により、サーバーの全体管理の［すべてのサイトコレクションの表示］に、サイトマスターが表示されていることが確認できる。

ヒント

主なWebテンプレート

PowerShellでWebテンプレートを指定する場合に指定するIDは次のとおりです。下記一覧は主なものを列挙しています。開発者向けサイトや電子情報開示センター、個人用サイトのホストなど繰り返し利用しないものは含めていません。

ID	Webテンプレート名
STS#0	チームサイト
STS#1	空白のサイト
BLOG#0	ブログ
BDR#0	ドキュメントセンター

ID	Webテンプレート名
CMSPUBLISHING#0	発行サイト
SRCHCEN#0	エンタープライズ検索センター
COMMUNITY#0	コミュニティサイト
BICenterSite#0	ビジネスインテリジェンスセンター

❹ サイトマスターから新規サイトコレクションを作成するため、次のコマンドを実行する。

```
New-SPSite <新しく作成するサイトコレクションURLを指定> -ContentDatabase "WSS_Content"
-CompatibilityLevel 15 -CreateFromSiteMaster -Template "STS#0"
-OwnerAlias <サイトコレクション管理者を指定>
```

●サイトコレクションのURL、コンテンツデータベース名、サイトコレクション管理者は環境に応じて指定する。

新しいサイトコレクションが作成されます。

> **ヒント**
>
> **設定した内容の削除**
>
> 手順❸でコンテンツデータベース内に作成したサイトマスターは、次のコマンドで削除できます。
>
> `Remove-SPSiteMaster -ContentDatabase "WSS_Content" -SiteId <SiteIdを指定>`
>
> 手順❷で追加した利用できるWebテンプレートは次のコマンドで削除できます。
>
> `Disable-SPWebTemplateForSiteMaster -Template STS#0`

例④：誤って削除したサイトコレクションの復元

サイトコレクションの削除を誤って行った場合、Restore-SPDeletedSiteにより復元できます。サーバーの全体管理での削除操作や、トップレベルサイトのみ存在するサイトコレクションにおいてトップレベルサイトを削除した場合など、画面操作でサイトコレクションの削除を行った場合、サイトコレクションはコンテンツデータベースからすぐに削除されるわけではなく、ごみ箱の保持期間内は残され、その後タイマージョブにより削除されます。PowerShellのRemove-SPSiteを利用してサイトコレクションを削除した場合、-GradualDeleteパラメーターを指定しない限り、復元処理の対象にはなりません。

復元処理の対象であるサイトコレクションを確認し、誤って削除したサイトコレクションを復元する例です。

❶ SharePoint管理シェルを起動し、下記のコマンドを実行する。

`Get-SPDeletedSite`

復元が可能なサイトコレクションが一覧される。復元したいサイトコレクションのSiteIdを確認する。

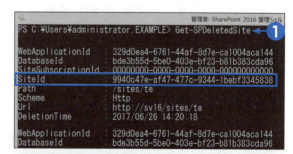

❷ 次のコマンドを実行し、サイトコレクションを復元する。

`Restore-SPDeletedSite -Identity <SiteIdを指定>`

例⑤:サイトコレクション内のサイト一覧

サイトコレクション内のサイトを一覧するPowerShellの例です。

❶ SharePoint管理シェルを起動し、下記のコマンドを実行する。
- サイトコレクションURLは環境に合わせて指定する。

```
Get-SPSite <サイトコレクションURLを指定> | select
 -ExpandProperty AllWebs | select url,title
```

例⑥:サイト内の全リストおよびアイテム数一覧をCSV出力

指定したサイト内のリストとそのアイテム数一覧をCSVファイルに出力するPowerShellの例です。

❶ SharePoint管理シェルを起動し、下記のコマンドを実行する。
- サイトURLは環境に合わせて指定する。
- Export-CSVで結果を出力している。CSVファイルの出力先フォルダーは環境に合わせて指定する。

```
$web=Get-SPWeb <サイトURLを指定>

$web.Lists | select Title,itemcount | Export-CSV C:¥FolderName¥Lists.csv -encoding default
```

❷ 実行後、保存されたCSVファイルを開くと、内容を確認できる。
※CSVファイルをExcelで開いた場合の画面。

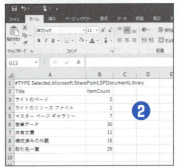

例⑦:指定したサイトのアクセス権を確認

指定したサイトのアクセス権を確認するPowerShellの例です。

❶ SharePoint管理シェルを起動し、次のコマンドを実行する。

● サイトURLは環境に合わせて指定する。

```
Get-SPWeb <サイトURLを指定> | Select
  -ExpandProperty Groups | Select Name,Roles
```

［サイトの権限］で確認できる権限と、同様の内容が確認できる。

❷ 次にSharePointグループ内の内容を確認する。次のコマンドを実行する。
● サイトURL、およびSharePointグループ名は環境に合わせて指定する。

```
Get-SPWeb <サイトURLを指定> | Select -ExpandProperty Groups | Where {$_.Name -EQ
 "<SharePointグループ名を指定>"} | Select -ExpandProperty Users | Select Name
```

例⑧：サイトコレクション内のアクセス権を確認

サイトコレクション内のアクセス権一覧をCSV出力するPowerShellスクリプトの例です。

```
Param( [string] $siteUrl )

Add-PSSnapin Microsoft.SharePoint.PowerShell

$site = Get-SPSite $siteUrl
# サイトコレクション内のサイトをループ
foreach ($web in $site.AllWebs)
{
  # サイト内のユーザー取得
  $users = Get-SPUser -Web $web.Url
  foreach($user in $users)
  {
    $loginName = $user.UserLogin
    $result = ""
```

```
    # ユーザーが持つ権限レベルを確認
foreach($RoleAssign in $web.GetUserEffectivePermissionInfo($LoginName).RoleAssignments)
    {
        foreach($definition in $RoleAssign.RoleDefinitionBindings)
        {   $result = $result + $definition.Name + " "    }
    }
    # 出力
    "{0},{1},{2},{3},{4}" -f $web.Url, $web.Title, $loginName,$user.DisplayName, $result |
        Add-Content "C:\FolderName\WebPermissions.csv"
    }
}
```

- **siteUrl**パラメーターを定義しています。実行時にはサイトコレクションURLを指定します。
- CSVファイルの出力先フォルダーは環境に合わせて指定します。

❶ 上記の内容をps1ファイルとして保存する。

❷ SharePoint管理シェルもしくはWindows PowerShellを起動し、ps1ファイルを実行する。
- ps1ファイルのパスやファイル名は、手順❶で保存した場所やファイル名に合わせて指定する。
- -siteUrlにはサイトコレクションURLを環境に合わせて指定する。

```
filename.ps1 -siteUrl <サイトコレクションURLを指定>
```

❸ 実行後、保存されたCSVファイルを開くと、出力結果としてサイトURL、サイトタイトル、ユーザー名、該当サイトに対して付与されている権限が一覧されていることが確認できる。

※CSVファイルをExcelで開いた場合の画面。

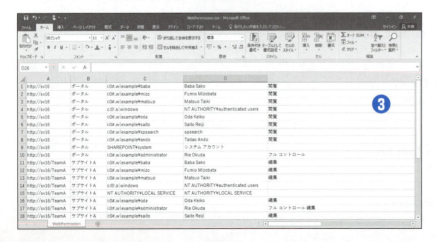

例⑨：サイトコレクションの利用容量を確認

　Webアプリケーション内のサイトコレクション利用容量を一覧としてCSV出力するPowerShellスクリプトの例です。

```
Param(  [string] $webAppUrl)

Add-PSSnapin  Microsoft.SharePoint.PowerShell

$sites = Get-SPSite -WebApplication $webAppUrl -Limit All
$date = Get-Date -format d

foreach($site in $sites)
{
  $sizeKB = $site.Usage.Storage
  $sizeGB = $sizeKB/1024/1024/1024
  $sizeGB = [math]::Round($sizeGB,2)

  "{0},{1},{2},{3},{4},{5}" -f $site.RootWeb.Title, $site.URL , $site.ContentDatabase.Name ,
    $sizeGB , "GB", $date | Add-Content "C:¥FolderName¥SPSiteSize.csv"
}
$site.Dispose()
```

- **webAppUrl**パラメーターを定義しています。実行時には**Web**アプリケーション**URL**を指定します。
- **CSV**ファイルの出力先フォルダーは環境に合わせて指定します。

❶
上記の内容をps1ファイルとして保存する。

❷
SharePoint管理シェルもしくはWindows PowerShellを起動し、ps1ファイル実行する。
- ps1ファイルのパスやファイル名は、手順❶で保存した場所やファイル名に合わせて指定する。
- -webAppUrlにはWebアプリケーションURLを環境に合わせて指定する。

```
filename.ps1 -webAppUrl <WebアプリケーションURLを指定>
```

❸
実行後、保存されたCSVファイルを開くと、出力結果としてサイトコレクションのトップレベルサイトのタイトル、URL、コンテンツデータベース名、利用容量、出力した日付が一覧されていることが確認できる。
※CSVファイルをExcelで開いた場合の画面。

Windowsタスクスケジューラーでの PowerShell スクリプト実行

　定期的に行う作業は、スクリプトファイル (ps1 ファイル) として作成し、Windows のタスクスケジューラーと組み合わせることで、定期的な自動実行を実現できます。

① SharePoint サーバー環境で [タスクスケジューラー] を開き、[タスクの作成] をクリックする。

② [タスクの作成] ダイアログで、[全般] タブに必要な内容を指定する。

- 名前、説明を入力
- セキュリティオプション

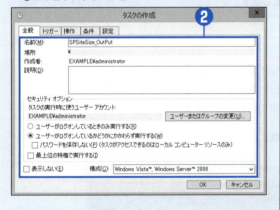

③ [タスクの作成] ダイアログの [トリガー] タブで、[新規] をクリックし、タスクのスケジュールを設定する。

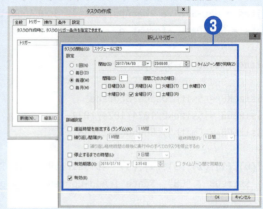

④ [タスクの作成] ダイアログの [操作] タブで、[新規] をクリックし、実行する PowerShell スクリプトを指定する。

- [プログラム/スクリプト] に PowerShell.exe を指定
- [引数の追加] に、実行する ps1 ファイルや必要なパラメーターを指定
  例：-Command "C:¥PS¥CheckSPSiteSize.ps1 -webAppUrl "http://sv16"

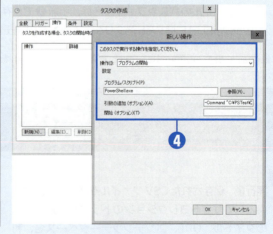

3 SharePoint Online管理シェルの利用

　SharePoint Online管理シェルは、SharePoint Online管理センターで行うようなSharePoint Online全体レベルの設定や管理が行えるリモートPowerShellコマンドレットです。PowerShellはクライアントサイドで実行され、SharePoint Onlineにリモート接続して各種処理を行います。利用にはSharePoint Online管理者権限、もしくはOffice 365全体管理者権限が必要です。

　SharePoint ServerのPowerShellとは異なり、SharePoint Online管理シェルで行えることは限定的です。次の操作を行うためのコマンドレットが用意されています。多数のサイトコレクションの作成、ユーザーの追加等の処理、テナント全体の利用内容の確認に活用できます。

- サイトコレクションの作成、削除、復元、プロパティ値設定、クォーターの設定
- サイトコレクション内のユーザー/グループ取得
- サイトコレクションやSharePointグループへのユーザー/グループ追加、削除
- 外部ユーザーの一覧
- インストールされているアプリの一覧

利用の基本

事前に下記をクライアントPCにインストールします。

- **PowerShell 3.0**
- **SharePoint Online管理シェル**
　http://www.microsoft.com/en-us/download/details.aspx?id=35588

❶ SharePoint Online Management Shellを起動する。

❷ まずはSharePoint Onlineに接続するため、Connect-SPOServiceを実行する。

```
Connect-SPOService -url https: //tenantname-admin.sharepoint.com
```

　●URLは接続先のSharePoint Online管理センターのURLを指定する。

❸ 認証ダイアログが表示されるため、SharePoint管理者権限を持つアカウント（SharePoint管理センターが利用できるアカウント）でサインインする。
※ユーザー名もしくはパスワードが間違っている、もしくはサインインに利用したユーザーはSharePoint管理権限を持っていない場合はエラーとなる。

④

サインインの完了後は、コマンドレットの実行が可能になる。

SharePoint Online管理シェルで利用可能なコマンド一覧を確認するため、次のコマンドを実行し、結果が表示されることを確認する。

```
Get-Command | Where{$_.ModuleName -eq "Microsoft.Online.SharePoint.PowerShell"}
```

⑤

利用終了後は、次のコマンドを実行し、接続を切断する。

```
Disconnect-SPOService
```

例①：サイトコレクションの作成

SharePoint Online管理シェルを利用し、サイトコレクションを作成する例です。

❶

SharePoint Online Management Shell を起動する。

❷

SharePoint Online に接続するため、Connect-SPOService を実行する。

```
Connect-SPOService -url https://tenantname-admin.sharepoint.com
```

- URLは接続先のSharePoint Online管理センターのURLを指定する。
- 認証ダイアログが表示されたら、SharePoint Online管理者アカウントでサインインする。

❸

新しいサイトコレクションを作成する次のコマンドを実行する。

- サイトコレクションのURL、タイトル、サイトコレクション管理者、クォーターは環境に合わせて変更する。
- サイトテンプレートは「チームサイト」を利用している。
- タイムゾーンは「大阪、札幌、東京」を利用している。

```
New-SPOSite -Url https://tenantname.
  sharepoint.com/sites/test1 -Title "test1"
  -Owner "rie@illuminate.com" -Template
    "STS#0" -TimeZoneId 20 -StorageQuota 100
```

しばらく待つと、新しいサイトコレクションが作成される。

ヒント

タイムゾーンの指定について

タイムゾーンはIDで指定しています。次図はWebオブジェクトのRegionalSettings.TimeZonesを取得、一覧した内容の一部です。

```
Id Description
39 (UTC-12:00) 国際日付変更線 西側
95 (UTC-11:00) 協定世界時 - 11
15 (UTC-10:00) ハワイ
14 (UTC-09:00) アラスカ
78 (UTC-08:00) バハカリフォルニア
13 (UTC-08:00) 太平洋標準時 (米国およびカナダ)
38 (UTC-07:00) アリゾナ
12 (UTC-07:00) 山地標準時 (米国およびカナダ)
55 (UTC-06:00) 中央アメリカ
11 (UTC-06:00) 中部標準時 (米国およびカナダ)
37 (UTC-06:00) グアダラハラ、メキシコシティ、モンテレー
10 (UTC-05:00) 東部標準時 (米国およびカナダ)
34 (UTC-05:00) インディアナ東部
88 (UTC-04:30) カラカス
91 (UTC-04:00) アスンシオン
 9 (UTC-04:00) 大西洋標準時 (カナダ)
45 (UTC+08:00) 北京、重慶、香港、ウルムチ
63 (UTC+08:00) イルクーツク
```

例②：サイトコレクション一覧と利用サイズの出力

　SharePoint Online管理シェルを利用し、サイトコレクション一覧（URL、管理者、利用サイズ）をCSVファイルとして出力する例です。

❶
SharePoint Online Management Shellを起動する。

❷
SharePoint Onlineに接続するため、Connect-SPOServiceを実行する。

```
Connect-SPOService -url https://tenantname-admin.sharepoint.com
```

　●URLは接続先のSharePoint Online管理センターのURLを指定する。
　●認証ダイアログが表示されたら、SharePoint Online管理者アカウントでサインインする。

❸
次のコマンドを実行する。

```
Get-SPOSite | select Title,Url,Owner,StorageUsageCurrent | Export-Csv -path C:¥FolderName
¥SPOSiteList.csv -encoding default
```

　●CSVファイルの出力先フォルダーは環境に合わせて指定する。

❹
実行後、保存されたCSVファイルを開くと、出力結果としてサイトコレクションのタイトル、URL、管理者、容量が一覧されていることが確認できる。
※CSVファイルをExcelで開いた場合の画面。

例③：Office 365グループのサイトを一覧

　Office 365グループを利用すると、グループの受信トレイや予定表、ノート等とともにチームサイトが作成され、グループ内での利用が可能です。1つのOffice 365グループに対して1サイトコレクションとしてチームサイトが作成されますが、SharePoint Online管理センターのサイトコレクション画面には一覧されません。
　SharePoint Online管理シェルを利用し、Office 365グループに紐づいて作成されたサイトの情報一覧をCSVファイルとして出力するPowerShellスクリプトの例です。

```
Param( [string] $user, [string] $pass )

$Credentials = New-Object System.Management.Automation.PSCredential(
    $user,(ConvertTo-SecureString $pass -AsPlainText -Force))

Connect-SPOService -Url "https://tenantname-admin.sharepoint.com"
    -Credential $Credentials

"{0},{1},{2},{3},{4}" -f "グループ名","Url","クォーター","利用サイズ","最終更新日" |
    Add-Content "C:¥FolderName¥GroupList.csv"
```

```
# GROUP#0 テンプレートから作成させた SPOSite オブジェクトを取得
foreach($groupSite in (Get-SPOSite -Limit All -Template 'GROUP#0'
    -IncludePersonalSite:$false))
{
  "{0},{1},{2},{3},{4}" -f $groupSite.Title,$groupSite.Url,
    $groupSite.StorageQuota,$groupSite.StorageUsageCurrent ,
    $groupSite.LastContentModifiedDate   | Add-Content "C:¥FolderName¥GroupList.csv"
}

Disconnect-SPOService
```

- user、passと2つパラメーターを定義しています。実行時にはSharePoint Online管理者のユーザーアカウントとパスワードを指定します。
- SharePoint Online管理センターのURL、CSVファイルの出力先フォルダーは環境に合わせて指定します。
- Office 365グループにより作成されたサイトは、GROUP#0というIDのテンプレートが利用されています。この値を利用してSharePoint Online全体よりこのテンプレートから作成されているSPOSite（サイトコレクションのみを取得しています。

❶ 上記の内容をps1ファイルとして保存する。

❷ Windows PowerShellを起動し、ps1ファイルを実行する。

```
filename.ps1 -user <ユーザーアカウントを指定> -pass <パスワードを指定>
```

- ps1ファイルのパスやファイル名は、手順❶に合わせて変更する。
- SharePoint Online管理者権限を持つユーザーアカウント、パスワードをパラメーターに指定する。

❸ 実行後、保存されたcsvファイルを開くと、出力結果としてOffice 365グループ名、URL、クォーター設定、利用容量、最終更新日が一覧されていることが確認できる。
※CSVファイルをExcelで開いた場合の画面。

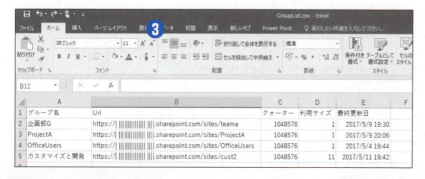

4 SharePoint CSOM PowerShell の利用

　SharePointには、クライアントサイドオブジェクトモデル（CSOM）と呼ばれるSharePointサーバーの外部から実行できるAPIが用意されています（詳細は第1章を参照）。PowerShellから利用可能なCSOMも提供されているため、サイトコレクションやサイト内の操作はCSOM PowerShellにより実行可能です。

　SharePoint Server 2016の場合、この章の「2　SharePoint ServerのPowerShell利用」で解説したSharePoint Serverで実行するPowerShellを利用することでも、サイトコレクションやサイト内容について操作可能です。しかしSharePoint Server上で実行が必要であることやシステムアカウントレベルの権限が必要であることを考えると、サイトコレクション管理者やサイト管理者の権限のみで、サイト構築作業を行う場合には利用できません。CSOM PowerShellはサイトコレクション管理者やサイト管理者権限でも、それぞれの権限の範疇での操作が可能です。

　SharePoint Onlineの場合は、この章の「3　SharePoint Online管理シェルの利用」で解説したSharePoint Online管理シェルでは、そもそもサイトコレクションやサイト内容に関する操作は行えません。PowerShellでこれらの操作を行いたい場合はCSOM PowerShellを利用します。

　なお、第3章で解説したCSOM JavaScriptとしくみやオブジェクトの扱い方は同様です。

利用の基本

事前に下記をクライアントPCにインストールします。

- **SharePoint Server 2016の場合**
    - PowerShell 3.0
    - SharePoint Server 2016 Client Components SDK
      https://www.microsoft.com/en-us/download/details.aspx?id=51679

- **SharePoint Onlineの場合**
    - PowerShell 3.0
    - SharePoint Online Client Components SDK
      https://www.microsoft.com/en-us/download/details.aspx?id=42038

　SharePoint Server 2016、SharePoint Online両方で利用できる機能を扱う場合、PowerShellスクリプトはほとんど同じ内容です。ユーザー認証の部分のみがSharePoint ServerとSharePoint Onlineで処理が異なります。

❶ Windows PowerShellを起動する。

❷ CSOM PowerShellのアセンブリを読み込む。

[System.Reflection.Assembly]::LoadWithPartialName("Microsoft.SharePoint.Client")

[System.Reflection.Assembly]::LoadWithPartialName("Microsoft.SharePoint.Client.Runtime")

③

サイトURLを指定し、コンテキストを用意する。

```
$ctx = New-Object Microsoft.SharePoint.Client.ClientContext("サイトURLを指定")
```

● サイトURLは環境に合わせて指定する。SharePoint Server 2016、SharePoint OnlineどちらのサイトURLでもかまわない。

④

SharePoint Onlineの場合、ユーザー認証を行うため次のコマンドを実行する。
※ SharePoint Serverの場合は不要。手順❺に進む。

```
$SecurePassword = "パスワードを指定" | ConvertTo-SecureString -AsPlainText -Force

$ctx.Credentials =
New-Object Microsoft.SharePoint.Client.SharePointOnlineCredentials("ユーザーアカウントを指定",
$SecurePassword)
```

● ユーザーアカウント、パスワードはSharePoint Onlineサイトに権限を持つユーザーを指定する。

⑤

コンテキストからWebオブジェクト（サイト）およびCurrentUserオブジェクトを取得し、サイトのタイトル、ユーザーの表示名を実行結果として確認する。

```
$ctx.Load($ctx.Web)
$ctx.Load($ctx.Web.CurrentUser)
$ctx.ExecuteQuery()
$ctx.Web.Title
$ctx.Web.CurrentUser.Title
```

SharePoint Server の実行結果

・**Windows**認証で実行されます。

・ユーザー名を指定して実行したい場合は、手順❹の箇所で次のように指定も可能です。

```
$ctx.Credentials = New-Object System.Net.NetworkCredential("domain\username","パスワード")
```

SharePoint Online の実行結果

```
Windows PowerShell
Copyright (C) 2016 Microsoft Corporation. All rights reserved.

PS C:¥Users¥rie> [System.Reflection.Assembly]::LoadWithPartialName("Microsoft.SharePoint.Client")

GAC    Version       Location
---    -------       --------
True   v4.0.30319    C:¥WINDOWS¥Microsoft.Net¥assembly¥GAC_MSIL¥Microsoft.SharePoint.Client¥v4.0_16.0.0.0

PS C:¥Users¥rie> [System.Reflection.Assembly]::LoadWithPartialName("Microsoft.SharePoint.Client.Runtime")

GAC    Version       Location
---    -------       --------
True   v4.0.30319    C:¥WINDOWS¥Microsoft.Net¥assembly¥GAC_MSIL¥Microsoft.SharePoint.Client.Runtime¥v4.0_

PS C:¥Users¥rie> $ctx= New-Object Microsoft.SharePoint.Client.ClientContext("https://rr i  re.sharep
/cust )
PS C:¥Users¥rie> $SecurePassword = "        " | ConvertTo-SecureString -AsPlainText -Force
PS C:¥Users¥rie> $ctx.Credentials = 
>> New-Object Microsoft.SharePoint.Client.SharePointOnlineCredentials("rie       .com", $SecurePassword)
PS C:¥Users¥rie> $ctx.Load($ctx.Web)
PS C:¥Users¥rie> $ctx.Load($ctx.Web.CurrentUser)
PS C:¥Users¥rie> $ctx.ExecuteQuery()
PS C:¥Users¥rie> $ctx.Web.Title
カスタマイズと開発
PS C:¥Users¥rie> $ctx.Web.CurrentUser.Title
奥田 理恵
PS C:¥Users¥rie>
```

・**New-Object Microsoft.SharePoint.Client.SharePointOnlineCredentials**実行時に指定したユーザーア
カウントを利用して実行されます。

例①：サイト内の全リストおよびアイテム数一覧をCSV出力

　CSOM PowerShellを利用し、指定したサイト内のリストとそのアイテム数を一覧するPowerShellの例です。
Windows PowerShellで実行します。

```
[System.Reflection.Assembly]::LoadWithPartialName("Microsoft.SharePoint.Client")
[System.Reflection.Assembly]::LoadWithPartialName("Microsoft.SharePoint.Client.Runtime")

$siteUrl = "サイトURL"

$ctx = New-Object Microsoft.SharePoint.Client.ClientContext($siteUrl)

# SharePoint Online の場合のみ
$SecurePassword = "パスワードを指定" | ConvertTo-SecureString -AsPlainText -Force

$ctx.Credentials = New-Object Microsoft.SharePoint.Client.SharePointOnlineCredentials
  ("ユーザーアカウントを指定", $SecurePassword)
# SharePoint Online の場合のみ ここまで

# Web オブジェクト内のリストコレクションを取得
$lists = $ctx.Web.Lists
$ctx.Load($lists)
$ctx.ExecuteQuery()

# Hidden プロパティが false のリストのタイトルとアイテム数を一覧
$lists | ?{$_.Hidden -eq $false} | select Title,ItemCount

$ctx.Dispose()
```

- SharePointサイトのURLは環境に合わせて指定します。
- SharePoint Onlineの場合、ユーザー認証処理を行う内容が必要です。ユーザーアカウント、パスワードはSharePoint Onlineサイトに権限を持つユーザーを指定します。

実行結果として、指定したサイト内のリスト一覧（リスト名とアイテム数）を確認できます。

例②：リストアイテムの操作

CSOM PowerShellを利用し、リスト内の特定の条件に沿ったアイテムを操作するPowerShellの例です。上書き操作と削除操作のスクリプトが含まれているため、実行時にはどちらかのみとしてください。Windows PowerShellで実行します。

```
[System.Reflection.Assembly]::LoadWithPartialName("Microsoft.SharePoint.Client")
[System.Reflection.Assembly]::LoadWithPartialName("Microsoft.SharePoint.Client.Runtime")

$webUrl="サイトURLを指定"
$listName="リスト名を指定"

$ctx = New-Object Microsoft.SharePoint.Client.ClientContext($webUrl)

# SharePoint Online の場合のみ
$SecurePassword = "パスワードを指定" | ConvertTo-SecureString -AsPlainText -Force

$ctx.Credentials = New-Object Microsoft.SharePoint.Client.SharePointOnlineCredentials
   ("ユーザーアカウントを指定",
$SecurePassword)
# SharePoint Online の場合のみ ここまで

# リストを取得
$list = $ctx.Web.Lists.GetByTitle($listName)
$ctx.Load($list)
$ctx.ExecuteQuery()

# 特定の条件に合うリストアイテムをクエリ結果として取得
$query = New-Object Microsoft.SharePoint.Client.CamlQuery

# CAML クエリ ： アイテム取得の条件
$query.ViewXml="<View><Query><Where><And><Eq><FieldRef Name='Status'/><Value Type='Text'>
   対応中</Value></Eq><Lt><FieldRef Name='Date'/><Value Type='DateTime'><Today IncludeTimeValue
   ='TRUE' OffsetDays='-30'/></Value></Lt></And></Where></Query></View>"
```

第4章　PowerShellの利用　**183**

```
$items= $list.GetItems($query)
$ctx.Load($items)
$ctx.ExecuteQuery()
Write-Host $items.Count 件が対象です。


# 上書きの場合
foreach ($item in $items) {
        $item= $list.GetItemById($item.Id)
        $item["Status"]="終了"
        $item["Date"]=Get-Date
        $item.Update()
        $ctx.ExecuteQuery()
}
# 上書きの場合 ここまで
# 削除の場合
foreach ($item in $items) {
        $item.DeleteObject()
        $ctx.ExecuteQuery()
}
# 削除の場合 ここまで


Write-Host 完了しました
```

- **SharePoint**サイト**URL**、およびリスト名は環境に合わせて指定します。
- **SharePoint Online**の場合、ユーザー認証処理を行う内容が必要です。ユーザーアカウント、パスワードは**SharePoint Online**サイトに権限を持つユーザーを指定します。
- 操作対象のリストアイテムを**CAML**クエリで取得しています。条件変更は**CAML**クエリ文を変更します。
- 条件に合うリストアイテムに対して、列の値を上書きする操作と、アイテムを削除する操作が上記例に含まれています。実行する際はどちらかとします。また**DeleteObject()**メソッドでリストアイテムを削除した場合、完全に削除されます。ごみ箱に移動したい場合は、**Recycle()**メソッドを利用します。

例③：ライブラリにファイルをアップロード

　CSOM PowerShellを利用し、ライブラリにファイルをアップロードするPowerShellスクリプトの例です。ローカル上のフォルダーを指定し、フォルダー内に含まれるファイルをまとめてライブラリにアップロードする内容です。

```
Param(   [string] $webUrl,[string] $localFolder,[string] $libraryName   )

[System.Reflection.Assembly]::LoadWithPartialName("Microsoft.SharePoint.Client")
[System.Reflection.Assembly]::LoadWithPartialName("Microsoft.SharePoint.Client.Runtime")

$ctx = New-Object Microsoft.SharePoint.Client.ClientContext($webUrl)

# SharePoint Online の場合のみ
$SecurePassword = "パスワードを指定" | ConvertTo-SecureString -AsPlainText -Force
```

```powershell
$ctx.Credentials = New-Object Microsoft.SharePoint.Client.SharePointOnlineCredentials
  ("ユーザーアカウントを指定", $SecurePassword)
# SharePoint Online の場合のみ ここまで

$list = $ctx.Web.Lists.GetByTitle($libraryName)
$ctx.Load($list)
$ctx.ExecuteQuery()

$int=0;
foreach ($localfile in (dir $localFolder -File))
{
  $fileStream = New-Object IO.FileStream($localfile.FullName,[System.IO.FileMode]::Open)
  $fileCreationInfo = New-Object Microsoft.SharePoint.Client.FileCreationInformation
  $fileCreationInfo.Overwrite = $true
  $fileCreationInfo.ContentStream = $fileStream
  $fileCreationInfo.URL = $localfile
  $addFile = $list.RootFolder.Files.Add($fileCreationInfo)
  $ctx.Load($addFile)
  $ctx.ExecuteQuery()
  $int++
  write-host $localfile ":アップロード"
}
write-host  $int "ファイル:アップロード完了"
$ctx.Dispose()
```

- **SharePoint Onlineの場合、ユーザー認証処理を行う内容が必要です。ユーザーアカウント、パスワードは SharePoint Onlineサイトに権限を持つユーザーを指定します。**
- **下記の3つのパラメーター指定が必要です。**
  $webUrl：ファイルをアップロードするライブラリを含むサイトURLを指定
  $localFolder：アップロードしたいファイルが含まれているローカルフォルダーパスを指定
  $libraryName：ファイルをアップロードするライブラリ名を指定

❶ 上記の内容をps1ファイルとして保存する。

❷ Windows PowerShellを起動し、ps1ファイル実行する。

```
filename.ps1 -webUrl
    <サイトURLを指定>
  -localFolder
    <ローカル上のフォルダーパスを指定>
  -libraryName <ライブラリ名を指定>
```

- ●ps1ファイルのパスやファイル名は、手順❶に合わせて変更する。
- ●サイトURL、ローカルフォルダーパス、ライブラリ名をパラメーターに指定する。

PowerAppsの利用

第 **5** 章

1 PowerApps 概要

2 PowerApps の利用環境

3 モダンリストでのアプリ作成 - 基本

4 モダンリストでのアプリ作成 - Flow と連携

5 SharePoint をデータソースとしたアプリ作成

6 PowerApps アプリの共有と管理

PowerAppsは ノン コーディングでビジネスアプリケーションを構築できるプラットフォームです。2016年11月に正式リリースされた比較的新しいしくみです。クラウド上のさまざまなデータソースや、オンプレミス環境上のデータソースと接続したビジネスアプリケーションが作成できます。

この章ではPowerAppsについて、SharePointとの連携にフォーカスした利用方法を解説します。

PowerApps概要

　PowerAppsは、モバイルやWebに対応したビジネスアプリケーションを構築できるクラウドベースのプラットフォームです。開発者だけではなく、コーディング知識がないユーザーでも、さまざまなデータソースに接続し、そのデータを扱うアプリを作成できます。基本的にWebで動作することが前提となっているうえ、モバイルやタブレットに最適化した画面も簡単に作成できます。クラウド上のさまざまなデータソースや、オンプレミス環境上のデータソースと接続し、データ操作を行うビジネスアプリケーションを作成し、ユーザー間で利用できるしくみです。

クラウド上、オンプレミス環境の
さまざまなデータソースと連携

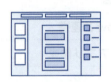

ノンコーディングによる
フォーム/アプリ作成

モバイルやWebに対応した
アプリを発行し、すぐに利用

さまざまなデータソースと接続

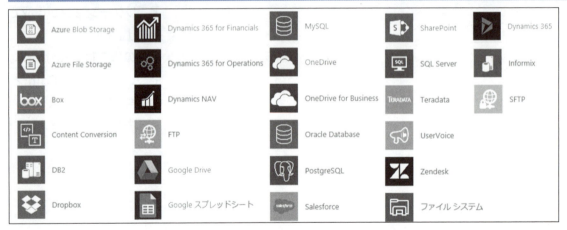

現在プレビューのものも含まれています。また一部はライセンスにより利用できないPremiumコネクタも一覧しております。

　Office 365、Dynamics 365、Azure、Salesforce、Dropbox、OneDrive for Business、Googleドライブ、Excelファイルなどのクラウド上のリソース、またオンプレミスデータゲートウェイを利用することでSQL Serverデータベース、Oracle、DB2、SharePoint Serverなどのオンプレミス上にあるデータソースまで、さまざまなデータソースとの接続が利用できます。またCommon Data ServiceというPowerApps内に内蔵されたデータソースの利用も可能です。
　複数のクラウド上のリソースとの連携はもちろん、クラウド上のデータとオンプレ環境のデータ連携を含むアプリ作成をサポートするプラットフォームです。

クロスプラットフォーム対応

タブレット

スマートフォン

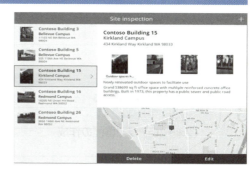
PC

　モバイルテクノロジが進化し続けている中、プライベートでの利用だけではなく、日々の業務においても、モバイル端末の利用は加速しています。メールやソーシャル機能の利用、クラウド環境で共有されたファイルの確認など、モバイル端末に標準で搭載されているアプリや一般に用意されているアプリによりすぐに行える作業だけではなく、業務データを活用した作業をモバイル上でも実現可能とするためには、独自のアプリケーション開発が必要です。PowerAppsは必要なデータに接続し、操作を行うためのアプリをモバイル対応で作成できるしくみとして活用できます。

　iOSやAndroidのスマートフォン、タブレット、Windows環境、Web環境と、必要な環境に最適化したアプリの作成が行えます。カメラなどのモバイル端末が持つ機能との連携も可能です。

特別な開発スキルは必要なし

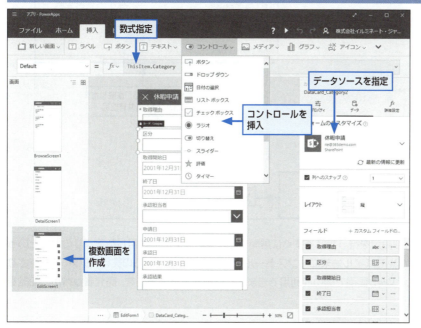

さまざまなデータソースとの接続を行い、モバイル端末に対応したアプリを作成するために特別な開発スキルは必要ありません。業務上のニーズを把握しているユーザーによりビジュアルな編集ツールを利用してアプリ作成が行えます。しくみや設定方法についての理解は必要ですが、Officeクライアントを使いこなせているレベルで十分に習得可能です。画面作成はPowerPointやAccessでの操作に比較的近く、動作や機能の設定は、アプリ画面上に配置した各コントロールのプロパティに対してExcelライクに数式を指定します。すぐに活用できるテンプレートも用意されており、簡単なフォーム程度なら数分で作成可能です。

　チームレベルや部門単位といった比較的小規模かつ、内容が定期的に変更される可能性があるような各業務部門単位の個別アプリの場合、その開発に時間やコストを大きくかけてはいられませんので、自分たちが必要なアプリを自分たちで作成して利用できます。

Flow との連携によりワークフロー、プロセス連携

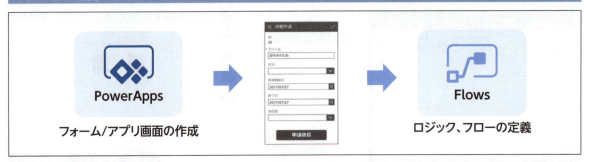

　PowerAppsは、同時にリリースされたFlowと密接に連携したアプリを作成できます。PowerAppsで画面を作成し、アプリ画面上での機能や動作を設定、その後のデータ送信や、送信後のプロセスや承認等のビジネスタスクをFlowで組み立てることで、さらに高機能なアプリ作成が可能です。

作成したアプリをすばやく共有

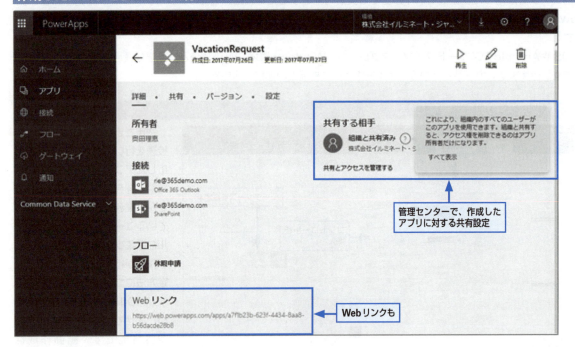

　作成したアプリは発行、および権限設定を行うだけですぐに展開できます。ストアを利用したアプリの配布といった面倒な作業は必要ありません。PCやモバイル端末にインストールできる専用アプリからの実行、もしくは共有されたリンクをクリックすることにより、Web画面で開いて利用できます。作成から展開までを、開発者レベルの知識を必要とせず実現できます。

SharePointとの連携

PowerAppsはSharePointとの連携機能を持ちます。

SharePoint リストやライブラリをデータソースとしたアプリ作成

PowerAppsのデータソースとして対応しているため、SharePoint上のデータをデータソースに含めたモバイル対応アプリを作成できます。SharePoint以外のデータソースとの連携も含められます。

カスタムリストのモバイル / タブレット対応画面作成

現在モダンリストにおいてはリストから直接PowerAppsのアプリ作成が行えるため、モダンリストにおけるモバイル対応の作成ツールとしても利用できます。

> 現在はモバイル対応画面としてのみ作成が可能です（携帯電話レイアウトのみ、タブレットレイアウトは未対応）。今後、リストとさらに統合される予定であり、ブラウザー内の画面としてPowerAppsが利用できるようになるアップデートが予定されています。

2 PowerAppsの利用環境

　PowerAppsを利用するためには、ユーザーごとにライセンスが必要です。PowerAppsプラン1、PowerAppsプラン2と現在2種類のプランが用意されています。また、これら単体のライセンスがなくてもOffice 365やDynamic 365にはPowerApps機能が含まれています。Office 365の場合だと、Office 365 EnterpriseもしくはOffice 365 Business Essentials、Business PremiumにPowerAppsが含まれています。また各PowerAppsライセンスにはFlowも含まれます。

　Office 365を利用している場合、そのライセンス内にPowerAppsが含まれていますので、追加費用の必要なく利用できますが、単体で提供されているプランとは利用できる機能や容量に差があります。金額や機能差の詳細は今後変更される可能性があることと、本書が解説したい内容とは異なるため、ここでは詳細までは触れません。詳細は各製品Webページで確認ください。Office 365やDynamic 365に含まれるPowerAppsライセンスと、単体でのPowerAppsプラン1およびプラン2ライセンスとの大きな違いは、Office 365に含まれるPowerAppsではCommon Data Serviceが利用できない点と、一部のデータ接続に利用するPremiunコネクタ（Salesforce、DB2など一部のデータ接続に利用するコネクタ）が利用できないことが挙げられます。

PowerApps画面

PowerAppsには次の2つのWebベースの管理画面があります。

PowerApps ポータル

　作成したアプリの管理や共有を行う画面です。アプリ作成もこの画面から行えます。また作成したアプリだけではなく、アプリ内で利用している接続、オンプレミスデータにアクセスするためのゲートウェイ、Common Data Service（Office 365に含まれるPowerAppsでは対象外）、さらに連携しているFlowの管理もこの画面で行います。

Office 365の場合、サインイン後、アプリランチャーより［PowerApps］をクリックすることで開けます。

PowerApps 管理センター

　PowerAppsに関する組織全体の管理を行うための画面です。テナントレベルの管理者がアクセスできます。ここでアプリやデータ接続等、PowerAppsに関する内容を格納するための環境の作成や設定が行えます。環境とはアプリと関連するリソースをグループ化する単位です。部署ごとにアプリをまとめて管理したい場合や、利用中アプリとテスト中アプリを分けたい場合などに、環境を複数作成した運用が可能です。
　Office 365の場合、全体管理者権限を持つユーザーがOffice 365管理ポータルからアクセスできます。

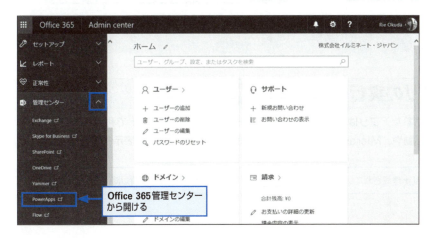

PowerApps Studio

PowerApps作成ツールです。Windows版とブラウザー版の2種類があり、基本的に機能差はありません。

PowerApps Studio for Windows

PowerApps Studio for web

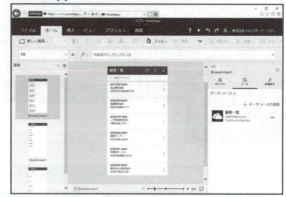

ヒント

PowerApps Studio for Windowsのインストール

PowerApps Studio for Windowsのインストール方法は次のとおりです。

① Office 365にサインインし、アプリランチャーより[PowerApps]をクリックする。

② PowerApps画面が開く。右上の[↓]をクリックし、PowerApps Studioのインストール画面メニューをクリックする。
※手順①、②の代わりにMicrosoftストアで直接検索してもよい。

③ Microsoftストアが開く。PowerAppsをインストールする。

PowerAppsアプリの実行

PowerAppsで作成され、共有されたアプリは、ブラウザーやスマートフォン、タブレットで利用できます。またSharePointモダンリストからの起動や、Microsoft Teams（Office 365）内にタブとして表示も可能です。

以降の利用手順は、PowerAppsアプリが作成されていることを前提に解説しています。作成方法は次項以降で解説します。

第5章　PowerAppsの利用

ブラウザーで利用

❶ Office 365にサインイン後、ホームページもしくはアプリランチャーより［Dynamic 365］をクリックすると、アプリの一覧が開く。

❷ 一覧より利用したいアプリをクリックすると、ブラウザーで開く。

❸ 利用後は、［Dynamic 365］をクリックすると、他のアプリへの切り替えや、ホームに戻る操作が行える。

スマートフォンやタブレットで利用

　スマートフォンやタブレットで利用する場合、端末にインストールされたPowerAppsアプリを利用できます。各ストアよりインストールできます。

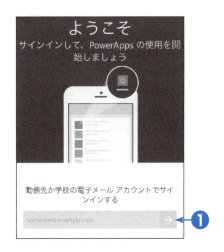

❶ PowerAppsを開く。
　初めて利用する際はAzure Active Directoryアカウント（Office 365アカウント）でサインインする。

❷ 共有されているアプリが一覧されるので、利用したいアプリをクリックする。

❸ アプリが開き、利用できる。

❹ 利用後は、右スクロールでアプリを終了し、手順❷の一覧に戻れる。

SharePoint モダンリストで利用

❶ PowerAppsが作成されたモダンリストを開き、ビューの切り替えメニューよりアプリを選択する。

❷ [開く] をクリックする。

❸ ブラウザーの別ウィンドウでアプリが開き、利用できる。

現在はリスト内の画面から、別画面として起動されますが、今後のアップデートによりリスト内に完全に統合することも可能となる予定です。

Microsoft Teams内で利用

❶ Microsoft Teams画面で、特定のチームを開く。

❷ 一覧の右にある[＋]をクリックする。

❸ [タブの追加]ダイアログで、[PowerApps]をクリックする。

❹ チームのチャネル内にタブとして追加したいアプリを選択し、[保存]をクリックする。

❺ チームのチャネル内にタブとしてPowerAppsアプリが表示され、チーム内で利用できる。

モダンリストでのアプリ作成 - 基本

SharePointモダンリストにおいて、次のような機能を持つアプリを作成しながら、PowerAppsでのアプリ作成の基本を解説します。

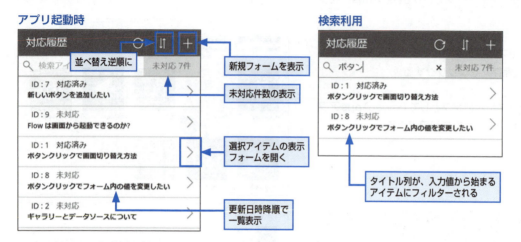

第5章　PowerAppsの利用　197

Step1：モダンリストの用意

❶
「対応履歴」という名前でカスタムリストを作成する。

● クラシック表示となった場合は、リストの設定画面の［詳細設定］より、［リストの表示］で［新しい表示］を選択し、モダン表示に変更する。

❷
次の列を追加する。

列名	種類	詳細設定
Detail	複数行テキスト	書式なしテキスト
Result	複数行テキスト	書式なしテキスト
Status	はい/いいえ	既定値：いいえ

❸
［設定］－［リストの設定］を開き、列名を次のように変更する。

列名（内部名）	変更後（表示名）
Detail	詳細
Result	対応内容
Status	対応済み

❹
既定のビューに、［ID］［更新者］［更新日時］列を表示するよう設定する。

列
列には、リスト内の各アイテムについての情報が保存されます。現在、このリストでは次の列を使用できます。

列（クリックして編集）	種類	必須
タイトル	1 行テキスト	✓
Detail	複数行テキスト	
Result	複数行テキスト	❷
Status	はい/いいえ	
更新日時	日付と時刻	
登録日時	日付と時刻	
登録者	ユーザーまたはグループ	
更新者	ユーザーまたはグループ	

列
列には、リスト内の各アイテムについての情報が保存されます。現在、このリス

列（クリックして編集）	種類
タイトル	1 行テキスト
詳細	複数行テキスト
対応内容	複数行テキスト
対応済み	はい/いいえ

❸

ヒント

列名について

PowerApps Studio内での列名参照は内部名を利用します。参照を行いやすいようにするため、日本語（全角）を利用せずに列名を指定しています。作成時に付けた列名は、列の内部名となります。その後列名を変更しても、内部名は変わりません。

対応履歴　❹

ID	タイトル	詳細	対応内容	対応済み	更新者	更新日時
✓ 1	ボタンクリックで画面切り替え	ボタン クリック時に表示画面 (カスタム作成したスクリーン) に切り替えたい	Navigate関数を利用して、任意のスクリーンに遷移するよう設定できます。PowerApps Studio で設定します。	はい	Rie Okuda	数秒前
2	ギャラリーとデータソースについて	複数のデータソースを利用して、画面を作成したい。		いいえ	Rie Okuda	約 1 分前
3	Studio と web 版の違い	PowerApps の PC にインストールする Studio と web 版の違いを知りたい		いいえ	Rie Okuda	約 1 分前
4	起動方法のバリエーション	画面を起動するには、ビューからクリックしかないのでしょうか? 22		いいえ	Rie Okuda	約 1 分前
5	msapp ファイルの保存方法を知りたい	作成した内容はローカルに保存できますが、これは別の環境でも利用できますか?		いいえ	Rie Okuda	約 1 分前
6	他の人が PowerApps の画面が開かない	作成した PowerApps 画面が開かないといわれました。自分では利用できています。		いいえ	Rie Okuda	約 1 分前

PowerApps Studioでデータを確認しながらプレビューできるよう、何件かサンプルアイテムを登録しておきます。

Step2：モダンリストからのアプリ作成画面の起動

モダンリスト内のアプリ作成メニューよりPowerApps Studioを起動し、新しいアプリを作成します。

❶ リストメニューより［PowerApps］－［アプリの作成］をクリックする。

❷ 右側に［アプリの作成］メニューが表示されるので、［名前］に「ActivityList」と入力し、[作成]をクリックする。

> **ヒント**
> **PowerAppsアプリに付ける名前**
> 作成時には日本語で名前を付けることはできません。作成後、PowerAppsポータル上で、名前を日本語に変更することは可能です。後の手順で確認します。

❸ 別ウィンドウでPowerApps Studio for webが開き、既定のアプリ内容が表示される。画面内の各メニューを確認する。

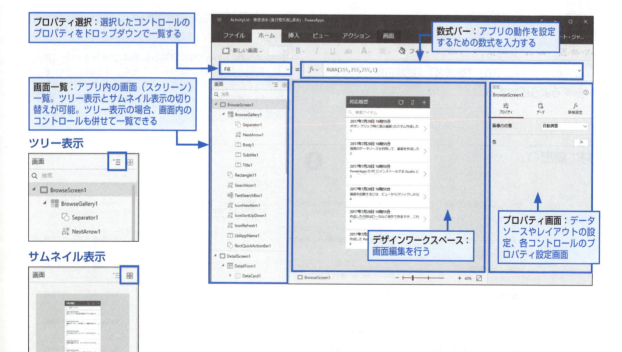

❹ ［ファイル］メニューの［閉じる］をクリックし、PowerApps Studio for webを閉じる。閉じる際に確認画面が表示された場合は、保存する。

> **ヒント**
> **保存**
> 保存を行うと、PowerAppsアプリはクラウド上（組織内）に保存されます。保存しただけでは、ユーザーが利用することはできません。

第5章　PowerAppsの利用

❺ ここまでの操作ではPowerApps Studio for webを利用した操作を確認した。次にPowerApps Studio for Windowsを利用する場合の操作を確認する。
Windows PCにインストールしたPowerApps Studio for Windowsを起動する。

❻ 初めて利用する場合は、サインインを求められるため、Office 365アカウントを利用してサインインする。

❼ サインインを行うと、利用できるアプリやサンプルが一覧される。
ここまでの作業により、既定の内容のまま保存した[ActivityList]を編集画面で開く。

❽ PowerApps Studio for Windowsにて、アプリ内容が編集画面で開く。

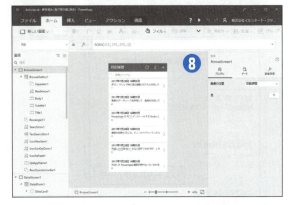

ヒント

web版とWindows版の違い

アプリの編集機能において、web版とWindows版の違いは特別ありません。また画面の内容も同じです。
web版はモダンリストから自動的にアプリ内容が起動しましたが、Windows版で新規作成を行う場合は、PowerApps Studio for Windows上でサイトURLおよびリストの指定が必要です。
またここまでの作業では、クラウド上にアプリを保存しましたが、コンピューター上にコピーとして保存しておくこともできます。

①[ファイル]メニューの[名前を付けて保存]をクリックする。
②[このコンピューター]をクリックする。
③ファイル名を付けて、PC上の任意の場所にmsappファイルとして保存する。

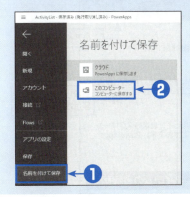

ヒント

再度PowerApps Studio for webで開く

PowerApps Studio for webで再度アプリを編集画面で開く際には、PowerAppsポータルより開けます。
PowerAppポータルに保存されているアプリが一覧されるため、該当アプリのメニューより、[Webで編集（プレビュー）]をクリックします。

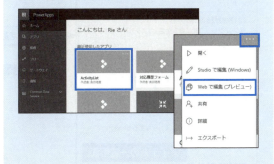

Step3：既定のアプリ内容の確認

SharePointリストからPowerAppsアプリを作成すると、アイテムの一覧画面、単一アイテムの表示画面、アイテムの編集画面、これら3つの画面を持つアプリが自動生成されます。はじめのうちは、既定で作成されるアプリをベースに必要な部分を編集する方法がお勧めです。まずは既定のアプリの内容を確認してみましょう。

PowerApps StudioはWindows版、web版のどちらを利用してもかまいません。

❶ [アプリのプレビュー]をクリック、もしくはF5キーを押して、プレビュー画面を開く。

❷ プレビュー画面が開き、動作の確認が行える。既定で作成されたアプリについて、下記の操作を確認する。

●アイテム一覧画面

最初に開く画面はアイテム一覧画面である。再読み込み、ID列による昇順、降順並べ替えの切り替えメニュー、また検索ボックスに入力した値でタイトル列が始まるアイテムに絞り込む機能が既定で用意されている。

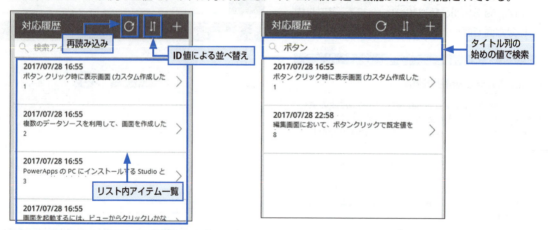

●アイテムの表示画面

アイテム一覧画面から、単一アイテムを選択すると、選択したアイテムの表示画面が開く。アイテム表示画面より、ごみ箱メニューをクリックすると、該当アイテムが削除される。

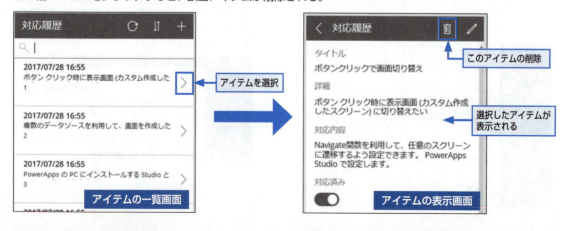

●アイテムの編集画面

特定のアイテムの表示画面において、編集メニューをクリックすると、そのアイテムの編集画面が開く。内容を編集後、[✔] をクリックすると、上書き保存される。上書き保存後は、そのアイテムの表示画面に戻る。

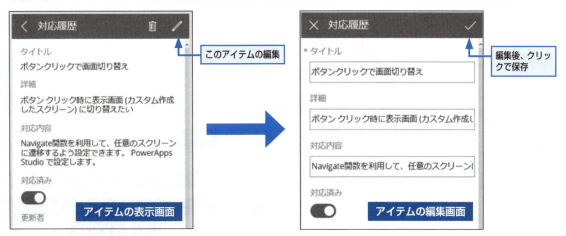

●新規アイテムの追加画面

初めに開くアイテム一覧画面より、新規アイテム追加画面を開くことができる。新規アイテムの追加後は、アイテムの一覧表示画面に戻る。

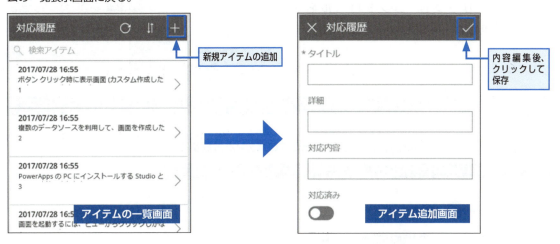

❸ 確認後、プレビューを閉じる。

Step4：一覧画面の変更

既定で用意されたアプリ内容をベースに、内容を変更します。まずはアイテムの一覧画面について、下記の変更を行いながらアプリ作成の基本を確認します。

- 画面、コントロールの名前変更
- 並べ替えのキーを変更
- 一覧時に表示する列内容を変更
- 特定の条件に合うアイテム数を表示

既定

「未対応」の場合は赤字で表示
変更後

1. 画面、コントロールの名前変更

❶ 画面一覧より［BrowseScreen1］をダブルクリックし、画面の名前を「AllItemScreen」に変更する。

❷ 次に、［BrowseGallery1］ギャラリーコントロールをダブルクリックし、コントロール名を「AllItemGallery」に変更する。

2. 並べ替えのキーを変更

❶ 画面一覧より［AllItemGallery］を選択し、Itemsプロパティを選択する。

ギャラリーコントロールはデータソース内容を一覧表示します。Itemsプロパティに表示したいデータソースを指定します。対応履歴データソースの内容をタイトル列の値でフィルター、および並べ替えして表示するよう数式で指定されていることが確認できます。

● 対応履歴リストアイテムをすべて表示する場合（並べ替え、フィルターなし）

● 対応履歴リストアイテムをタイトル列が指定した文字列で始まるかどうかによりフィルター表示する場合（並べ替えなし）

> **ヒント**
>
> **フィルター条件について**
>
> 既定のフィルター条件は、StartWiths関数が設定されており、Title列値が、検索テキストボックスに入力された値で始まる場合でフィルターしています。＝（イコール）を利用して特定の値に等しい場合といった指定、またAndやOrで条件を複数指定することも可能です。
> 「検索文字列 in データソース」
>
>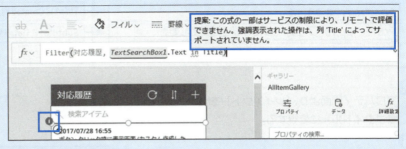
>
> もしくはFind関数を利用し、特定の値が含まれる場合と条件指定した場合、図のように警告が表示されます。SharePointデータソースにおいて、StartsWith関数はサポートされていますが、「含まれる」条件に相当する記述は、現在完全にはサポートされていません。実行時に、処理結果数によっては正しい結果アイテムのすべてが表示されない可能性があります。

❷ フィルター付きで指定されたデータソースの並べかえキーは、既定ではID列である。また昇順となっている。これを更新日時による降順を既定となるよう変更する。

　［AllItemGallery］のItemsプロパティの数式を次のように変更する。

```
SortByColumns(Filter(対応履歴, StartsWith(Title, TextSearchBox1.Text)), "Modified",
    If(SortDescending1, Ascending, Descending))
```

3. 一覧時に表示する列内容を変更

❶ 画面一覧より［AllItemGallery］を選択し、右側のプロパティ画面で［データ］を選択すると、各アイテムの表示設定が既定でどのように設定されているか確認できる。

各アイテムの表示は、既定で次のようになっている。

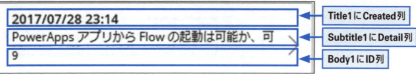

❷ プロパティ画面より、[レイアウト] を [タイトルとサブタイトル] に変更する。

❸ 各コントロールに表示する列を次のように設定する。
- Title1：Status ［対応済み］列（はい/いいえ）
- Subtitle1：Title ［タイトル］列（1行テキスト）

❹ Subtitle1コントロールに表示するよう設定したTitle列のスタイルを中太字に設定する。
1行目のアイテム内のSubtitle1コントロールを選択し、メニューより［中太字］をクリックする。

❺ 同様に、Title1コントロールに表示するStatus列のスタイルを標準に変更する。

❻ Status列を、falseの場合は「未対応」と表示し、trueの場合は「対応済み」という表示するように変更する。
Title1コントロールを選択し、[Text] プロパティをドロップダウンから選択し、数式を次のように変更する。

If(ThisItem.Status = true,"対応済み","未対応")

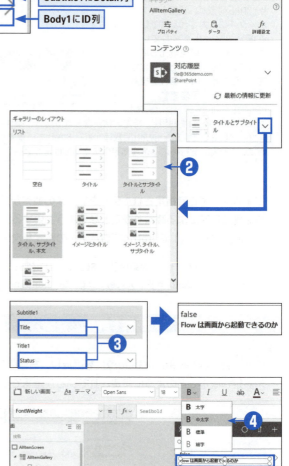

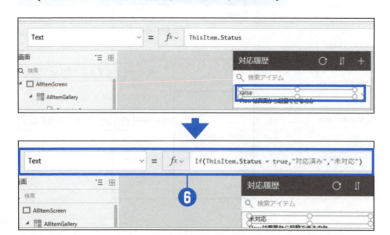

第5章　PowerAppsの利用　205

❼ Status列がfalseの場合、「未対応」を赤字にするよう設定する。

Title1コントロールを選択し、[Color] プロパティをドロップダウンから選択する。数式を次のように変更する。

`If(ThisItem.Status = true,Black,Red)`

❽ 各アイテム表示に、ID列を追加する。

1件目のアイテム全体を選択した状態で、[ラベル]をクリックし、アイテム内にラベルコントロールを追加する。

❾ アイテム内に追加されたラベルコントロール、および配置済みのTitle1コントロールの位置と横幅サイズを、マウス操作で図のように調整する。

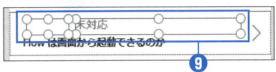

❿ 配置したラベルコントロールのTextプロパティを次のように設定する。

`Concatenate("ID : ",Text(ThisItem.ID))`

4. 特定の条件に合うアイテム数を表示

❶ 検索テキストボックスの横幅を小さくし、右隣に配置するようラベルコントロールを追加する。
また追加したラベルコントロールに対して、[ホーム]タブ内のメニューよりフォント色を黒、背景色（フィル）に薄いグレー、文字の中央揃えを設定する。

❷ 追加したラベルコントロールのTextプロパティを次のように設定する。

`Concatenate("未対応 ",Text(CountRows(Filter(対応履歴,Status=false))),"件")`

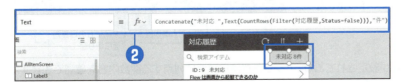

> **ヒント**
>
> **CountRows関数**
>
> CountRows関数で指定したデータソース内の件数を表示しています。Status列の値がfalseの場合の件数を表示するよう、ギャラリーコントロールのItemsプロパティでも利用したFilter関数と組み合わせています。またその他の文字列（未対応、件）とConcatenate関数で文字列連結しています。

Step5：表示画面の変更

選択したアイテムの表示画面の内容を、次のように変更します。

1. 画面、コントロールの名前変更

❶ 画面一覧より［DetailScreen1］をクリックして開く。

❷ 画面一覧より［DetailScreen1］をダブルクリックし、画面の名前を「ItemDispScreen」に変更する。

❸ 併せて［DetailForm1］ディスプレイコントロールの名前を「DispForm」に変更する。

2. 各メニューの設定確認

❶ 既定でメニューとして配置されているアイコン3点の設定を確認する。

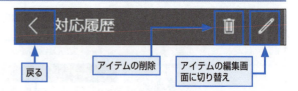

それぞれOnSelectプロパティに数式が設定されており、アプリ作成時に頻繁に利用する関数内容を確認できます。

[戻る]

Navigate(AllItemScreen, ScreenTransition.None)

画面変更時に利用する関数であるNavigate関数を利用している。第1引数に移動先の画面名、第2引数に画面遷移の効果を指定する

[削除]

```
Remove(対応履歴, AllItemGallery.Selected);
If (IsEmpty(Errors(対応履歴, AllItemGallery.Selected)), Back())
```

Remove関数を利用しアイテムを削除している。第1引数に対象データソース、第2引数に該当レコードを指定している。ここではAllItemGallery画面で選択された値を指定している。その後該当アイテムの削除完了が確認できたら、Back関数で、1つ手前の画面に移動している。複数の関数を指定する場合は、;（セミコロン）で区切る Remove関数やRemoveIf関数は単一、もしくは複数レコードの削除が行える関数である。たとえば次のような利用も可能

・ID列が10と11に等しいアイテムの2件を削除

```
Remove(対応履歴, First(Filter(対応履歴,ID=10)),First(Filter(対応履歴,ID=11)))
```

・ID列が10未満の複数アイテムを削除

```
RemoveIf(対応履歴, ID < 10 )
```

・全アイテムを削除

```
RemoveIf(対応履歴, true )
```

[編集]

```
EditForm(EditForm1);Navigate(EditScreen1, ScreenTransition.None)
```

EditForm関数を利用し、引数に指定したフォームを編集モードに設定している。その後、編集画面に移動しているEditForm関数、NewForm関数、ViewForm関数を利用することで、1つのフォームを複数モードで使い分けられる。

※ここでは各メニューに既定で設定されている内容の確認のみで、変更は行いません。

3. 表示フォームコントロールの変更

❶ 画面一覧より、[DispForm] を選択し、右側のプロパティ画面で [データ] を選択すると、アイテムの表示画面として既定でどのように設定されているか確認できる。

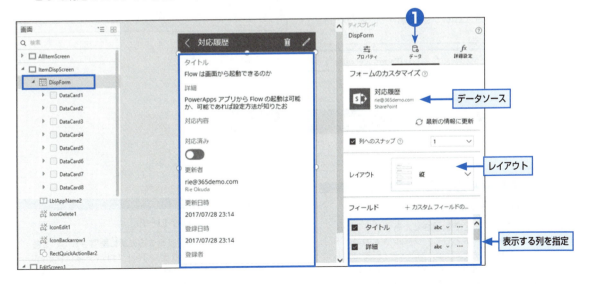

❷ プロパティ画面で次のように変更する。
- 列へのスナップ：2
- フィールド：［対応済み］［更新日時］［登録者］［更新者］の順序で指定

これ以外のフィールドはチェックをオフにする。またマウス操作で順番の変更を行う。

❸ 登録者、更新者の表示を変更する。
それぞれプロパティ画面で、［表示フィールド数］を「1」とし、値1に［DisplayName］を指定する。

❹ 対応済み列の表示をコントロールではなく、文字列表示に変更する。
プロパティ画面で、［テキストの表示］を指定する。

❺ 手順❹の設定により、対応済み列の値は、true/falseの文字列表示に変更された。さらにAllItemScreen画面での表記と同じように対応済み/未対応と表示するように変更する。
対応済み列の値が表示されているラベルコントロールを選択し、プロパティ画面で［詳細設定］を開く。［プロパティを変更するためにロックを解除します］をクリックする。

❻ ロック解除されたら、Textプロパティに次の数式を指定する。

If(Parent.Default="true","対応済み","未対応")

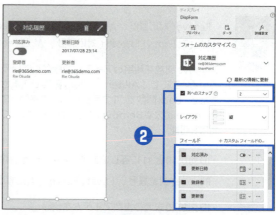

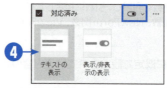

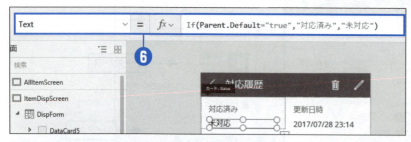

ヒント
表示フォーム内の各コントロール

表示フォーム内に列指定で表示させた各カードコントロール（1つの列＝カードとして、ラベルや入力コントロールがセットとなったもの）は、プロパティ編集に対してロックがかかっています。詳細設定を行うためにプロパティ編集が必要な場合、まずはロックを解除します。

ヒント
値表示のためのコントロール

表示フォーム内に値を表示するために配置されている各コントロールには、既定でTextプロパティにParent.Defaultと設定されています。これにより、値の既定値をデータソースから受け取れます。

第5章　PowerAppsの利用

❼ DispFormコントロールのサイズを変更する。
マウス操作で縦幅を小さくし、位置も画面のように変更する。

❽ DispFormコントロールに対して、[ホーム]コントロールの罫線メニューを利用して、罫線の色、スタイル、太さを任意に設定する。

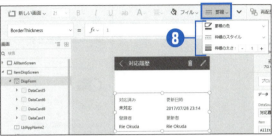

4. ラベルコントロールによる選択アイテム表示

❶ ItemDispScreen内にラベルコントロールを4つ追加し、それぞれ画面一覧で、名前を画面のように変更する。また各ラベルの位置やサイズも図のように調整する。

❷ 追加した4つのラベルコントロールそれぞれに次の設定を行う。

ラベルコントロール名	プロパティ	数式
lblID	Size	18
	Text	Concatenate("ID : ",Text(AllItemGallery.Selected.ID))
lblTitle	FontWeight	FontWeight.Bold
	Text	AllItemGallery.Selected.Title
lblDetail	VerticalAlign	VerticalAlign.Top
	Text	AllItemGallery.Selected.Detail
lblResult	VerticalAlign	VerticalAlign.Top
	Fill	LightYellow
	Text	AllItemGallery.Selected.Result

ヒント

表示フォーム外での列内容表示

表示フォームコントロール外に列値を表示する場合の方法の1つです。Textプロパティに、AllItemGallery（AllItemScreen画面内のギャラリーコントロール）で選択したアイテムの列を数式で指定しています。しくみ解説のために手順に含めていますが、表示フォーム内に表示し、列幅等を調整する方法で同様の内容としてもかまいません。

Step6：編集画面の変更

新規アイテムの登録、既存アイテムの編集の両方で利用する編集画面について、次のように変更を行います。

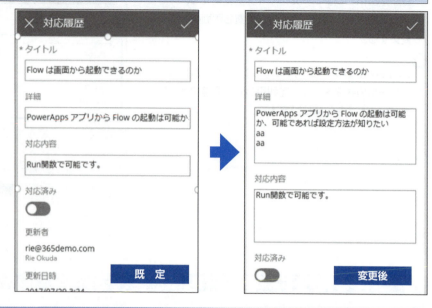

1. 画面、コントロールの名前変更

❶ 画面一覧より［EditScreen1］をクリックして開く。

❷ 画面一覧より［EditScreen1］をダブルクリックし、画面の名前を「FormScreen」に変更する。

❸ 併せて［EditForm1］ディスプレイコントロールの名前を「Form」に変更する。

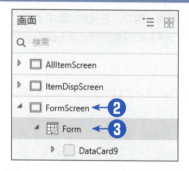

2. 編集コントロールの内容変更

❶ 画面一覧より［Form］を選択し、右側のプロパティ画面で［データ］を選択すると、編集画面として既定でどのように設定されているか確認できる。

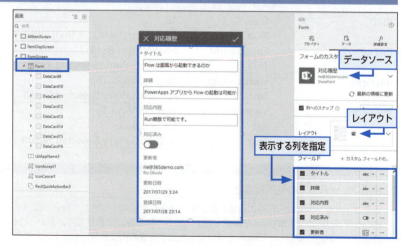

❷ プロパティ画面で次のように変更する。
　フィールド：[タイトル][詳細][対応内容][対応済み] の順序で指定

❸ 詳細、対応内容のコントロールのサイズを、マウス操作で広げる。

❹ 詳細コントロールについて、テキストボックスのプロパティを変更する。
　詳細列のテキストボックスコントロールを選択し、プロパティ画面で[詳細設定]を開く。[プロパティを変更するためにロックを解除します。] をクリックする。

❺ ロック解除されたら、次のプロパティ設定を行う。

プロパティ	数式
Mode	TextMode.MultiLine

❻ 手順❹、❺と同様の動作で、同じ設定を、対応内容コントロールにも行う。

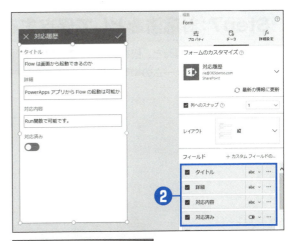

Step7：対応済みとして保存するボタンの追加

新規アイテムの登録時と、既存アイテムの編集時で、フォームの挙動を変更します。

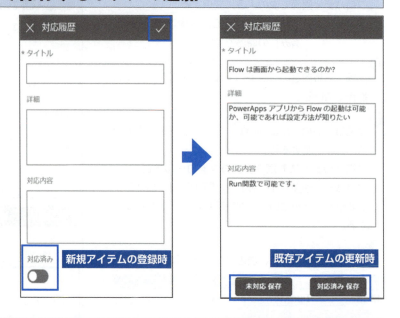

1. 保存操作後の画面遷移を設定

保存操作の完了後、ここまでの設定では1つ前の画面に戻ります。そのため、次のような動作となります。

- 新規アイテムの作成時 → **AllItemScreen 画面に移動**
- 既存アイテムの更新時 → **ItemDispScreen 画面に移動**

新規作成時、更新時ともに、AllItemScreen画面に移動するよう設定を変更します。
画面一覧より［Form］を選択し、OnSuccessプロパティの数式を次のように変更します。

```
Navigate(AllItemScreen,ScreenTransition.None)
```

ヒント

フォーム送信後の処理について

フォームコントロールは、SubmitForm関数によりデータソースに送信できます。送信成功時にはOnSuccessプロパティの数式が実行されます。送信失敗時はErrorプロパティにエラーメッセージが含まれ、OnFailureプロパティの数式が実行されます。既定ではフォームコントロールのOnSuccessプロパティにはBack()関数が設定されていました。そのため、新規登録時と更新時で、送信後に表示される画面が異なっていました。送信後にどの画面に遷移するかはフォーム内容しだいですが、ここではOnSuccessプロパティの理解のため、AllItemScreenに移動する数式に変更する内容としています。

2. 既定の保存アイコンのプロパティ変更

保存時にクリックする右上の［✔］アイコンには、OnSelectプロパティにSubmitForm関数が設定されています。このアイコンメニューを新規登録時にのみ表示するようVisibleプロパティを変更します。

```
If(Form.Mode=FormMode.New,true,false)
```

3. 更新時の保存ボタン、対応済みコントロールの動作設定

❶ フォーム内に既存アイテムの更新時に保存ボタンとして利用するボタンコントロールを［挿入］タブの［ボタン］をクリックして2つ追加する。

それぞれのボタンのプロパティを次のように編集し、ボタン内に表示する文字列と、新規作成時には表示しない設定を追加する。

ボタン	プロパティ	数式
1つ目	Text	"未対応 保存"
	Visible	If(Form.Mode=FormMode.Edit,true,false)
2つ目	Text	"対応済み 保存"
	Visible	If(Form.Mode=FormMode.Edit,true,false)

❷ フォーム内の対応済みカードについて、プロパティの変更が行えるようにロックを解除する。

対応済みカードを選択し、プロパティ画面で［詳細設定］を開く。［プロパティを変更するためにロックを解除します。］をクリックする。

❸ 対応済みカードのDefaultプロパティには、既定でThisItem.Statusが設定されている。これを変数名に変更する。

Defaultプロパティの値を「statusvalue」に変更する。

※Defaultプロパティが表示されない場合は、［その他のオプションを表示］をクリックする。

※statusvalue変数はまだ作成していないため、ここではエラー表示されるが、この後の手順で作成するためそのままで問題ない。

ヒント
フォーム内に任意のタイミングで値をセットしたい場合

ボタンクリック等の任意のタイミングでフォーム内に値をセットしたい場合、ボタンコントロールのOnSelectプロパティなどに「DataCardValue3.Value="任意の値"」といった数式を挿入しても動作しません。カードコントロールのDefaultプロパティに**ThisItem.列名**と挿入されている既定の内容を変数に置き換え、その変数に値をセットする数式を記述する方法が、実現方法の1つです。

❹ 編集モードでフォームを開くボタンに、statusvalue変数の作成と値のセットを行うための数式を追加する。
ItemDispScreen画面の［編集］アイコンのOnSelectプロパティを次のように変更する。下線部分を追加する。

```
Set(statusvalue,AllItemGallery.Selected.Status);EditForm(Form);
Navigate(FormScreen, ScreenTransition.None)
```

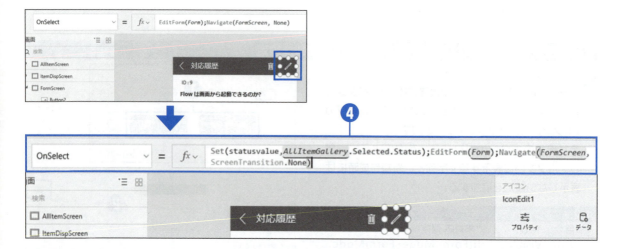

ヒント
Set関数とグローバル変数
グローバル変数は、ユーザーの操作結果やデータ操作の結果を一時的に格納するために利用します。グローバル変数に格納した値は、アプリ内のどの画面でも参照可能です。Set関数を利用することで暗黙的に作成されます。ここでは編集モードでフォーム画面を開くアイコンのOnSelectに対して、フォームを編集モードで開く前にstatusvalue変数に値をセットしています。Set関数の第1引数に変数名、第2引数にセットしたい値を指定します。
ここでは現在のアイテムの対応済み列の値をstatusvalue変数に格納しています。フォーム内の対応済みカードのDefaultプロパティとしてstatusvalue変数を指定したためです。この手順でstatusvalue変数が定義されたため、フォーム内の対応済みカードのDefaultプロパティのエラーは解消されていることも確認できるはずです。

❺ フォーム内のボタン2点についてOnSelectプロパティを設定する。
FormScreen画面を開き、ボタン2点について次のようにOnSelectプロパティに数式を指定する。

ボタン	プロパティ	数式
未対応 保存	OnSelect	Set(statusvalue,false);SubmitForm(Form)
対応済み 保存	OnSelect	Set(statusvalue,true);SubmitForm(Form)

ヒント
数式内容について
SubmitForm関数でデータソースに送信する前に、Set関数でstatusvalue変数の値を設定しています。これにより対応済みカードに値が設定され、その値が送信されます。

❻ 新規モードでフォームを開くボタンには、statusvalue変数にfalse値をセットするための数式を追加する。
AllItemScreen画面の［追加］アイコンのOnSelectプロパティを次のように変更する。下線部分を追加する。

`Set(statusvalue,false);`NewForm(Form);Navigate(FormScreen, ScreenTransition.None)

ヒント

数式内容について

画面操作の順番により、既にstatusvalue変数にtrueが設定されていると、新規モードでフォームを開いた場合の対応済みの既定値がtrueとなるためです。たとえばアプリを起動し、既存アイテムを対応済みで更新した後、新規フォームを開くと、statusvalue変数の値はtrueのままです。新規アイテム登録の際、対応済み列の既定値は「いいえ」となるようこの設定を追加しました。

❼ フォーム内の対応済みカードを、更新時には非表示となるようにVisibleプロパティを指定する。

If(Form.Mode=FormMode.Edit,false,true)

Step8：アプリの保存

［ファイル］メニューの［保存］をクリックすると、クラウド上にアプリが保存されます。保存だけでは利用できる状態にはなりません。保存後、発行を行い、アクセス権設定を行うことで、利用できる状態として展開できます。モダンリストのアプリとして作成した内容は、リストビューから起動できる状態になります。

発行まで行う場合は、保存後、［このバージョンの発行］をクリックします。発行するとアクセス権が付与されているユーザーが利用できる状態となります。

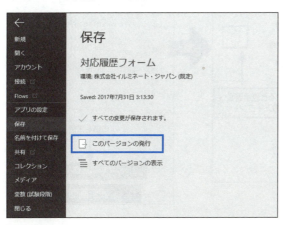

アプリの管理やアクセス権付与の詳細は、この章の「6 PowerAppsアプリの共有と管理」で解説します。

4 モダンリストでのアプリ作成 - Flowと連携

　次のような申請フォームをPowerAppsアプリで作成します。ここではモダンリストとPowerAppsアプリを作成する手順を解説し、申請内容を送信後、Flowにより承認担当者に承認処理を求めるメールを送信するしくみは、第6章の「4　ライブラリでの回覧フロー」で設定します。

作成するアプリの内容

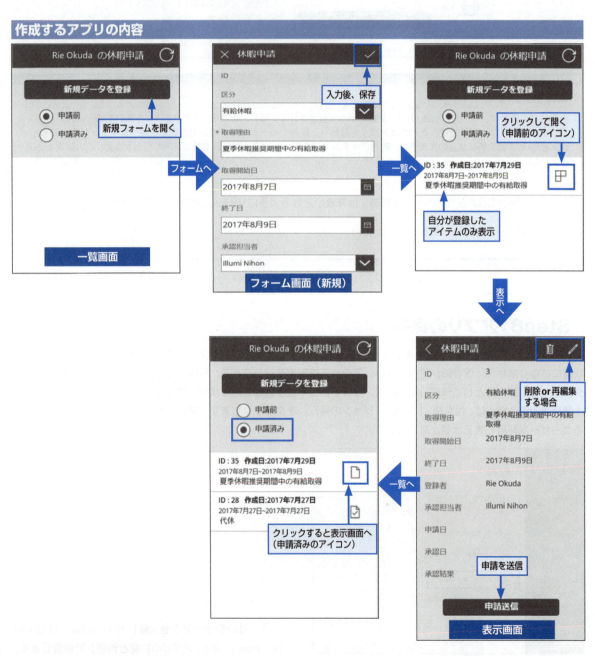

第5章　PowerAppsの利用

PowerAppsアプリから申請送信ボタンをクリックすると、承認処理を起動します。Flowによる承認処理の設定方法は第6章の「4　ライブラリでの回覧フロー」で手順を解説します。

Flowにより承認担当者に送信されるメール

承認担当者により承認処理が行われた後、PowerAppsアプリで結果を確認できるようにします。

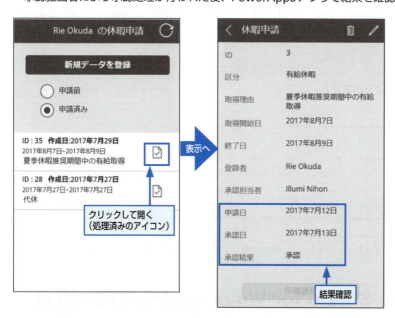

Step1：モダンリストの用意

❶ ［休暇申請］という名前でカスタムリストを作成する。
　※クラシック表示となった場合は、リストの設定画面の［詳細設定］より、［リストの表示］で［新しい表示］を選択し、モダン表示に変更する。

❷ 右表に従って、列を追加する。

列名	種類	詳細設定
Category	選択肢	（有給休暇、代休、忌引き、その他）、ドロップダウンメニュー
StartDate	日付と時刻	既定値：今日の日付
EndDate	日付と時刻	既定値：今日の日付
ApplicationDate	日付と時刻	
Approver	ユーザーまたはグループ	
ApprovedDate	日付と時刻	
ApproveResult	1行テキスト	
ApplicationStart	1行テキスト	既定値：申請前

❸ 列名を次のように変更する。

※この章の3節で解説したとおり、列の内部名を指定するため、いったん半角文字で付けた名前を日本語名に変更している。

列名（内部名）	変更後（表示名）
Title（タイトル）	取得理由
Category	区分
StartDate	取得開始日
EndDate	終了日
ApplicationDate	申請日
Approver	承認担当者
ApprovedDate	承認日
ApproveResult	承認結果
ApplicationStart	申請開始

❹ 既定のビューに、[ID] 列を表示するよう設定する。
※列の並び順は任意に変更する。

> PowerApps Studioでデータを確認しながらプレビューできるよう、何件かサンプルアイテムを登録しておきます。

Step2：PowerApps Studio for Windowsからのアプリ作成

　PowerApps Studioを起動し、新しいアプリを作成します。この章の3節ではモダンリスト内のメニューからアプリを作成しました。ここではPowerApps Studio for Windowsを利用してアプリ作成を行う手順を併せて解説します（どちらの方法でも、内容に違いはありません）。

❶ PCにインストールしたPowerAppsを起動する。

❷ サインインが必要な場合は、サインインを行う。

❸ [新規] をクリックし、SharePointの [携帯電話レイアウト] をクリックする。

❹ [新しい接続] をクリックする。

第5章　PowerAppsの利用

⑤ [SharePoint] を選択し、[直接接続（クラウドサービス）] が選択されていることを確認して、[作成] をクリックする。

⑥ サイトのURLを入力し、[移動] をクリックする。

⑦ 指定したサイト内のカスタムリストが一覧されるため、Step1で作成した [休暇申請] を選択して、[接続] をクリックする。

⑧ 既定のアプリ内容が開く。

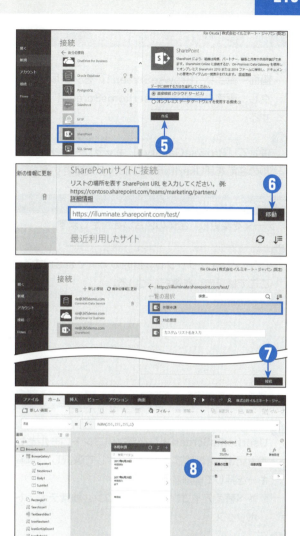

Step3：一覧画面の作成

既定で用意されるアイテムの一覧画面を、次のように変更します。

1. 画面、コントロールの名前変更

❶ 画面一覧より［BrowseScreen1］をダブルクリックし、画面の名前を［UserItemsScreen］に変更する。

❷ 併せて［BrowseGallery1］ギャラリーコントロールの名前を「UserItemsGallery」に変更する。

2. テーマの変更

テーマを変更し、全体の色合いを指定します。

❶ ［テーマ］をクリックし、目的のテーマを選択する。ここでは［赤］を選択している。

3. コントロールの編集

❶ UserItemsScreenより必要ないコントロールとして下記3つを削除する。クリックして選択し、Deleteキーを押して削除する。
● 並べ替えアイコン、新規アイコン、検索テキストボックス

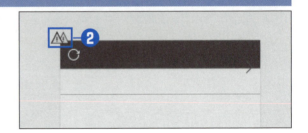

❷ コントロールを削除すると、削除したコントロールに依存するプロパティ内容が指定されている箇所がエラーとなる。

❸ エラーアイコンをクリックすると、エラーとなっているプロパティが開く。
たとえば、UserItemsGalleryでは、Itemsプロパティでエラーが発生している（赤い波線の部分）。

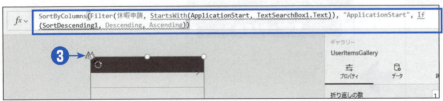

❹ UserItemsGalleryでは、Itemsプロパティのエラーを、画面のように修正する。

第5章　PowerAppsの利用

❺ 他のエラーもすべて修正する。エラーとなっているXプロパティ、Yプロパティ、Widthプロパティの数式はすべて削除する。

❻ UserItemsGalleryの縦幅を短く調整し、画面下部に移動する。
また［ホーム］タブよりフィルを白に設定する（背景色を白に変更）。

❼ リフレッシュアイコンを右端に移動する。

❽ 上部のRectQuickActionBar1四角形内に、［挿入］タブの［ラベル］をクリックし、ラベルを2つ並べて配置する。

❾ 追加した2つのラベルのプロパティを次のように設定する。

ラベル	プロパティ	数式
左のラベル	Color	WhiteSmoke
	Align	Right
	Size	24
	Text	User().FullName
右のラベル	Color	WhiteSmoke
	Size	24
	Text	"の休暇申請"

❿ UserItemsGalleryギャラリーコントロールの上に、［挿入］タブの［ボタン］をクリックしてボタンコントロールを追加する。
追加したボタンに次のプロパティを設定する。

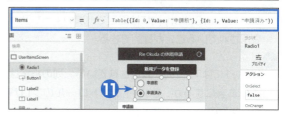

プロパティ	数式
Text	"新規データを登録"
OnSelect	NewForm(EditForm1);Navigate(EditScreen1, ScreenTransition.None)

⓫ ボタンの下に［挿入］タブの［コントロール］−［ラジオ］をクリックし、ラジオコントロールを追加する。
追加したラジオコントロールに次のプロパティを設定する。

プロパティ	数式
Items	Table({Id: 0, Value: "申請前"}, {Id: 1, Value: "申請済み"})

4. 一覧内容の変更

❶

UserItemsGalleryギャラリーコントロールを選択し、Itemsプロパティを次のように変更する。

Sort(Filter(休暇申請,ApplicationStart=Text(Radio1.Selected.Value),
Author.Email=User().Email),ID,Descending)

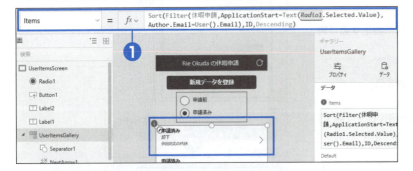

ヒント

UsesrItemsGalleryのItemsプロパティ

ApplicationStartの値がラジオコントロールで選択された値に等しい場合、かつ登録者のメールアドレスが現在のユーザーのメールアドレスに等しい場合というフィルターを指定しています。ApplicationStart(申請開始)列の既定値は「申請前」です。また申請が開始されると「申請済み」に値を変更するようこの後の手順で設定を行う予定です。
また、ID列降順で並べ替えを指定しています。

❷

UsersItemGallery内には既定で、次のような列が表示されていることが確認できる。

❸

Body1にはTitle列が設定されている。列の指定はこのままにするが、Body1コントロールのプロパティを次のように変更する。

プロパティ	数式
Size	21
Height	40

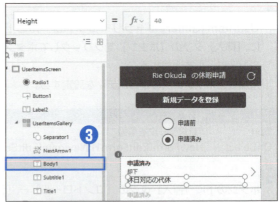

❹

Subtitle1にはApproveResult(承認結果)列が設定されている。Subtitle1コントロールのTextプロパティを次のように変更する。

プロパティ	数式
Text	Concatenate(Text(ThisItem.StartDate, DateTimeFormat.ShortDate),"~", Text(ThisItem.EndDate, DateTimeFormat.ShortDate))

⑤

Title1にはApplicationStart（申請開始）列が設定されている。Title1コントロールのTextプロパティを次のように変更する。

プロパティ	数式
Text	Concatenate("ID : ",Text(ThisItem.ID)," 作成日 :",Text(ThisItem.Created,DateTimeFormat.ShortDate))

⑥

各アイテムを開くためのアイコンとして既定で配置されている［>］を削除する。

アイコンを選択すると、画面一覧で該当するコントロールが確認できる。NextArrow1の［...］をクリックし、［削除］をクリックして削除する。

⑦

削除したアイコンの代わりに表示するため、任意に3種類のアイコン画像を用意する。本書手順では図の画像（各画像サイズは35×35ピクセル）を利用する。

※用意した画像のファイル名を図と同じ名前にすることで、この後の手順をわかりやすく行うことができる。

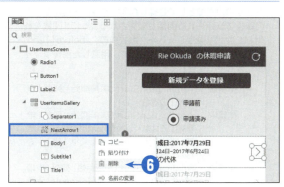

⑧

［ファイル］メニューから［メディア］をクリックする。［画像］内の［参照］をクリックし、用意した3つの画像をアップロードする。

⑨

［←］をクリックして、編集画面に戻る。

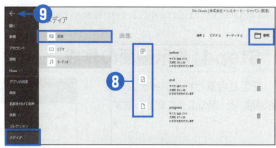

⑩

UserItemsGalleryギャラリー内の1件目のアイテム全体を選択した状態で、［挿入］タブの［メディア］－［画像］をクリックし、アイテム内に画像コントロールを追加する。

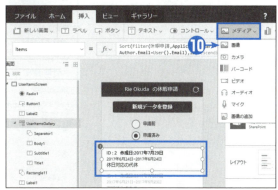

❶❶ 配置した画像コントロールの位置とサイズを任意に調整する。右図では、右端に移動し、WidthとHeightをそれぞれ70としている。

❶❷ 画像コントロールのImageプロパティを、次のように設定する。

`If(ApplicationStart="申請前",before,If(ApproveResult="承認",end,If(ApproveResult="却下",end,progress)))`

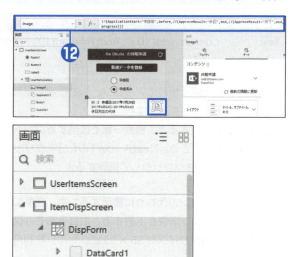

ヒント
Imageプロパティ
アプリ内の画像として登録した3つの画像を利用し、次の条件で表示される画像が変更されるようにIf関数を利用した数式を設定しました。数式内の、「before」「end」「progress」は画像ファイル名です。用意した画像ファイルに合わせて変更してください。

	申請前	ApplicationStart（申請開始）列が「申請前」の場合
	申請中	ApplicationStart（申請開始）列が「申請前」ではなく、ApplicatoinResult（承認結果）列が「承認」もしくは「却下」ではない場合
	申請後	ApplicationStart（申請開始）列が「申請前」ではなく、ApplicatoinResult（承認結果）列が「承認」もしくは「却下」の場合

❶❸ 画像コントロールのOnSelectプロパティを次のように設定する。

`Navigate(DetailScreen1,ScreenTransition.None)`

Step4：表示画面の作成

既定で用意されるアイテムの表示画面を、次のように変更します。

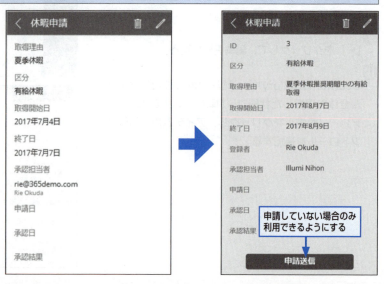

申請していない場合のみ利用できるようにする

1. 画面、コントロールの名前変更

① 画面一覧より［DetailScreen1］をダブルクリックし、画面の名前を「ItemDispScreen」に変更する。

② 併せて［DetailForm1］ディスプレイコントロールの名前を「DispForm」に変更する。

2. 列の並び順

① 画面一覧より［DispForm］を選択し、右側のプロパティ画面で［データ］を選択する。

② フォーム内に表示するフィールドを、次の並び順で表示するよう変更する。
- ID
- 区分
- 取得理由
- 取得開始日
- 終了日
- 登録者
- 承認担当者
- 申請日
- 承認日
- 承認結果

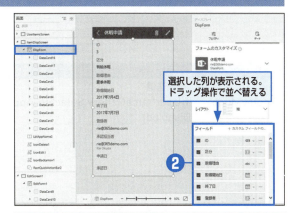

③ ［レイアウト］を［横］に変更する。

④ 登録者、承認担当者の表示を変更する。
それぞれプロパティ画面で、[表示フィールド数]を「1」とし、値1に［DisplayName］を指定する。

3. ボタンコントロールの追加

❶ [挿入] タブの [ボタン] をクリックして、ボタンコントロールを追加する。

❷ 追加したボタンコントロールの位置を調整する。

❸ 追加したボタンに次のプロパティを設定する。
※ OnSelect プロパティはここでは設定しない。

プロパティ	数式
Text	"申請送信"
DisplayMode	If(UserItemsGallery.Selected.ApplicationStart="申請前",DisplayMode.Edit,DisplayMode.Disabled)

> **ヒント**
>
> **DisplayMode プロパティ**
>
> 一覧画面で選択されたアイテムの、ApplicationStart（申請開始）列が「申請前」のときのみ利用できるように設定しました。

Step5：編集画面の作成

既定で用意されるアイテムの編集画面を、次のように変更します。

1. 画面、コントロールの名前変更

❶ 画面一覧より［EditForm1］をダブルクリックし、画面の名前を「FormScreen」に変更する。

❷ 併せて［EditForm1］ディスプレイコントロールの名前を「Form」に変更する。

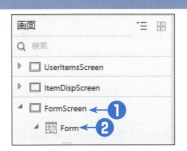

2. 入力項目の変更

❶ 画面一覧より［Form］を選択し、右側のプロパティ画面で［データ］を選択する。

❷ フォーム内に表示するフィールドを次の並び順で表示するよう変更する。
● ID
● 区分
● 取得理由
● 取得開始日
● 終了日
● 承認担当者

❸ 承認担当者の表示を変更する。
プロパティ画面で、［表示フィールド数］を「1」にし、値1に［DisplayName］を指定します。

❹ IDの値を表示するコントロールが横並びとなるように、マウス操作で調整する。

Step6：アプリの保存

PowerApps Studio for webでは［ファイル］メニューの［保存］をクリックすると、クラウド上にアプリが保存され、モダンリストからPowerAppsアプリ作成時に付けた名前となりました。PowerApps Studio for Windowsを利用している場合、［ファイル］メニューの［名前を付けて保存］をクリックすると、保存時に名前が付けられます。また保存前にアプリの設定を行うことも可能です。

❶
［ファイル］メニューの［アプリの設定］を選択し、［アプリの名前とアイコン］をクリックする。次の内容を設定する。
● アプリ名
● アイコンの背景色、アイコン
● 説明

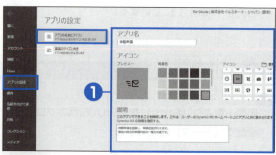

❷
［保存］を選択し、クラウドに保存する。

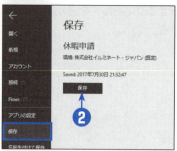

発行まで行う場合は、保存後、［このバージョンの発行］をクリックします。発行するとアクセス権が付与されているユーザーが利用できる状態となります。

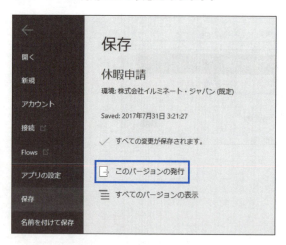

アプリの管理やアクセス権付与の詳細は、この章の「6　PowerAppsアプリの共有と管理」で解説します。

SharePointをデータソースとしたアプリ作成

　モダンリストからアプリ作成を行わず、SharePointをデータソースとしたアプリを空白から作成する方法を解説します。

データソース

　データソースとして次の2つのSharePointリストを利用します。

①イベント一覧リスト

ID	タイトル	開始時刻	終了時刻	場所	定員	申込人数	詳細
1	SharePoint 管理者向け操作研修	2017/09/01 13:00	2017/09/01 15:00	会議室A	5	5	ライブラリを利用した文書 共有・管理 / ページの作成と編集
2	Office 365 操作説明会	2017/09/07 10:00	2017/09/07 12:00	会議室A	20	1	1. Office 365 概要
3	在宅ワーク説明会	2017/09/04 17:00	2017/09/04 18:00	会議室B1	30	0	2017年より始まった在宅勤務形態について、利用する際のルールを説明します。

②イベント申込一覧リスト

開催ID	申込者	開催日
1	Rie Okuda	2017/09/01
1	Illumi Nihon	2017/09/01
1	Fumio Mizobata	2017/09/01

アプリ内容

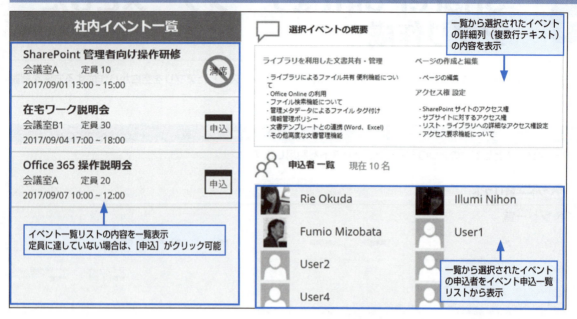

[申込]をクリックすると、右のフォームが開きます。

[このイベントを申込]をクリックすると、データソースとして利用する2つのリストにデータが送信されます。

- **イベント申込一覧リスト**……… 現在のユーザーを申込者として新規アイテム1件追加
- **イベント一覧リスト**…………… 申込されたイベントの申込人数を＋1するよう既存アイテムの更新

Step1：リストの用意

SharePointサイト内に、[イベント一覧]と[イベント申込一覧]の2つのリストを作成します。

❶
[イベント一覧]という名前でカスタムリストを作成する。

❷
次の列を追加する。

列名	種類	詳細設定
StartTime	日付と時刻	日付と時刻の形式：日付と時刻
EndTime	日付と時刻	日付と時刻の形式：日付と時刻
Location	1行テキスト	
Capacity	数値	
ApplicationNumber	数値	既定値：0
Summery	複数行テキスト	拡張リッチテキスト

③ 列名を次のように変更する。

列名（内部名）	変更後（表示名）
StartTime	開始時刻
EndTime	終了時刻
Location	場所
Capacity	定員
ApplicationNumber	申込人数
Summery	詳細

④
既定のビューに、[ID]列を表示するよう設定する。
※列の並び順は任意に変更する。

PowerApps Studioでデータを確認しながらプレビューできるよう、何件かサンプルアイテムを登録しておきます。

⑤
次に、[イベント申込一覧]という名前でカスタムリストを作成する。

⑥ 次の列を追加する。

列名	種類
ApplicationUser	ユーザーまたはグループ
EventDate	日付と時刻

⑦ 列名を次のように変更する。

列名（内部名）	変更後（表示名）
Title（既定のタイトル列）	開催ID
ApplicationUser	申込者
EventDate	開催日

Step2：アプリの作成

新しくPowerAppsアプリを作成します。

❶ PowerApps Studio for webを利用する場合は、PowerApps画面より［新しいアプリ］をクリックする。
PowerApps Studio for Windowsを利用する場合は、起動後［新規］をクリックする。

PowerApps Studio for web の場合

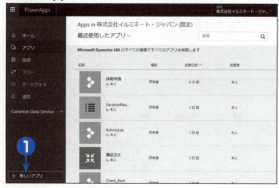

PowerApps Studio for Windows の場合

❷ ［空のアプリ］の［タブレットレイアウト］をクリックする。

❸ 空白のアプリ画面が開く。

Step3：データソースの追加

Step1で作成した2つのSharePointリストをアプリのデータソースとして追加します。

❶ [データソースの追加] をクリックする。

❷ データソース一覧より、[SharePoint] を選択する。

❸ 接続先のSharePointサイトURLを入力し、[移動] をクリックする。

❹ [イベント一覧]、[イベント申込一覧] をオンにし、[接続] をクリックする。

❺ 2つのリストがデータソースとして追加される。

> **ヒント**
> **オンプレミスデータへの接続**
> オンプレミスデータゲートウェイを構成することで、オンプレミス環境のSharePointやSQLデータに接続することも可能です。

Step4：画面の準備

❶ 画面一覧より、既定で用意されている [Screen1] をダブルクリックし、画面の名前を「MainScreen」に変更する。

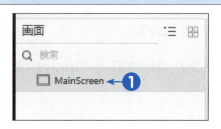

❷ [ホーム] タブの [新しい画面] – [空] をクリックし、2つ目の画面を追加する。

❸ 追加した画面の名前を、「ApplicationScreen」に変更する。

Step5：メイン画面の作成

1. イベント一覧ギャラリーの設定

❶ MainScreen内に [挿入] タブの [アイコン] – [四角形] をクリックして、四角形を挿入する。プロパティを次のように設定する。

プロパティ	数式
Fill	任意の色
Height	70
Width	570
X	0
Y	0

❷ 四角形内の任意の場所に [挿入] タブの [ラベル] をクリックし、ラベルを挿入する。
ラベルのTextプロパティを、「社内イベント一覧」に設定する。
フォントサイズや色も任意に設定する。

❸ [挿入] タブの [ギャラリー] – [縦] をクリックし、ギャラリーを追加する。

❹ 配置したギャラリーの名前を「EventGallery」に変更する。

第5章　PowerAppsの利用

❺ EventGalleryのプロパティを次のように変更する。

プロパティ	数式
Fill	任意の色
Height	697
Width	570
X	0
Y	70

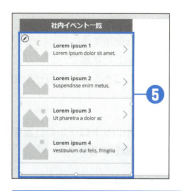

❻ コンテンツ：イベント一覧
レイアウト：[タイトル、サブタイトル、本文] を選択
列指定： Body1 [StartTime]
　　　　 Subtitle1 [Location]
　　　　 Title2 [Title]

> **ヒント**
> **設定内容**
> EventGalleryには、イベント一覧リストの内容を一覧するよう設定しました。イベント一覧リストの開始時刻列により、並べ替えを設定したい場合、併せてItemsプロパティをSort(イベント一覧,StartTime,Ascending)と変更します。

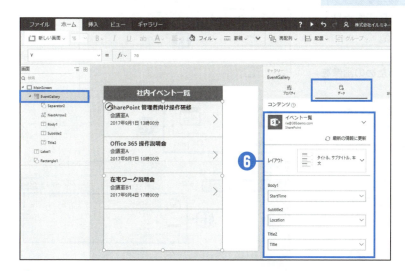

❼ StartTime（開始時刻）列を表示しているBody1コントロールに対して、次のプロパティ設定を行う。

プロパティ	数式
Height	30
Text	Concatenate(Text(ThisItem.StartTime,DateTimeFormat.ShortDateTime)," ~ ",Text(ThisItem.EndTime,DateTimeFormat.ShortTime))

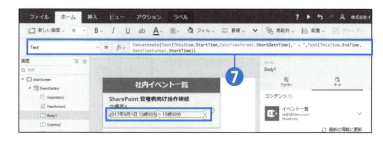

❽ 各アイテム表示に、ラベルを追加する。

1件目のアイテム全体を選択した状態で、[ラベル]をクリックし、アイテム内にラベルコントロールを追加する。

❾ アイテム内に追加したラベルコントロールの位置を調整し、Textプロパティを編集する。

`Concatenate("定員 ",Text(ThisItem.Capacity))`

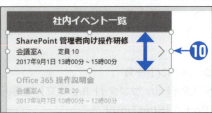

❿ アイテム全体の縦幅を任意に調整する。

⓫ 各アイテムを開くためのアイコンとして既定で配置されている[>]を削除する。

アイコンを選択すると、画面一覧で該当するコントロールが確認できる。NextArrowの[...]をクリックし、[削除]をクリックして削除する。

⓬ 削除したアイコンの代わりに表示するための画像を2種類用意する。

※本書では、右図のような画像を利用している。用意した画像ファイル名を同じ名前にすることで、この後の手順をわかりやすく行うことができる。

⓭ [ファイル]メニューの[メディア]をクリックする。[画像]内の[参照]をクリックし、用意した2つの画像をアップロードする。

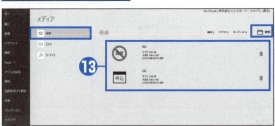

⓮ EventGalleryギャラリー内の1件目のアイテム全体を選択した状態で、[挿入]タブの[メディア]-[画像]をクリックし、アイテム内に画像コントロールを追加する。

⓯ 配置した画像コントロールの位置とサイズを任意に調整する。ここでは右端に移動し、WidthとHeightをそれぞれ110としている。

❶
画像コントロールのImageプロパティを設定する。

```
If(ThisItem.Capacity>ThisItem.ApplicationNumber,OK,NG)
```

ヒント

Imageプロパティ

アプリ内の画像として登録した2つの画像を利用し、次の条件で表示される画像が変更されるようにIf関数を利用した数式を設定しました。数式内のOK、NGはそれぞれ画像名です。

- 定員に達していない場合
  Capacity（定員）列がApplicationNumber（申込人数）列よりも大きい場合
- 定員に達している場合
  Capacity（定員）列がApplicationNumber（申込人数）列以下の場合

❷
画像コントロールのOnSelectプロパティを次のように設定する。

```
If(ThisItem.Capacity>ThisItem.ApplicationNumber,Navigate
   (ApplicationScreen,ScreenTransition.None),false)
```

ヒント

画像クリック時の動作

定員に達していない場合のみ、クリック時にApplicationScreen画面に移動します。定員に達している場合は、画像をクリックしても動作は行いません。

2. イベント概要の設定

❶
アイコンやラベルを挿入し、画面のような内容に編集する。右図では、アイコン2点（メッセージ、人々）、ラベル2点（Textプロパティを編集）を利用している。

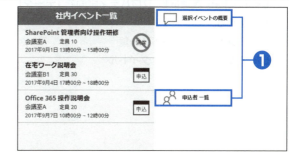

❷ [挿入] タブの [テキスト] - [HTMLテキスト] を
クリックしてHTMLテキストを挿入する。

❸ 挿入したHTMLテキストコントロールの場所を変
更し、サイズを調整する。

❹ HTMLテキストコントロールに対して、次のプロパ
ティ設定を行う。

プロパティ	数式
HtmlText	EventGallery.Selected.Summery
BorderColor	RGBA(0, 0, 0, 1)
BorderStyle	BorderStyle.Dotted
BorderThickness	1

ヒント

HTMLテキストコントロール

HtmlTextプロパティに指定したHTML内容を表示するコントロールです。ここでは拡張リッチテキストオプションの複数行テキスト列の内容を表示するために利用しています。

3. 申込者一覧ギャラリーの設定

❶ [挿入] タブの [ギャラリー] - [縦] をクリック
し、ギャラリーを追加する。

❷ 配置したギャラリーの名前を「UserGallery」に変
更する。

❸ UserGalleryの場所とサイズをマウス操作で画面
のように指定する。

❹ UserGalleryを選択し、プロパティ画面で [データ]
を設定する。
コンテンツ：イベント申込一覧
レイアウト：イメージとタイトル

❺ UserGalleryのプロパティを次のように変更する。

プロパティ	数式
Fill	RGBA(242, 242, 242, 1)
WrapCount	3 （※3列表示に変更）
Items	Filter(イベント申込一覧,Title=Text(EventGallery.Selected.ID))

❻ 各アイテムを表示する画像コントロールのImageプロパティを次のように変更する。

`ThisItem.ApplicationUser.Picture`

> **ヒント**
> **設定内容**
> EventGalleryで選択されたイベントに対する申込者を、申込者一覧リストのアイテム内より表示するようにフィルター条件を指定しました。

❼ 各アイテムを表示するラベルコントロールのTextプロパティを次のように変更する。

`ThisItem.ApplicationUser.DisplayName`

❽ 各アイテム内の画像コントロール、ラベルコントロールのサイズやフォントサイズ等を任意に調整する。
また、各アイテム内の［>］を削除する。

❾ ラベルを追加し、Textプロパティを次のように設定する。

`Concatenate("現在 ",Text(EventGallery.Selected.ApplicationNumber)," 名")`

❿ ラベルの場所を任意に移動し、フォントカラーは赤にする。

Step6：申込画面の作成

1. 申込情報の表示

❶ ApplicationScreen画面を開く。

❷ ApplicationScreen内に［挿入］タブの［アイコン］－［四角形］をクリックして、四角形を挿入する。プロパティを次のように設定する。

プロパティ	数式
Fill	任意の色
Height	70
Width	Parent.Width
X	0
Y	0

❸ 四角形内の任意の場所に［挿入］タブの［ラベル］をクリックし、ラベルを挿入する。ラベルのTextプロパティを、「社内イベント申込内容 確認」に設定する。フォントサイズや色も任意に設定する。

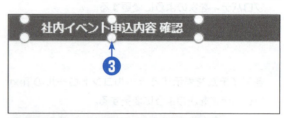

❹ ［挿入］タブの［アイコン］－［戻る］をクリックし、戻るアイコンを追加して、プロパティを設定する。

プロパティ	数式
OnSelect	Navigate(MainScreen,ScreenTransition.None)
Fill	RGBA(255, 255, 255, 1)
Color	White
Height	55
Width	55
X	20
Y	5

❺ ［挿入］タブの［フォーム］－［ディスプレイ］をクリックし、表示フォームを挿入する。

❻ 挿入した表示フォームに次の設定を行う。
データソース：イベント一覧
列へのスナップ：1
レイアウト：横
フィールド：［タイトル］［開始時刻］［終了時刻］［場所］を指定

❼ 表示フォームのItemプロパティを、EventGallery.Selectedに設定する。

❽ フォーム内の各コントロールのフォントサイズ等を任意に変更する。

第5章　PowerAppsの利用　241

2. 申込ボタンの設定

❶ ［挿入］タブの［ボタン］をクリックして、ボタンコントロールを追加する。

❷ 追加したボタンコントロールの位置を調整する。

❸ 追加したボタンに次のプロパティを設定する。

プロパティ	数式
Text	"このイベントを申込"
Size	24
OnSelect	Patch(イベント申込一覧,Defaults(イベント申込一覧), {Title : EventGallery.Selected.ID,EventDate:EventGallery.Selected.StartTime, ApplicationUser:{'@odata.type':"#Microsoft.Azure.Connectors.SharePoint.SPListExpandedUser", Claims:"i:0#.f|membership|" & Lower(User().Email), Department:"", DisplayName:User().Email,Email:User().Email,JobTitle:".", Picture:"."}}); Patch(イベント一覧,First(Filter(イベント一覧, ID = EventGallery.Selected.ID)), { ApplicationNumber: EventGallery.Selected.ApplicationNumber+1 }); Navigate(MainScreen,ScreenTransition.None)

ヒント

OnSelect プロパティの内容

ここでは3つの処理を行っています。

■イベント申込一覧リストへの新規アイテム追加
Patch関数を利用し、イベント申込一覧リストに新規アイテムの追加を行っています。

・Title（開催ID）列：選択したイベントのID
・EventDate（開催日）列：選択したイベントのStartTime（開始時刻）
・ApplicationUser（申込者）列：現在のユーザー名

```
Patch(イベント申込一覧,Defaults(イベント申込一覧),
{ Title : EventGallery.Selected.ID,EventDate:EventGallery.Selected.StartTime,
ApplicationUser:{'@odata.type':"#Microsoft.Azure.Connectors.SharePoint.SPListExpandedUser",
    Claims:"i:0#.f|membership|" & Lower(User().Email),
Department:"", DisplayName:User().Email,Email:User().Email,JobTitle:".",
 Picture:"."}})
```

■イベント一覧リストの既存アイテムの上書き
Patch関数を利用し、イベント一覧リストの該当イベントのApplicationNumber（申込人数）列の値に1を加算しています。

```
Patch(イベント一覧,First(Filter(イベント一覧, ID = EventGallery.Selected.ID ) ),
    { ApplicationNumber: EventGallery.Selected.ApplicationNumber+1 } )
```

■MainScreen画面への遷移
Navigate関数を利用し、MainScreen画面に遷移しています。

```
Navigate(MainScreen,ScreenTransition.None)
```

Patch関数を利用して、複数のリストに対するアイテムの書き込みを行っています。フォームコントロールの内容を

SubmitForm関数で送信する場合は、基本1アイテムに対する操作となりますが、今回のように複数データソースに対する操作を行う場合や、複数アイテムに対する操作を行いたい場合、複数画面にまたがって操作した内容を送信したい場合など、複雑なデータ送信処理を行いたい場合にはPatch関数で行えます。
Patch関数の基本は次のとおりです。

・新規アイテムの追加

```
Patch(データソース名, Defaults(データソース名), { 列名 : "値" , 列名 : "値" } )
```

・既存アイテムの更新（ID=1のアイテムが対象）

```
Patch(データソース名, First( Filter(データソース名, ID = 1 ) ), { 列名 : "値" , 列名 : "値" } )
```

またPatch関数内で、ユーザーまたはグループ列の値を送信する場合、次のように値をセットします。下線部は必要に応じて変更してください。

```
ユーザーまたはグループ列名 :
{ '@odata.type' : "#Microsoft.Azure.Connectors.SharePoint.SPListExpandedUser" ,
   Claims : "i:0#.f|membership|" & Lower(User().Email) ,
   Department : "" ,
   DisplayName : User().Email ,
   Email : User().Email ,
   JobTitle : "." ,
   Picture : "."
}
```

Step7：アプリの保存

アイコンや背景色、説明の設定を行い、「社内イベント」という名前を付けて、クラウドにアプリを保存します。

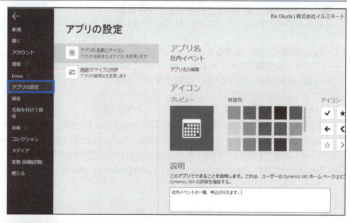

また発行が必要な場合は発行を行います。

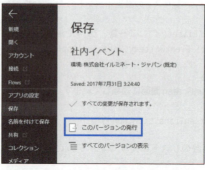

PowerApps アプリの共有と管理

作成したアプリを公開する方法、また管理方法について解説します。共有するための設定やアプリの管理は、基本的に PowerApps ポータルである web.powerapps.com 上で行います。

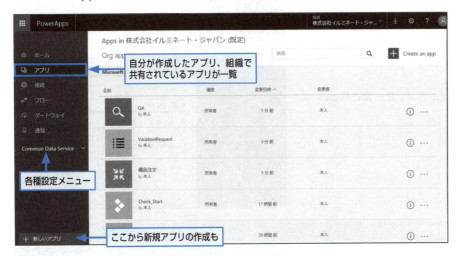

PowerApps ポータルでの設定

PowerApps ポータルを開く

Office 365 の場合、サインイン後、アプリランチャーより［PowerApps］をクリックします。またホーム画面の場合は、PowerApps タイルをクリックしてもかまいません。

アプリの一覧

❶ PowerAppsポータル画面で、[アプリ]を開く。

❷ 次の方法で、アプリを一覧できる。
- 最近使用したアプリ：自分が最近利用したアプリが一覧される。
- 編集可能なアプリ：自分が作成したアプリ、編集できる権限を付与されたアプリが一覧される。
- Org apps：組織内で共有されているアプリが一覧される。
- サンプルアプリ：サンプルアプリが一覧される。

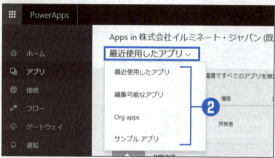

アプリの設定編集や発行作業

❶ アプリ一覧より、設定変更したいアプリをインフォメーションメニューをクリックして開く。

❷ アプリの設定画面が開く。

● 詳細
アプリの所有者、共有相手、アプリ内で利用している接続やフロー、Webリンク、アプリIDを確認できる。

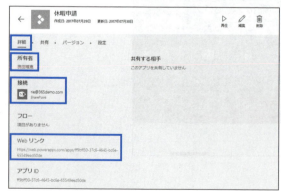

● 共有
アプリの利用者を設定する。ユーザーやグループ名を追加し、アクセス許可を指定する。利用者には[使用可能]、アプリ内容の編集を行わせたいユーザーには[編集可能]を付与する。

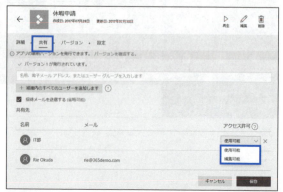

●バージョン
保存時の内容がバージョンとして確認できる。過去のバージョンへの復元を行いたい場合もこの画面で操作できる。
また［このバージョンの発行］をクリックすると、アプリが発行され、共有しているメンバーが利用可能になる。

●設定
アプリ名、説明、カテゴリの変更が行える。これらの変更は発行後に反映される。

既存アプリの再編集、削除

アプリ一覧画面で、［...］メニューより、PowerApps Studioで開く操作や、削除が行えます。

環境を利用した管理

環境とは、複数アプリをグループ化したものであり、アプリだけではなくアプリから利用しているデータ接続やフローなども含まれます。既定では1つ環境が用意されます。

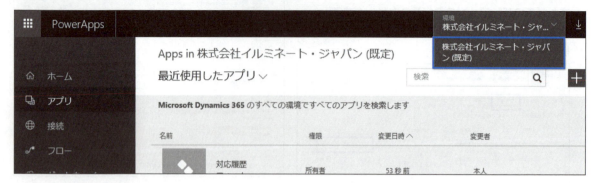

環境を複数用意し、アプリをグループ化して管理することで次のようなことが可能です。

- **支社や部署ごとにアプリを管理**
 PowerAppsはユーザーが自由に必要なアプリを作成できます。PowerAppsポータル上でわかりやすく管理するために、環境を利用し、アプリを単位ごとにグループ化します。
- **アプリのライフサイクルを管理**
 作成中のアプリと、動作中のアプリを分けたい等、アプリのライフサイクルを管理しやすいように環境を分けられます。
- **データアクセスの管理**
 アプリから利用するデータ接続は環境内に格納されます。

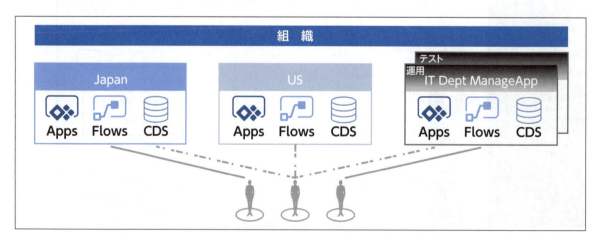

環境はPowerAppsの作成・管理を行う際に便利なしくみです。PowerAppsアプリを利用するユーザーは、アプリに対するアクセス許可さえあれば利用できるため、どの環境内のアプリであるかは、気にする必要がありません。

環境の作成

環境の作成や設定は、全体管理者により、PowerApps管理センターで行われる作業です。

❶ Office 365管理センターより、PowerApps管理センターを開く。

❷ PowerApps管理センターで、[環境] をクリックする。

❸ [新しい環境] をクリックする。

❹ 環境名、リージョンを指定し、[環境の作成] をクリックする。

❺ 作成後、データベース（Common Data Service）を作成するかどうか確認されるため、[スキップ] もしくは [データベースの作成] をクリックする。
※現在の料金体系では、Common Data Serviceは Office 365に含まれるPowerAppsライセンスには含まれていない。PowerAppsプラン1やプラン2を利用している場合に利用できる機能です。ここで作成をスキップしても、後から作成することが可能である。

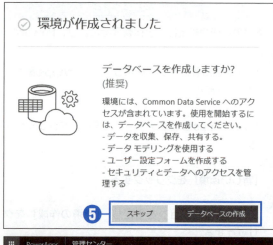

❻ 環境が追加される。

環境へのアクセス権の管理

作成した環境に対するアクセス権を設定します。

❶ 設定を行う環境をクリックして開く。

❷ セキュリティ内の環境ロールを設定する。
● 環境管理者：環境内の完全な操作が可能。
● 環境作成者：環境内のすべてのアプリやそれ以外のリソースに対する操作が可能。アプリの作成/管理を行うユーザーを指定する。
※ここで設定するのはアプリの利用者ではないことに注意。利用者はPowerAppsポータルでアクセス許可により設定する。

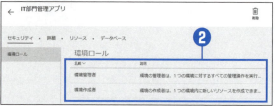

環境作成者（もしくは環境管理者）として設定されたユーザーは、PowerAppsポータル上で環境を確認でき、どの環境にアプリを作成するか選択できます。

Microsoft Flowの利用

第6章

1 Microsoft Flow 概要

2 Microsoft Flow の利用環境

3 リストアイテムの登録時に通知送信

4 ライブラリでの回覧フロー

5 承認フローの利用

6 PowerAppsと連動したフロー

Microsoft Flow（Flow）はOffice 365やそれ以外の各種サービスと接続し、さまざまなプロセス処理を行えるサービスです。PowerAppsと同様に2016年11月に正式リリースされた比較的新しい機能です。

第6章ではMicrosoft Flowについて、SharePointとの連携にフォーカスした利用方法を解説します。

Microsoft Flow概要

　Microsoft Flowは、アプリケーションやサービス間でのプロセスを自動化できるサービスです。様々なプラットフォーム間を接続し、通知送信やデータに対する処理、タスクプロセスなどを組み合わせたフローの作成/実行が行えます。現在Office 365はもちろんGoogle Drive、Dropbox、Azure、Facebook、Twitterなど150以上のサービスと接続可能なコネクタが用意されており、これらに対する接続を含め、一連の処理を自動化するフローを作成できます。

　「関連するファイルが保存されたらリマインドメールを送信する」「メールの添付ファイルをオンラインストレージに格納する」「データに対して条件に沿った操作が実行されたらプッシュ通知を送信する」「ソーシャルへのつぶやきをファイルに保存する」「ファイルに対する承認依頼メールを送信し、結果を書き込む」など、用意されている部品を組み合わせることにより多様なフロー作成が可能です。

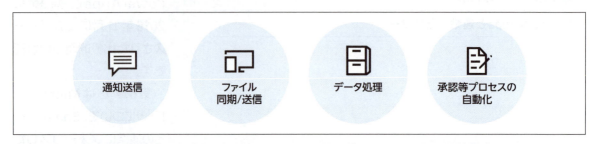

さまざまなサービスとの接続

　現時点でも150以上のコネクタが用意されており、Office 365の各種サービスだけではなく、それ以外のサービスも含めて連携を行えます。また今後も接続可能なサービスは増えていくと考えられます。

SharePoint　OneDrive for Bu...　Dynamics 365　Salesforce PREMIUM　OneDrive　SQL Server　Dropbox　10to8 Appoint...

Act!　Adobe Creative... PREMIUM　Amazon Redshift PREMIUM　appFigures　Azure Applicati...　Approvals　Azure Resource...　Asana

AWeber PREMIUM　Azure AD　Azure Automati...　Azure Blob Stor...　Azure Data Lake　Azure Event Grid　Azure File Stora...　Azure Log Anal...

第6章　Microsoft Flowの利用　251

Azure キュー	Azure Table Sto...	Basecamp 3	Basecamp 2	Benchmark Email PREMIUM	Bing Maps	Bing Search	Bitbucket PREMIUM

FreshBooks PREMIUM	Freshdesk	Freshservice PREMIUM	FTP	GitHub	Gmail	Google カレン...	Google Contacts

Google Drive	Google スプレ...	Google Tasks	GoToMeeting PREMIUM	GoToTraining PREMIUM	GoToWebinar PREMIUM	Harvest PREMIUM	HelloSign PREMIUM

HipChat	Impala PREMIUM	Informix PREMIUM	Infusionsoft PREMIUM	Inoreader	Insightly	Instagram	Instapaper

Intercom	JIRA PREMIUM	JotForm PREMIUM	LeanKit PREMIUM	LiveChat PREMIUM	LUIS	MailChimp PREMIUM	Mandrill PREMIUM

Service Bus	SFTP	Slack	Smartsheet	SMTP	SparkPost	Microsoft Staff...	Stripe

Bitly	Blogger	Bot	Box	bttn	Buffer	Calendly PREMIUM	Campfire

Capsule CRM PREMIUM	Chatter PREMIUM	Computer Visio...	Text Analytics	Cognito Forms	Content Conver...	DB2 PREMIUM	Disqus

| DocFusion365 -... PREMIUM | Azure Cosmos DB | DocuSign PREMIUM | Dynamics 365 f... | Dynamics 365 f... | Dynamics NAV | Easy Redmine PREMIUM | Elastic Forms PREMIUM |

Eventbrite PREMIUM / Event Hubs / Excel / Face API / Facebook / ファイル シス... / Flic / Notifications

Medium / Microsoft Forms / Microsoft Transl... / MSN 天気 / Muhimbi PDF / MySQL PREMIUM / Nexmo PREMIUM / Outlook Custo...

Office 365 Outl... / Office 365 ユー... / Office 365 ビデオ / OneNote (Busin... / Oracle Database PREMIUM / Outlook.com / Outlook Tasks / PagerDuty

Parserr PREMIUM / Paylocity PREMIUM / Pinterest / Pipedrive PREMIUM / Pivotal Tracker / Planner / Plivo PREMIUM / PostgreSQL PREMIUM

PowerApps Not... PREMIUM / Power BI / Project Online / Redmine / RSS / Common Data... PREMIUM / SendGrid / メール

Twitter / Typeform / UserVoice / Video Indexer / Vimeo / Visual Studio Te... / HTTP with Azur... / WebMerge

またPowerAppsと同様ですが、オンプレミスデータゲートウェイを構成することで、SharePointやSQL Server、ファイルシステムなどオンプレミス上のデータとの接続も行えます。

テンプレートによる簡単なフロー作成

　空白からのフロー作成も可能ですが、テンプレートが多く用意されており、それらを利用することで、メール通知の送信やファイル送信などのよくある処理は、ほんの数分で作成できます。既に何百種類ものテンプレートが用意されており、下記は一例です。

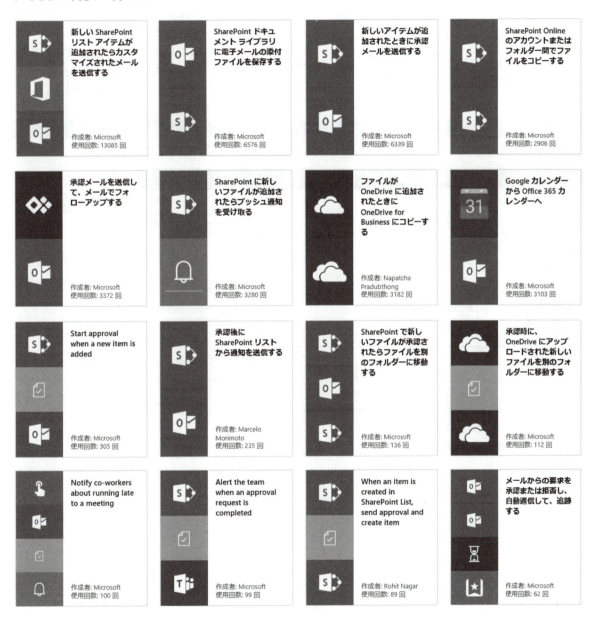

PowerAppsとの連携

　第5章でも触れましたが、PowerAppsアプリからFlowを起動する設定も可能です。PowerAppsで、一覧画面やフォームを作成し、データ送信後のプロセスや承認等のビジネスタスクをFlowにより設定することで、PowerAppsとFlowを組み合わせた高機能なアプリ作成が可能です。

フローの管理

フロー管理画面（Webベース、モバイルアプリ）より、作成済みの各フローの管理が行えます。

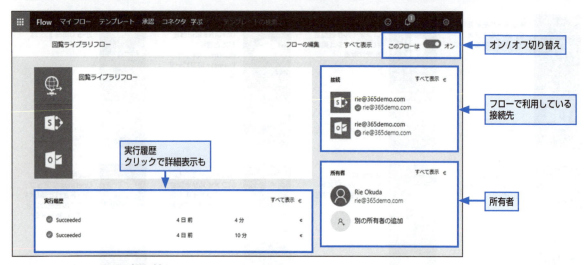

- フローのオン/オフの切り替え
- 各フローの詳細な実行履歴確認

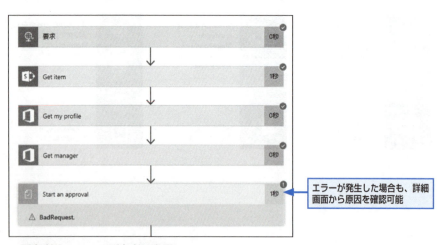

- 所有者やフローの所有者の表示

SharePointとの連携

Microsoft FlowはSharePointと連携することで次のような利用ができます。

- **SharePointリストやライブラリにおけるワークフロー機能として利用**
  リストやライブラリに新規アイテムが保存された場合や、任意のタイミングでフローの実行が可能です。
- **SharePointと他サービスとの連携機能として利用**
  Microsoft Flowにより接続可能なさまざまなサービスとSharePointを接続するフローを作成できます。メールやYammerなど他のサービスに対する操作をトリガーにフローを起動させ、SharePoint内のデータと連携を行うフローが作成できます。

フロー構築時に利用する内容

下記要素を含め、フローを作成します。

- **サービス**
  フロー内ではさまざまなアプリケーションやサービスに接続できます。
- **トリガー**
  フローを起動するタイミングは、トリガーで定義します。フローを起動するタイミングを、「どのサービスにおいて」、「どのような操作が行われたとき/特定の状態になったとき」と設定が行えるよう、接続可能なサービスごとにさまざまなトリガーが用意されています。
- **条件、ループ**
  If分岐や、処理を繰り返すループを含められます。
- **アクション**
  フロー内で行う操作です。サービスごとにさまざまなアクションが用意されており、これらを組み合わせてフローを定義します。

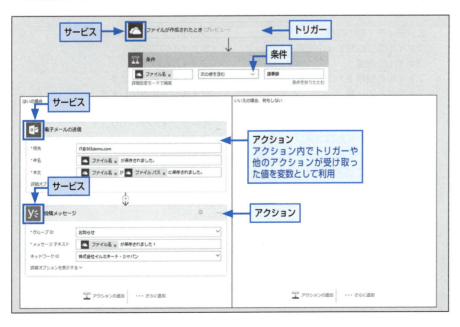

ヒント

SharePointおよびOffice 365関連トリガー、アクション一覧

SharePoint、Office 365関連で利用できる一覧です。

> 現時点の一覧であり、今後変更される可能性があります。

トリガー一覧

SharePoint	・アイテムが作成または変更されたとき
	・ファイルが作成されたとき（プロパティのみ）
	・ファイルが作成または変更されたとき（プロパティのみ）
	・フォルダー内にファイルが作成されたとき
	・項目が作成されたとき
	・フォルダー内でファイルが変更されたとき
	・選択したアイテムの場合
Office 365 Outlook	・メールにフラグが設定されたとき
	・新しい電子メールが届いたとき
	・イベントが変更されたとき
	・新しいイベントが作成されたとき
	・新しい電子メールが共有メールボックスに届いたとき
	・予定しているイベントがすぐに開始されるとき
OneDrive for Business	・ファイルが作成されたとき
	・ファイルが変更されたとき
	・選択したファイルの場合
PowerApps	・PowerApps
OneNote（Business）	・When a new page is created in a section
	・When a new section is created
	・When a new section group is created
Yammer	・グループに新しいメッセージがある場合
	・自分がフォローされているフィードに新しいメッセージがあるとき

アクション一覧

SharePoint	・エンティティ値の取得	・ファイルメタデータの取得
	・ファイルのプロパティの取得	・ファイルのコピー
	・ファイルの作成	・ファイルの削除
	・ファイルの取得（プロパティのみ）	・ファイルを更新します
	・フォルダーの一覧	・フォルダーを展開します。
	・項目の作成	・リストの取得
	・複数の項目の取得	・ルートフォルダーのリスト
	・パスによるファイルコンテンツの取得	・項目の削除
	・パスによるファイルメタデータの取得	・項目の取得
	・ファイルコンテンツの取得	・項目を更新します。

Office 365 Outlook	・イベントの作成	・自動応答を設定する
	・承認の電子メールを送信します	・添付ファイルの取得
	・電子メールの送信	・電子メールに返信します
	・連絡先の作成	・電子メールの移動
	・1つのイベントの取得	・電子メールの削除
	・1つの連絡先の取得	・電子メールの取得
	・イベントのカレンダービューを取得します	・複数のイベントの取得
	・イベントの更新	・複数の連絡先の取得
	・イベントの削除	・予定表の取得
	・オプションを指定して電子メールを送信します。	・連絡先の更新
	・メールにフラグを設定します	・連絡先の削除
	・メールボックスでメールのヒントを表示する	・連絡先フォルダーの取得
	・開封済みにする	
	・共有メールボックスから電子メールを送信します	
OneDrive for Business	・ファイルの作成	・Get file content
	・フォルダー内のファイルのリスト	・Get file metadata
	・Convert file	・List files in root folder
	・Convert file using path	・Move or rename a file
	・Copy file	・Move or rename a file using path
	・Copy file using path	・Upload file from URL
	・Create share link	・パスによるファイルコンテンツの取得
	・Create share link by path	・パスによるファイルメタデータの取得
	・Extract archive to folder	・ファイルの削除
	・Find files in folder	・ファイルを更新します
	・Find files in folder by path	
Office 365 ユーザー	・私のプロファイルの取得	
	・上司を取得する	
	・ユーザープロファイルを取得する	
	・ユーザーの検索	
	・ユーザーの写真のメタデータを取得します	
	・ユーザーの写真を取得します	
	・直属の部下の取得	
Microsoft Teams	・Post message	
	・Create a channel	
	・List Channels	
	・List teams	
OneNote（Business）	・Create a page in Quick Notes	
	・Create page in a section	
Yammer	・グループ内のメッセージを取得します	
	・すべてのメッセージを取得します	
	・自分がフォローしているフィードからメッセージを取得します	
	・投稿メッセージ	
	・グループを取得します	
	・マイネットワークを取得します	

2 Microsoft Flowの利用環境

　Flowの利用には、他のマイクロソフトサービスと同様にユーザーごとにライセンスが必要です。Flowプラン1、Flowプラン2と現在2種類のプランが用意されています。またこれら単体のライセンスがなくても、Office 365やDynamic 365にはPowerAppsと同様にFlowが含まれており、Office 365の場合だと、Office 365 EnterpriseもしくはOffice 365 Business Essentials、Business Premiumが該当します。Office 365に付属するFlow機能/単体のFlowプラン1/Flowプラン2とそれぞれのプランにより、1か月あたりの最大実行数や接続で利用できるコネクタ、管理機能に違いがあります。

　また、Flowには次の2つのWebベースの管理画面があります。

Flow ポータル

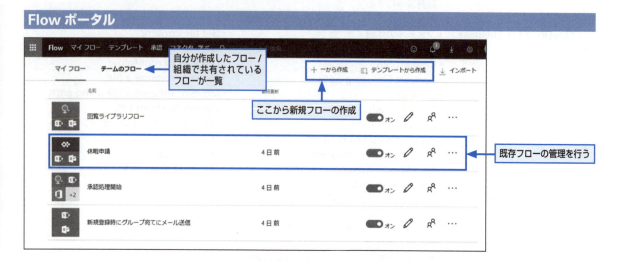

フローの作成や、作成したフローの管理を行う画面です。
Office 365の場合、サインイン後、アプリランチャーより［Flow］をクリックすることで開けます。

Flow 管理センター

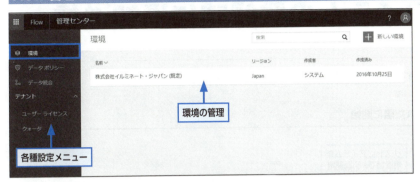

組織全体レベルでFlowの管理を行うための画面です。テナントレベルの管理者がアクセスできます。PowerAppsアプリと同様に「環境」というリソースをグループ化する単位の作成や設定が行えます。環境はPowerAppsとFlow共通で利用されます。また管理ポータルではデータポリシーを利用し、PowerAppsやFlowから接続できるサービスに関するルール設定も行えます。

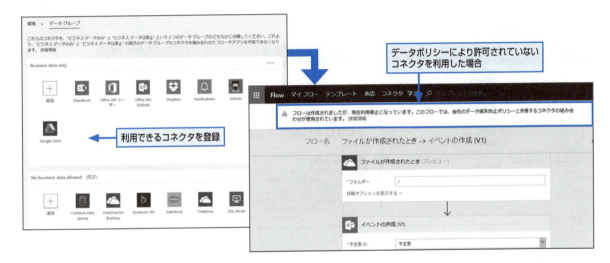

Office 365の場合、全体管理者権限を持つユーザーがOffice 365管理ポータルからアクセスできます。

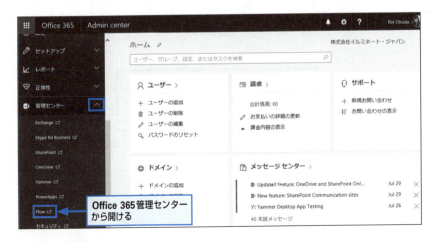

リストアイテムの登録時に通知送信

SharePoint モダンリストにおいて、次のように通知を行うフローを作成します。

①新規アイテムがリストに登録された際に開始

②「対応済み」列の値が「いいえ」の場合のみ、通知を送信

● グループ宛てのメール

● Teams に投稿

Step1：モダンリストの用意

SharePointリストを作成します。

第5章の「3　モダンリストでのアプリ作成 - 基本」にて解説した手順を行っている場合は、その際に作成したリストを利用できるため、Step2に進んでください。

❶ ［対応履歴］という名前でカスタムリストを作成する。
※クラシック表示となった場合は、リストの設定画面の［詳細設定］より、［リストの表示］で［新しい表示］を選択し、モダン表示に変更する。

❷ 次の列を追加する。

列名	種類	詳細設定
詳細	複数行テキスト	書式なしテキスト
対応内容	複数行テキスト	書式なしテキスト
対応済み	はい/いいえ	既定値「いいえ」

❸ 既定のビューに、［ID］［更新者］［更新日時］列を表示するよう設定する。

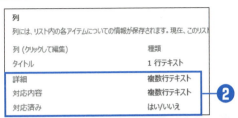

Step2：フロー作成

❶ リスト内のメニューより、［Flow］－［フローの作成］をクリックする。

❷ フローの作成ウィンドウが右側に表示される。
テンプレート一覧より［新しいSharePointリストアイテムが追加されたらカスタマイズされたメールを送信する］を選択する。

❸ 別ウィンドウでFlowポータルが開き、作成するフローの確認画面が表示され、テンプレートを利用するために必要な接続が一覧されていることが確認できる。
サインインが必要な場合はそれぞれサインインし、[続行] をクリックする。

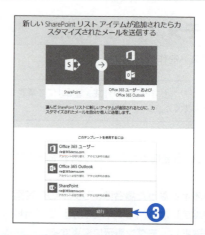

ヒント
フロー内で利用する接続
選択したテンプレート内で利用されている接続（コネクタ）が一覧されます。またここでサインインしたアカウントにより、その接続を利用するアクションが実行されます。必要なアカウントでサインインをしてください。
Office 365関連の接続は、フロー作成時のユーザーによりサインインが完了した状態で表示されます。[アカウントの切り替え] から変更も可能です。Office 365以外のサービスの接続の場合は、そのサービスに接続できるアカウントを利用して、サインインが求められます。

❹ フロー編集画面が開く。
選択したテンプレートにより、トリガーとアクション2つがフロー内に含まれている。

❺ [Get my profile] アクションは不要なので削除したいが、ここでの出力内容を後続のアクションで利用しているため、削除はできないことが確認できる。

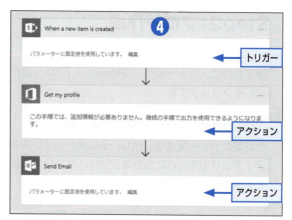

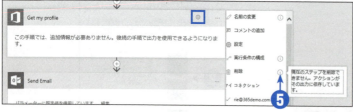

❻ [Send Email] アクションの [編集] をクリックする。

第6章　Microsoft Flowの利用

❼
[SendEmail] アクション内で、[Get my profile] アクションでの出力結果が利用されていることが確認できる。[宛先] に含まれる [メール] と、[本文] に含まれる [名] である。この内容が含まれているため、[Get my profile] アクションの削除が行えない。ここでは、[SendEmail] アクションを削除する。
[Send Email] アクションで、[...] − [削除] をクリックし、アクションを削除する。

❽
[Get my profile] アクションの [...] − [削除] をクリックし、アクションを削除する。

❾
トリガーの下の [新しいステップ] − [条件の追加] をクリックする。

❿
追加された条件において、[値の選択] をクリックし、動的なコンテンツより [When a new item is created] トリガーの出力結果である [対応済み] を選択する。

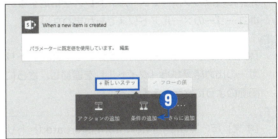

⓫
[次の値に等しい] を選択し、[詳細設定モードで編集] をクリックする。

⓬
詳細設定画面において、equals関数の第2引数に「bool(0)」と指定する。

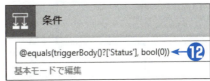

> **ヒント**
>
> ### SharePointのはい/いいえ列の条件判断
>
> ここでは、[対応済み]列(はい/いいえ)の値が「いいえ」の場合という条件式を作成したいと考えています。
> 次のように直接「False」と入力した場合、実行時には条件式にマッチしません。boolean型の値ではなく、「False」という文字列として判断されてしまうためです。
> そのため詳細設定モードに切り替えて、直接false値を、**bool(0)**と指定しました。true値の場合は**bool(1)**となります。今後のアップデートで改良される可能性はありますが、SharePointのはい/いいえ列の条件判断をフロー内に含める場合は注意してください。
>
>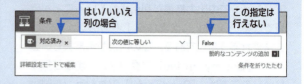

⑬ [はいの場合]内の[アクションの追加]をクリックし、[Office 365 Outlook - 電子メールの送信]アクションを追加する。

⑭ 追加した[電子メールを送信する]アクションの[宛先]に任意のグループメールアドレスを指定する。
※ユーザーのメールアドレスでもかまわない。

⑮ [件名]に[When a new item is created]トリガーの出力結果から[タイトル]を追加し、さらに画面のように文字を入力する。

⑯ [本文]に、[When a new item is created]トリガーの出力結果を挿入しながら、画面のように指定する。

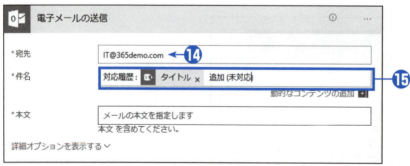

❶⓻ 本文の始めに［登録日時］列を文字列操作した内容として挿入する。

本文の始めにマウスカーソルを合わせ、［式］からsubstring関数をクリックして指定する（substring関数が表示されない場合、文字列関数の［もっと見る］をクリックする）。

❶⓼ substring関数の第1引数に、［動的なコンテンツ］から［登録日時］を指定する。

❶⓽ 数式の続きを次のように入力し、［OK］をクリックする。

substring(triggerBody()?['Created'],0,10)

❷⓪ 本文に数式内容が含められる。

❷① 本文の最後に、画面のようにハイパーリンクをHTMLで入力する。ハイパーリンクのURL、および文字列には［When a new item is created］トリガーの出力を結果から、［アイテムへのリンク］、［タイトル］含める。

❷② ［電子メールの送信］アクションの［詳細オプションを表示する］をクリックし、［HTML］オプションを［はい］に変更する。

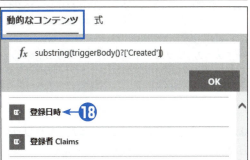

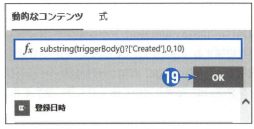

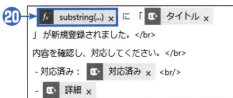

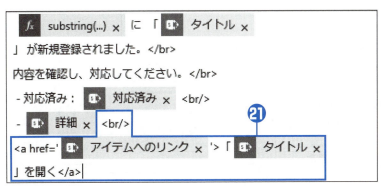

ヒント

メール本文

アクションの出力値を利用して、列の値を含めた本文内容としています。ここでは、右図のようなメール本文となるよう設定しています。

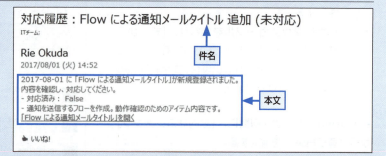

本文中には、[登録日時]、[タイトル]、[対応済み]、[詳細]、[アイテムへのリンク]列の内容を利用しています。上記のような表記にしたい場合のポイントは次のとおりです。

・登録日時
[登録日時]列をそのまま含めると、「2017-07-21T15:24:01Z」という形式で表示されます。そのため、手順ではsubstring関数により必要な箇所のみを本文に含める内容としています。

・ハイパーリンク
[アイテムへのリンク]列を利用すると、アイテムを開くハイパーリンクとなりますが、URLがそのままリンクの表示文字列となります。リンクの表示文字列を[タイトル]列の値とするため、手順ではHTMLタグを用いたリンク内容としてメール本文に含まれるよう編集しています。この場合、併せてメールの形式をHTMLに設定します。

㉓ [はいの場合]内の[アクションの追加]をクリックし、[Microsoft Teams - Post message]アクションを追加する。

㉔ 追加した[Post message]アクションで、メッセージを投稿する[Team Id]、[Channel Id]を任意に選択する。[Message]には、HTMLのハイパーリンクタグ、出力結果を含めて画面のように指定する。

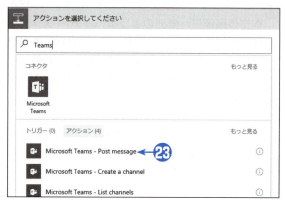

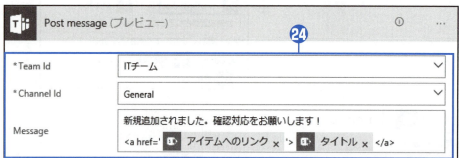

㉕ フロー名を「対応履歴リスト新規未対応通知メール送信」に変更し、[フローの作成]をクリックする。

㉖ フローが作成されたことがメッセージで表示されたら、[完了]をクリックする。

第6章　Microsoft Flowの利用

ヒント
[Microsoft Teams - Post message] アクション

画面に表記されているようにこのアクションは、現在プレビューです。またTeamId、Channel Idには既存の値を指定してください。

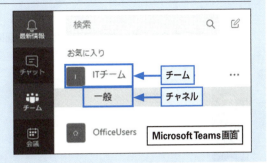

作成したフローの全体像

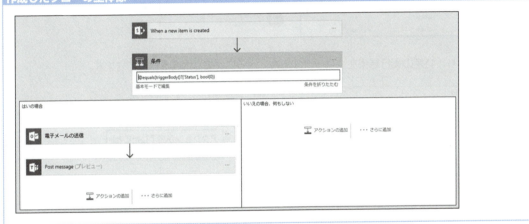

コラム　フローの詳細画面

作成したフローは、フローの詳細画面で、下記の操作が行えます。

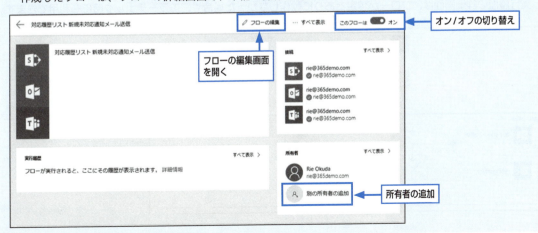

また、実行されたフローは、フローの詳細画面において、［実行履歴］として確認できます。

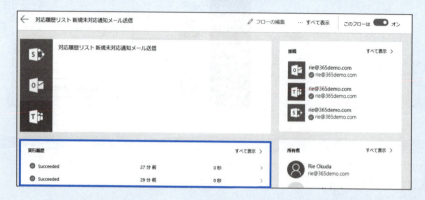

さらに実行履歴より、特定の実行結果をクリックすると、さらに詳細な内容を確認できます。

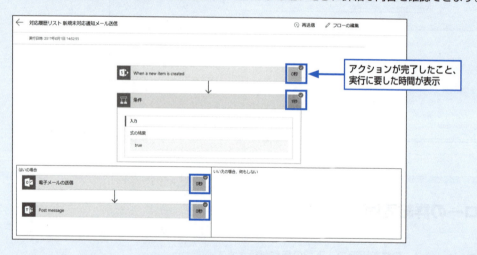

実行履歴の詳細画面は、フローが想定どおりに動作しなかった場合や、エラーチェック時にも利用できます。

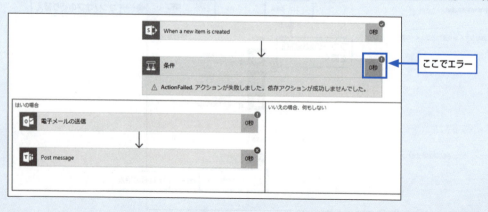

4 ライブラリでの回覧フロー

SharePointライブラリで、次のように回覧処理を行うフローを作成します。

①ライブラリに保存したファイルに対して、ユーザーが手動で回覧フローを開始

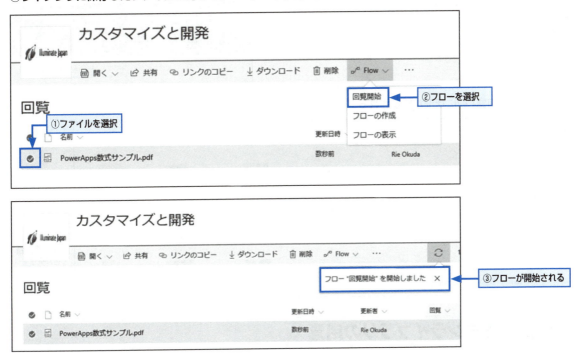

②「回覧順」リストを参照し、登録されたユーザーに順番に回覧依頼メールが送信される

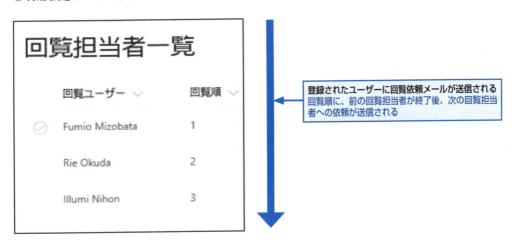

- 各回覧担当者は受信したメール内で、回覧処理を完了

回覧担当者に送信されるメール

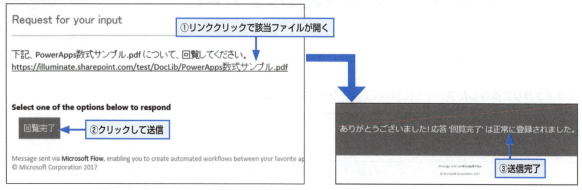

③ライブラリの[回覧]列に状況が反映される

Step1：モダンライブラリの用意

SharePointライブラリを作成します。

❶
「回覧」という名前でドキュメントライブラリを作成する。
※クラシック表示となった場合は、ライブラリの設定画面の[詳細設定]より、[リストの表示]で[新しい表示]を選択し、モダン表示に変更する。

❷
次の列を追加する。
※[回覧]列には、フローより結果を書き込む。ブラウザー上で列値の編集を行わせたくない場合、コンテンツタイプで列設定を非表示にするなどの設定を合わせて行う。

列名	種類
回覧	1行テキスト

❸
既定のビューに[回覧]列が表示されていない場合は、表示するよう設定する。

Step2:リストの用意

[回覧]ライブラリでの回覧フローにおける回覧担当者を登録するためのリストを作成します。

❶ [回覧担当者一覧]という名前でカスタムリストを作成する。

❷ 次の列を追加する。

列名	種類
UserName	ユーザーまたはグループ
RequestOrder	数値

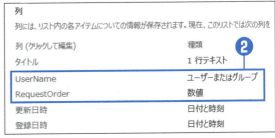

❸ 列名を次のように変更する。

列名(内部名)	変更後(表示名)
UserName	回覧ユーザー
RequestOrder	回覧順

❹ [タイトル]列の必須を[いいえ]に変更する。

❺ 既定のビューにおいて、[回覧ユーザー]、[回覧順]列を表示し、[回覧順]列で昇順で並べ替えするよう設定する。
※フロー作成後の動作確認を行うため、何件かサンプルアイテムを登録しておく。

フロー作成

Step1で作成した[回覧]ライブラリにフローを作成します。

❶ [回覧]ライブラリを開き、任意のファイルを1つアップロードする。

❷ アップロードしたファイルを選択したうえで、ライブラリ内のメニューより、[Flow]-[フローの作成]をクリックする。

❸ フローの作成ウィンドウが右側に表示される。
テンプレート一覧より［選択したファイルについて上司の承認を要求する］を選択する。

❹ 別ウィンドウでFlowポータルが開き、作成するフローの確認画面が表示される。
テンプレート内で利用される接続と、各接続のサインイン情報を確認し、［続行］をクリックする。

❺ フロー編集画面が開く。
選択したテンプレートにより、トリガーとアクションが複数フロー内に含まれている。

❻ トリガーと［Get item］アクションのみを残して、それ以降のアクションや条件はすべて削除する。
依存関係が含まれている可能性があるため、下のアクション内容から順番に削除し、画面のような内容にする。

❼ ［新しいステップ］－［アクションの追加］をクリックする。

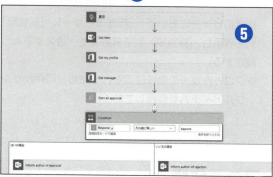

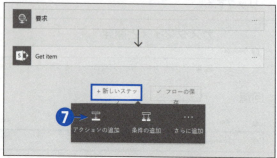

ヒント
［要求］トリガー
該当するライブラリで選択されたアイテムに対してフローが実行された場合に実行されるトリガー内容が含まれています。

ヒント
［Get item］アクション
該当ライブラリから、フローが実行されたアイテムを取得する内容が含まれています。

❽ [SharePoint - 項目を更新します] を追加する。

❾ 追加した [項目を更新します] アクションで、[サイトのアドレス] および [リスト名] を指定する。
- サイトのアドレス：サイトURL
- リスト名：[回覧] ライブラリ（一覧に表示されない場合は、[カスタム値の入力] を選択し、ライブラリ名を入力）

❿ [ID] に [要求] トリガーの出力結果より [ID] を指定する。

⓫ [回覧] 列に「回覧中」と入力する。

⓬ 次に、[新しいステップ] － [アクションの追加] をクリックし、[SharePoint - 複数の項目の取得] を追加する。

⑬
追加した［複数の項目の取得］アクションで、［サイトのアドレス］、［リスト名］を指定する。
●サイトのアドレス：サイトURL
●リスト名：［回覧担当者一覧］リスト（Step2で作成したリスト）

⑭
［複数の項目の取得］アクションの［詳細オプションを表示する］をクリックし、［並べ替え順］に「RequestOrder asc」と入力する。

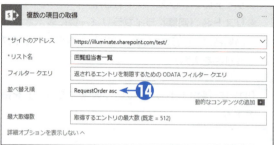

> **ヒント**
> **複数の項目の取得**
> URL、リスト名を指定して他のリストより複数アイテムを取得できるアクションです。ここでは、［回覧担当者一覧］リストからアイテムを取得するために利用しています。また並べ替え順を指定することでRequestOrder（回覧順）列の昇順でアイテムを取得するようODataフィルタークエリを追加しました。Step2で作成した［回覧担当者一覧］リストにおいて列名を半角文字で指定し、内部名をRequestOrderとした理由は、ODataクエリを指定しやすくするためでした。

⑮
次に［新しいステップ］－［さらに追加］－［Apply to Eachの追加］をクリックする。

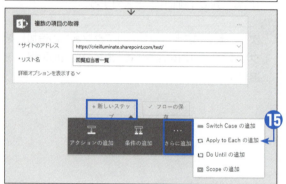

⑯
追加した［Apply to Each］内の［以前の手順から出力を選択］に、［複数の項目の取得］アクションの出力結果である［value］を指定する。

> **ヒント**
> **複数リストアイテムの処理**
> 複数アイテムを取得し、ループ処理を行う際は、Apply to Eachを利用します。

⑰
［Apply to Each］内の［アクションの追加］をクリックし、［Office 365 Outlook - オプションを指定して電子メールを送信します］を追加する。

第6章 Microsoft Flowの利用

⑱ [Apply to Each] 内に追加した [オプションを指定して電子メールを送信します] アクションの [宛先] に、[複数の項目の取得] アクションの出力結果より [回覧ユーザー Email] を指定する。

⑲ [件名]、[本文] に、[Get item] アクションの出力結果を利用し、画面のように設定する。
※ [本文] は詳細オプションを開くと表示される。

⑳ [ユーザーオプション] を「回覧完了」に変更する。

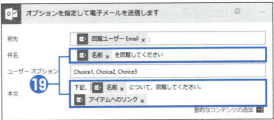

ヒント
ユーザーオプション
[Office 365 Outlook - オプションを指定して電子メールを送信します] アクションにおいて、[ユーザーオプション] で設定した内容は、送信されるメール本文内にボタンとして表示されます。カンマ区切りで複数指定も可能です。
ここでは、文書の回覧後 [回覧完了] ボタンをクリックできるようにオプションを指定しています。

㉑ [新しいアクションの追加] をクリックし、[Apply to Each] アクションの下に、[SharePoint - 項目を更新します] を追加する。

㉒ 追加した [項目を更新します] アクションで、[サイトのアドレス] および [リスト名] を指定する。
● サイトのアドレス：サイトURL
● リスト名：[回覧] ライブラリ（一覧に表示されない場合は、[カスタム値の入力] を選択し、ライブラリ名を入力）

㉓ [ID] に [要求] トリガーの出力結果より [ID] を指定する。

㉔ [回覧] 列に「回覧完了」と入力する。

㉕ フロー名を「回覧開始」に変更し、[フローの作成] をクリックする。

㉖ フローが作成されたことがメッセージで表示されたら、[完了] をクリックする。

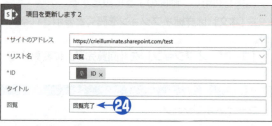

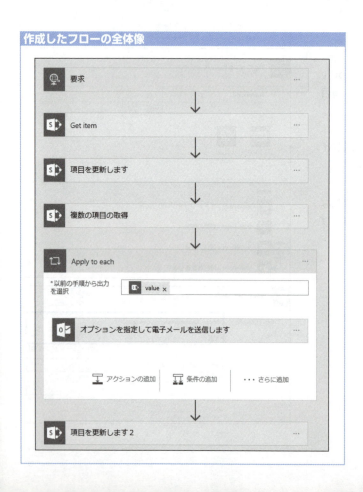

作成したフローの全体像

5 承認フローの利用

［Approvals - Start an approval］は、承認処理機能を持つアクションです。

承認依頼が送信され、承認担当者はメール、もしくはFlowポータルの承認センター、モバイル端末にインストールできるMicrosoft Flowアプリから承認処理が行えます。
SharePointライブラリで、このアクションを利用した次のようなフローを作成します。

①新規ファイルがライブラリに追加された際にフローを開始

②ファイル登録者の上司（ユーザープロファイルから取得）に、承認依頼が送信される

メール、Flowポータルの承認センター、モバイル端末にインストールしたMicrosoft Flowアプリのいずれかで、承認依頼を確認し、処理が行えます。

● メールより処理する場合

承認担当者に送信されるメール

• Flowポータルの承認センターで処理する場合

Flowポータルの承認センターを開く

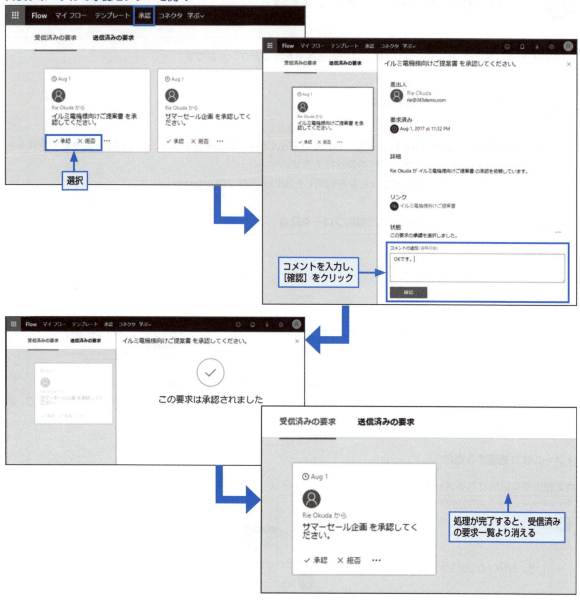

第6章　Microsoft Flowの利用　279

- モバイル端末にインストールしたMicrosoft Flowアプリで処理する場合

③承認結果が、ファイルの登録者にメール送信される

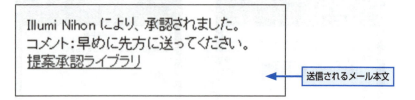

④ライブラリの[承認結果]、[コメント]列に結果が反映される

Step1：モダンライブラリの用意

SharePointライブラリを作成します。

❶ [提案承認] という名前でドキュメントライブラリを作成する。
※クラシック表示となった場合は、ライブラリの設定画面の[詳細設定]より、[リストの表示]で[新しい表示]を選択し、モダン表示に変更する。

❷ 次の列を追加する。
※これらの列には、フローより結果を書き込む。ブラウザー上で列値の編集を行わせたくない場合、コンテンツタイプで非表示にするなどの設定を合わせて行う。

列名	種類
承認結果	1行テキスト
コメント	1行テキスト

❸ 既定のビューに追加した列が表示されていない場合は、表示するよう設定する。

第6章　Microsoft Flowの利用

Step2：フロー作成

❶ Flowポータルを開き、[マイフロー] 画面から [一から作成] をクリックする。

❷ [多数のコネクタやトリガーを検索する] をクリックする。

❸ トリガーとして、[SharePoint - ファイルが作成されたとき（プロパティのみ）] を選択する。

❹ [ファイルが作成されたとき] トリガーの [サイトのアドレス]、[ライブラリ名] を指定する。
● サイトのアドレス：サイトURL
● ライブラリ名：Step1で作成した [提案承認] ライブラリ

ヒント
接続に利用するアカウントについて

ここではテンプレートからフローを作成せず一から作成しています。テンプレートを選択してフローを作成する場合、そのテンプレート内で利用されている接続が一覧され、各接続で利用するアカウントのサインインが行えました。この章の「3　リストアイテムの登録時に通知送信」で解説したとおり、フロー作成時にサインインしたアカウント情報が、各アクションの実行に利用されます。
一からフローを作成している場合、過去に他のフローを作成した際のサインイン情報が自動的に利用されます。サインイン情報を変更したい場合は、アクションのメニューから行えます。
また同じ接続を利用する場合でも、同様のメニューから、アクションごとにサインイン情報を変えることも可能です。

❺ [新しいステップ] − [アクションの追加] をクリックし、[Office 365 ユーザー - 上司を取得する] アクションを追加する。

❻ [上司を取得する] アクションの [ユーザー] に、[ファイルが作成されたとき] トリガーの出力結果より [登録者Email] を指定する。

❼ [新しいステップ] − [アクションの追加] をクリックし、[Approvals - Start an approval] アクションを追加する。

❽ [Approvals - Start an approval] アクションで、次の設定を行う。
- Title：[名前] を承認してください。
  （[ファイルが作成されたとき] トリガーの出力）
- AssignedTo：[メール]
  （[上司を取得する] アクションの出力）
- Details：[登録者DisplayName] が [名前] の承認を依頼しています。
  （[ファイルが作成されたとき] トリガーの出力）
- Item Link：[アイテムへのリンク]
  （[ファイルが作成されたとき] トリガーの出力）
- Item Link Description：[名前]
  （[ファイルが作成されたとき] トリガーの出力）

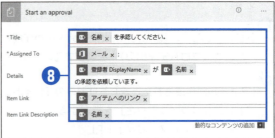

❾ [新しいステップ] − [条件の追加] をクリックする。

❿ 条件式を設定する。
- 左辺：[Send an approval] の出力より [Response] を選択
- 中央：次の値に等しい
- 右辺：Approve（入力）

⓫ [はいの場合] 内に、[アクションの追加] をクリックし、[Office 365 Outlook - 電子メールの送信] アクションを追加する。

⓬ [電子メールの送信] アクションで、次の設定を行う。
- 宛先、件名、本文：各アクションの出力結果を利用して任意に編集する
- HTML：はい（本文にHTMLを含めた場合）

⓭ [はいの場合] 内に、[アクションの追加] をクリックし、[SharePoint - 項目を更新します] アクションを追加する。

⓮ [SharePoint - 項目を更新します] アクションで、次の設定を行う。
- サイトのアドレス：サイトURL
- リスト名：Step1で作成した [提案承認] ライブラリ（一覧に表示されない場合は、[カスタム値の入力] を選択し、ライブラリ名を入力）
- ID：[ファイルが作成されたとき] トリガーの出力結果より [ID] を選択
- 承認結果：承認済み
- コメント：[Comments] by [Approver Name]（[Send an approval] の出力結果より選択）

⓯ [いいえの場合] 内に、[アクションの追加] をクリックして、[Office 365 Outlook - 電子メールの送信] アクションを追加する。

⓰ [電子メールの送信] アクションで、次の設定を行う。
- 宛先、件名、本文：各アクションの出力結果を利用して任意に編集する
- HTML：はい（本文にHTMLを含めた場合）

⓱ [いいえの場合] 内に、[アクションの追加] をクリックし、[SharePoint - 項目を更新します] アクションを追加する。

⓲ [SharePoint - 項目を更新します] アクションで、次の設定を行う。
- サイトのアドレス：サイトURL
- リスト名：Step1で作成した [提案承認] ライブラリ（一覧に表示されない場合は、[カスタム値の入力] を選択し、ライブラリ名を入力）
- ID：[ファイルが作成されたとき] トリガーの出力結果より [ID] を選択
- 承認結果：却下
- コメント：[Comments] by [Approver Name]（[Send an approval] の出力結果より選択）

⑲ フロー名を「提案承認」に変更し、［フローの作成］をクリックする。

⑳ フローが作成されたことがメッセージで表示されたら、［完了］をクリックする。

作成したフローの全体像

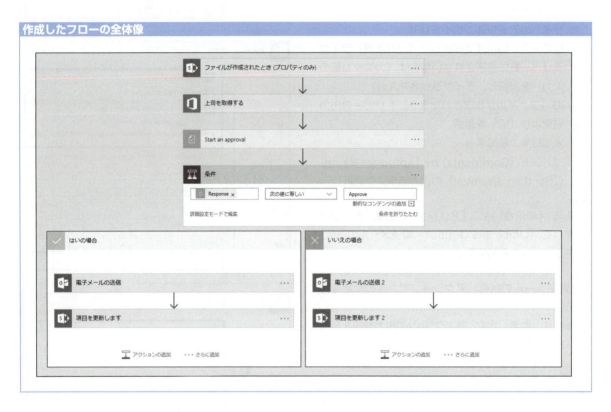

PowerAppsと連動したフロー

第5章の「4 モダンリストでのアプリ作成 - Flowと連携」で解説したPowerAppsアプリと連携して動作するフローを作成する方法を解説します。

> 第5章の「4 モダンリストでのアプリ作成 - Flowと連携」の解説手順が完了していることが前提です。

承認担当者に承認依頼メールを送信し、承認結果をリストに書き込むフローを作成します。またPowerAppsアプリ内のボタンクリックにより、フローを起動できるように第5章で作成したPowerAppsアプリを編集します。

①PowerAppsアプリから休暇申請データを登録

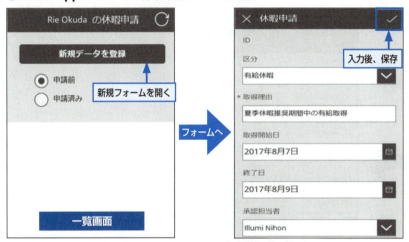

②PowerAppsアプリ内からボタンクリックでフロー開始

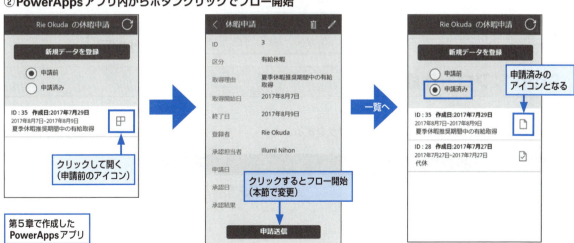

③承認担当者に承認依頼メールが送信され、完了後は結果がリストに書き込まれる（フロー内の処理）

承認担当者に送信されるメール

④ PowerApps アプリで結果が確認できる

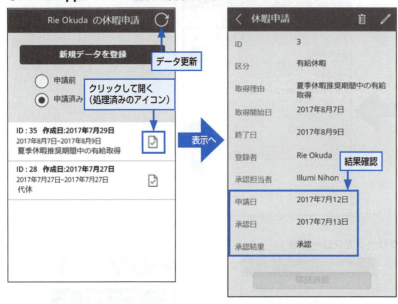

Step1：フロー作成

❶ Flowポータルを開き、[一から作成] をクリックする。

第6章　Microsoft Flowの利用

❷ [多数のコネクタやトリガーを検索する]をクリックする。

❸ トリガーとして、[PowerApps - PowerApps]を選択する。

❹ 追加したトリガーの下に、[新しいステップ]－[アクションの追加]をクリックし、[SharePoint - 項目の取得]アクションを追加する。

❺ [項目の取得]アクションの[サイトのアドレス]、[リスト名]を指定する。
●サイトのアドレス：サイトURL
●リスト名：PowerAppsアプリで利用している[休暇申請]リスト

❻ [項目の取得]アクションの[ID]に、[PowerAppsで確認]を選択する。

ヒント

PowerAppsで確認

[PowerAppsで確認]を指定すると、[アクション名_プロパティ名]と設定されます。この内容は、PowerAppsアプリからフローを起動する際に、パラメーターとしてフローに送信される値となります。また他のアクション内では、トリガーの出力結果として利用できます。
作成中フロー内の[項目の取得]アクションの実行には、リストアイテムのIDが必要です。PowerAppsアプリからフローを起動する際に、リストアイテムのIDを渡す必要があります。PowerAppsアプリからリストアイテムIDを渡す設定はStep2で行います。

❼ 画面のように［項目の取得_ID］として設定される。

❽ 次に、［新しいステップ］－［アクションの追加］を
クリックし、［SharePoint - 項目を更新します］ア
クションを追加する。

❾ ［項目を更新します］アクションで、次の設定を行
う。
● サイトのアドレス：サイトURL
● リスト名：PowerAppsアプリで利用している［休
暇申請］リスト
● ID：［項目の取得_ID］

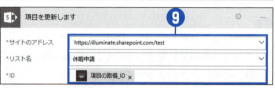

❿ 指定したリストの列が［項目を更新します］アクショ
ン内に表示される。
値を更新する列内容を、次のように設定する。
● 取得理由：［取得理由］
　（［項目の取得］アクションの出力結果より選択）
● 申請日：utcNow()（［式］より選択）
● ［申請開始］：申請済み（入力）

⓫ 次に、［新しいステップ］－［アクションの追加］を
クリックし、［Office 365 Outlook - 承認の電子
メールを送信します］アクションを追加する。

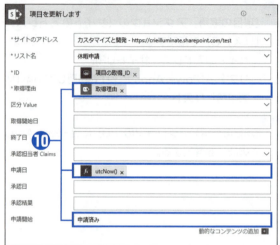

⓬ ［承認の電子メールを送信します］アクションで、次
の設定を行う。
● 宛先：［承認担当者Email］
　（［項目の取得］アクションの出力結果より選択）
● 件名：任意の文字列を入力
● ユーザーオプション：承認,却下（既定で挿入され
ている内容は、承認と却下の区切りがカンマでは
ないことがある。その場合はカンマを指定する）
● 本文：［項目の取得］アクションの出力結果を利用
し、任意に編集

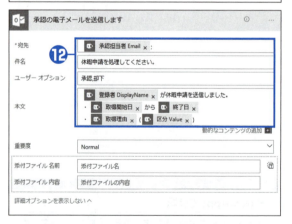

第6章 Microsoft Flowの利用

⓭ 次に、[新しいステップ] - [アクションの追加] をクリックし、[SharePoint - 項目を更新します] アクションを追加する。

⓮ [項目を更新します] アクションで、次の設定を行う。
- サイトのアドレス：サイトURL
- リスト名：PowerAppsアプリで利用している [休暇申請] リスト
- ID：[項目の取得_ID]
- 取得理由：[取得理由]
  ([項目の取得] アクションの出力結果より選択)
- 承認日：utcNow()（[式] より選択）
- 承認結果：[SeletedOption]
  ([承認の電子メールを送信します] アクションの出力結果より選択)

⓯ 次に、[新しいステップ] - [アクションの追加] をクリックし、[Office 365 Outlook - 電子メールの送信] アクションを追加する。

⓰ [電子メールの送信] アクションで、次の設定を行う。
- 宛先：[承認担当者Email]
  ([項目の取得] アクションの出力結果より選択)
- 件名：休暇申請結果：[SeletedOption]
  ([承認の電子メールを送信します] アクションの出力結果)
- 本文：[項目の取得] アクションの出力結果を利用して、任意に編集

⓱ フロー名を「休暇申請の承認」に変更し、[フローの作成] をクリックする。

⓲ フローが作成されたことがメッセージで表示されたら、[完了] をクリックする。

Step2: PowerApps アプリを編集

Step1で作成したフローを、PowerAppsアプリ内のボタンクリックにより起動するようPowerAppsアプリの内容を編集します。

❶ PowerApps ポータルを開く。

❷ [アプリ] をクリックし、第5章の解説手順で作成した 休暇申請 PowerApps アプリを PowerApps Studio で開く。
※ PowerApps Studioは Web版、Windows版のどちらでもかまわない。

❸ PowerApps Studioが開いたら、ItemDispScreen画面を開く。

❹ ItemDispScreen画面内の [申請開始] ボタンを選択した状態で、[アクション] タブの [Flows] をクリックする。

❺ プロパティ画面に一覧されるフローから、[休暇申請の承認] をダブルクリックする。

❻ [申請開始] ボタンのOnSelectプロパティに、数式の一部が挿入される。

休暇申請の承認.Run(

❼ 数式の続きを次のように入力する。

休暇申請の承認.Run(UserItemsGallery.Selected.ID);
Refresh(休暇申請);
Navigate(UserItemsGallery,ScreenTransition.None)

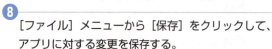

❽ [ファイル] メニューから [保存] をクリックして、アプリに対する変更を保存する。

❾ 発行が必要な場合は、[このバージョンの発行] も併せて行う。

ヒント

数式の内容

フロー名.Run()関数で、フローの起動が行えます。また起動するフローにパラメーターが必要な場合はそれを指定します。ここでは [休暇申請の承認] フローに必要な、[項目の取得_ID] パラメーターの値として、選択されたアイテムのIDを指定しています。
フローの実行後は、データソースの再読み込みを行い、UserItemsGallery画面に移動しています。

SharePoint アドインの開発

第 7 章

1 SharePoint アドイン概要

2 SharePoint アドイン開発の基礎

3 SharePoint ホスト型アドインの開発

4 プロバイダーホスト型アドインの開発

5 アドイン用ポリシーの利用

6 パッケージとカタログへの展開について

SharePointアドインは SharePoint開発方法の1つです。SharePoint 2013から登場したこの方法は、それ以前の開発方法であるソリューションとは違い、SharePoint環境上でカスタムコードを一切動作させないよう開発を行います。これにより、SharePoint Serverだけではなく SharePoint Onlineに対しても拡張機能の展開が可能であり、またSharePoint環境と切り離してカスタムコードを実行させるため、サイト自体やそのパフィーマンスに影響を及ぼさない拡張方法です。

第7章ではSharePointアドインの開発方法を解説します。

1 SharePointアドイン概要

SharePointアドイン（SharePoint Add-ins）はSharePoint機能拡張方法の1つです。カスタムコードを一切SharePoint環境上で動作させず、拡張機能を独立したWebとして開発を行うことで、多くの柔軟性をもたらす方法です。主な特徴は次のとおりです。

- **SharePoint環境上でカスタムコードは実行しない**

  SharePoint環境上でカスタムコードは一切実行しません。そのためSharePoint環境に対してカスタムコードが影響を及ぼすことはありません。SharePoint外部のWeb上、もしくはクライアント上でカスタムコードが実行されるように開発します。

- **クライアントAPIを利用**

  SharePoint環境上でカスタムコードは実行できない点から、サーバー APIは利用できません。クライアントAPIのいずれかを利用してSharePointに対する操作を行います。

- **クラウドベースのリソースを活用**

  Office 365やそれ以外のクラウドリソースを活用した開発が行いやすいモデルです。

- **SharePoint Server、SharePoint Onlineへ展開可能**

  SharePoint環境に直接カスタムコードをインストールしないしくみであるため、オンプレミス環境、オンライン環境どちらでも展開が可能です。

- **サイト管理者権限で、サイトにインストール可能**

  SharePointアドインのインストールは各サイト単位であり、サイト管理者権限で行えます。全体レベル、サイトコレクションレベルの管理者権限を必要としません。

- **パブリックOfficeストアでの展開も可能**

  SharePointアドインは組織内での展開も可能ですが、それだけではなく、マイクロソフトが運用するOfficeストアでの販売も可能です。

- **開発内容はアドインパッケージとして展開**

  開発したSharePointアドイン内容はアドインパッケージ（app拡張子を持つファイル）としてパッケージ化し、組織内に展開できます。またOfficeストアに展開することでクラウドベースで販売が行えます。

> **ヒント**
>
> ### SharePointアドイン以前の呼び方
>
> SharePointアドイン（SharePoint Add-ins）は、以前はSharePoint用アプリ（Apps for SharePoint）と呼ばれていたことがあります。Webの記事や何らかの資料を確認する際、古い名称で記載されている可能性があります。

SharePoint Server環境に必要な事前構成

SharePointアドイン（後述するSharePointホスト型の場合）では、インストール時にアドインWebを分離ドメイン上に自動プロビジョニングします。SharePoint Online環境では分離ドメインは https://tenantname-アドインID.sharepoint.com が利用されますが、SharePoint Server環境では事前に構成が必要です。

そのため、SharePoint Server環境においてアドインを利用するためには、次の設定が必要であり、ドメインコントローラーのローカル管理者権限、およびSharePoint Server環境のサーバーファーム管理者権限を必要とします。

DNSサーバー
①前方参照ゾーンの作成（アドインの分離ドメインとして利用）
②ワイルドカードCNAMEレコード作成

SharePointサーバー
③App Management Serviceの構成
④Subscription Settings Serviceの構成
⑤アドインURLを構成

この構成は運用環境だけではなく、SharePointアドインの開発時に、デバッグ実行に利用するSharePoint Server環境にも必要です。

1. 前方参照ゾーンの作成

アドインの分離ドメインをDNSに構成します。前方参照ゾーンを作成します。

❶ ドメインコントローラーにログオンし、DNSマネージャーを開く。

❷ ［前方参照ゾーン］を右クリックし、［新しいゾーン］をクリックする。

❸ ［新しいゾーンウィザード］が開くので、［次へ］をクリックする。

❹ ［ゾーンの種類］で［プライマリゾーン］を選択し、［次へ］をクリックする。

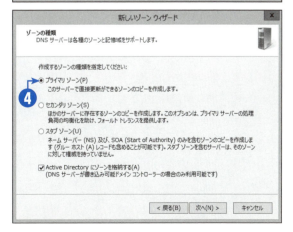

❺ 環境に合わせてレプリケート方法を選択し、[次へ] をクリックする。

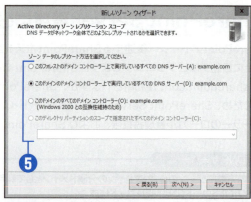

❻ [ゾーン名] にアドインで利用する分離ドメイン名を任意に入力し、[次へ] をクリックする。

❼ 動的更新の設定は環境に応じて必要な設定を選択し、[次へ] をクリックする。

❽ [完了] をクリックする。

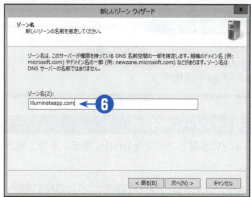

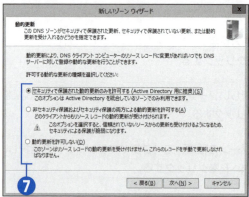

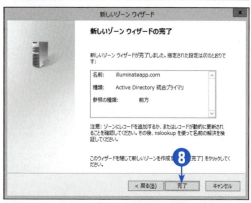

2. ワイルドカード CNAME レコード作成

ワイルドカードCNAMEレコードを作成します。

❶ DNSマネージャーを開き、前方参照ゾーンに作成したアドイン用ドメインを右クリックし、[新しいエイリアス（CNAME）]をクリックする。

❷ [新しいリソースレコード]ダイアログボックスが開くので、次のように設定し、[OK]をクリックする。
- [エイリアス名]：*
- [ターゲットホスト用の完全修飾ドメイン名]：SharePoint ServerのFQDNを入力

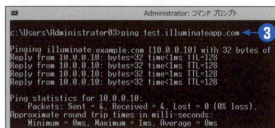

❸ コマンドプロンプトで作成したドメインのサブドメインに対するpingを実行すると、設定内容を確認できる。
※正しいIPアドレスが返されれば問題はない。

3. App Management Service の構成

App Management Serviceを構成します。

❶ サーバーの全体管理で、[サービスアプリケーションの管理]をクリックする。

❷ サービスアプリケーションの管理画面で、[新規]－[App Management Service]をクリックする。

❸
サービスアプリケーション名を入力する。

❹
アプリケーションプール名、およびセキュリティア
カウントを指定し、[OK] をクリックする。

❺
しばらく待つと、App Management Service アプ
リケーションが作成される。

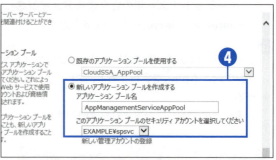

4. Subscription Settings Service の構成

Subscription Settings Servicesを構成します。PowerShellでの操作が必要です。

❶
SharePoint管理シェルで次のコマンドを実行する。

```
$account = Get-SPManagedAccount "<AccountName>"

$appPool = New-SPServiceApplicationPool -Name 'SubscriptionAppPool' -Account $account

$SubscriptionSvcApp = New-SPSubscriptionSettingsServiceApplication -ApplicationPool $appPool
  -Name 'Subscription Settings Service Application' -DatabaseName 'SubscriptionSettings_ServiceDB'

$SubscriptionSvcproxy = New-SPSubscriptionSettingsServiceApplicationProxy
  -ServiceApplication $SubscriptionSvcApp
```

第7章　SharePointアドインの開発

5. アドインURLを構成
アドインで利用するドメインとプレフィックスを設定します。

① サーバーの全体管理で、[アプリ] をクリックし、[アプリURLの構成] を開く。

② 次のように設定し、[OK] をクリックする。
- [アプリドメイン]：アドイン用ドメインを指定
- [アプリプレフィックス]：任意のプレフィックス文字列を入力

SharePointアドインのインストール方法

組織内のアドインカタログもしくはOfficeストアに展開されたSharePointアドインは、サイト管理者権限でサイトにインストールが可能です。

- **組織内カタログからのインストール**

  開発したSharePointアドインは、アドインパッケージをカタログにアップロードすることで組織内に展開できます。カタログにアップロードされたアドインは、各サイトでサイト管理者が自分のサイトにインストールできます。

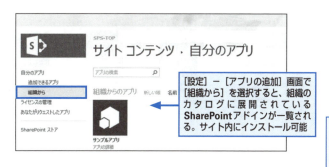

[設定] – [アプリの追加] 画面で [組織から] を選択すると、組織のカタログに展開されているSharePointアドインが一覧される。サイト内にインストール可能

開発したSharePointアドインをカタログに展開する方法は、この章の「6　パッケージとカタログへの展開」で解説します。

- **Officeストアから購入され、組織内でライセンスを保有しているアドインのインストール**

 Officeストアより購入済で、組織内で利用できるライセンスを保有しているアドインは、サイト管理者が自分のサイトにインストール可能です。この場合Officeストアからの購入は既に全体レベルの管理者（IT部門）により行われていることが前提です。

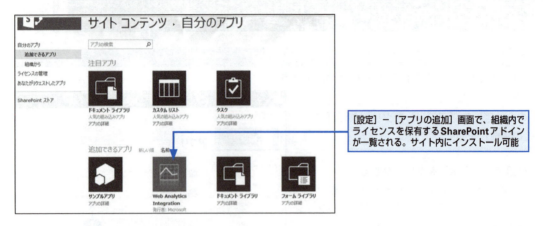

［設定］－［アプリの追加］画面で、組織内でライセンスを保有するSharePointアドインが一覧される。サイト内にインストール可能

- **Officeストアからの購入およびインストール**

 サイト管理者は直接OfficeストアよりSharePointアドインを購入し、サイトへのインストールが行えます。サイト管理者によるOfficeストアからの購入を許可するかどうかは組織内で設定できます。

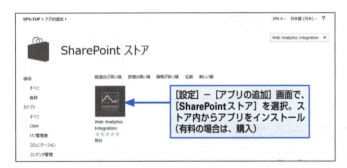

［設定］－［アプリの追加］画面で、［SharePointストア］を選択。ストア内からアプリをインストール（有料の場合は、購入）

ストアからのアドイン導入の手順

❶ ［設定］メニューから［アプリの追加］をクリックする。

❷ ［サイトコンテンツ > 自分のアプリ］が開く。サイドリンクバーより［SharePointストア］をクリックする。

❸ ストアが開く。ストアに展開されている任意のアドインを購入したり、サイト内への追加が行える。ここでは動作確認のため、無料のアドインを追加する。任意の無料アドインを選択する（画面では「Web Analytics Integration」と検索している）。

❹ 詳細画面が表示される。［追加］をクリックする（有料の場合、ここから課金画面へ遷移する）。

> **ヒント**
> **アドインの販売形態**
> ストアで販売されているアドインのライセンス形態は、それぞれ異なります。無料のものや、ユーザーライセンス数での購入が必要なもの、組織内の全ユーザーが利用できるよう購入可能なもの、試用期間があるものと、提供元によりさまざまです。
>
>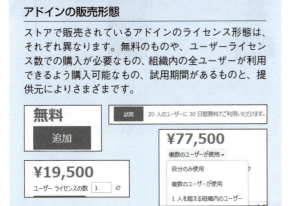

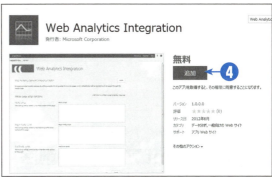

❺ 追加の確認画面が表示される。
［続行］をクリックする。

❻ ここまでの手順で、アドインのライセンスを取得できる。引き続きアドインの追加を確認する画面が表示される。
［このアプリを＜サイト名＞に追加する］がオンになっていることを確認し、［サイトに戻る］をクリックする。
※［このアプリを＜サイト名＞に追加する］をオフにした場合、ライセンスの取得のみとなり、作業中のサイトにインストールはされない。

❼ ［＜アドイン名＞を信頼しますか？］ダイアログが表示される。
これはアドイン上からSharePointサイトへのデータアクセスを許可するための信頼である。
［信頼する］をクリックする（信頼しなければ利用できない）。
※提供されているアドインにより、許可を求められるアクセスレベルは異なる。

❽ 自動的にサイト画面に戻り、[サイトコンテンツ]にてアドインが追加中であることが確認できる。

❾ インストールが終了すると、[サイトコンテンツ]に一覧され、クリックで開くことができる。

SharePointアドインの削除

サイトにインストールしたアドインを削除する場合、[サイトコンテンツ]画面より削除できます。

[サイトコンテンツ]画面がモダン表示の場合は、クラシック表示に切り替えてから削除してください。

サイトからアドインを削除しても、ライセンスを削除したわけではありません。ライセンスは次の手順で確認できます。

サイト管理者が確認する場合

[設定]-[アプリの追加]画面より[ライセンスの管理]を開きます。次図のようにサイト内の[ライセンスの管理]画面で確認した場合、自分がストアから導入したアドインが一覧されます。

自分がストアから導入した場合

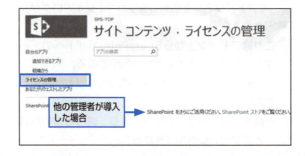

他の管理者が導入した場合

ライセンスを削除したい場合は、一覧からアドインをクリックして詳細画面を開き、[アクション]メニューより削除を行います。

サーバーの全体管理、SharePoint 管理センターで確認する場合

[アプリライセンス]画面で、SharePoint環境内に存在するライセンスと購入者が一覧でき、この画面からもライセンスの削除が可能です。

- **SharePoint Server**：サーバーの全体管理で、[アプリ]－[アプリライセンスの管理]
- **SharePoint Online**：SharePoint 管理センターで、[アプリ]－[ライセンスの管理]

アドインカタログの作成

SharePointアドインはOfficeストアからの導入だけではなく、組織内にアドインカタログを用意し、組織内での展開も可能です。アドインカタログはサイトコレクション（トップレベルサイト）としてSharePoint環境内に作成する、次のようなサイトです。

ここではアドインカタログの作成手順を解説します。SharePoint Serverの場合はサーバー管理者権限、SharePoint Onlineの場合はSharePoint Online管理者権限が必要です。

> 開発したSharePointアドインをカタログに展開する方法は、この章の「6 パッケージとカタログへの展開」で解説します。

SharePoint Serverの場合

SharePoint Serverの場合、Webアプリケーション単位でアドインカタログを用意できます。

❶ サーバーの全体管理を開き、［アプリ］－［アプリカタログの管理］をクリックする。

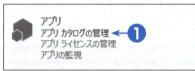

❷ カタログを設定するWebアプリケーションを選択する。［新しいアプリカタログサイトを作成する］を選択し、［OK］をクリックする。
※複数のWebアプリケーションで、同じカタログを利用する場合は、［既存のアプリカタログサイトのURLを入力する］を選択する。

❸ アプリカタログの作成画面が開く。次の項目を任意に設定し、［OK］をクリックする。
● タイトル：任意のタイトル
● Webサイトのアドレス：任意のアドレス（カタログはトップレベルサイトとして作成する）
● サイトコレクション管理者：任意のサイトコレクション管理者を指定
● エンドユーザー（カタログからアプリを表示できるユーザー／グループ）

❹ アドインカタログの作成と設定が完了する。

SharePoint Online の場合

SharePoint Onlineでは、アドインカタログは組織内に1つ用意します。

❶ SharePoint管理センターを開く。

❷ ［アプリ］をクリックし、［アプリカタログ］をクリックする。

❸ ［新しいアプリカタログサイトを作成する］を選択し、［OK］をクリックする。
※既にアドインカタログが作成されている場合、この画面は開かずにアプリカタログサイトが開く。

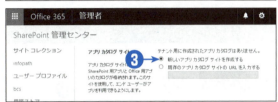

❹ アプリカタログの作成画面が開く。次の項目を任意に設定し、［OK］をクリックする。
- タイトル：任意のタイトル
- Webサイトのアドレス：任意のアドレス（アプリカタログはトップレベルサイトとして作成する）
- 言語の選択
- タイムゾーン
- 管理者：任意のサイトコレクション管理者
- クォータ

❺ アドインカタログとして動作するサイトコレクションが作成される。

ストアからの購入に対する設定

　SharePointアドインは、サイト管理者がOfficeストアから購入し、サイトにインストール可能です。購入時には、Microsoftアカウントおよびクレジットカードによる決済が必要です。サイト管理者がOfficeストアから購入を行えるかどうかは、組織内で設定できます。ここではサイト管理者がOfficeストアからの購入を行えないようにする設定手順を解説します。SharePoint Serverの場合はサーバー管理者権限、SharePoint Onlineの場合はSharePoint Online管理者権限が必要です。

❶ SharePoint Serverの場合はサーバーの全体管理で、[アプリ]をクリックし、[ストア設定の構成]を開く。SharePoint Onlineの場合は、SharePoint管理センターで、[アプリ]をクリックし、[ストア設定の構成]をクリックする。

SharePoint Server の場合
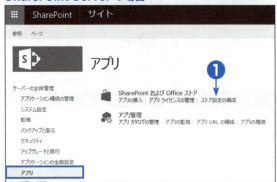

SharePoint Online の場合
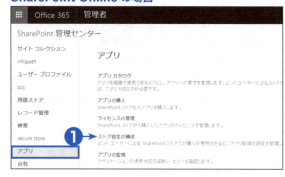

❷ [エンドユーザーがMarketplaceからアプリを取得できるようにしますか？]で[いいえ]を選択し、[OK]をクリックする。
※ここでのエンドユーザーは、サイト管理者の意味である。
※[いいえ]に設定すると、無償/有償に関わらず、サイト管理者がストアからアドインの導入を行えなくなる。サイト管理者はストアから、アドイン追加の要求のみ可能となる。

[はい](既定)：サイト管理者がストアよりアプリ導入が可能

[いいえ]：ストアよりアプリ導入は不可、要求は送信できる

SharePointアドイン開発の基礎

SharePointアドインは、SharePointプロセスの外部で動作するWebとして拡張機能を開発し、SharPointサイトと連動して動作させます。開発する内容は大きく次の2点です。

- マニフェストファイル
  拡張機能を持つWebをSharePointサイトと連動して動作させるためのXMLベースの定義ファイルが必要です。定義ファイルはSharePointアドイン全体のマニフェストファイルが1つと、SharePointアドインに含まれる機能に応じてさらに複数必要です。
- Web
  拡張機能はWebとして開発します。開発したWebの展開方法は2種類あり、それに応じて適切なクライアントAPIを利用してSharePointへのデータアクセスを行います。

SharePointアドイン開発の基礎知識として、まず理解すべき内容は2種類のホスティング方法、画面の種類、アドインパッケージの展開方法についての3点です。これらはSharePointアドイン開発時の基本知識であり、また開発前に確定すべき事項でもあります。それぞれの決定事項により、開発時に必要な内容や、利用するクライアントAPI、また展開時に必要とされる手順も異なります。

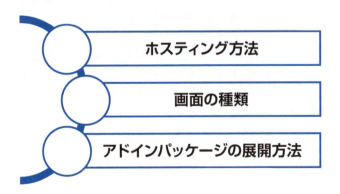

ホスティング方法

SharePoint アドインの内容として開発した Web は、2種類のホスティング方法が用意されており、それぞれのホスティング方法に応じて「SharePoint ホスト型アドイン」「プロバイダーホスト型アドイン」と呼びます。

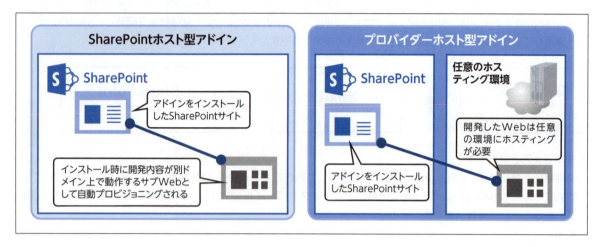

2種類のホスティング方法の一番大きな違いは、開発した Web 内容の展開方法です。SharePoint アドインでは拡張機能を Web として開発を行いますが、開発した Web を SharePoint 環境内に展開する方法を SharePoint ホスト型アドインと呼び、任意のホスティング環境に展開を行う方法をプロバイダーホスト型アドインと呼びます。

> 以前あった自動ホスト型は、現在廃止されています。

開発後は展開パッケージであるアドインパッケージ（app ファイル）として SharePoint サイトに展開を行いますが、ホスティング方法によりアドインパッケージに含める内容も異なります。

SharePoint ホスト型アドイン

SharePoint ホスト型の SharePoint アドインでは、aspx もしくは html ページを含む Web を開発します。開発した Web 内容は、SharePoint アドインをインストールした際に、SharePoint 環境上に自動的にサイトとして展開されます。そのため開発した Web のホスティング環境を別途用意する必要もなければ、サイトを展開する作業も必要ありません。その点は手軽と言えますが、サーバーサイドコードが利用できないという制限があります。カスタムコードはすべて JavaScript で記述し、クライアントサイドで実行させます。

SharePoint ホスト型の SharePoint アドインをインストールした SharePoint サイトを**ホスト Web** と呼び、インストール時に自動的に展開されたサイトを**アドイン Web** と呼びます。アドインパッケージ（app ファイル）には、各マニフェストファイルと併せて開発した Web 内容が含まれます。アドイン Web は SharePoint 環境に展開されます。また、SharePoint サイトとは異なる分離ドメイン上で提供されます。

第7章　SharePointアドインの開発

◆SharePoint Serverの場合

　SharePoint Server環境ではアドインWebが利用する分離ドメインは、事前に構成が必要です。またアドインWebのURL定義は次のとおりです。

```
http(s)://プレフィックス-アドインID.分離ドメイン/ホストWeb相対パス/アドイン名
```

プレフィックス	サーバーの全体管理で設定する任意の文字列が利用される
アドインID	インストール時に自動生成される16進数値
分離ドメイン	あらかじめサーバーで構成された分離ドメインが利用される
ホストWeb相対パス	ホストWebの相対URL
アドイン名	アドインのName値が利用される

　たとえばSharePointサイトのURLがhttp(s)://illuminate.com、分離ドメインがhttp(s)://illuminateaddin.comで構成されていたとします。ホストWebとアドインWebそれぞれのURLは次のようになります。

- **ホストWeb：http(s)://illuminate.com/sites/test**
- **アドインWeb：http(s)://prefix-401b25e03d56d6.illuminateaddin.com/sites/test/AddinName**

◆SharePoint Onlineの場合

　SharePoint Online環境ではアドインWebが利用する分離ドメインは、SharePoint Onlineにより構成されたものが利用されます。アドインWebのURL定義は次のとおりです。

```
http(s)://tenantname-アドインID.sharepoint.com/ホストWeb相対パス/アドイン名
```

　以下は例です。

- **ホストWeb：https://tenantname.sharepoint.com/sites/test**
- **アドインWeb：https://tenantname-401b25e03d56d6.sharepoint.com/sites/test/AddinName**

プロバイダーホスト型アドイン

　プロバイダーホスト型のSharePointアドインの場合、開発したWebはアドイン提供者、もしくは組織内で用意したホスティング環境にホストされます。ホスティング環境は社内ネットワーク内に用意したオンプレミス環境でも、クラウド環境でもかまいません。また開発時にはJavaScriptだけではなく、サーバーサイドコードも利用できます。SharePointへのデータアクセスはクライアントAPIを利用します。サーバーサイドコードが利用できる点から開発の幅は広がると言えますが、開発したWebのホスティングを行う必要があり、ホスティング環境に対するメンテナンスや負荷分散まで責任範囲となる点は考慮が必要です。

　プロバイダーホスト型のSharePointアドインにおいても、インストールしたSharePointサイトは**ホストWeb**と呼びます。ホスティング環境に展開したWebを**リモートApp**と呼びます。リモートAppのドメインはホスティング環境で自由に設定できます。さらにホスティング環境のプラットフォームも指定はありません。.NET環境でもそれ以外のプラットフォームで開発したWebでもリモートAppとして利用できます。アドインパッケージ（appファイル）には、各マニフェストファイルのみが含まれます。

> **ヒント**
>
> **ホストWeb、アドインWeb、リモートApp**
>
> SharePointアドインをインストールしたSharePointサイトはホストWebと呼ばれます。ホスティング方法により開発したWebの呼び方は異なります。開発者として押さえておくべき用語です。
>
>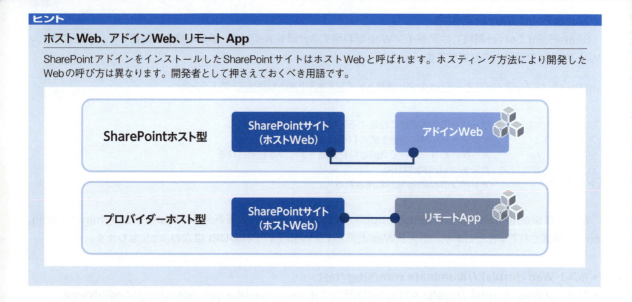

画面の種類

SharePointアドインは、インストールしたサイトの［サイトコンテンツ］画面に一覧されます。ユーザーは［サイトコンテンツ］からクリックしてアドイン画面を開けます。またアドイン画面へのハイパーリンクは［サイトコンテンツ］画面以外に、手動で用意することも可能です。

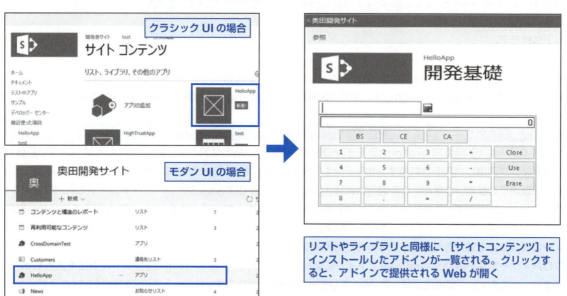

［サイトコンテンツ］画面より、アドインを開くと、アドイン画面が開きますが、アドイン画面は他サイト（アドインWebもしくはリモートApp）上のWebページです。アドインWebやリモートAppと、ホストWeb間をシームレスに連携し、ユーザーにはサイトを横断していることを意識させないように画面を提供すべきだと言えます。そのため、ホストWebにアドインで提供されるWebページを組み込む3種類の方法が用意されています。1つのSharePointアドイン内にこれらを複数含められます。

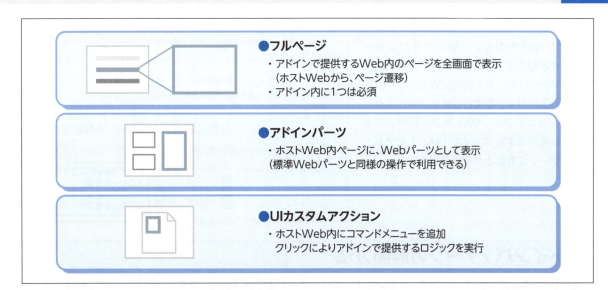

フルページ

　全画面でアドインWeb/リモートApp内のWebページを表示する方法です。別サイト（アドインWeb、リモートApp）へのページ遷移をできるだけ意識させない手段の1つとして、デザインをSharePointサイトに似せて作成するための方法も用意されています。

　ホストWebの［サイトコンテンツ］からクリックした際には、フルページが開くしくみとなっており、そのページをスタートページと言います。スタートページとして利用するため、アドイン内に1ページは必ずフルページが必要です。機能的にフルページが必要ない場合には、アドインに関する説明を記載する画面として利用されることが一般的です。

アドインパーツ

　ホストWebの任意のページ内に、Webパーツと同様の操作で挿入できる部品として提供する方法です。アドインWeb/リモートApp内のWebページをiframeでホストWebに表示するしくみとなっています。アドインパーツ専用の定義ファイル（XML）をアドインパッケージに含める必要があります。

UIカスタムアクション

　ホストWeb内の任意の場所にコマンドメニューを追加する方法です。クリック時にはアドインWeb/リモートApp内のWebページで提供されるロジックを実行します。UIカスタムアクションはアドインWeb内でも利用できます。また専用の定義ファイル（XML）をアドインパッケージに含める必要があります。

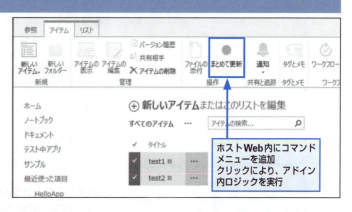

アドインパッケージの展開方法

　開発したSharePointアドインは、appファイルにパッケージ化を行い展開します。内容をまとめたappファイルはアドインパッケージと言い、展開には2つの方法があります。

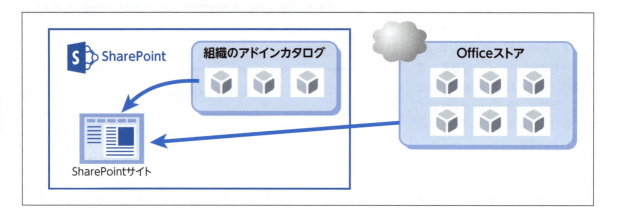

組織内のアドインカタログ

　組織のSharePoint環境内にアドインカタログを用意し、アドインパッケージを展開します。組織内のSharePointサイトにおいて、サイト管理者はアドインのインストールをカタログより行えるようになります。
　開発したSharePointアドインを特定の環境に展開する場合にはこの方法を利用します。

Officeストア

　マイクロソフトが運営するOfficeストアで展開できます。
　サイト管理者は、Officeストアでアドインの検索、購入、インストール作業が行えます。Officeストアで提供するためには、販売者ダッシュボードという専用のWebサイトより、アドインを提出し、審査を受ける必要があります。また有償製品として展開するためには、ライセンスチェックや課金のためのプログラムをアドイン内に含めます。

SharePointアドイン開発環境

SharePointアドインの開発を行う際には、Visual Studioがインストールされた開発環境と、開発環境からアクセスできるSharePointサイトが必要です。

- **開発ツール**
Visual Studio 2013以降
SharePointアドイン開発に必要なOffice Developer Tools for Visual StudioはVisual Studioに含まれていますが、アップデートされる可能性があるため、Visual Studioの［拡張機能と更新プログラム］で、確認することを推奨します。

- **テストとデバッグ用のSharePointサイト**
開発環境からアクセスできれば、SharePoint Server、SharePoint Onlineどちらのサイトでもかまいません。テストとデバッグで利用するSharePointサイトは、［開発者向けサイト］サイトテンプレートを利用して作成します。［チームサイト］などそれ以外のサイトテンプレートで作成したサイトの場合は、デバッグ実行には利用できません。［開発者向けサイト］サイトテンプレートはトップレベルサイトでのみ利用できます。そのため開発者向けサイトは、トップレベルサイトとして作成する必要があります。

SharePoint Server：開発者向けサイト作成

❶ サーバーの全体管理を開く。

❷ ［アプリケーション構成の管理］の［サイトコレクションの作成］をクリックする。

❸ サイトコレクションの作成画面が開く。次のように設定し、[OK]をクリックする。
- Webアプリケーション：任意のWebアプリケーションの選択
- タイトル、説明：任意のタイトル、説明を入力
- URL：任意のURLを指定
- テンプレートの選択：[開発者向けサイト]を選択
- サイトコレクション管理者：任意のユーザーを指定

❹ サイトコレクションが作成されるまで、しばらく待つ。

SharePoint Online：開発者向けサイト作成

❶ SharePoint管理センターを開く。

❷ [サイトコレクション]を開き、[新規]－[プライベートサイトコレクション]をクリックする。

❸ サイトコレクションの作成画面が開く。次のように設定し、[OK]をクリックする。
- タイトル：任意のタイトル
- Webサイトのアドレス：任意のURLを指定
- テンプレートの選択：[開発者向けサイト]を選択
- タイムゾーン：任意のゾーンを選択
- 管理者：任意のユーザーを指定
- 記憶域のクォータ、サーバーリソースクォータ：任意の数値を設定

❹ サイトコレクションが作成されるまで、しばらく待つ。

SharePointアドインのアクセス許可と承認ポリシー

SharePointアドインは、サイトにインストールする際に、次のような画面を表示しアクセス許可を要求します。

インストール操作を行うユーザーが、画面上で［信頼する］を選択した場合、SharePointアドインが要求するアクセス許可が与えられます。この際インストール作業を行うユーザーが、そのアドインが求めるアクセス許可を持っている必要があります。そうではない場合はアプリをインストールすることはできません。SharePointアドインがどのようなアクセス許可を要求するかは、それぞれのマニフェストファイルに定義します。

インストール時に、アドインには一意のIDが割り当てられ、コンテンツデータベースに、与えられたアクセス許可とともに格納されます。アドインを削除すると、与えられたアクセス許可は同時に削除されます。

アドインが要求できるアクセス許可の範囲

SharePointアドインは次のアクセス許可を要求できます。

スコープ	内容	アクセス許可レベル	範囲URI
テナント	アドインがインストールされるテナント全体	Read、Write、Manage、FullControl	http://sharepoint/content/tenant
サイトコレクション	アドインがインストールされるサイトコレクション全体	Read、Write、Manage、FullControl	http://sharepoint/content/sitecollection
Web（サイト）	アドインがインストールされるWebサイト（ホストWeb）	Read、Write、Manage、FullControl	http://sharepoint/content/sitecollection/web
リスト	アドインがインストールされるWebサイト（ホストWeb）内の特定のリスト	Read、Write、Manage、FullControl	http://sharepoint/content/sitecollection/web/list（プロパティでBaseTemplateIdの指定も可能）
検索	検索機能	QueryAsUserIgnoreAppPrincipal	http://sharepoint/search
ソーシャル	ソーシャル機能	Read、Write、Manage、FullControl	http://sharepoint/social/core
マイクロフィード	フィード機能	Read、Write、Manage、FullControl	http://sharepoint/social/microfeed
BCS	BCS機能	Read	http://sharepoint/bcs/connection
タクソノミー	タクソノミー機能	Read、Write	http://sharepoint/taxonomy

※ アドインが要求できるアクセス許可には、Read、Write、Manage、およびFullControl権限があり、アクセス許可レベルの閲覧、投稿、デザイン、フルコントロールにそれぞれ相当します。アクセス許可レベルとは異なり、権限内容のカスタマイズはできません。

※ Officeストアを利用してSharePointアドインを展開する場合、FullControl権限は要求に含めることができません。FullControl権限を要求するSharePointアドインは、組織内のアドインカタログを利用した展開のみ許可されています。

承認ポリシー

SharePointアドイン内で行う操作には、インストール時に与えられたアクセス許可以外にも、**操作ユーザーが、その操作を行うための権限**が必要です。

たとえば、アドイン内でホストWebに対する書き込み操作を行う場合、アドインはWebに対するWrite権限が必要であり、さらに操作するユーザーがホストWebに対する投稿以上の権限を有している必要があります。どちらか、もしくは両方が不足している場合、その操作は行えません。これを「ユーザー＋アドインポリシー」と呼びます。

ユーザーに操作に対する権限を与えずに実行を行いたい場合は、「**アドイン用ポリシー**」を利用し、アドインのみがアクセス許可を持っていれば実行可能とするしくみもあります。この章の「4　プロバイダーホスト型アドインの開発」で解説しますが、アドイン用ポリシーはプロバイダーホスト型アドインのみで利用できるしくみであり、SharePointホスト型アドインでは利用できません。

SharePointホスト型アドインの開発

SharePointホスト型アドインは、次のような特徴を持ちます。

- 開発したWeb内容は、SharePoint環境に自動的に展開される
- 自動的に展開され作成されたWebはアドインWebと呼ばれ、SharePointサイトとは分離されたドメイン上にホストされる
- アドインWebのURLは、自動的にアドインIDを含むものが自動的に付けられる
- ロジックはすべてクライアントサイドで実行させる必要があるため、アドイン内のコードは、JavaScriptのみ利用可能である
- SharePointに対するデータアクセスは、JavaScriptから扱えるクライアントAPIである、JavaScriptオブジェクトモデル（JSOM）もしくはREST APIを利用する
- リスト、WebパーツなどSharePointコンポーネントをアドインWeb内に含められる
- アドインWeb内のページ（aspx）では、アドイン専用のマスターページが利用できるため、SharePointサイトとデザインを合わせやすい
- アドインパッケージには、マニフェストファイルおよび各種定義ファイル、また開発したアドインWeb内容がwspファイルとして含められる
- 操作ユーザーの権限レベルでコードが実行される

本節ではSharePointホスト型アドインの開発方法やしくみを解説します。

リストを操作するアドイン開発

次のような画面、およびリストに対する操作を含むSharePointホスト型アドインを例に、開発方法の基本を解説します。

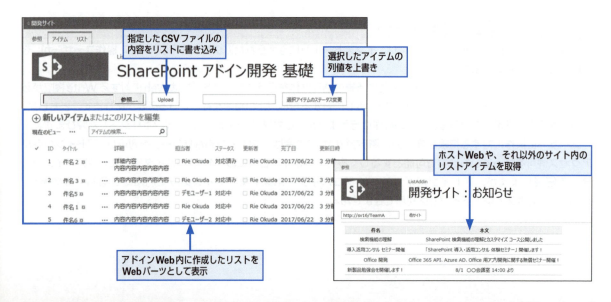

第7章 SharePointアドインの開発

アドイン開発の基礎知識である下記を解説します。

- SharePointホスト型アドイン開発の基本手順
- アドインWeb、ホストWeb、それ以外のSharePointサイト内のリストに対する操作方法
- SharePointホスト型アドインで利用できるアドイン専用マスターページ
- アクセス許可の設定方法としくみ

この手順を行うためには、Visual Studioがインストールされた開発環境と、デバッグ実行で利用する開発者用サイトが必要です。開発者用サイトはSharePoint Server/SharePoint Onlineどちらでもかまいません。

1.SharePointアドインプロジェクトの作成

新しいSharePointアドインプロジェクトを作成します。

❶ Visual Studioを起動する。

❷ [ファイル]メニューの[新規作成]-[プロジェクト]をクリックする。
下記設定を行い、[OK]をクリックする。

項目	内容
[Visual C#]-[Office/SharePoint]-[Webアドイン]	SharePointアドイン
名前	ListAddin
場所	任意の場所を指定

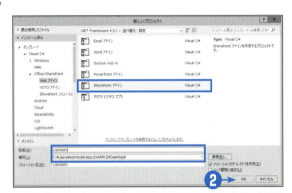

❸ [新しいSharePointアドイン]ダイアログが開く。
次の設定を行い[次へ]をクリックする。
- [アドインのデバッグに使用するSharePointサイト]:開発者用サイトのURLを指定
- [SharePointアドインをホストする方法]:[SharePointホスト型]を選択

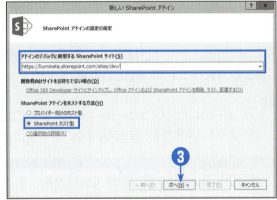

❹ デバッグに使用するSharePointサイトとして、SharePoint Online上の開発者サイトを指定した場合、サインイン画面が表示される。サインインを行う。

❺ ターゲットのSharePointバージョンを確認し、[完了] をクリックする。

❻ 新しいプロジェクトが作成される。

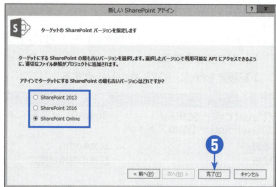

2. 既定の内容確認とデバッグ実行

既定でプロジェクト内に用意される内容を確認し、デバッグ実行を行います。

❶ ソリューションエクスプローラーを開き、既定でプロジェクトに含まれる内容を確認する。

ヒント
SharePointホスト型アドインのプロジェクト

プロジェクトを作成する際に指定したホスティング方法により、自動的に作成されるプロジェクト内の内容は異なります。ここではSharePointホスト型アドインのプロジェクトを作成したため、ソリューション内にプロジェクトが1つ作成され、下記のような内容が既定で用意されます。
- Pages/Defaults.aspx：既定のWebページ。アドイン内のWebページとして利用可能です。別途ページを作成してもかまいません。
- Scripts/App.js：既定のWebページであるPages/Default.aspxが参照するjsファイル（アドインロジックを実装）
- AppManifest.xml：アドインのマニフェストファイル

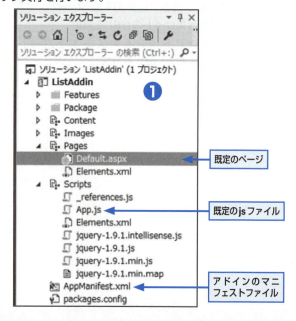

第7章 SharePointアドインの開発

❷ 既定で用意されるページであるDefault.aspxを開き、内容を確認する。

ヒント

SharePointホスト型でのaspxページについて

SharePointホスト型のプロジェクト内に既定で用意されるDefault.aspxは、コンテンツページです。既定でアドイン専用のマスターページを利用しています。アドイン専用のマスターページが利用できるのはSharePointホスト型アドインの場合のみです。次のコンテンツプレースホルダーコントロールが含まれています。

- PlaceHolderAdditionalPageHead
  <head>タグの内容です。既定でJSファイルへの参照や、CSSファイルへの参照が含まれています。
- PlaceHolderPageTitleInTitleArea
- PlaceHolderMain

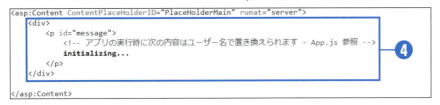

❸
<asp:Content ContentPlaceHolderID="PlaceHolderPageTitleInTitleArea" runat="server">コンテンツプレースホルダー内には、ページタイトルを含める。
内容（文字列）を任意に変更する。

```
<%-- 次の Content 要素内のマークアップはページの TitleArea 内に配置されます --%>
<asp:Content ContentPlaceHolderID="PlaceHolderPageTitleInTitleArea" runat="server">
    SharePointアドイン開発 基礎   ◄──❸
</asp:Content>
```

❹
<asp:Content ContentPlaceHolderID="PlaceHolderMain" runat="server">コンテンツプレースホルダー内には、既定でHTMLタグ（<div>タグと<p>タグ）が含まれていることが確認できる。

```
<asp:Content ContentPlaceHolderID="PlaceHolderMain" runat="server">
    <div>
        <p id="message">
            <!-- アプリの実行時に次の内容はユーザー名で置き換えられます - App.js 参照 -->
            initializing...
        </p>
    </div>
</asp:Content>
```

❺
次にScripts/App.jsを開く。

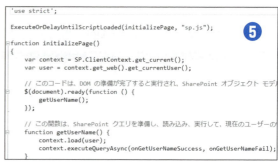

> **ヒント**
> **App.jsに含まれる既定のコード**
> App.jsファイルはDefault.aspxで利用されています。既定のJavaScriptコードの内容はカレントユーザー名を表示する簡単なサンプルです。SharePointホスト型の場合、サーバーサイドコードは利用できないため、すべてJavaScriptで記述します。

❻
ソリューションエクスプローラーからAppManifest.xmlを開き、内容を確認する。

> **ヒント**
> **AppManifest.xml**
> アドインのマニフェストファイルです。Visual StudioではAppManifest.xmlの内容を編集するためのデザイナー画面が既定で開きます。タイトルやバージョン、アイコンなどSharePointアドインの基本情報が含まれます。ここでは特に編集は行いませんが、［スタートページ］がPages/Default.aspxとなっていることを確認します。インストールされたSharePointアドインは、そのサイトの［サイトコンテンツ］画面に一覧されます。サイトコンテンツ画面からクリックした際に開くページをスタートページと言います。スタートページはフルページで開くため、SharePointアドインには最低限フルページ画面が1つ必要です。

❼
F5キーを押し、デバッグ実行する。
デバッグ実行を開始すると、アドインがパッケージ化され、指定した開発者サイトにインストールされる。インストール完了後は、スタートページが開く。既定のコード内容により、ログインユーザー名が画面に表示されることが確認できる。

❽
SharePointアドインのURLを確認する。

> **ヒント**
> **SharePointホスト型の場合のURL**
> SharePointホスト型では、SharePointサイト（ホストWeb）の階層下の分離ドメイン上にアドインWebが自動プロビジョニングされます。アドインWebのURLは下記のような形式となります。
>
> ・SharePoint Serverの場合
>   http(s)://プレフィックス-アドインID.分離ドメイン/ホストWeb相対パス/アドイン名
> ・SharePoint Onlineの場合
>   http(s)://tenantname-アドインID.sharepoint.com/ホストWeb相対パス/アドイン名

第7章　SharePointアドインの開発　319

⑨ Default.aspxはアドインのマスターページを利用している。アドインマスターページはSharePointサイトと同様のデザインを提供し、画面左上にホストWebに戻るためのハイパーリンクも用意する。ホストWebに戻るためのハイパーリンクをクリックする。

⑩ ホストWebである開発者サイトが開く。［サイトコンテンツ］を開くと、アドインがホストWebにインストールされていることが確認できる。

クラシック表示の場合

モダン表示の場合

⑪ ［サイトコンテンツ］からアドインをクリックすると、アドインWeb内のスタートページが開く。

⑫ ブラウザーを閉じ、デバッグ実行を終了する。

ヒント

SharePointホスト型のデバッグ実行時

SharePointホスト型のアドインをデバッグ実行すると、次の操作が行われます。

- appファイルが生成され、デバッグ実行サイト（ホストWeb）にインストールされる
- appファイル内に含まれているwspを利用し、デバッグ実行サイト（ホストWeb）の階層下分離ドメイン上にアドインWebを自動生成
- アドインマニフェストファイルにて、スタートページに指定されたアドインWeb内のページを、デバッグ実行できるようVisual Studioからアタッチされた状態で開く

デバッグ実行終了時には、アタッチされたWebページが閉じるだけです。アドインの削除（サイトからのアンインストール）が必要な場合は、手動で行う必要があります。

ヒント

デバッグ実行サイトの変更

Visual Studioでプロジェクト作成時に指定したデバッグ実行サイトのURLは、プロジェクトのプロパティ画面で確認できる［サイトURL］に保存されています。変更も可能です。

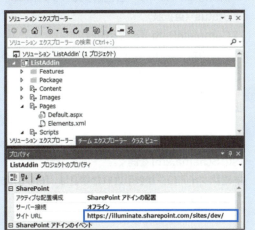

3. アドインWeb内にリスト作成

アドインWebはSharePoint環境上でホストされるサイトです。そのためSharePoint機能を含められます。リストやライブラリを作成することもでき、アドイン内で扱うデータの格納場所の1つとして利用できます。

続いて、アドインWeb内にカスタムリストを作成し、列の追加やビューの編集を行います。

❶
ソリューションエクスプローラーで、[プロジェクト名（ListAddin）]を右クリックし、[追加]-[新しい項目]をクリックする。

❷
[新しい項目の追加]ダイアログボックスが開く。下記のように設定し、[追加]をクリックする。

項目	内容
[Visual C# アイテム]-[Office/SharePoint]	リスト
名前	ActivityList

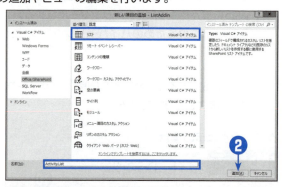

❸
[SharePointカスタマイズウィザード]が開く。次の設定を行い[完了]をクリックする。

項目	内容
リストの表示名	ActivityList
カスタマイズ可能なリストテンプレートおよびそのリストインスタンスを作成	既定（カスタムリスト）

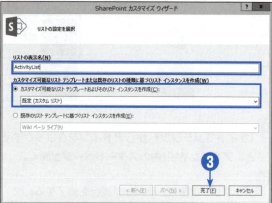

❹
リストがプロジェクト内に追加される。

❺
自動的に開いている画面はリストデザイナーである。Schema.xmlの内容を編集できる。
ここでは列を4つ追加する。
- Record（複数行テキスト）
- InCharge（ユーザーまたはグループ）
- Status（選択肢）
- CompleteDate（日付と時刻）

※列の内部名をわかりやすく指定するため、列名は半角で入力している。

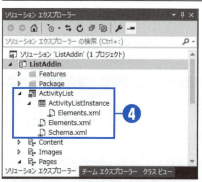

❻
上書き保存する。

❼
ソリューションエクスプローラーから[ActivityList]内のSchema.xmlを開く。
※確認ダイアログが表示された場合は、[はい]をクリックする。

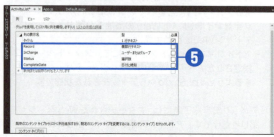

第7章　SharePointアドインの開発　**321**

❽
リスト内容を定義するSchema.xmlに、手順❺においてリストデザイナーを利用して追加した列が<Field>要素として確認できる。

※コード内で列を扱う際は内部名を利用する。<Field>要素のName属性値が内部名。

```
Schema.xml*  ⊕ ✕   App.js      Default.aspx
     1   <?xml version="1.0" encoding="utf-8"?>
     2 ⊟<List xmlns:ows="Microsoft SharePoint" Title="ActivityList" FolderCreation="FALSE" Direction="$Resources:Direction;" Url="Lists/ActivityL
     3 ⊟  <MetaData>
     4 ⊟    <ContentTypes>
     5
     6
     7 ⊟      <ContentType ID="0x01007df77c01fcf447bf8f1cbe2d4a953ebb" Name="ListFieldsContentType"><FieldRefs><FieldRef ID="{fa564e0f-0c70-4ab9-b8
     8          <Folder TargetName="Item" />
     9        </ContentTypeRef><ContentTypeRef ID="0x0120" /></ContentTypes>
    10 ⊟    <Fields>
    11        <Field ID="{fa564e0f-0c70-4ab9-b863-0177e6ddd247}" Type="Text" Name="Title" DisplayName="$Resources:core,Title;" Required="TRUE" So
    12        <Field Name="Record" ID="{1d06f8bd-89e1-4b7d-b28d-74057daa2268}" DisplayName="Record" Type="Note" />
    13        <Field Name="InCharge" ID="{d4998612-a365-40d5-9c75-723adffb71d3}" DisplayName="InCharge" Type="User" List="UserInfo" />
    14        <Field Name="Status" ID="{3e9ad3e2-11df-4afa-9f58-b49c418d604b}" DisplayName="Status" Type="Choice" />
    15        <Field Name="CompleteDate" ID="{1eaed48d-41eb-4e31-a20d-6dc38e60277c}" DisplayName="CompleteDate" Type="DateTime" />
    16      </Fields>
    17 ⊟    <Views>
    18
```
❽

※画面は、わかりやすいよう改行を加えている。

❾
Status列は選択肢列として定義したため、列の選択肢内容を追加する。

Status列の定義を次のように変更する。

```
<Field Name="Status" ID="{3e9ad3e2-11df-4afa-9f58-b49c418d604b}" DisplayName="Status" Type="Choice">
    <CHOICES>
        <CHOICE>対応中</CHOICE>
        <CHOICE>保留</CHOICE>
        <CHOICE>対応済み</CHOICE>
    </CHOICES>
</Field>
```

```
Schema.xml*  ⊕ ✕   App.js      Default.aspx
     1   <?xml version="1.0" encoding="utf-8"?>
     2 ⊟<List xmlns:ows="Microsoft SharePoint" Title="ActivityList" FolderCreation="FALSE" Direction="$Resources:Direction;" Url="Lists/ActivityLi
     3 ⊟  <MetaData>
     4 ⊟    <ContentTypes>
     5
     6
     7 ⊟      <ContentType ID="0x01007df77c01fcf447bf8f1cbe2d4a953ebb" Name="ListFieldsContentType"><FieldRefs><FieldRef ID="{fa564e0f-0c70-4ab9-b86
     8          <Folder TargetName="Item" />
     9        </ContentTypeRef><ContentTypeRef ID="0x0120" /></ContentTypes>
    10 ⊟    <Fields>
    11        <Field ID="{fa564e0f-0c70-4ab9-b863-0177e6ddd247}" Type="Text" Name="Title" DisplayName="$Resources:core,Title;" Required="TRUE" Sou
    12        <Field Name="Record" ID="{1d06f8bd-89e1-4b7d-b28d-74057daa2268}" DisplayName="Record" Type="Note" />
    13        <Field Name="InCharge" ID="{d4998612-a365-40d5-9c75-723adffb71d3}" DisplayName="InCharge" Type="User" List="UserInfo" />
    14 ⊟      <Field Name="Status" ID="{3e9ad3e2-11df-4afa-9f58-b49c418d604b}" DisplayName="Status" Type="Choice">
    15          <CHOICES>
    16            <CHOICE>対応中</CHOICE>
    17            <CHOICE>保留</CHOICE>
    18            <CHOICE>対応済み</CHOICE>
    19          </CHOICES>
    20        </Field>
    21        <Field Name="CompleteDate" ID="{1eaed48d-41eb-4e31-a20d-6dc38e60277c}" DisplayName="CompleteDate" Type="DateTime" />
```
❾

❿
CompleteDate列は、日付のみに変更するため、Format="DateOnly"属性を追加する。

```
<Field Name="CompleteDate" ID="{1eaed48d-41eb-4e31-a20d-6dc38e60277c}" DisplayName
 =" CompleteDate" Type="DateTime" Format="DateOnly"/></Fields>
```

⓫
Schema.xmlを上書き保存する。

⓬
ソリューションエクスプローラーから[ActivityList]をダブルクリックし、リストデザイナーを開く。
※確認ダイアログが表示された場合は、[はい]をクリックする。

⓭
列の表示名を変更する。

変更前（内部名）	変更後（表示名）
Record	詳細
InCharge	担当者
Status	ステータス
CompleteDate	完了日

⓮
[ビュー]タブを開き、[すべてのアイテム]ビューの[行数の上限]を「50」に変更する。

⓯
選択された列を図のように変更し、ビュー内に表示する列を変更する。

⓰
上書き保存する。

⓱
ソリューションエクスプローラーから[ActivityList]内のSchema.xmlを再度開く。
※確認ダイアログが表示された場合は、[はい]をクリックする。

⓲
既定のビューの並び替えを、ID列での降順となるよう設定する。
`<View BaseViewID="1">`要素内の、`<OrderBy>`を次のように変更する。

```
<OrderBy>
  <FieldRef Name="ID" Ascending="False"></FieldRef>
</OrderBy>
```

⓳
さらに、ID列に対して、アイテム数を表示するよう集計設定を追加する。
`<View BaseViewID="1">`要素内に、次の要素を追加する。

```
<Aggregations Value="Text">
  <FieldRef Name="ID" Type="COUNT"/>
</Aggregations>
```

⓴
上書き保存する。

```
<View BaseViewID="0" Type="HTML" MobileView="TRUE" TabularView="FA
  <View BaseViewID="1" Type="HTML" WebPartZoneID="Main" DisplayNam
    <Toolbar Type="Standard" />
    <XslLink Default="TRUE">main.xsl</XslLink>
    <JSLink>clienttemplates.js</JSLink>
    <RowLimit Paged="TRUE">50</RowLimit>
    <ViewFields>
       <FieldRef Name="ID"/><FieldRef Name="LinkTitle"></FieldRef>
    <Query>
      <OrderBy>
        <FieldRef Name="ID" Ascending="False"></FieldRef>
      </OrderBy>
    </Query>
    <Aggregations Value="Text">
      <FieldRef Name="ID" Type="COUNT"/>         ⑲
    </Aggregations>
    <ParameterBindings>
```

4. アドイン Web 内のリストに対する操作を追加

Default.aspx 内に、アドイン Web の ActivityList リストに関する操作を行う機能を追加します。

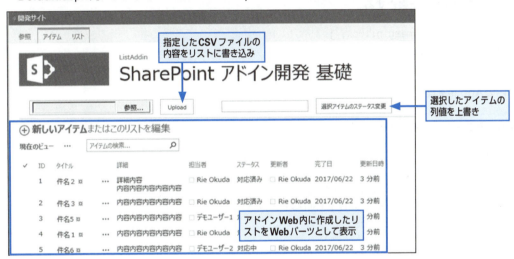

❶
　Default.aspx を開き、<asp:Content ContentPlaceHolderID="PlaceHolderMain" runat="server"> コンテンツプレースホルダー内に既定で含まれている HTML の内容を削除し、次の内容を追加する。

```
<input type="file" id="fileUpload" />
<input type="button" id="upload" value="Upload" onclick="Upload();" />


<input type="text" id="StatusValue" />
<input type="button" value="選択アイテムのステータス変更" onclick="ChangeStatus();" />
<hr />

<WebPartPages:WebPartZone FrameType="None" runat="server" ID="full">
 <WebPartPages:XsltListViewWebPart ID="XsltListViewWebPart1" runat="server"
ListUrl="Lists/ActivityList"></WebPartPages:XsltListViewWebPart>
</WebPartPages:WebPartZone>
```

```
<asp:Content ContentPlaceHolderID="PlaceHolderMain" runat="server">
  <input type="file" id="fileUpload" />
  <input type="button" id="upload" value="Upload" onclick="Upload();" />      ❶

  <input type="text" id="StatusValue" />
  <input type="button" value="選択アイテムのステータス変更" onclick="ChangeStatus();" />
  <hr />

  <WebPartPages:WebPartZone FrameType="None" runat="server" ID="full">
    <WebPartPages:XsltListViewWebPart ID="XsltListViewWebPart1" runat="server"
        ListUrl="Lists/ActivityList"></WebPartPages:XsltListViewWebPart>
  </WebPartPages:WebPartZone>

</asp:Content>
```

❷ [Content] 内のApp.cssを開く。

次のスタイル内容を追加し、上書きする。

```
#results { font-size:14px; margin:10px; }
#upload { margin-right:50px;  }
```

❸ [Scripts] 内のApp.jsを開く。

❹ 既定で含まれてるコードの内容をすべて削除し、次のように変更する。

```
// 指定したCSVファイル内のデータをアドインWeb内にリストに書き込み
function Upload() {
    var regex = /^([a-zA-Z0-9\s_\\.\-:])+(.csv|.txt)$/;
    if (regex.test($("#fileUpload").val().toLowerCase())) {
        var reader = new FileReader();
        var insertCount = 0;
        reader.onload = function (e) {
            clientContext = SP.ClientContext.get_current();
            list = clientContext.get_web().get_lists().getByTitle("ActivityList");

            var rows = e.target.result.split("\n");
            for (var i = 0; i < rows.length; i++) {
                var cells = rows[i].split(",");

                var itemCreateInfo = new SP.ListItemCreationInformation();
                oListItem = list.addItem(itemCreateInfo);
                oListItem.set_item('Title', cells[0]);
                oListItem.set_item('Record', cells[1]);
                var user = SP.FieldUserValue.fromUser(cells[2]);
                oListItem.set_item('InCharge', user);
                oListItem.set_item('Status', cells[3]);
```

```
            oListItem.set_item('CompleteDate', cells[4]);
            oListItem.update();
            clientContext.executeQueryAsync(
              function () {
                        insertCount += 1;
                        if (rows.length == insertCount) {
                            alert(insertCount + "件 追加しました！");
                            window.location = document.location;    }
              },
              function (sender, args) { alert(args.get_message()); }
            );
          }
        }
        reader.readAsText($("#fileUpload")[0].files[0]);
    }
    else {
        alert("CSV ファイルを指定してください。");
    }
}


// 選択したアイテムのステータス列の値を変更
function ChangeStatus() {
    clientContext = SP.ClientContext.get_current();
    var selectedItems = SP.ListOperation.Selection.getSelectedItems(clientContext);
    list = clientContext.get_web().get_lists().getByTitle("ActivityList");
    var item;
    var updateitemcount = 0;
    for (item in selectedItems) {
        var currentItem = list.getItemById(selectedItems[item].id);
        currentItem.set_item("Status", $('#StatusValue').val());
        currentItem.update();
        clientContext.executeQueryAsync(
            function () {
                updateitemcount += 1;
                if (selectedItems.length == updateitemcount) {
                    alert("更新しました！");
                    window.location = document.location;
                }
            },
            function (sender, args) { alert(args.get_message()); }
        );
    }
}
```

コードの内容

・Upload 関数

指定した csv ファイルから取得したデータを ActivityList リストに書き込む処理を行います。`lientContext = SP.ClientContext.get_current();` で取得しているコンテキストは、アドイン Web でのコンテキストとなります。もし `clientContext.get_web();` を行った場合、取得されるのは、アドイン Web です。

利用する csv ファイルは、**タイトル**, **詳細**, **担当者**, **ステータス**, **完了日** の形式であることを前提にしています。

```
件名1,内容内容内容内容内容内容,rie@illuminate-j.jp,対応中,2017/06/22
件名2,内容内容内容内容内容内容,rie@illuminate-j.jp,対応中,2017/06/23
件名3,内容内容内容内容内容内容,rie@illuminate-j.jp,対応中,2017/06/24
件名4,内容内容内容内容内容内容,rie@illuminate-j.jp,対応中,2017/06/25
```

・ChangeStatus 関数

Default.aspx 内の ActivityList リストを表示している Web パーツにおいて、選択されたアイテムのステータス列の値を、テキストボックスに記載した内容に、上書きする処理を行います。`SP.ListOperation.Selection.getSelectedItems(clientContext);` で、選択されたアイテムの ID を取得できます。

5. 新規ページの追加と、SharePoint サイトに対する読み取り操作を追加

アドイン Web 内に新しい aspx ページを追加します。また追加したページ内に、ホスト Web やその他サイト内のリストに対して読み取り操作を行う機能を実装します。

❶ ソリューションエクスプローラーで、[Pages] を右クリックし、[追加] - [新しい項目] をクリックする。

❷ [新しい項目の追加] ダイアログボックスが開く。下記のように設定し、[追加] をクリックする。

項目	内容
[Visual C# アイテム] - [Office/SharePoint]	ページ
名前	HostWebList.aspx

❸ 新しく作成されたページが開く。

④

HostWebList.aspx内の内容を次のように変更する。

```
<asp:Content ContentPlaceHolderId="PlaceHolderAdditionalPageHead" runat="server">
    <link rel="Stylesheet" type="text/css" href="../Content/App.css" />
    <script type="text/javascript" src="../Scripts/jquery-1.9.1.min.js"></script>
    <script type="text/javascript" src="../Scripts/HostWebList.js"></script>
    <SharePoint:ScriptLink name="sp.js" runat="server" OnDemand="true" LoadAfterUI="true"
        Localizable="false" />
</asp:Content>

<asp:Content ContentPlaceHolderID="PlaceHolderPageTitleInTitleArea" runat="server">
    <span id="WebTitle"></span>
</asp:Content>

<asp:Content ContentPlaceHolderId="PlaceHolderMain" runat="server">
    <input type="text" id="webUrlValue" />
    <input type="button" value="他サイト" onclick="ChangeWeb();" />
    <hr />
    <div id="results"/>
</asp:Content>
```

※ここで参照を追加したHostWebList.jsはまだ作成していない。この後の手順で作成する。

```
<%@ Page language="C#" MasterPageFile="~masterurl/default.master" Inherits="Microsoft.SharePoint.WebPartPages.WebPartPage, Microsoft
<%@ Register Tagprefix="Utilities" Namespace="Microsoft.SharePoint.Utilities" Assembly="Microsoft.SharePoint, Version=16.0.0.0, Cult
<%@ Register Tagprefix="WebPartPages" Namespace="Microsoft.SharePoint.WebPartPages" Assembly="Microsoft.SharePoint, Version=16.0.0.0
<%@ Register Tagprefix="SharePoint" Namespace="Microsoft.SharePoint.WebControls" Assembly="Microsoft.SharePoint, Version=16.0.0.0, C

<asp:Content ContentPlaceHolderId="PlaceHolderAdditionalPageHead" runat="server">
    <link rel="Stylesheet" type="text/css" href="../Content/App.css" />
    <script type="text/javascript" src="../Scripts/jquery-1.9.1.min.js"></script>
    <script type="text/javascript" src="../Scripts/HostWebList.js"></script>
    <SharePoint:ScriptLink name="sp.js" runat="server" OnDemand="true" LoadAfterUI="true" Localizable="false" />
</asp:Content>

<asp:Content ContentPlaceHolderID="PlaceHolderPageTitleInTitleArea" runat="server">
    <span id="WebTitle"></span>
</asp:Content>

<asp:Content ContentPlaceHolderId="PlaceHolderMain" runat="server">
    <input type="text" id="webUrlValue" />
    <input type="button" value="他サイト" onclick="ChangeWeb();" />
    <hr />
    <div id="results"/>
</asp:Content>
```

④

---

⑤

[Content] 内の App.css を開く。
次のスタイル内容を追加し、上書きする。

```
table.result {
    border-collapse: separate; border-spacing: 1px; border-top: 1px solid #ccc; }
table.result th {
    font-weight: bold;text-align:center; vertical-align: top;
    border-bottom: 1px solid #ccc; background: #efefef; }
table.result td {
```

```
        vertical-align: top;text-align:center;
        border-bottom: 1px solid #ccc; padding:5px; }
```

❻ ソリューションエクスプローラーで、[Scripts] を右クリックし、[追加] － [新しい項目] をクリックする。

❼ [新しい項目の追加] ダイアログボックスが開く。下記のように設定し、[追加] をクリックする。

項目	内容
[Visual C# アイテム] － [Web]	JavaScript ファイル
名前	HostWebList.js

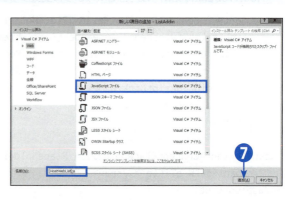

❽ 新しく作成された js ファイルが開く。

❾ HostWebList.js を次の内容に変更する。

```
ExecuteOrDelayUntilScriptLoaded(initializePage, "sp.js");

function initializePage() {
    context = SP.ClientContext.get_current();
    hostweburl = decodeURIComponent(getQueryStringParameter("SPHostUrl"));
    var hostctx = new SP.AppContextSite(context, hostweburl);
    web= hostctx.get_web();

    var list = web.get_lists().getByTitle("お知らせ");
    var camlString = "<View><ViewFields><FieldRef Name='Title' />" +
    "<FieldRef Name='Body' /></ViewFields></View>";
    var camlQuery = new SP.CamlQuery();
    camlQuery.set_viewXml(camlString);
    allItems = list.getItems(camlQuery);

    context.load(web);
    context.load(allItems);
    context.executeQueryAsync(onSuccess, onFail);
}

function getQueryStringParameter(paramToRetrieve) {
    var params =
        document.URL.split("?")[1].split("&");
    var strParams = "";
    for (var i = 0; i < params.length; i = i + 1) {
        var singleParam = params[i].split("=");
        if (singleParam[0] == paramToRetrieve)
```

```
            return singleParam[1];
    }
}

function onSuccess() {
    $('#WebTitle').text(web.get_title() + "：お知らせ");

    var announcementsHTML = "<table class='result'><th>件名</th><th>本文</th>";
    var enumerator = allItems.getEnumerator();
    while (enumerator.moveNext()) {
        var announcement = enumerator.get_current();
        announcementsHTML = announcementsHTML +
            "<tr><td>" + announcement.get_item("Title") +
            "</td><td>" + announcement.get_item("Body") +
            "</td></tr>";
    }
    $('#results').html(announcementsHTML);

}
function onFail(sender, args) {
    alert('エラー：' + args.get_message());
}

function ChangeWeb() {
    context = SP.ClientContext.get_current();
    targetweburl = $('#webUrlValue').val();
    var targetwebctx = new SP.AppContextSite(context, targetweburl);
    Web= targetwebctx.get_web();

    var list = web.get_lists().getByTitle("お知らせ");
    var camlString = "<View><ViewFields><FieldRef Name='Title' />" +
    "<FieldRef Name='Body' /></ViewFields></View>";
    var camlQuery = new SP.CamlQuery();
    camlQuery.set_viewXml(camlString);
    allItems = list.getItems(camlQuery);

    context.load(web);
    context.load(allItems);
    context.executeQueryAsync(onSuccess, onFail);
}
```

コードの内容

- **initializePage 関数**
  ホストWebの「お知らせ」リストからアイテムを取得する内容です。ホストWebのURLが必要ですが、ホストWebのURLは、アドインがインストールされるまではわかりません。これは、インストール時に自動生成されるアドインWebも同様です。

  アドインでは、スタートページが開かれる際、クエリ文字列に次の内容を渡しています。

  - SPHostUrl：ホストWebのURL
  - SPAppWebUrl：アドインWebのURL

  AppManifest.xmlを確認すると、スタートページとともに、クエリ文字列として{StandardTokens}が既定で設定されています。この{StandardTokens}に上記クエリ文字列が含まれます。コード内で動的にアドインWebやホストWebのURLが必要な場合はこれらのクエリ文字列から取得します。

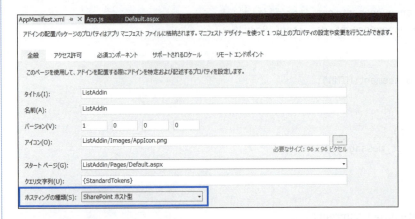

  まずはクエリ文字列からホストWebのURLを取得しています。その後、`var hostctx = new SP.AppContextSite(context, hostweburl);`にてホストWebのコンテキストを取得しています。
  ホストWebのコンテキストの取得後は、JSOMにて「お知らせ」リスト内のリストアイテムを取得しています。

- **getQueryStringParameter 関数**
  クエリ文字列から値を取り出す処理を行います。

- **onSuccess 関数**
  お知らせリスト取得後、Webタイトル、お知らせリストアイテムを表示する操作を行っています。

- **ChangeWeb 関数**
  「お知らせ」リストを取得するWebを変更しています。ホストWebではなく、指定したURLのサイトから「お知らせ」リストの内容を取得しています。

6. アドインに対するアクセス権

SharePoint内のデータに操作を行う際には、アクセス許可が必要です。インストール時にアクセス許可を要求するようアドインマニフェストに定義を追加します。

ここまでの内容でアクセス許可が必要な操作は下記のとおりです。

- **HostWebList.aspx内のホストWebのタイトル、「お知らせ」リストアイテム取得**
  → Webに対するReadが必要

- **HostWebList.aspx内の指定したSharePointサイトのタイトル、「お知らせ」リストアイテム取得**
  →指定するSharePointサイトが同じサイトコレクション内とする場合は、サイトコレクションに対するReadが必要
  →環境内すべてのSharePointサイトを対象とする場合は、テナントに対するReadが必要

❶ ソリューションエクスプローラーからAppManifest.xmlを開く。

❷ ［アクセス許可］タブにおいて、［テナント］に対する［Read］を設定する。
※上記の解説のとおり、アクセスするSharePointサイトの場所に応じて変更する。

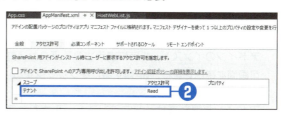

7. HostWebList.aspx ページへのリンクを追加

Default.aspx内に、HostWebList.aspxページへのリンクを追加します。

❶ ［Content］内のApp.cssを開く。
次のスタイル内容を追加し、上書きする。

```
#toHost { margin-left:50px;  background-color:#F6CED8; }
```

❷ Default.aspxに次の内容を追加する。

```
<input type="button" value="ホストWeb操作 ページへ移動" id="toHost" onclick="ToHost();" />
```

❸ App.jsに次の内容を追加する。

```
function ToHost() {
    window.location = "HostWebList.aspx?SPHostUrl=" + getQueryStringParameter("SPHostUrl") +
        "&SPAppWebUrl=" + getQueryStringParameter("SPAppWebUrl");
}

function getQueryStringParameter(paramToRetrieve) {
    var params =
        document.URL.split("?")[1].split("&");
    var strParams = "";
    for (var i = 0; i < params.length; i = i + 1) {
        var singleParam = params[i].split("=");
        if (singleParam[0] == paramToRetrieve)
            return singleParam[1];
    }
}
```

※HostWebList.aspxにおいても、ホストWebやアドインWebのURLを利用できるよう、クエリ文字列を追加している。

8. 動作テスト

動作確認の前提として、ホストWeb（開発者サイト）内に「お知らせ」リストを作成してください。また同じテナント内の任意のサイトにも「お知らせ」リストを作成してください。

❶ デバッグ実行を開始する。

❷ アドインのインストール時に表示されるアクセス許可画面を確認できる。［信頼する］をクリックする。

❸ アドインが開発者サイトにインストールされ、スタートページが自動的に開く。スタートページであるDefault.aspxでは、次の内容を確認できる。
- ActivityListリストがWebパーツとして表示
- アドインWebURL/Lists/ActivityListとURLを指定してアクセスすると、アドインWeb内のリストを直接参照可能
- ［Upload］ボタンをクリックすると、［参照］より指定したcsvファイルをActivityList内にリストアイテムとして登録
- Webパーツ内で選択した複数リストアイテムに対して、ステータス列の値を変更

❹ Default.aspx内の［ホストWeb操作ページへ移動］をクリックする。

❺ HostWebList.aspxが開く。HostWebList.aspxでは、次の内容を確認できる。
- ホストWebのサイトタイトル、および「お知らせ」リストアイテムが表示される
- URLを指定し［他サイト］ボタンをクリックすると、指定したサイトのタイトル、および「お知らせ」リストアイテムが表示される

❻ デバッグ実行を終了する。

アドインパーツ開発

次の内容を例として、アドインパーツを含むSharePointホスト型アドインを開発する手順を解説します。

- Webパーツの編集画面で、ホストWeb内のリスト、ビュー名を指定
- 指定したビュー内に表示されるアイテム件数をグラフ表示

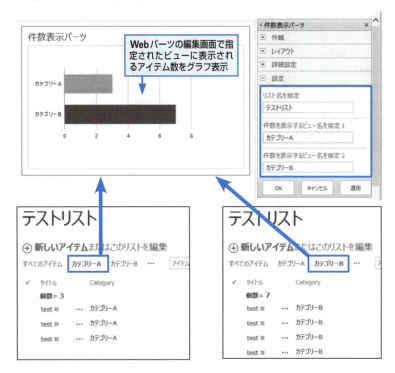

この手順を行うためには、Visual Studioがインストールされた開発環境と、デバッグ実行で利用する開発者用サイトが必要です。開発者用サイトはSharePoint Server/SharePoint Onlineどちらでもかまいません。

1. SharePointアドインプロジェクトの作成

新しいSharePointアドインプロジェクトを作成します。

❶ Visual Studioを起動する。

❷ ［ファイル］メニューの［新規作成］－［プロジェクト］をクリックする。
下記の設定を行い、［OK］をクリックする。

項目	内容
［Visual C#］－［Office/SharePoint］－［Webアドイン］	SharePointアドイン
名前	PartAddin
場所	任意の場所を指定

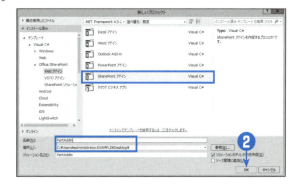

❸
[新しいSharePointアドイン] ダイアログボックスが開く。次の設定を行い [次へ] をクリックする。
- [アドインのデバッグに使用するSharePointサイト]：開発者用サイトのURLを指定
- [SharePointアドインをホストする方法]：[SharePointホスト型] を選択

❹
デバッグに使用するSharePointサイトとして、SharePoint Online上の開発者サイトを指定した場合、サインイン画面が表示される。サインインを行う。

❺
ターゲットのSharePointバージョンを確認し、[完了] をクリックする。

❻
新しいプロジェクトが作成される。

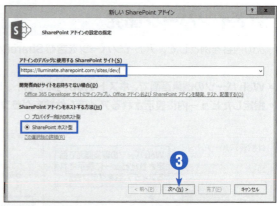

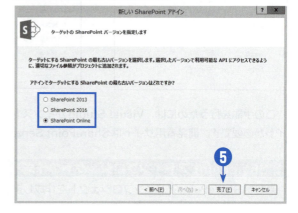

2. アドインパーツの作成

アドインパーツは、ホストWeb内のページに、Webパーツと同じ操作で挿入できるパーツです。プロジェクト内にアドインパーツを追加するための操作を確認します。

❶
ソリューションエクスプローラーで、[プロジェクト名（PartAddin）]を選択し、[プロジェクト]メニューから[新しい項目の追加]をクリックする。

❷
[新しい項目の追加]ダイアログボックスが開く。下記のように設定し、[追加]をクリックする。

項目	内容
[Visual C#アイテム]－[Office/SharePoint]	クライアントWebパーツ（ホストWeb）
名前	ListCountPart

❸
[クライアントWebパーツの作成]が開く。次のように設定し、[完了]をクリックする。
- [クライアントWebパーツのコンテンツのために新しいアドインWebページを作成する]：ListCountPart

❹
クライアントWebパーツの定義ファイルを含むアイテムと、[Pages]内のWebページがプロジェクトに追加される。

❺
[ListCountPart]内のElements.xmlを開く。

❻
クライアントWebパーツの定義ファイルであるElements.xmlを次のように編集する。

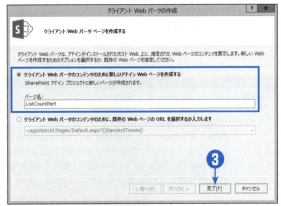

```
<?xml version="1.0" encoding="utf-8"?>
<Elements xmlns="http://schemas.microsoft.com/sharepoint/">
  <ClientWebPart Name="ListCountPart" Title="件数表示パーツ" Description="書籍内手順で作成したアドインパーツ" DefaultHeight="250" DefaultWidth="450">

    <Content Type="html"          Src="~appWebUrl/Pages/ListCountPart.aspx?listname
```

```
                      =_ListName_&amp;view1=_View1_&amp;view2=_View2_&amp;HostUrl={HostUrl}" />

    <Properties>
      <Property Name="ListName" Type="string" WebBrowsable="true"
                  WebDisplayName="リスト名を指定" WebDescription="対象リストを指定"
                  WebCategory="設定" DefaultValue="" RequiresDesignerPermission="true" />
      <Property Name="View1" Type="string" WebBrowsable="true"
                  WebDisplayName="件数を表示するビュー名を指定1"
WebDescription="件数を表示するビュー名を指定"
                  WebCategory="設定" DefaultValue="" RequiresDesignerPermission="true" />
      <Property Name="View2" Type="string" WebBrowsable="true"
                  WebDisplayName="件数を表示するビュー名を指定2"
                  WebDescription="件数を表示するビュー名を指定"
                  WebCategory="設定" DefaultValue="" RequiresDesignerPermission="true" />
    </Properties>
  </ClientWebPart>
</Elements>
```

ヒント

アドインパーツの定義ファイルについて

・<ClientWebPart> 要素内の属性
- ・Name：アドインパーツを識別するために利用する名前
- ・Title：アドインパーツの表示名（ホストWeb内で挿入時に表示される）
- ・Description：アドインパーツの説明（ホストWeb内で挿入時に表示される）
- ・DefaultHeight、DefaultWidth：既定の縦幅、横幅

・アドインパーツのプロパティ
アドインパーツのプロパティは、<Properties> 要素内に <Property> サブ要素として定義します。string、enum、int、boolean 型のプロパティを指定できます。
指定したプロパティは、Webパーツの編集画面で設定変更が行えます。

- ・Name：プロパティ名
- ・Type：データ型
- ・WebDisplayName：表示名
- ・WebDiscription：説明
- ・WebCategpry：Webパーツ設定画面内のカテゴリ名
- ・DefaultValue：既定値

解説内のコードでは、ListName/View1/View2と3つのプロパティを定義しています。設定画面で指定された値を、アドイン内のWebページに渡す際にはクエリ文字列を利用します。

・<Content> 要素のSrc属性
アドインパーツはホストWeb内にiframeにて、アドインWeb内のWebページを表示します。<Content> 要素のSrc属性で、iframe内に表示するWebページのURLを指定します。
SharePointホスト型アドインの場合、インストールされるまではアドインWebのURLが確定しないため、~appWebUrlというトークンを利用してURLを指定します。またアドインWeb内のソースコードで扱いたい情報はクエリ文字列として指定します。
Webパーツの設定画面で指定されたプロパティ内容は、"_プロパティ名_"としてクエリ文字列内で扱います。また複数のクエリ文字列を指定する場合、&でつなぎます。
解説コード内では、定義したプロパティ3つ（ListName/View1/View2）およびHostUrlとして、ホストWebのURLをクエリ文字列として指定しています。

第7章　SharePointアドインの開発　　**337**

❼
上書き保存する。

❽
[Pages] 内のListCountPart.aspxを開く。

❾
\<body>タグ内に次のコードを追加する。

```
<div id="chart_div"></div>
<div id="message"></div>
```

```
<body>
<div id="chart_div"></div>        ❾
<div id="message"></div>
</body>
</html>
```

❿
\<head>タグ内に次の参照を追加する。

```
<script type="text/javascript" src="https://www.google.com/jsapi"></script>
```

```
ListCountPart.aspx*  ⊕ ×  Elements.xml        Default.aspx
   1  <%@ Page language="C#" Inherits="Microsoft.SharePoint.WebPartPages.WebPartPage, Micro
   2  <%@ Register Tagprefix="SharePoint" Namespace="Microsoft.SharePoint.WebControls" Asse
   3  <%@ Register Tagprefix="Utilities" Namespace="Microsoft.SharePoint.Utilities" Assembl
   4  <%@ Register Tagprefix="WebPartPages" Namespace="Microsoft.SharePoint.WebPartPages" A
   5
   6  <WebPartPages:AllowFraming ID="AllowFraming" runat="server" />
   7
   8  <html>
   9  <head>
  10      <title></title>
  11
  12      <script type="text/javascript" src="../Scripts/jquery-1.9.1.min.js"></script>
  13      <script type="text/javascript" src="/_layouts/15/MicrosoftAjax.js"></script>
  14      <script type="text/javascript" src="/_layouts/15/sp.runtime.js"></script>
  15      <script type="text/javascript" src="/_layouts/15/sp.js"></script>
  16      <script type="text/javascript" src="https://www.google.com/jsapi"></script>    ❿
  17
```

⓫
\<head>タグ内の既存JavaScriptコードを削除し、次のように変更する。

```
<script type="text/javascript">
    (function () {
        google.load("visualization", "1", { packages: ["corechart"] });
        google.setOnLoadCallback(getListItemCount);
    })();


    var context;
    var hostctx;
    var listName;
    var viewName1;
    var viewName2;

    function getListItemCount() {
        context = SP.ClientContext.get_current();
        hostweburl = getQueryStringValue("HostUrl");
```

```
        hostctx = new SP.AppContextSite(context, hostweburl);
        hostWeb= hostctx.get_web();

        listName = getQueryStringValue("listname");
        viewName1 = getQueryStringValue("view1");
        viewName2 = getQueryStringValue("view2");

        var list = hostweb.get_lists().getByTitle(listName);
        var view1 = list.get_views().getByTitle(viewName1);
        var view2 = list.get_views().getByTitle(viewName2);
        context.load(view1);
        context.load(view2);
        context.executeQueryAsync(
            function (sender, args) {
                query1 = "<View><Query>" + view1.get_viewQuery() + "</Query></View>";
                query2 = "<View><Query>" + view2.get_viewQuery() + "</Query></View>";
                getItems(query1, query2)
            },
            function (sender, args) {
                $('#message').text("リスト名、ビュー名の設定を確認してください");
            }
        );
}

function getItems(queryText1, queryText2) {
    var list = hostctx.get_web().get_lists().getByTitle(listName);
    var query1 = new SP.CamlQuery();
    query1.set_viewXml(queryText1);
    var items1 = list.getItems(query1);

    var query2 = new SP.CamlQuery();
    query2.set_viewXml(queryText2);
    var items2 = list.getItems(query2);

    context.load(items1);
    context.load(items2);
    context.executeQueryAsync(
        function () {
            var itemCount1 = items1.get_count();
            var itemCount2 = items2.get_count();
            drawChart(itemCount1, itemCount2);
        },
        function (sender, args) {
            $('#message').text("エラー " + args.get_message());
        }
    );
}
```

```javascript
    function drawChart(itemCount1, itemCount2) {
        var data = google.visualization.arrayToDataTable([
            ["Element", "件数", { role: "style" }],
            [ViewName1, itemCount1, "#76A7FA"],
            [ViewName2, itemCount2, "#703593"]
        ]);
        var options = {
            width: 400, height: 200,  legend: { position: "none" }
        };

var chart = new google.visualization.BarChart(document.getElementById('chart_div'));
        chart.draw(data, options);

    }

    function getQueryStringValue(paramName) {
        var params = document.URLUnencoded.split("?")[1].split("&");
        var strParams = "";
        for (var i = 0; i < params.length; i = i + 1) {
            var singleParam = params[i].split("=");
            if (singleParam[0] == paramName)
                return decodeURIComponent(singleParam[1]);
        }
    }
</script>
```

コードの内容

- **getListItemCount 関数**
  - クエリ文字列よりホストWebのURLを取得し、ホストWebにアクセスするためのコンテキストを取得
  - アドインパーツのプロパティ（ListName、View1、View2）をクエリ文字列より取得
  - プロパティ内で指定されたリスト内の、指定されたビュー 2 つを取得
  - 取得が成功したら、ビュー内のクエリを利用し、リストアイテム数を取得する getItems 関数を呼び出す

- **getItems 関数**
  - ビュー内のクエリを利用し、2 つのビューからアイテム数を取得
    - 成功時：drawChart 関数を実行
      取得したリストアイテムの件数を Google Chart API を利用してグラフ表示する処理を行う
    - 失敗時：エラーを表示

ヒント

SharePointホスト型でのアドインパーツ注意点

SharePointページには既定でX-Frame-Optionsヘッダーが含まれています。X-Frame-Optionsヘッダーとはクリックジャッキング攻撃を防ぐためのもので、外部サイト上でページがフレーム内に表示されることを許可するための宣言です。3種類の値が設定できます。

このコンテンツはフレーム内で表示できません
このWebサイトに入力する情報のセキュリティを保護するため、このコンテンツの発行者はフレーム内での表示を許可していません。

- **DENY**：ページをフレーム内に表示できない
- **SAMEORIGIN**：同じドメインの場合のみ表示できる
- **ALLOW-FROM uri**：指定されたURIから生成されたページをフレーム内に表示できる

SharePointでは、HTTPレスポンスでX-Frame-Options:SAMEORIGINとなっています。これはSharePointページとは異なるドメインのページは、iframe内に表示できないということです。たとえばSharePoint Onlineにおいて、サイトに個人用サイトのページをiframeで表示すると、エラーが表示されます（ドメイン名にmyが含まれるため、異なるドメインとなる）。SharePointホスト型の場合、アドイン内のページにはSharePointページと同様の、X-Frame-Optionsヘッダーが含まれます。そのためアドインパーツを利用すると、エラーが発生することがあります。これを回避するため、アドインパーツ内に表示するページでは、AllowFramingコントロールを使用します。このコントロールを追加することで、SharePointはページがリクエストされたときに、X-Frame-Optionsヘッダーを送信しません。

```
<WebPartPages:AllowFraming ID="AllowFraming1" runat="server" />
```

Visual Studioによってアドインパーツに表示するページを追加した場合、自動的にこのコントロールは追加されています。

⓬ Default.aspxを開き、次のように編集を行う。

```
<asp:Content ContentPlaceHolderID="PlaceHolderPageTitleInTitleArea" runat="server">
    グラフパーツのアドイン
</asp:Content>

<%-- 次の Content 要素内のマークアップとスクリプトはページの <body> 内に配置されます --%>
<asp:Content ContentPlaceHolderID="PlaceHolderMain" runat="server">

    <div>
        <h2>
            このアドインをインストールした SharePoint サイトでは、「件数表示パーツ」Web パーツが利用できます。<br/>
            通常の Web パーツと同様のページ内に追加し、Web パーツの編集画面で、下記設定を行います。<br/>
            ・ リスト名<br/>
            ・ ビュー名を2点
        </h2>
    </div>

</asp:Content>
```

⓬

 ソリューションエクスプローラーからAppManifest.xmlを開く。

 ［アクセス許可］タブにおいて、［Web］に対する［Read］を設定する。

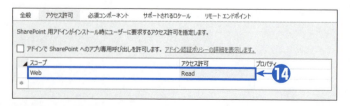

3. 動作テスト

動作確認の前提として、ホストWeb（開発者サイト）内に、任意の名前でリストを作成してください。またリスト内には2つビューを作成しておきます。

❶
デバッグ実行を開始する。

❷
アドインのインストール時に表示されるアクセス許可画面を確認できる。［信頼する］をクリックする。

❸
アドインが開発者サイトにインストールされ、スタートページであるDefault.aspxが開く。
※フルページをアドイン内の機能として利用しない場合は、フルページは、このようにアドインの説明等を記載する画面として利用することが一般的である。

❹
左上のホストWebへのリンクをクリックし、ホストWebを開く。

❺
ホストWebのトップページを編集モードに切り替える。

❻
［挿入］タブの［Webパーツ］をクリックし、［件数表示パーツ］を追加する。
●Elements.xmlファイルで定義した<ClientWebPart>要素のTitle属性およびDescription属性値が表示されている。

❼
挿入したアドインパーツの設定画面を開く。

❽
Webパーツの設定画面の［設定］カテゴリに表示されるプロパティを任意に指定し、［OK］をクリックする。
※ホストWeb内に存在するリスト名、およびそのリスト内のビュー名2つを指定する。

❾
ページを保存する。

❿ アドインパーツ内に、指定したリストビュー内のアイテム数がグラフで表示される。

⓫ デバッグ実行を終了する。

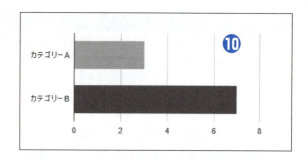

UIカスタムアクション開発

次の内容を例として、UIカスタムアクションを含むSharePointホスト型アドインを開発する手順を解説します。

リストアイテムのコピーを行うメニューを追加

　この手順を行うためには、Visual Studioがインストールされた開発環境と、デバッグ実行で利用する開発者用サイトが必要です。開発者用サイトはSharePoint Server/SharePoint Onlineどちらでもかまいません。

1. SharePointアドインプロジェクトの作成

新しいSharePointアドインプロジェクトを作成します。

❶ Visual Studioを起動する。

❷ ［ファイル］メニューの［新規作成］－［プロジェクト］をクリックする。

　下記の設定を行い、［OK］をクリックする。

項目	内容
[Visual C#] － [Office/SharePoint] － [Webアドイン]	SharePointアドイン
名前	CopyMenuAddin
場所	任意の場所を指定

第7章　SharePointアドインの開発　　343

❸ ［新しいSharePointアドイン］ダイアログボックスが開く。次の設定を行い［次へ］をクリックする。
- ［アドインのデバッグに使用するSharePointサイト］：開発者用サイトのURLを指定
- ［SharePointアドインをホストする方法］：［SharePointホスト型］を選択

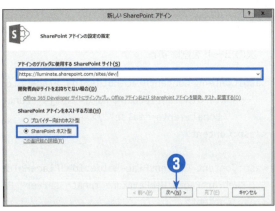

❹ デバッグに使用するSharePointサイトとして、SharePoint Online上の開発者サイトを指定した場合、サインイン画面が表示される。サインインを行う。

❺ ターゲットのSharePointバージョンを確認し、［完了］をクリックする。

❻ 新しいプロジェクトが作成される。

2. UI カスタムアクションの作成

ホストWebのカスタムリスト内に表示されるUIカスタムアクションを作成します。

❶ ソリューションエクスプローラーで、［Pages］を右クリックし、［追加］－［新しい項目］をクリックする。

❷ ［新しい項目の追加］ダイアログボックスが開く。次のように設定し、［追加］をクリックする。

項目	内容
［Visual C#アイテム］	ページ
名前	Menu.aspx

3

追加したMenu.aspx内の、プレースホルダーコントロール2つを削除する。
次のコードを削除する。

```
<asp:Content ContentPlaceHolderId="PlaceHolderAdditionalPageHead" runat="server">
    <SharePoint:ScriptLink name="sp.js" runat="server" OnDemand="true" LoadAfterUI="true"
        Localizable="false" />
</asp:Content>

<asp:Content ContentPlaceHolderId="PlaceHolderMain" runat="server">
    <WebPartPages:WebPartZone runat="server" FrameType="TitleBarOnly" ID="full" Title="loc:full" />
</asp:Content>
```

```
<%@ Page language="C#" MasterPageFile=
<%@ Register Tagprefix="Utilities" Nam
<%@ Register Tagprefix="WebPartPages"
<%@ Register Tagprefix="SharePoint" Na
```

3

4

MenuTest.aspx内の<% Page>タグ内の**MasterPageFile="~masterurl/default.master"** を削除する。

5

Menu.aspx内に次のコードを追加する。

```
<html>
<head>
  <script type="text/javascript" src="../Scripts/jquery-1.9.1.min.js"></script>
  <script type="text/javascript" src="/_layouts/15/MicrosoftAjax.js"></script>
  <script type="text/javascript" src="/_layouts/15/sp.runtime.js"></script>
  <script type="text/javascript" src="/_layouts/15/sp.js"></script>

  <script type="text/javascript">
    (function () {
        context = SP.ClientContext.get_current();
        hostwebUrl = getQueryStringValue("SPHostUrl");
        var listId = getQueryStringValue("SPListId");
        var selectedItemId = getQueryStringValue("SPListItemId");

        hostctx = new SP.AppContextSite(context, hostwebUrl);
        list = hostctx.get_web().get_lists().getById(listId);
        listPath = list.get_rootFolder();
        fields = list.get_fields();
        currentItem = list.getItemById(parseInt(selectedItemId));
        context.load(currentItem);
        context.load(listPath);
        context.load(fields);
        context.executeQueryAsync(Endload, error);
```

```javascript
        })();

    function Endload(sender, args) {
        var itemCreateInfo = new SP.ListItemCreationInformation();
        oListItem = list.addItem(itemCreateInfo);

        fields = fields.getEnumerator();
          while (fields.moveNext()) {
            var currentField = fields.get_current();
            if ((!currentField.get_readOnlyField())
                && (currentField.get_internalName() != "Attachments")
                && (!currentField.get_hidden())
                && (currentField.get_internalName() != "ContentType")) {
                var sourceVal = currentItem.get_item(currentField.get_internalName());
                oListItem.set_item(currentField.get_internalName(), sourceVal);
              }
          }

        oListItem.update();
        context.load(oListItem);
        context.executeQueryAsync(endCopy, error);
    }

    function endCopy(sender, args) {
        alert('コピーしました！');
        hrefurl = listPath.get_serverRelativeUrl() + "/EditForm.aspx?ID=" +  oListItem.get_id();
        location.href(hrefurl);
    }

    function error(sender, args) { alert(args.get_message()); }

    function getQueryStringValue(paramName) {
        var params = document.URLUnencoded.split("?")[1].split("&");
        var strParams = "";
        for (var i = 0; i < params.length; i = i + 1) {
           var singleParam = params[i].split("=");
           if (singleParam[0] == paramName)
               return decodeURIComponent(singleParam[1]);
        }
    }
</script>
</head>

  <body>
    <div id="message" />
  </body>
</html>
```

コードの内容

選択されたリストアイテムとリストパスを取得し、新しいリストアイテムに内容をコピーしています。コピー後は、コピーして作成した新しいリストアイテムの編集フォームを開いています。

❻ ソリューションエクスプローラーで、[プロジェクト名（CopyMenuAddin）] を右クリックし、[追加] − [新しい項目] をクリックする。

❼ [新しい項目の追加] ダイアログボックスが開く。次のように設定し、[追加] をクリックする。

項目	内容
[Visual C# アイテム] − [Office/SharePoint]	メニュー項目のカスタムアクション
名前	Menu

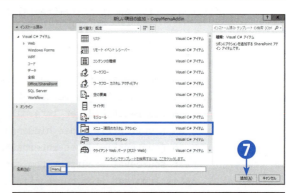

❽ [メニュー項目のカスタム動作の作成] ダイアログボックスが開く。次のように設定し、[次へ] をクリックする。

項目	内容
カスタム動作を公開する場所	ホストWeb
カスタム動作の対象となる場所	リストテンプレート
カスタム動作の対象となる特定のアイテム	カスタムリスト

❾ さらに次の設定を行い、[完了] をクリックする。

項目	内容
メニュー項目のテキスト	コピー
カスタム動作による移動先	CopyMenuAddin¥Pages¥Menu.aspx

❿ 追加された [Menu] 内のElement.xmlファイルが開く。

⓫ <CustomAction>要素のSequence属性を1に変更し、上書きする。

⓬ Default.aspxを開き、次のように編集を行う。

⓭ ソリューションエクスプローラーからAppManifest.xmlを開く。

⓮ [アクセス許可] タブにおいて、[Web] に対する [Write] を設定する。

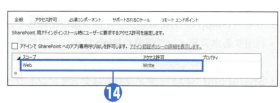

3. 動作テスト

動作確認の前提として、ホストWeb（開発者サイト）内に、任意の内容でカスタムリストを作成してください。

❶ デバッグ実行を開始する。

❷ アドインのインストール時に表示されるアクセス許可画面が確認できる。[信頼する] をクリックする。

❸ アドインが開発者サイトにインストールされ、スタートページであるDefault.aspxが開く。

❹ 左上のホストWebへのリンクをクリックし、ホストWebを開く。

❺ ホストWeb内の任意のカスタムリストを開く。

❻ アイテムのメニューより [コピー] をクリックする。

❼ アドインWeb内のMenu.aspxに遷移し、ダイアログが表示される。[OK] をクリックしてダイアログを閉じる。

❽ コピーされたアイテムの編集フォームが開く。

❾ デバッグ実行を終了する。

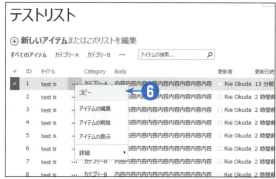

4 プロバイダーホスト型アドイン

プロバイダーホスト型アドインは、次のような特徴を持ちます。

- 開発した Web 内容は、アドインの提供者もしくは利用者により任意のホスティング環境や Web サーバー上にホスティングする必要がある
- SharePoint アドインをインストールする SharePoint サイトをホスト Web と呼び、任意にホスティングする Web アプリケーションをリモート App と呼ぶ
- リモート App の URL はホスティング環境に応じて任意の URL となる
- 利用するホスティング環境や Web サーバーでサポートされる任意の開発言語を利用可能で、サーバーサイドコードも利用できるため、一般的な Web アプリケーション開発と同様のスタイルで開発が行える
- SharePoint へのデータアクセスはクライアントサイドオブジェクトモデルを利用
- app パッケージには、マニフェストファイルや各種定義ファイルが含まれる

SharePoint ホスト型アドインとの大きな違いは、アドインとして開発した Web を、任意のホスティング環境や社内の Web サーバーに展開し、管理も行う必要がある点です。Microsoft Azure やそれ以外のクラウド環境にホスティングすることももちろん可能です。また SharePoint ホスト型は JavaScript のみを利用しますが、プロバイダーホスト型ではサーバーコードの利用が可能である点も大きな違いと言えます。たとえば .NET ベースで開発を行っている場合、C# や Visual Basic といったサーバーコードが利用できます。SharePoint へのデータアクセスはクライアント API を利用する点は SharePoint ホスト型と同じです。.NET コード用のクライアント API も提供されています。

本節では、プロバイダーホスト型アドインの開発方法やしくみを解説します。

プロバイダーホスト型アドインでの SharePoint アクセス

プロバイダーホスト型アドインにおいて、アドインが SharePoint へのデータアクセスを行う際には認証、承認のしくみを考慮する必要があります。プロバイダーホスト型の場合、JavaScript だけではなくサーバーサイドコードの利用も行えますが、クライアントサイド、サーバーサイドのどちらでコーディングを行うかにより、SharePoint へのデータアクセス時に考慮すべき点は異なります。

JavaScript を利用する場合（クロスドメインライブラリの利用）

プロバイダーホスト型アドインにおいても、JavaScript を利用して SharePoint が可能です。SharePoint とリモート App サーバーの間にファイアウォール等の接続障害がある場合など、SharePoint へのデータアクセスにサーバーコードが利用できない場合に適した方法だと言えます。クライアントサイドで動作するため、この場合認証についてはブラウザーが解決するため、考慮する必要はありません。しかし SharePoint 環境とリモート App 間はクロスドメインとなるため、クロスドメインの解決が必要です。ブラウザーでは別ドメイン上のリソースに対する JavaScript アクセスはセキュリティ上許可されていないためです。SharePoint では SP.RequestExecutor.js というクロスドメイン接続用のライブラリが用意されています。

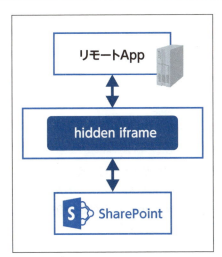

SP.RequestExecutor.jsはHTML5のiframeによるクロスドキュメントメッセージングを利用しています。iframeからwindows.postMessage()関数を利用して親ページと通信する方法です。

①リモートApp内のページで、SP.RequestExecutor.jsがロードされる
②アドインWeb内のプロキシページ（プロキシページはSharePointサイト内に標準で用意されている）を利用して、postMessageを利用するためにhidden iframeが挿入される
③プロキシページ経由でSharePointへのアクセスが実行される

上記の処理はSP.RequestExecutor.js内で行われます。/_layouts/15/以下に用意されているSP.RequestExecutor.jsライブラリ内に実装されている関数によりクロスドメイン呼び出しが行えます。

サーバーサイドコードを利用する場合

リモートAppからサーバーサイドコードを利用し、SharePointにデータアクセスする際にはOAuthを利用した認証および承認処理が必要です。またどのような環境にプロバイダーホスト型アドインを展開するかにより、低信頼もしくは高信頼の2種類のしくみがあります。

◆低信頼プロバイダーホスト型アドイン

Office 365のAzure Active Directoryを利用しているSharePoint環境に展開するプロバイダーホスト型アドインを指します。つまりSharePoint Onineに展開する場合は低信頼となります。またSharePoint Server環境において、Azure Active Directoryを利用するよう構成を行うことも可能であり、その場合も低信頼となります。

リモートAppはAzure ADをアクセス制御サービス（ACS）として、次図のようなフローによりアクセストークンを取得します。そのためサーバー間認証を行うためのコードをアドイン内に含める必要がありますが、これをサポートするためにTokenHelperクラスおよびSharePointContextクラスが用意されています。

またアドインの展開時には、SharePointとACS、およびリモートAppサーバーは**クライアントID**、ACSとリモートAppサーバーには**シークレット**の値が共有されるよう展開します。

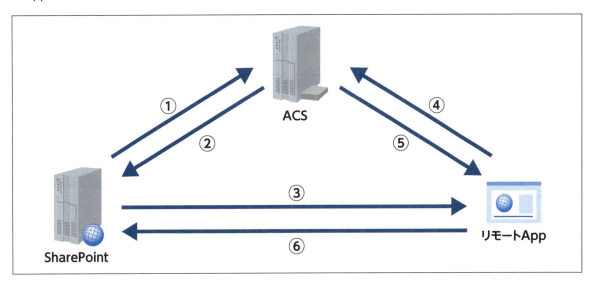

① SharePointはACS（Azure AD）に認証コードを要求
② ACSはSharePointに認証コードを送信
- 認証コードは**シークレット**により署名されている
- リモートAppサーバーは事前にシークレット値を共有されている
③ SharePointはACSから受け取った認証コードをリモートAppサーバーに渡す
④ リモートAppサーバーは認証コードとシークレット、クライアントIDをACSへ渡す
⑤ ACSはリモートAppサーバーから受け取った値を検証し、正しい要求であればリモートAppサーバーにアクセストークンを発行
⑥ リモートAppサーバーはアクセストークンを利用して、SharePointへのデータアクセスを実行する
- アクセストークンをHTTP Authorizationヘッダーに渡すことでデータアクセス可能（クライアントAPI利用）
- アクセストークンはキャッシュ可能であるため、リモートAppサーバーはSharePointへのアクセスのたびにアクセストークンを取得する必要はない。既定ではアクセストークンの有効期間は12時間である

◆高信頼プロバイダーホスト型アドイン

　SharePoint Server環境にインストールされるプロバイダーホスト型アドインは高信頼と呼ばれています。高信頼アドインはOffice 365に展開することも、Officeストアで販売することもできません。組織内のアドインカタログを利用した展開のみ可能です。高信頼では、コンテキストトークンではなく証明書を利用してSharePoint ServerとリモートAppをホストするサーバー間での信頼を確立します。信頼が確立されている場合、SharePoint Serverのセキュリティトークンサービス（STS）により、アクセストークンが発行されます。この場合もTokenHelperクラスおよびSharePointContextクラスを利用してコーディングが行えます。

クロスドメインライブラリの利用

　プロバイダーホスト型のアドインにおいて、JavaScriptによりSharePointへのデータアクセスを行う場合は、クロスドメインライブラリであるSP.RequestExecutor.jsを利用します。ホストWebのリストアイテムを取得する例を用いて、クロスドメインライブラリの利用方法を解説します。

　この手順を行うためには、Visual Studioがインストールされた開発環境と、デバッグ実行で利用するサイトとして、SharePoint Online上の開発者サイトが必要です。

> 手順どおりに操作を確認するためにはSharePoint Online上の開発者サイトが必要ですが、クロスドメインライブラリはSharePoint Serverに展開するプロバイダーホスト型アドインでも利用可能です。

1. SharePoint アドインプロジェクトの作成

新しいプロジェクトを作成し、内容を確認します。

❶
Visual Studioを起動する。

❷
［ファイル］メニューの［新規作成］－［プロジェクト］をクリックする。
下記の設定を行い、［OK］をクリックする。

項目	内容
[Visual C#] － [Office/ SharePoint] － [Webアドイン]	SharePointアドイン
名前	CrossDomain
場所	任意の場所を指定

❸ [新しいSharePointアドイン] ダイアログボックスが開く。次の設定を行い [次へ] をクリックする。
● [アドインのデバッグに使用するSharePointサイト]：SharePoint Online上の開発者用サイトのURLを指定
● [SharePointアドインをホストする方法]：プロバイダー向けのホスト型

❹ SharePoint Onlineの開発者サイトに対するサインイン画面が表示される。サインインを行う。

❺ ターゲットのSharePointバージョンを確認し、[次へ] をクリックする。

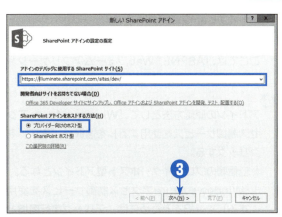

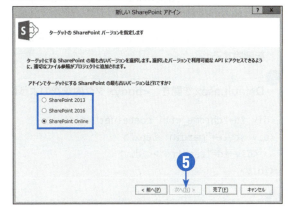

ヒント

プロバイダーホスト型のプロジェクト

プロバイダーホスト型のアプリプロジェクトを作成した場合、ソリューション内に2つのプロジェクトが作成されます。

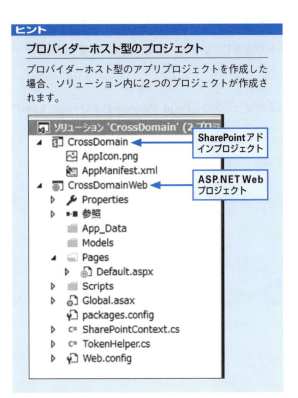

❻ Webプロジェクトのタイプを選択する。
ここでは、[ASP.NET Webフォームアプリケーション]を選択し、[次へ]をクリックする。

❼ アドインの認証方法として、[Windows Azureアクセス制御サービスを使用する]を選択し、[完了]をクリックする。
● 低信頼のプロバイダーホスト型アドインとなる。
● [Windows Azureアクセス制御サービスを使用する]を選択するためには、デバッグ実行環境としてSharePoint Online上の開発者サイトが必要である。SharePoint Server上の開発者サイトを利用する場合、[証明書を使用する]を選択する必要があり、この手順は「高信頼プロバイダーホスト型アドインの開発」項で解説している。

❽ 新しいプロジェクトが作成される。

2. HTMLとJavaScriptの編集

既定で用意されるDefault.aspxには、サーバーサイドコードが含まれています。既定で含まれるサーバーサイドコードを削除し、JavaScriptコードを追加します。

❶ Default.aspx.csを開き、クラス内に既定で用意されているメソッド2つ（Page_PreIniteおよびPage_Load）を削除する。

❷ Default.aspxを開き、<body>タグ内を次のように編集する。

```
<div id="chrome_ctrl_container"></div>
<div style="margin: 30px">
   <div id="results"></div>
</div>
```

❸ Default.aspx内の<head>タグ内を、次のように編集する。

```
<title>クロスドメインテスト</title>
<style type="text/css">
  table.result { border-collapse: separate; border-spacing: 1px;
      border-top: 1px solid #ccc; }
  table.result th {font-weight: bold;text-align:center; vertical-align: top;
        border-bottom: 1px solid #ccc; background: #efefef; }
  table.result td {vertical-align: top;text-align:center;
      border-bottom: 1px solid #ccc; padding:5px; }
</style>
<script type="text/javascript" src="//ajax.aspnetcdn.com/ajax/4.0/1/MicrosoftAjax.js">
</script>
<script type="text/javascript" src="../Scripts/jquery-1.9.1.js"></script>
<script type="text/javascript">
    $(document).ready(function () {
        hostweburl = decodeURIComponent(getQueryStringParameter("SPHostUrl"));
        appweburl = decodeURIComponent(getQueryStringParameter("SPAppWebUrl"));

        var scriptbase = hostweburl + "/_layouts/15/";
        $.getScript(scriptbase + "SP.Runtime.js",
            function () {
              $.getScript(scriptbase + "SP.js",
                  function () {
                      $.getScript(scriptbase + "SP.RequestExecutor.js",
                          function () {
                           $.getScript(scriptbase + "SP.UI.Controls.js",Initialize);
                          });
                  });
            });
    });

    function Initialize() {
        // クライアントクロムコントロールの表示
        var options = {
          "appIconUrl": hostweburl + "/_layouts/15/images/SiteIcon.png",
          "appTitle": "クロスドメインテスト",
          "settingsLinks": [
                { "linkUrl": "Default.aspx", "displayName": "サンプルリンク1" },
                { "linkUrl": "Default.aspx", "displayName": "サンプルリンク2" }
            ]
        };
        var control = new SP.UI.Controls.Navigation("chrome_ctrl_container", options);
        control.setVisible(true);

        GetListItems();
    }

    function GetListItems(){
```

```
         // クロスドメインライブラリを利用したホストWebへのアクセス
    var context = new SP.ClientContext(appweburl);
    var factory = new SP.ProxyWebRequestExecutorFactory(appweburl);
    context.set_webRequestExecutorFactory(factory);
    appContextSite = new SP.AppContextSite(context, hostweburl);

    var web= appContextSite.get_web();
    var list = web.get_lists().getByTitle("お知らせ");
    var camlString = "<View><ViewFields><FieldRef Name='Title' />" +
            "<FieldRef Name='Body' /></ViewFields></View>";
    var camlQuery = new SP.CamlQuery();
    camlQuery.set_viewXml(camlString);
    allAnnouncements = list.getItems(camlQuery);
    context.load(allAnnouncements, "Include(Title, Body)");
    context.executeQueryAsync(onSuccess, onError);
}

function onSuccess() {
    var announcementsHTML = "<table class='result'><th>件名</th><th>本文</th>";
    var items = allAnnouncements.getEnumerator();
    while (items.moveNext()) {
      var announcement = items.get_current();
      announcementsHTML = announcementsHTML +
          "<tr><td>" + announcement.get_item("Title") +
          "</td><td>" + announcement.get_item("Body") +
          "</td></tr>";
    }
    $('#results').html(announcementsHTML);
}

function onError(data, error, errorMessage) {
    $('#results').html("エラー： " + errorMessage);
}

function getQueryStringParameter(paramToRetrieve) {
    var params = document.URL.split("?")[1].split("&");
    var strParams = "";
    for (var i = 0; i < params.length; i = i + 1) {
        var singleParam = params[i].split("=");
        if (singleParam[0] == paramToRetrieve)
            return singleParam[1];
    }
}
</script>
```

コードの内容

- **document.ready**
  ホストWebのURLをクエリ文字列から取得し、それを利用して必要なJavaScriptライブラリのロードを行っています。
- **Initialize関数**
  クライアントクロムコントロールを表示しています。プロバイダーホスト型アドインでは、アドイン用のマスターページは利用できません。SharePointサイトのデザインと同様にしたい場合はJavaScriptベースで提供されるクライアントクロムコントロールが利用できます。クライアントクロムコントロールを利用する場合、SP.UI.Controls.jsが必要です。表示場所（HTML要素のID）と表示内容を指定します。
- **GetListItems関数**
  クロスドメインライブラリを利用してホストWebの「お知らせ」リストからリストアイテムを取得しています。

3. アドイン Web 内に空の HTML ページを作成

クロスドメインライブラリではiframeを利用したクロスドキュメントメッセージングのしくみを利用しています。そのためリモートApp内の内容をiframeに挿入するためのプロキシページをアドインWeb内に用意する必要があります。

① ソリューションエクスプローラーで［プロジェクト名（CrossDomain）］を右クリックし、［追加］－［新しい項目］をクリックする。

② ［新しい項目の追加］ダイアログボックスが開く。下記のように設定し、［追加］をクリックする。

項目	内容
［Visual C#アイテム］－［Web］	HTMLページ
名前	Proxy.html

※ここではアドインWeb内にHTMLページを作成しているが、アドインWebがあれば内容はなんでもかまわない。

4. アクセス許可の追加

ホストWebへのアクセスを行うコード内容が含まれているため、アクセス許可を設定します。

① ソリューションエクスプローラーで［プロジェクト名（CrossDomain）］内にあるAppManifest.xmlを開く。

② ［アクセス許可］タブにおいて、［Web］に対する［Read］を設定する。

5. 動作テスト

① デバッグ実行を開始する。

② アドインのインストール時に表示されるアクセス許可画面が確認できる。［信頼する］をクリックする。

❸ アドインが開発者サイトにインストールされ、スタートページであるDefault.aspxが開く。
- クライアントクロムコントロールの内容が確認できる。
- クロスドメインライブラリを利用してホストWebのリストアイテムが取得できていることが確認できる。

❹ デバッグ実行を終了する。

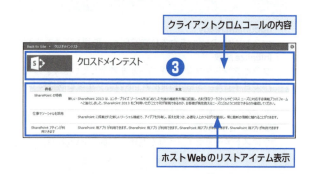

ヒント
プロバイダーホスト型のデバッグ実行
デバッグ実行時には、開発環境ローカルのIIS Expressを利用して、リモートAppが動作します。

.NET CSOMの利用

　リモートAppではサーバーサイドコードが利用できます。SharePointへのデータアクセスを行う際には、クライアントサイドオブジェクトモデルの1つである.NET CSOM（クライアントサイドオブジェクトモデル）を用いることで、.NETコード（C#、Visual Basic）でのコーディングも行えます。サーバーサイドコードを利用してSharePointへのアクセスを行う場合には、OAuthを利用したサーバー間認証が必要であり、認証処理を行うためにTokenHelperクラスが用意されています。
　プロバイダーホスト型アドイン開発時に、.NETクライアントサイドオブジェクトモデル（TokenHelperクラス）を利用する方法を解説します。
　この手順を行うためには、Visual Studioがインストールされた開発環境と、デバッグ実行で利用するサイトとして、SharePoint Online上の開発者サイトが必要です。

手順どおりに操作を確認するためにはSharePoint Online上の開発者サイトが必要ですが、.NET CSOMはSharePoint Serverに展開するプロバイダーホスト型アドインでも利用可能です。

1.SharePoint アドインプロジェクトの作成

新しいプロジェクトを作成し、内容を確認します。

❶
Visual Studio を起動する。

❷
［ファイル］メニューの［新規作成］－［プロジェクト］をクリックする。
下記の設定を行い、［OK］をクリックする。

項目	内容
［Visual C#］－［Office/SharePoint］－［Web アドイン］	SharePoint アドイン
名前	ServerAuth
場所	任意の場所を指定

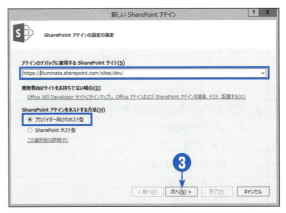

❸
［新しい SharePoint アドイン］ダイアログボックスが開く。次の設定を行い、［次へ］をクリックする。
● ［アドインのデバッグに使用する SharePoint サイト］：SharePoint Online 上の開発者用サイトのURLを指定
● ［SharePoint アドインをホストする方法］：プロバイダー向けのホスト型

❹
SharePoint Online の開発者サイトに対するサインイン画面が表示される。サインインを行う。

❺
ターゲットの SharePoint バージョンを確認し、［次へ］をクリックする。

❻
Web プロジェクトのタイプを選択する。
ここでは、［ASP.NET Web フォームアプリケーション］を選択し、［次へ］をクリックする。

❼
アドインの認証方法として、［Windows Azure アクセス制御サービスを使用する］を選択し、［完了］をクリックする。
● 低信頼のプロバイダーホスト型アドインとなる。
● ［Windows Azure アクセス制御サービスを使用する］を選択するためには、デバッグ実行環境として SharePoint Online 上の開発者用サイトが必要。

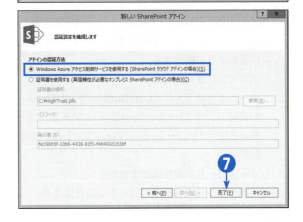

❽
新しいプロジェクトが作成される。

SharePointアドインプロジェクト[ServerAuth]と、ASP.NET Webアプリケーションプロジェクト[ServerAuthWeb]がソリューション内に作成されていることが確認できます。[ServerAuthWeb]プロジェクト内に、OAuthを利用した認証フローをサポートするヘルパークラスであるTokenHelperクラスファイルが用意されていることも併せて確認できます。

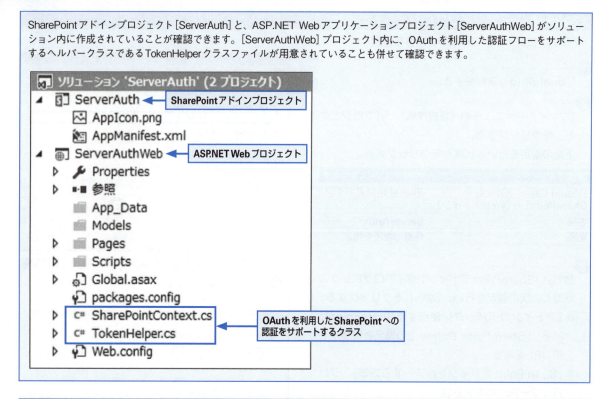

2. アドイン内に機能を追加

Default.aspxの内容を編集します。ホストWebのお知らせリストに対してデータ登録/取得する画面を作成します。

❶ Default.aspxを開き、デザインビューを利用、もしくは直接ソースコードを編集する方法のいずれかにより図のように編集する。

- デザインビューの場合
  ツールボックスより、LinkButtonコントロール、Labelコントロール、TextBoxコントロール、Buttonコントロール、GridViewコントロールを配置

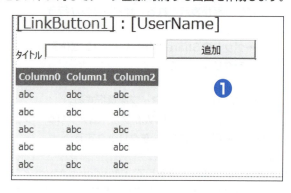

- ソースコードを直接編集する場合
  <body>タブの内容を次のコードに置き換える。

```
<body>
<form id="form1" runat="server">
  <div>
    <div>
      <asp:LinkButton ID="LinkButton1" runat="server" Text=""/>
      :<asp:Label ID="UserName" runat="server" /></div>
    <div>
      タイトル
```

```
      <asp:TextBox ID="TextBox1" runat="server" />
      <asp:Button ID="btnAdd" runat="server" OnClick="btnAdd_Click" Text="追加" />
      <br />
    </div>
    <div>
      <asp:GridView ID="grdList" runat="server"></asp:GridView>
    </div>
  </div>
 </form>
</body>
```

② ───────────────────────────────

Default.aspx.csを開く。

③ ───────────────────────────────

次のusing句を追加する。

```
using Microsoft.SharePoint.Client;
```

④ ───────────────────────────────

Page_Loadメソッド内の既定で用意されているコードを次のように変更する。

```
protected void Page_Load(object sender, EventArgs e)
{
    var spContext = SharePointContextProvider.Current.GetSharePointContext(Context);

    using (var clientContext = spContext.CreateUserClientContextForSPHost())
    {
      clientContext.Load(clientContext.Web, Web=> Web.Title,
        Web=> Web.Url, Web=> Web.CurrentUser);
      clientContext.ExecuteQuery();
      LinkButton1.Text = clientContext.Web.Title;
      LinkButton1.PostBackUrl = clientContext.Web.Url;
      UserName.Text = clientContext.Web.CurrentUser.Title;
      GetItems();
    }
}
```

⑤ ───────────────────────────────

データモデルクラスをDefault.aspx内の同じ名前空間内に追加する。

```
public class ListItemAnnounce
{
   public string Title { get; set; }
   public string Created  { get; set; }
}
```

❻ Defaultクラス内に、次のメソッドを追加する。

```csharp
protected void GetItems()
{
  var spContext = SharePointContextProvider.Current.GetSharePointContext(Context);
  using (var clientContext = spContext.CreateUserClientContextForSPHost())
  {
   List list = clientContext.Web.Lists.GetByTitle("お知らせ");
    CamlQuery query = CamlQuery.CreateAllItemsQuery();
    Microsoft.SharePoint.Client.ListItemCollection items = list.GetItems(query);
    clientContext.Load(items);
    clientContext.ExecuteQuery();

    if (items.Count > 0)
    {
      List<ListItemAnnounce> lstItems = new List<ListItemAnnounce>();
      foreach (Microsoft.SharePoint.Client.ListItem item in items)
      {
        ListItemAnnounce itemAnnounce = new ListItemAnnounce()
        {
          Title = item["Title"].ToString(),
          Created = item["Created"].ToString()
        };
        lstItems.Add(itemAnnounce);
      }
     grdList.DataSource = lstItems;
     grdList.DataBind();
    }
  }
}
```

❼ Defaultクラス内に、[追加] ボタンをクリックした際のイベントハンドラーとして、次のメソッドを追加する。

```csharp
protected void btnAdd_Click(object sender, EventArgs e)
{
    var spContext = SharePointContextProvider.Current.GetSharePointContext(Context);
    using (var clientContext = spContext.CreateUserClientContextForSPHost())
    {
      List list = clientContext.Web.Lists.GetByTitle("お知らせ");
      ListItemCreationInformation item = new ListItemCreationInformation();
      Microsoft.SharePoint.Client.ListItem newItem = list.AddItem(item);
      newItem["Title"] = TextBox1.Text;
      newItem.Update();
      clientContext.ExecuteQuery();
    }
    GetItems();
}
```

ヒント

設定内容

`var spContext = SharePointContextProvider.Current.GetSharePointContext(Context);` で、クライアントコンテキストを作成するために利用するSharePointコンテキストを取得しています。SharePointコンテキストには、ホストWebのURLやアドインWebのURL（存在する場合）などの値も含まれています。

- **ホストWebにアクセスを行う場合（手順で利用した内容）**

```
using (var clientContext = spContext.CreateUserClientContextForSPHost())
{
    CSOM を利用した SharePoint へのデータアクセスを含める
}
```

- **アドインWebにアクセスを行う場合**

```
using (var clientContext = spContext.CreateUserClientContextForSPAppWeb())
{
    CSOM を利用した SharePoint へのデータアクセスを含める
}
```

- **他のSharePointサイトにアクセスを行う場合**

```
var uri = new Uri("SharePoint サイトのURL");
var accessToken = spContext.UserAccessTokenForSPHost;
using (var clientContext = TokenHelper.GetClientContextWithAccessToken(uri.ToString(), accessToken))
{
    CSOM を利用した SharePoint へのデータアクセスを含める
}
```

❽ ソリューションエクスプローラーで、[ServerAuth] プロジェクト内のAppManifest.xmlを開く。

❾ [アクセス許可] タブにおいて、[Web] に対する [Write] を設定する。

3. 動作テスト

❶ デバッグ実行を開始する。

❷ アドインのインストール時に表示されるアクセス許可画面が確認できる。[信頼する] をクリックする。

❸ アドインが開発者サイトにインストールされ、スタートページであるDefault.aspxが開く。
- ホストWebの「お知らせ」リスト内容が表示される。
- [追加] ボタンをクリックするとホストWebの「お知らせ」リストにアイテムが追加される。

❹ デバッグ実行を終了する。

高信頼プロバイダーホスト型アドインの開発

　高信頼のプロバイダーホスト型アドイン（SharePoint Serverに展開して利用するプロバイダーホスト型アドイン）では、SharePoint Serverとアドイン間で証明書を使用して信頼関係を確立する必要があります。開発時にデバッグ実行を行う際にも、同様の設定を開発環境のSharePointアドインプロジェクトとSharePoint Serverに対して行う必要があります。この場合、証明書は自己署名証明書を利用できます。

　ここでは開発環境において、高信頼プロバイダーホスト型アドインの開発およびデバッグを行うための手順を解説します。

　この手順を行うためには、Visual Studioがインストールされた開発環境と、デバッグ実行で利用するサイトとして、SharePoint Server上の開発者サイトが必要です。またSharePoint Server環境へログオンしサーバー管理者権限で作業できることも前提となります。

1. プライベートテスト証明書の作成

　SharePoint Server環境においてIISマネージャーで自己署名証明書を作成し、エクスポートします。

❶ IIS マネージャーを開き、サーバー名を選択し、[サーバー証明書] を開く。

❷ [自己署名入りの証明書の作成] をクリックする。

❸ 証明書に任意の名前を付け、[OK] をクリックする。

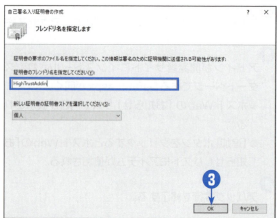

❹ 作成した証明書を右クリックし、エクスポートする。エクスポート先とパスワードを任意に指定する。

❺ cerファイルを作成するため、IISマネージャーで証明書をダブルクリックして開き、詳細情報を表示する。
［詳細］タブで［ファイルにコピー］をクリックする。

❻ 証明書のエクスポートウィザードが開くので、次のように設定する。
● 秘密キーのエクスポート：［いいえ、秘密キーをエクスポートしません］
● エクスポートファイルの形式：既定値を利用
● ファイル名：任意の名前を指定（cerファイルとして保存される）

❼ IISマネージャーを閉じる。

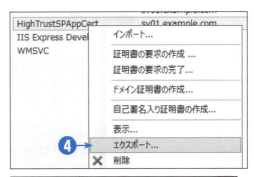

2. 発行者IDの生成とSharePoint Server環境の構成

　SharePoint Server環境で、社内利用のプロバイダーホスト型アドインを利用できるように、発行者IDを取得し、証明書を登録します。

❶
SharePoint管理シェルを、管理者として開く。次のコマンドを実行する。
● アドインで利用するcerファイルを取得
※cerファイルのパス、ファイル名は1で行った操作を基に変更する。

```
$publicCertPath = "FolderPath\HighTrustSPAppin.cer"
```

● アドインの発行者IDとして利用するGUID値を生成

```
$appId = [System.Guid]::NewGuid().ToString()
```

● アドインをインストールするWebサイトを指定
※URLは環境に応じて変更する。

```
$spurl = "http://***"
$spweb= Get-SPWeb $spurl
```

● アドインに使用するcerファイルに対応するファイルを取得

```
$certificate = Get-PfxCertificate $publicCertPath
```

● SharePointサイトの認証領域を取得

```
$realm = Get-SPAuthenticationRealm -ServiceContext $spweb.Site
```

● SharePointの信頼済みルート証明機関として証明書を追加

```
$fullAppIdentifier = $appId + '@' + $realm
```

● SecurityTokenIssuerを作成

```
New-SPTrustedSecurityTokenIssuer -Name $appId -Certificate $certificate
-RegisteredIssuerName $fullAppIdentifier -IsTrustBroker
```

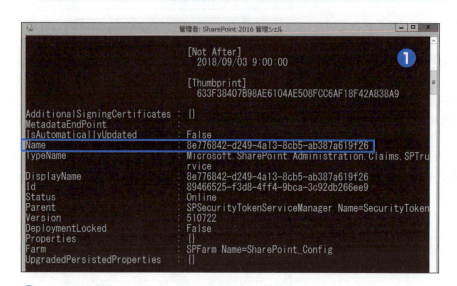

❷ 結果出力より、Nameの値をコピーしておく(もしくは、RegisteredIssuerNameの値より、@以前の値でも同様)。

❸ IISの再起動を行う。次のコマンドを実行する。

```
iisreset
```

3. プロバイダーホスト型アドインの開発

開発環境にてVisual Studioを利用し、高信頼のプロバイダーホスト型アドインを作成します。

❶ Visual Studioを起動する。

❷ [ファイル] メニューの [新規作成] - [プロジェクト] をクリックする。
下記の設定を行い、[OK] をクリックする。

❸ [新しいSharePointアドイン] ダイアログボックスが開く。次の設定を行い、[次へ] をクリックする。

項目	内容
[Visual C#] - [Office/SharePoint] - [Webアドイン]	SharePointアドイン
名前	任意のプロジェクト名を入力
場所	デスクトップを指定

- [アドインのデバッグに使用するSharePointサイト]：SharePoint Server上の開発者サイトを指定
- [SharePointアドインをホストする方法]：プロバイダー向けのホスト型

❹ ターゲットのSharePointバージョンを指定し、[次へ]をクリックする。

❺ Webプロジェクトのタイプを任意に選択する。ここでは、[ASP.NET Webフォームアプリケーション]を選択し、[次へ]をクリックする。

❻ アドインの認証方法として、[証明書を使用する]を選択し、次の設定を行い、[完了]をクリックする。
- 証明書の場所：前の手順でエクスポートしたpfxファイルを指定
- パスワード：パスワードを入力
- 発行者ID：前の手順でPowerShellで作成した発行者IDを入力（2の手順❷でコピーした値）

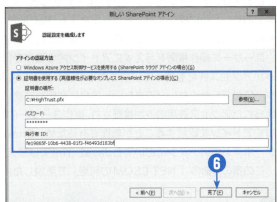

❼ 新しいプロジェクトが作成される。

❽ デバッグ実行を行う。スタートページにホストWebタイトルが表示されていれば、問題なくアクセストークンを取得できていることが確認できる。

❾ デバッグ実行を終了する。
※このプロジェクトを利用し、高信頼プロバイダーホスト型アドインの開発、デバッグ実行が可能である。

ヒント

デバッグ実行がエラーとなる場合

デバッグ実行がエラーとなる場合、手順❻で指定した内容のいずれかが誤っている可能性が高いです。設定した内容はweb.config内に含められているため、再度確認します。

```
</system.codedom>
<appSettings>
  <add key="ClientId" value="937e3323-7f09-48c1-9a8f-45704b2cc79a" />
  <add key="ClientSigningCertificatePath" value="C:\HighTrustSPAppin.pfx" />
  <add key="ClientSigningCertificatePassword" value="P@ssw0rd" />
  <add key="IssuerId" value="8e776842-d249-4a13-8cb5-ab387a619f26" />
</appSettings>
```

アドイン用ポリシーの利用

この章の2節の「SharePointアドインのアクセス許可と承認ポリシー」でも触れましたが、SharePointアドイン内で行う操作には、基本的には下記が必要です。

- インストール時に与えられたアクセス許可
- 操作ユーザーが操作権限を持っていること

たとえば、アドイン内でホストWebに対する書き込み操作を行う場合、アドインはWebに対するWrite権限が必要であり、さらに操作するユーザーがホストWebに対する投稿以上の権限を有している必要があります。どちらか、もしくは両方が不足している場合、その操作は行えません。これを「**ユーザー＋アドインポリシー**」 と言います。

ユーザーに操作権限を与えずにアドイン内の操作を行いたい場合は、「**アドイン用ポリシー**」を利用し、アドインのみがアクセス許可を持っていれば実行可能とするしくみもあります。アドイン内の操作を行うレベルの権限をユーザーに付与したくない（できない）場合に利用します。アドイン用ポリシーを利用した場合は、インストール時に与えられたアクセス許可のみが検証され、操作ユーザーの権限は必要ありません。アドイン用ポリシーはOAuthを利用してアドインを認証することが前提であるため、SharePointホスト型アドインでは利用できません。またプロバイダーホスト型アドインにおいてもJavaScriptでは扱えません。

この章の4節の「.NET CSOMの利用」で解説した内容をアドイン用ポリシーに変更し、動作を確認します。

❶
AppManifest.xmlを開く。

❷
［アクセス許可］タブを開き、［アドインでSharePointへのアプリ専用呼び出しを許可します］をオンにし、上書きする。

❸ Defaultクラス内のbtnAdd_Clickメソッド内のコードを変更する。

```
protected void btnAdd_Click(object sender, EventArgs e)
    {
      var spContext = SharePointContextProvider.Current.GetSharePointContext(Context);
      using (var clientContext = spContext.CreateAppOnlyClientContextForSPHost())
      //using (var clientContext = spContext.CreateUserClientContextForSPHost())
      {
        List list = clientContext.Web.Lists.GetByTitle("お知らせ");
        ListItemCreationInformation item = new ListItemCreationInformation();
        Microsoft.SharePoint.Client.ListItem newItem = list.AddItem(item);
        newItem["Title"] = TextBox1.Text;
        newItem.Update();
        clientContext.ExecuteQuery();
      }

      GetItems();
    }
```

動作を確認し、アドインから書き込みを行ったホストWebの「お知らせ」リストを確認すると、更新者が操作ユーザー名ではなく、[SharePointアプリ] となっていることが確認できます。

ヒント

設定内容

アドイン用ポリシーを利用する場合、クライアントコンテキストの作成時に利用するメソッドが異なります。

・ホストWebにアクセスを行う場合（手順で利用した内容）

```
using (var clientContext = spContext.CreateAppOnlyClientContextForSPHost())
{
    CSOM を利用したSharePointへのデータアクセスを含める
}
```

・アドインWebにアクセスを行う場合

```
using (var clientContext = spContext.CreateAppOnlyClientContextForSPAppWeb())
{
    CSOM を利用したSharePointへのデータアクセスを含める
}
```

・他のSharePointサイトにアクセスを行う場合

```
var uri = new Uri("SharePoint サイトのURL");
var accessToken = TokenHelper.GetAppOnlyAccessToken(TokenHelper.SharePointPrincipal, uri.Authority,
    TokenHelper.GetRealmFromTargetUrl(uri)).AccessToken;
using (var clientContext = TokenHelper.GetClientContextWithAccessToken(uri.ToString(), accessToken))
{
    CSOM を利用したSharePointへのデータアクセスを含める
}
```

6 パッケージとカタログへの 展開について

SharePointアドインは、大きく次の2つの内容で構成されます。

- **Webアプリケーション（アドインWebやリモートAppとして動作）**
  SharePointアドインの本体として動作するWebを開発します。SharePointホスト型アドインの場合は、インストール時に
  SharePoint環境に自動的にアドインWebとしてプロビジョニングされます。プロバイダーホスト型アドインの場合は、開発し
  たWebは任意のホスティング環境への展開作業が必要です。

- **SharePointアドインの定義ファイル**
  SharePointアドインのマニフェストファイル（AppManifest.xml）がアドインに対して1つ作成します。またアドインパーツ、UI
  カスタムアクションをアドイン内に含めた場合は、これらの定義ファイルも必要です。

Officeストアや組織内のアドインカタログに展開する際には、アドインパッケージとして展開します。拡張子がapp
のファイルで、Open Packaging Convertionsというしくみでコンパイルされたファイルです。拡張子をzipに変
更すると内容を確認でき、appパッケージには次のような内容が含まれています。また、appファイルの内容は選択
した展開方法（SharePointホスト型/プロバイダーホスト型）やアドイン内に含まれる内容によって異なります。

- **アドインのマニフェスト（AppManifest.xml）**
  どの展開方法を利用する際にも必須ファイルとして、パッケージ内に含める必要があります。Visual Studioによ
  り自動生成されます。SharePointアドインが動作するために必要な、下記の情報が記述されています。
      ・アドイン名、製品ID、バージョン、ロケール
      ・スタートページのURL
      ・SharePointリソースに対するアクセス許可要求
      ・アドインプリンシパルのID

- **UIカスタムアクションやアドインパーツの定義ファイル**
  UIカスタムアクションやアドインパーツをホストWebで利用するための定義ファイルです。

- **SharePointソリューションパッケージ（wsp）**
  ページ、リスト、リストインスタンスなど、アドイン内に含めたSharePointコンポーネントはwspファイルに
  パッケージされ、appファイル内に含められます。wspに含められた各SharePointコンポーネントはアドイン
  Webに展開されます。

次図はSharePointホスト型のアドインパッケージ内のイメージです。

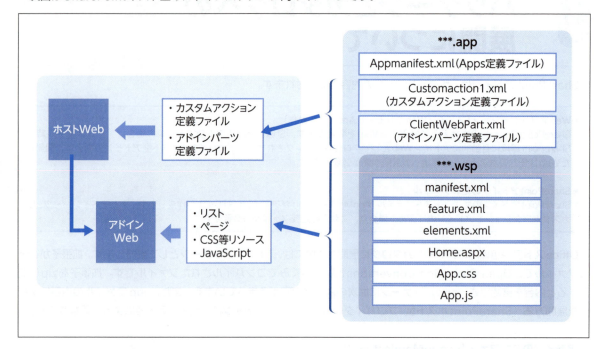

> **ヒント**
>
> **Officeストアへの展開**
>
> OfficeストアにアドインをするためにはSeller DashBoardという専用のWebサイトに開発者として登録を行います。その後アドインを提出し、内容がガイドラインに準拠していることが確認された後、公開されます。またアドインのライセンス（無償提供、試用版、有償版）をどのようにするかは、ライセンスフレームワークを利用して必要なロジックをアドイン内にあらかじめ含めておく必要があります。
>
> OfficeアドインとSharePointアドインにライセンスチェックを追加する
> http://msdn.microsoft.com/JA-JP/library/jj164035.aspx
>
> 販売者ダッシュボードを使用してOfficeアドインとSharePointアドインおよびOffice 365アプリをOfficeストアに提出する
> https://msdn.microsoft.com/ja-jp/library/office/jj220033.aspx

アドインの種類によって展開に必要な作業は大きく異なります。以下はアドインの種類ごとの、組織アドインカタログへの展開に必要な操作概要です。

SharePointホスト型アドインの場合

SharePointホスト型アドインを組織内アドインカタログへ展開するために必要な操作は次のとおりです。

1. アドインパッケージの作成

SharePointホスト型の場合、アドインのWeb内容は、appパッケージ内にWSPファイルとしてバンドルされ、アドインがインストールされた際に自動的にサブドメイン上にプロビジョニングされるため、展開の必要はありません。

❶ SharePointホスト型アドインのプロジェクトをVisual Studioで開く。

❷ ソリューションエクスプローラーで［プロジェクト名］を右クリックし、［公開］をクリックする。

❸ ［アドインをパッケージ化する］をクリックする。

❹ アドイン内容がパッケージ化され、appファイルが生成される。作成されたappファイルの保存先フォルダーが自動的に開く。

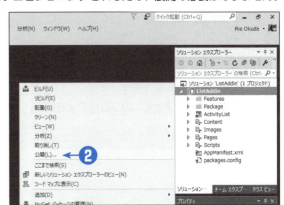

2. アドインカタログへの展開

　アドインパッケージ（appファイル）を組織内のアドインカタログへ展開します。アドインカタログの作成方法は、この章の「1　SharePoint アドインの概要」の「アドインカタログの作成」を参照してください。

❶ 組織内のアドインカタログを開く。

❷ サイドリンクバーから［SharePoint用アプリ］をクリックする。

❸ SharePoint用アプリ画面が開く。appファイルをアップロードする。

❹ アップロード後、ファイルのプロパティを開く。

❺ appファイルのプロパティ画面で、詳細画面に表示する内容を登録できる。
- 簡単な説明、説明、カテゴリ、発行元の名前
- アイコンのURL、イメージのURL1～5（あらかじめ画像ファイルを保存し、画像ファイルパスを指定する。画像ファイルはアドインカタログサイト内の［サイトのリソースファイル］ライブラリ等に保存しておく）

各サイト管理者が、自分が管理するサイトの［設定］－［アプリの追加］画面において、アドインカタログに登録されたアドインが表示されます。アイコン画像は、appファイルのプロパティで設定したものが表示されます。

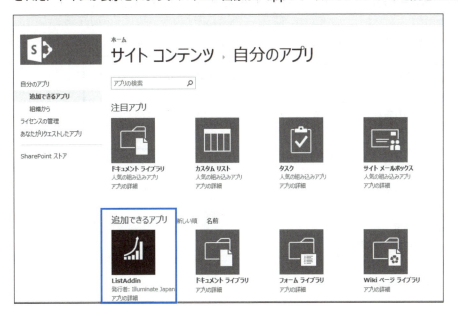

また［アプリの追加］画面において、［アプリの詳細］をクリックすると、そのアドインの詳細画面が表示されます。

低信頼プロバイダーホスト型アドインの場合

低信頼のプロバイダーホスト型アドインを組織内アドインカタログへ展開するために必要な操作概要は次のとおりです。

1. リモート App の登録

プロバイダーホスト型の場合、アドインを発行する前に、アドインをSharePointおよびAzure Active Directoryに登録します。登録時にはリモートAppのドメインが確定している必要があり、SharePoint上のAppRegNew画面を利用して登録を行います。また登録時に、クライアントIDとシークレット値を取得します。

❶ ブラウザーで、SharePointサイトURL/_layouts/15/appregnew.aspxを開く。
※アドインカタログサイトでかまわない。

❷ アプリの登録画面が開くので、次の設定を行い、［作成］をクリックする。
- クライアントID：［生成］をクリックし、値を控えておく
- クライアントシークレット：［生成］をクリックし、値を控えておく
- タイトル：任意のタイトルを指定
- アプリドメイン：アドインが実行されるドメインを指定
- リダイレクト先のURI：任意のURIを指定（スタートページを指定、省略可能）

❸ 完了すると、図のような画面が表示される。

ヒント
登録したアドインの参照

SharePointサイトURL/_layouts/15/AppRegNew.aspx画面で登録したアドインは、/_layouts/15/AppInv.aspxより参照できます。その際アプリID（AppRegNew.aspx画面で生成したクライアントID）が必要です。入力後、[参照] をクリックすると登録情報を確認できますが、この画面ではクライアントシークレット値は参照できません。

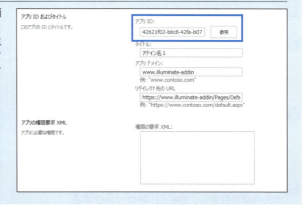

2. リモートAppの展開

リモートAppとして開発したWebアプリケーションを任意のホスティング環境に展開します。
　展開前にweb.configに、AppRegNew画面で登録したクライアントIDとクライアントシークレット値を登録します。

```
<appSettings>
    <add key="ClientId" value="XXXXXXXX-XXXX-XXXX-XXXX-XXXXXXXXXXXX" />
    <add key="ClientSecret" value="XXXXXXXXXXXXXXXXXXXXXXXXXXXXXX" />
</appSettings>
```

ヒント
低信頼時のクライアントシークレットの有効期限について

AppRegNew.aspxでアドイン登録時に生成されるクライアントシークレットの有効期限は1年です。有効期限終了前に、新しいシークレットを生成し、展開する必要があります。新しいシークレットの作成には、Office 365のPowerShellを利用します（テナント管理者権限が必要です）。

```
Connect-MsolService

$clientId = 'クライアントID'
$bytes = New-Object Byte[] 32
$rand = [System.Security.Cryptography.RandomNumberGenerator]::Create()
$rand.GetBytes($bytes)
$rand.Dispose()
$newClientSecret = [System.Convert]::ToBase64String($bytes)
New-MsolServicePrincipalCredential -AppPrincipalId $clientId -Type Symmetric -Usage Sign -Value $newClientSecret
New-MsolServicePrincipalCredential -AppPrincipalId $clientId -Type Symmetric -Usage Verify -Value $newClientSecret
New-MsolServicePrincipalCredential -AppPrincipalId $clientId -Type Password -Usage Verify -Value $newClientSecret
$newClientSecret
```

　新しく生成したクライアントシークレットは RemoteApp の web.config に反映します。
　またクライアントシークレットの有効期限をPowerShellの設定で3年間に変更することも可能です。

SharePointアドインで期限が切れたクライアントシークレットを置換する方法
https://msdn.microsoft.com/ja-jp/library/office/dn726681.aspx

3. アドインパッケージの作成

appファイルを作成します。SharePointホスト型アドインと同様に、Visual Studioで作成できます。AppManifest.xmlに対してクライアントIDを含めます。

❶ Visual Studio上で、SharePointアドインプロジェクト名を右クリックし、[公開]をクリックする。

❷ 発行画面で、既存の発行プロファイルを選択するか、[新規作成]を選択し、任意のプロファイル名を付けて、[次へ]をクリックする。

❸ 次の内容を設定し、[完了]をクリックする。
● クライアントID
● クライアントシークレット

❹ [アドインをパッケージ化する]をクリックする。

❺ 次の内容を指定し、[完了]をクリックする。
※この内容はAppManifest.xmlファイル内に反映される。
● Webサイトがホストされている場所：リモートAppのURLを指定（/Pages/Default.aspx等スタートページのパスは必要ない）
● アドインのクライアントID：AppRegNew画面で生成したクライアントIDを指定

❻ パッケージ化が成功すると、出力フォルダーが開き、appファイルが作成される。

4. アドインカタログへの展開

アドインパッケージ（appファイル）を組織内のアドインカタログへ展開します。組織内のアドインカタログを開き、[SharePoint用アプリ]内にappファイルをアップロードします。また任意にファイルのプロパティを編集し、詳細画面に表示する内容を登録します。

第7章　SharePointアドインの開発　377

高信頼プロバイダーホスト型アドインの場合

　高信頼のプロバイダーホスト型アドインを組織内アドインカタログへ展開するために必要な操作概要は次のとおりです。詳細については下記を参照してください。

高信頼SharePointアドインをパッケージ化して発行する
https://msdn.microsoft.com/ja-jp/library/office/jj860570.aspx

1. 証明書の用意とリモート App サーバーへの展開

　高信頼のプロバイダーホスト型アドインのリモートAppには、X509デジタル証明書（ドメインで発行された証明書、または証明機関によって発行された商用証明書）が必要です。Personal Information Exchange（pfx）とセキュリティ証明書（cer）の2種類の形式が必要です。
　証明書はリモートAppサーバーに展開します。

2. TokenIssuer の作成

　証明書（cer）を利用し、SharePoint Server環境にTokenIssuerを作成します。PowerShellでの作業が必要です、またこの作業により発行者IDを取得できます。

3. リモート App の登録

　低信頼時の操作と同様に、AppRegNew画面を利用し、アドインを登録します。登録時に得られる値（クライアントID等）は控えておきます。

4. リモート App の展開

　リモートAppとして開発したWebアプリケーションを任意のホスティング環境に展開します。
　展開前にTokenHelperクラスに証明書のシリアル番号を指定し、web.configにAppRegNew画面で登録したクライアントID、リモートAppサーバーに展開した証明書のシリアル番号、TokenIssuer作成時に得た発行者IDを登録します。

● web.config追加例

```
<appSettings>
    <add key="ClientId" value=" XXXXXXXX-XXXX-XXXX-XXXX-XXXXXXXXXXXX" />
    <add key="ClientSigningCertificateSerialNumber" value="XXXXXXXXXXXXXXXXXX" />
    <add key="IssuerId" value="8bf5d1f7-2d44-4401-b3e2-6f7035f85685" />
</appSettings>
```

5. アドインパッケージの作成

　appファイルを作成します。その他のアドインと同様に、Visual Studioで作成できます。AppManifest.xmlに対してクライアントIDを含めます。

6. アドインカタログへの展開

　アドインパッケージ（appファイル）を組織内のアドインカタログへ展開します。組織内のアドインカタログを開き、[SharePoint用アプリ] 内にappファイルをアップロードします。また任意にファイルのプロパティを編集し、詳細画面に表示する内容を登録します。

SharePoint Frameworkによる
クライアントサイドWebパーツ開発

第 **8** 章

1 SharePoint Framework 概要

2 利用するツールと開発環境の準備

3 クライアントサイドWebパーツ開発 - 基本

4 クライアントサイドWebパーツの展開

5 Office UI Fabric の利用

6 ［参考］Microsoft Graph APIの利用

SharePoint Framework はモダンサイトで利用されている新しいページモデルです。モダンサイトに対応したWebパーツ開発が行え、今後もさまざまな拡張のしくみが登場する予定です。

　第8章では、SharePoint FrameworkによるクライアントサイドWebパーツの開発方法について解説します。

SharePoint Framework 概要

　SharePoint Frameworkは、ページおよびWebパーツのモデルです。モダンサイトで利用されており、クラシックサイトとは異なるしくみで動作しています。さまざまな端末からのアクセスをサポートできるようレスポンシブ対応のデザインを持ち、完全なクライアントサイドによる開発をサポートします。

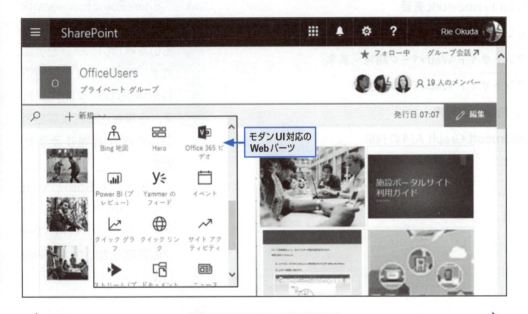

- 完全なレスポンシブデザイン
- さまざまな端末からの利用をサポート
- オープンソースツールをサポートした完全なクライアントサイド開発が可能

　SharePoint Frameworkにより、モダンページに対応したWebパーツ（クライアントサイドWebパーツ）の開発が行えます。SharePoint開発は古くはサーバーサイドでの拡張が基本でした。テクノロジや接続性、またJavaScriptの進化により、クライアントサイドでの開発が主流となってきている背景からモダンサイト、SharePoint Frameworkが登場しました。モバイル対応を念頭に置いたうえでの利用に特に向いているしくみです。

> SharePoint Framework 開発は2017年2月に正式リリースされ、現在も拡張されています。今後クライアントサイドWebパーツ以外の開発方法も登場する予定であり、現在SharePoint Framework Extensionsとしてプレビュー版が提供されています。

● **JavaScriptによる開発**

SharePoint Frameworkでは、完全にブラウザー上で実行できるようJavaScriptを利用して開発します。SharePointへのデータアクセスはREST APIやGraph APIを利用し、jQuery、Angular、Knockoutといった便利なライブラリをフル活用できます。開発内容は、ページのDOM内にレンダリングされ、動作します。またカレントユーザーにより実行され、ファームソリューションのRunWithElevatedPrivilegesや、SharePointアドインのアドイン用ポリシーのような権限昇格を行う機能は、SharePoint Framework自体にはありません。

● **モダンページとの親和性**

モダンサイトは、レスポンシブデザインであることや、モバイルアプリに完全に対応していることから、利用者がサイト内のさまざまな情報に、どのようなデバイスからでもアクセスしやすいという大きなメリットがあります。SharePoint Frameworkによりモダンサイトに対する開発が行えます（クライアントサイドWebパーツは、モダンサイトだけではなく、クラシックサイトでも動作します）。

● **提供方法**

ページ内に取り外し可能なWebパーツとして、パッケージとして展開できます。記述したJavaScriptコードはSharePoint内、もしくは任意のCDN環境へ展開できます。

モダンページとクライアントサイドWebパーツ

モダンサイトではページ編集時に、キャンバスというレイアウト内にWebパーツを配置します。キャンバス内のレイアウト変更や、キャンバスの位置移動もブラウザー操作で行えます。現在モダンサイトはSharePoint Onlineでのみ提供されていますが、今後の更新によりSharePoint Serverにも展開される予定です。また既存で利用しているクラシックサイトでも、モダンページの作成は可能です。

クラシックサイトにもWebパーツはありますが、モダンページで利用するWebパーツとは異なります。モダンページで利用するWebパーツをクライアントサイドWebパーツとも呼びます。現在標準で次のようなWebパーツがモダンページ用に用意されています。

JavaScriptによるWebパーツ開発方法の比較

　SharePoint Frameworkの登場により、これまでの開発モデルや手法が廃止されるわけではありません。開発方法の手段が1つ増えると考えてください。しかしSharePoint Framework登場以前からSharePointカスタマイズ/開発を行う方法は多数あるため、どのようなときにどの方法を利用するべきか判断が難しい、という課題はさらに複雑になるとも言えるでしょう。SharePoint FrameworkはJavaScriptによりWebパーツを作成できますが、同じく「JavaScriptを用いて」「Webパーツとして」カスタマイズや開発が行える方法は他にもあります。SharePointアドインにおいてのアドインパーツも同様ですし、スクリプトエディターWebパーツにJavaScriptを挿入して利用する方法もそうだと言えます。

　それぞれの特徴は下記のとおりです。ニーズに合わせて選択してください。

・JavaScriptの組み込み

スクリプトエディターWebパーツにJavaScriptを挿入することで、そのページがレンダリングされる際にWebパーツ内でカスタムコードが動作します。本書では第3章で解説した内容であり、シンプルかつ手軽なカスタマイズ方法としてよく利用されている方法です。カレントユーザーのコンテキストを利用して動作し、またJavaScriptとともに挿入、もしくはJavaScriptの処理結果として出力したHTMLはページ内に挿入されるため、同じページ内の他のDOM要素との対話も行いやすいと言えます。

しかし、この方法は完全にパッケージ化された状態でサイト内に組み込めるわけではないため、ページを編集できるユーザーがスクリプトエディターWebパーツを誤って削除したり、Webパーツ内のJavaScript内容を変更してしまう可能性があります。またWebパーツの設定画面を利用して、JavaScriptコードにプロパティを設定できるわけではありません。たとえばAというリストに対して操作を行うJavaScriptを利用しているとします。操作を行うリストをAからBに変更したいといった場合には、JavaScript内容を直接変更する必要があります。

さらに、この方法は安全なスクリプトとして実行されない点も考慮が必要です。「カスタムスクリプトを実行できないようにする」設定が行われている場合では、実行がブロックされます。カスタムスクリプトの実行ができないよう設定されているサイトのことをnoscriptサイトと言い、モダンサイトやセルフサービスにより作成されたサイトは既定ではnoscriptサイトです。またモダンサイトではnoscriptをオフにできないため、この方法は利用できません。

・アドインパーツ（SharePointアドイン）

SharePointアドインに含められるアドインパーツは、Webパーツと同様にページ内に挿入して利用できます。本書では第7章で解説しています。アドインパーツは完全にパッケージとして展開でき、また標準搭載のWebパーツと同様に、Webパーツの編集メニューから、プロパティを設定できるよう開発できるため、汎用的に利用できるパーツとして展開が可能です。ユーザーがJavaScript内容を誤って改変してしまうこともありえません。また、カスタムスクリプトの実行を禁止と設定しているサイトでも安全なスクリプトとして動作します。

アドインパーツを開発する場合に必ず理解すべきしくみは、実体がiframeで動作する点です。ユーザーにとっては通常のWebパーツと同じように見えますが、実際にはアドインパーツが挿入されたサイトとは異なるサイト（アドインWebまたはリモートApp）上で動作するWebページを、SharePoint内にiframeにより表示させて動作します。iframeを利用してサイトとは分離された場所で動作させるため、安全にカスタムコードを実行させる観点としてはよいのですが、逆の面ではページの他の要素のDOM操作は難しいとも言えます。また異なる場所で動作させているWebページをiframeで表示するため、場合によってはクロスドメインスクリプトとなる点を解決したうえでのコーディングが必要です（クロスドメインを解決するためのライブラリは提供されています）。

開発内容をOfficeストアに展開できる点、またプロバイダーホスト型アドインとしての開発が必要となりますが、カレントユーザーとしてではなく、必要な権限を付与したアドイン専用ユーザーとして実行する内容を含められる点はアドインパーツでのみ行える内容です。

・SharePoint Framework クライアントサイドWebパーツ

クライアントサイドWebパーツは、JavaScriptの組み込みと同様に、そのWebパーツが追加されたページ上で直接動作します。またアドインパーツと同様に完全にパッケージ化された状態で展開可能です。そのためWebパーツの編集メニューを併せて作成し、利用時に設定できるよう開発できます。具体的な開発方法は本章で解説しています。

クライアントサイドWebパーツの大きな特徴はモダンページに対応していることです。モダンサイトはレスポンシブデザインであり、SharePointのモバイルアプリとの親和性も高いため、それに対応した開発が一番行いやすいと言えます。またクラシックサイトでも動作可能です。

2 利用するツールと開発環境の準備

SharePoint Framework開発では、下記の言語およびツールを利用します。

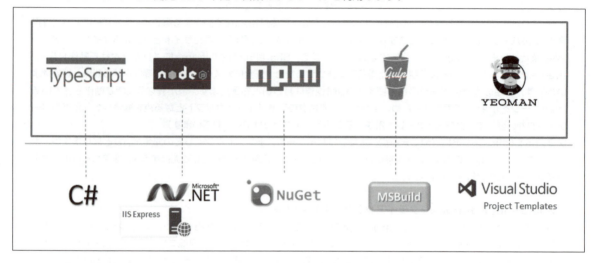

- **TypeScript：言語**

SharePoint Frameworkはクライアントサイド開発をサポートします。また開発ツールとして用意されているベースクラスやモジュール、インターフェイスはTypeScriptにより提供されています。

TypeScriptはオープンソースのプログラミング言語で、コンパイルによりJavaScriptが生成される、JavaScriptのスーパーセットです。基本的な制御や文法はJavaScriptに似ており、また型指定されたコードを記述できます。SharePointクライアントAPIであるREST APIや、メール、予定表、連絡先、ドキュメントにアクセスできるMicrosoft Graph APIを利用してOffice 365上のさまざまなデータにアクセスできます。またREST APIを利用したそれ以外のサービスへの接続、React、Angular、KnockoutなどさまざまなJavaScriptフレームワークを併せて利用できます。

ヒント

SharePoint PnP JavaScript Coreライブラリ

　第1章でも紹介しましたが、「SharePoint Patterns and Practices」はSharePoint開発者によって運営される、オープンソースにてソースコードや、サンプル、技術ドキュメントを提供するコミュニティプロジェクトです。**SharePoint PnP JavaScript Coreライブラリ**は、その中で提供されているSharePoint REST APIを利用したSharePointへのデータアクセスをサポートするライブラリであり、SharePoint Framework開発でも利用できます。またPnPではSharePoint Frameworkのサンプルコードも多く提供されています。

SharePoint Patterns and Practices
https://dev.office.com/patterns-and-practices

SharePoint Patterns and Practices JavaScript Core Library
https://github.com/SharePoint/PnP-JS-Core

● **Node.js：プラットフォーム**
JavaScriptによる開発を行えるオープンソースのWebアプリケーションプラットフォームです。

● **NPM（Node Package Manager）：パッケージ管理ツール**
Node.jsのパッケージ（モジュール）管理ツールです。Node.jsで提供されているさまざまなモジュールはNPMを利用してインストールでき、またSharePoint Frameworkの開発ツールはNPMを利用しています。NPMはNode.jsと併せてインストールされます。

● **Gulp（ビルドプロセスを実行するタスクランナー）**
Node.js上で動作するタスクランナーです。SharePoint Framework開発では、モジュールのバンドルやビルドプロセスに利用します。NPMよりインストールできます。

● **Yeoman generators：プロジェクト作成支援ツール**
新しいプロジェクトを作成する際に利用します。Yeomanによりコマンドライン操作でプロジェクトのテンプレート作成が可能です。SharePoint Yeoman Generaterが用意されており、それによりSharePoint Framework開発時にプロジェクトを作成します。NPMよりインストールできます。

● **ソースコードエディター**
HTML、JavaScriptが編集できる任意のソースコードエディターを利用します。テキストエディターでも開発できないことはありませんが、Visual Studio Code、Atom、WebStormなどTypeScriptに対応したものがあれば便利です。
SharePoint Frameworkの技術ドキュメントやサンプルはVisual Studio Codeを利用していることが多いため、本書での解説時にはVisual Studio Codeを利用します。

開発環境の準備

開発環境に必要なツールをインストールする方法を解説します。下記をインストールします。

● **Node.js（NPM）**
● **Yeoman**
● **Gulp**
● **Visual Studio Code（他のコードエディターでも可）**

1. Node.js のインストール

Node.jsサイト（https://nodejs.org/en/）よりNode.jsをインストールします。併せてNPM（Node Package Manager）もインストールされます。ダウンロード時にはLTS（Long Term Support）バージョンを選択してください。

1. Node.jsサイト（**https://nodejs.org/en/**）にアクセスし、**LTS**バージョンをダウンロードする。
2. ダウンロードしたインストーラーを実行して、インストールを行う。

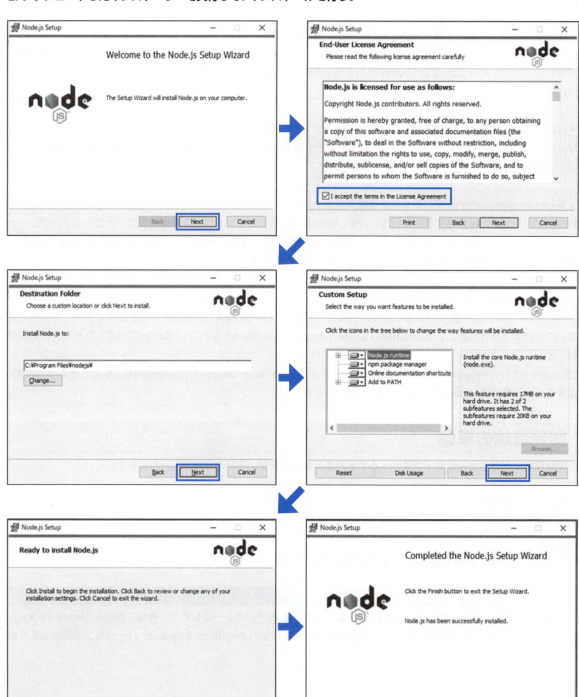

2. NPM（Node Package Manager）のバージョンを指定

NPM（Node Package Manager）はNode.jsとともにインストールされます。現在SharePoint Framework
でサポートされているNPMのバージョンはv3もしくはv4です。NPMのバージョンを指定します。

コマンドプロンプトで、次のコマンドを実行します。

```
npm install -g npm@3
```

3. Yeoman と Gulp のインストール

YeomanとGulpをインストールします。コマンドプロンプトで、次のコマンドを実行します。

```
npm install -g yo gulp
```

4. Yeoman SharePoint Generator のインストール

Yeoman SharePoint Generatorをインストールします。コマンドプロンプトで、次のコマンドを実行します。

```
npm install -g @microsoft/generator-sharepoint
```

5. Visual Studio Code のインストール

Visual Studio Codeサイト（https://code.visualstudio.com/）より Visual Studio Codeをダウンロードし、
インストールします。他のコードエディターを利用する場合、Visual Studio Codeのインストールは必須ではあり
ません。

3 クライアントサイドWebパーツの開発 - 基本

簡単なクライアントサイドWebパーツを開発する手順を通じて、クライアントサイトWebパーツ開発の基本として下記を解説します。

- **SharePoint Framework** クライアントサイドWebパーツの開発プロジェクトの作成
- 開発時のプレビュー方法
- 既定のプロジェクトの内容確認
- リストにアクセスする機能の追加
- デバッグ実行の行い方

この手順を行うためには、下記が必要です。

- 開発環境の準備
  この章の「2 開発環境の準備」を参照、また開発ツールはVisual Studio Codeを利用する手順となっています。
- プレビュー時に利用できる **SharePoint Online** サイト
- **Chrome** ブラウザー（デバッグ実行時のみ）

Step1：プロジェクト作成

Yeomanを利用して、クライアントサイドWebパーツ開発時に必要なモジュールを生成します。

❶
Node.jsコマンドプロンプトを起動する。

❷
プロジェクトフォルダーを作成したいディレクトリに移動する。

`cd 任意のディレクトリ`

※画面ではC:¥SpFxフォルダーを指定している。場所はどこでもかまわない。

❸
指定したフォルダー内に新しいフォルダーを作成する。
※ここで作成した[test-webpart]フォルダーをプロジェクトフィルダーとして利用する。

`md test-webpart`

❹
作成したフォルダーに移動する。

`cd test-webpart`

⑤
Yeoman SharePoint Generatorにより、フォルダー内に各モジュールを作成するため、次のコマンドを実行する。

yo @microsoft/sharepoint

⑥
プロジェクト作成に必要な値を指定する。最初はソリューション名である。ここでは既定値として表示されているtest-webpartのままとするため、Enterキーを押す。

⑦
次に開発する内容を選択する。WebPartもしくはExtensionts(Preview)を選択できる。[WebPart]を矢印キーで選択し、Enterキーを押す。
※画面表記でわかるように、現時点ではExtensionはプレビュー機能である。

⑧
次にWebパーツの名前を指定する。「TestWebPart」と入力し、Enterキーを押す。
※Webパーツ名を入力せず確定した場合は、既定値が利用される。

⑨
次にWebパーツの説明を指定する。ここでは既定値のままEnterキーを押す。

⑩
次にJavaScriptフレームワークを選択する。[No JavaScript framework]を矢印キーで選択し、Enterキーを押す。
※React、Knockoutが選択でき、ここで追加したフレームワークに対応したプロジェクトファイルが生成される。ここで追加しなくても後から追加することも可能。

⑪
プロジェクトの作成が開始されるためしばらく待つ。数分要することがある。

⑫
作成が完了すると、画面のような表示になる。

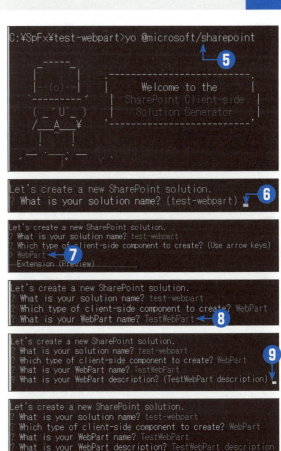
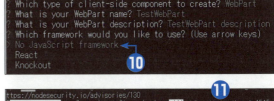

⓭ Windowsエクスプローラーでプロジェクトを作成したフォルダー内に基本のファイル群が作成されていることが確認できる。

⓮ 作成したプロジェクトをVisual Studio Codeで開くため、コマンドプロンプトで、次のコマンドを実行する。

```
code .
```

⓯ Visual Studio Codeが起動し、プロジェクトフォルダーが開く。

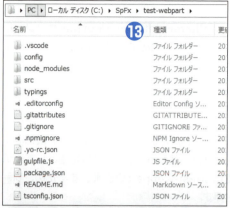

Step2：プレビュー方法の確認

開発中のクライアントWebパーツをプレビューし、動作を確認する方法を確認します。

SharePoint Frameworkでは、ビルドプロセスの実行にGulpをタスクランナーとして利用できます。Gulpによるプレビューの実行はVisual Studio Code内の操作からでも行えますが、ここではコマンドから実行する方法を確認します。またプレビュー時にはSharePoint Workbenchというクライアントwebパーツ開発専用のプレビュー画面を利用します。

プレビュー時にはローカル上でWebパーツが実行され、HTTPSエンドポイントを利用した動作が既定です。そのため証明書エラーが表示されるため、まずは開発環境に、開発環境用の証明書をインストールします。

❶ プロジェクトフォルダーディレクトリで、次のコマンドを実行する。

```
gulp trust-dev-cert
```

第8章 SharePoint Framework によるクライアントサイド Web パーツ開発

❷ ダイアログが表示されたら、[はい]をクリックする。

※既に実行済みの環境である場合は、必要ない。また証明書のインストールは必須ではない。

※この自己署名証明書はローカルユーザーの信頼されたルート証明機関にインストールされ、開発時のサーバー認証にのみ利用される。

❸ 次に、ビルドおよびプレビューを行うためのコマンドを実行する。

```
gulp serve
```

> **ヒント**
> **gulp serve**
> このコマンドにより、開発環境ローカル上の https://localhost:4321 で実行されます。既定のブラウザーが立ち上がります。

❹ 既定のブラウザーで https://localhost:4321/temp/workbench.html が開く。

> **ヒント**
> **SharePoint Workbench**
> プレビュー時に利用できる WorkBench.html は、開発環境上でクライアント Web パーツの動作確認を行うための画面です。

❺ SharePoint Workbench で、追加メニューから[TestWebPart]を追加する。

❻ キャンバス内に Web パーツが追加される。

❼ 編集メニューをクリックすると、右側にプロパティ画面が開く。

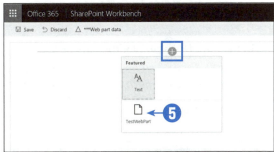

❽ プロパティ内の値を変更すると、Webパーツ内に表示されている値もリアクティブに変更されることが確認できる。

> **ヒント**
> **クライアントサイドWebパーツのプロパティ**
> プロパティ画面の内容変更時にリアクティブに反映するかどうかは設定できます。既定ではリアクティブに反映する設定であることが確認できます。

❾ ここまででローカル上で動作するSharePoint Workbenchを利用して動作を確認したが、SharePoint上のWorkbenchも利用できる。プレビューを動作させたまま、任意のSharePoint Onlineサイトを開き、サイトURL以下を/_layouts/15/workbench.aspxと指定する。

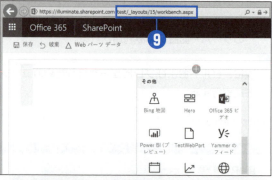

❿ Ctrl + C キーを押してプレビューを停止する。
※プレビューを停止すると、SharePoint Workbenchはローカル上、SharePointサイト上の両方ともアクセスできなくなる。

> **ヒント**
> **SharePointサイト上のWorkbenchページ**
> 手順で確認したとおり、プレビュー実行時には実際のSharePointサイトを利用した内容確認も可能です。ただし、サイト内の実際のページにプレビュー中のクライアントサイドWebパーツを追加できるわけではなく、/_layouts/15/workbench.aspxを指定して開くことができるSharePointサイト上のWorkbenchページを利用します。実際のサイト内のデータに対する操作を含めた確認が必要な場合はこちらも併せて利用します。

Step3：既定のプロジェクト内容の確認

Step2で確認した既定で用意されるクライアントWebパーツの動作をふまえて、プロジェクト内の内容を確認します。

Visual Studio Codeのエクスプローラーで、src/webparts/testWebPartディレクトリ内に、各ファイルが確認できます。

第8章　SharePoint Framework によるクライアントサイドWebパーツ開発　**393**

Web パーツクラス

TestWebPartWebPart.ts ファイルはWebパーツのエントリポイントです。クライアントサイドWebパーツは、**Basic ClientWebPartクラス**を継承して作成します。

```ts
import { Version } from '@microsoft/sp-core-library';
import {
  BaseClientSideWebPart,
  IPropertyPaneConfiguration,
  PropertyPaneTextField
} from '@microsoft/sp-webpart-base';
import { escape } from '@microsoft/sp-lodash-subset';

import styles from './TestWebPart.module.scss';
import * as strings from 'testWebPartStrings';
import { ITestWebPartWebPartProps } from './ITestWebPartWebPartProps';

export default class TestWebPartWebPart extends BaseClientSideWebPart<ITestWebPartWebPartProps> {

  public render(): void {
    this.domElement.innerHTML = `
      <div class="${styles.testWebPart}">
        <div class="${styles.container}">
          <div class="ms-Grid-row ms-bgColor-themeDark ms-fontColor-white ${styles.row}">
            <div class="ms-Grid-col ms-u-lg10 ms-u-xl8 ms-u-xlPush2 ms-u-lgPush1">
              <span class="ms-font-xl ms-fontColor-white">Welcome to SharePoint!</span>
              <p class="ms-font-l ms-fontColor-white">Customize SharePoint experiences using Web Parts.</p>
              <p class="ms-font-l ms-fontColor-white">${escape(this.properties.description)}</p>
              <a href="https://aka.ms/spfx" class="${styles.button}">
                <span class="${styles.label}">Learn more</span>
              </a>
```

renderメソッドに、Webパーツの内容となるDOM要素を表示するためのコードが含まれています。またrenderメソッド内の`${this.properties.description}`の箇所は、Webパーツのプロパティを参照しています。同様に、スタイルクラス名として利用されている`${styles.button}`などの箇所は、CSSファイル内のスタイルを参照しています。CSS定義はTestWebPart.module.scssであり、TestWebPartWebPart.ts内の`import styles from './TestWebPart.module.scss';`でインポートしています。

```ts
import { Version } from '@microsoft/sp-core-library';
import {
  BaseClientSideWebPart,
  IPropertyPaneConfiguration,
  PropertyPaneTextField
} from '@microsoft/sp-webpart-base';
import { escape } from '@microsoft/sp-lodash-subset';

import styles from './TestWebPart.module.scss';
import * as strings from 'testWebPartStrings';
import { ITestWebPartWebPartProps } from './ITestWebPart

export default class TestWebPartWebPart extends BaseClie

  public render(): void {
```

Web パーツのプロパティ

　既定ではWebパーツのプロパティではテキストボックスが1つ用意されていました。クライアントWebパーツの
プロパティ画面の定義は、次の箇所で確認できます。

- **TestWebPartWebPart.ts**：**@microsoft/sp-webpart-base** import

　　　　　　　　　　　　プロパティ内で利用する型のインポート

　　　　　　　　　　　　ITestWebPartWebPartProps import

　　　　　　　　　　　　プロパティ内容が定義されたインターフェイスのインポート

```typescript
TestWebPartWebPart.ts  ✕      TS ITestWebPartWebPartProps.ts

import { Version } from '@microsoft/sp-core-library';
import {
  BaseClientSideWebPart,
  IPropertyPaneConfiguration,
  PropertyPaneTextField
} from '@microsoft/sp-webpart-base';
import { escape } from '@microsoft/sp-lodash-subset';

import styles from './TestWebPart.module.scss';
import * as strings from 'testWebPartStrings';
import { ITestWebPartWebPartProps } from './ITestWebPartWebPartProps';
```

- **TestWebPartWebPart.ts**：**getPropertyPaneConfiguration** メソッド

　　　　　　　　　　　　プロパティ画面の出力指定

```typescript
protected getPropertyPaneConfiguration(): IPropertyPaneConfiguration {
  return {
    pages: [
      {
        header: {
          description: strings.PropertyPaneDescription
        },
        groups: [
          {
            groupName: strings.BasicGroupName,
            groupFields: [
              PropertyPaneTextField('description', {
                label: strings.DescriptionFieldLabel
              })
            ]
          }
        ]
      }
    ]
  };
}
```

第8章　SharePoint FrameworkによるクライアントサイドWebパーツ開発 395

- **ITestWebPartWebPartProps.ts：インターフェイス定義**
  プロパティ内容を定義

```
TS ITestWebPartWebPartProps.ts ✕
 1    export interface ITestWebPartWebPartProps {
 2      description: string;
 3    }
 4
```

- **TestWebPartWebPart.manifest.json（マニフェストファイル）：既定値が含められる**

```
"preconfiguredEntries": [{
  "groupId": "81807796-e89e-4ec2-9b26-67d1313fbea4",
  "group": { "default": "Under Development" },
  "title": { "default": "TestWebPart" },
  "description": { "default": "TestWebPart description" },
  "officeFabricIconFontName": "Page",
  "properties": {
    "description": "TestWebPart"
  }
}]
```

Step4：プロパティの変更

Webパーツのプロパティ定義方法を確認します。

1

TestWebPartWebPart.ts内の @microsoft/sp-
webpart-base import内に次の内容を追加する。

```
,PropertyPaneCheckbox,
PropertyPaneDropdown,
PropertyPaneToggle,
PropertyPaneSlider
```

```
TestWebPartWebPart.ts ✕   TS ITestWebPartWebPartProps.ts    {} Tes
 1  import { Version } from '@microsoft/sp-core-library';
 2  import {
 3    BaseClientSideWebPart,
 4    IPropertyPaneConfiguration,
 5    PropertyPaneTextField,
 6    PropertyPaneCheckbox,
 7    PropertyPaneDropdown,           ●1
 8    PropertyPaneToggle,
 9    PropertyPaneSlider
10  } from '@microsoft/sp-webpart-base';
```

※プロパティで扱う型として、チェックボックス、
ドロップダウン、トグル、スライダーをインポー
トしている。

ヒント

プロパティで利用できる型

プロパティは次の型をサポートしています。

- Label
- Textbox
- Multi-line Textbox
- Checkbox
- Dropdown
- Link
- Slider
- Toggle
- Custom

また型を利用する場合は、**@microsoft/sp-webpart-base** importに含めます。

②

ITestWebPartWebPartProps.tsを次のように変更する。

※プロパティ内容を定義している。

```
export interface ITestWebPartWebPartProps {
  listname: string;
  multiline_test: string;
  chk_test : boolean;
  select_test : string;
  tgl_test : boolean;
  slider_test: number
}
```

③

TestWebPartWebPart.tsのgetPropertyPaneConfigurationメソッドを、次のように変更する。

※プロパティ編集画面の内容を指定している。

```
protected getPropertyPaneConfiguration(): IPropertyPaneConfiguration {
  return {
    pages: [
      {
        header: {
          description: "設定してください"
        },
        groups: [
          {
            groupName: "設定グループ1",
            groupFields: [
              PropertyPaneTextField('listname', {
                label: "リスト名"
              }),
              PropertyPaneTextField('multiline_test', {
                label: '複数行テキストテスト',
                multiline: true
              }),
              PropertyPaneCheckbox('chk_test', {
                text: 'チェックボックステスト'
              }),
            ]
          },
          {
            groupName: "設定グループ2",
            groupFields: [
              PropertyPaneDropdown('select_test', {
                label: 'ドロップダウンテスト',
                options: [
                  { key: 'カテゴリーA', text: 'カテゴリーA' },
```

第8章 SharePoint FrameworkによるクライアントサイドWebパーツ開発 **397**

```
            { key: 'カテゴリー B', text: 'カテゴリー B' },
            { key: 'カテゴリー C', text: 'カテゴリー C' }
          ]}),
          PropertyPaneToggle('tgl_test', {
            label: 'トグルテスト',
            onText: 'On', offText: 'Off'
          }),
          PropertyPaneSlider('slider_test', {
            label: 'スライダー テスト',
            min: 1, max: 10 ,showValue:true, value:5
          })
        ]
      }
    ]
  }
  ]
  };
}
```

❹ **TestWebPartWebPart.manifest.json**内のプロパティバッグを次のように編集し、既定値を設定する。
※プロパティの既定値設定は必須ではない。

```
"preconfiguredEntries": [{
    "groupId": "d2f78fea-15d7-474c-8b5e-c56a7825c51f",
    "group": { "default": "Under Development" },
    "title": { "default": "HelloWorld" },
    "description": { "default": "HelloWorld description" },
    "officeFabricIconFontName": "Page",
    "properties": {
      "multiline_test": "サンプルテキスト",
      "chk_test": true,
      "tgl_test": true
    }
  }]
```

❺ **TestWebPartWebPart.ts**のrender()を次のように変更する。

```
public render(): void {
    this.domElement.innerHTML = `
    <div class="${styles.testWebPart}">
      <div class="${styles.container}">
        <div class="${styles.row}">
          <p class="ms-font-l">${escape(this.properties.listname)}</p>
          <p class="ms-font-l">${this.properties.multiline_test}</p>
          <p class="ms-font-l">${this.properties.chk_test}</p>
          <p class="ms-font-l">${this.properties.select_test}</p>
```

```
          <p class="ms-font-l">${this.properties.tgl_test}</p>
          <p class="ms-font-l">${this.properties.slider_test}</p>
        </div>
      </div>
    </div>`;
}
```

❻ [ファイル] メニューから [すべて保存] をクリックし、変更内容を保存する。

❼ 内容を確認するため、次のコマンドを実行してプレビューする。

```
gulp serve
```

❽ プロパティ画面に対する変更内容、またプロパティ内容を変更するとリアクティブにWebパーツ内に表示されることが確認できる。

❾ プレビューは実行したまま、さらにプロジェクト内容を変更する。

❿ プロパティに入力した内容はリアクティブに反映されるが、これを変更する。
TestWebPartWebPart.ts のWebパーツクラス内に次のプロパティを追加する。

```
protected get disablePropertyChanges
    ():boolean{
  return true;
}
```

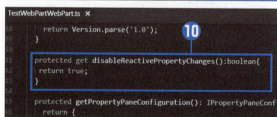

⓫ ファイルを保存すると、実行中のプレビュー画面が更新される。

⓬ プロパティ画面に [Apply (適用)] ボタンが表示され、[Apply (適用)] ボタンをクリックすると、Webパーツ内に値が反映される動作に変更される動作に変更されたことが確認できる。

> **ヒント**
>
> **Gulp serve 実行中のファイルの上書き**
>
> Gulp serveによりプレビュー実行のまま、ファイルを上書きすると、自動的にWorkbenchページ内の内容も変更されます。SharePointサイト上のWorkbenchページをリロードすることで、再度読み込まれて変更が反映されます。

Step5：SharePointページコンテキストの利用

ページコンテキストよりWebタイトル、URL、ログインユーザー等のコンテキスト情報にアクセスできます。特にWeb URLはSharePointへのデータアクセスを行う際に頻繁に利用します。

❶ **TestWebPartWebPart.ts** のrender()内に次を追加する。

```
<p class="ms-font-l">サイト名：${this.context.pageContext.web.title}</p>
<p class="ms-font-l">サイトURL：${this.context.pageContext.web.absoluteUrl}</p>
<p class="ms-font-l">ユーザー名：${this.context.pageContext.user.displayName}</p>
```

```
public render(): void {
  this.domElement.innerHTML = `
    <div class="${styles.testWebPart}">
      <div class="${styles.container}">
        <div class="${styles.row}">
          <p class="ms-font-l">${escape(this.properties.listname)}</p>
          <p class="ms-font-l">${this.properties.multiline_test}</p>
          <p class="ms-font-l">${this.properties.chk_test}</p>
          <p class="ms-font-l">${this.properties.select_test}</p>
          <p class="ms-font-l">${this.properties.tgl_test}</p>
          <p class="ms-font-l">${this.properties.slider_test}</p>
          <p class="ms-font-l">サイト名：${this.context.pageContext.web.title}</p>
          <p class="ms-font-l">サイトURL：${this.context.pageContext.web.absoluteUrl}</p>
          <p class="ms-font-l">ユーザー名：${this.context.pageContext.user.displayName}</p>
        </div>
      </div>
    </div>`;
```

❷ プレビュー画面で確認する。
ローカル上で動作するworkbenchだと、画面のように表示され、当然だがSharePointコンテキストとしての取得はできない。

❸ 任意のSharePointサイトをブラウザーで開き、**/_layouts/15/workbench.aspx** を利用する。サイト名やURL、ユーザー表示名が確認できる。

❷
サイト名：Local Workbench
サイトURL：https://wwww.contoso.com/sites/workbench
ユーザー名：User 1

サイト名：カスタマイズと開発
サイトURL：https://illuminate.sharepoint.com/test
ユーザー名：Rie Okuda

> **ヒント**
> **SharePointページコンテキストのプレビュー**
> ローカル上のSharePoint Workbenchページでは、SharePointページコンテキスト情報は確認できません。実際のSharePointサイトのWorkbenchページを利用します。

Step6：リストアイテムの取得

REST APIを利用し、プロパティ画面でリスト名を指定したリストアイテムを一覧します。

❶ **TestWebPartWebPart.ts**に、次のimportを追加する。

```
import {
  SPHttpClient, SPHttpClientResponse
} from '@microsoft/sp-http';
```

❷ **TestWebPartWebPart.ts**に、次のインターフェイスを追加する。

```
export interface spListItems{
  value: spListItem[]
}
export interface spListItem{
  Title: string;
  Created: string;
  Author: { Title: string; };
}
```

```
import { Version } from '@microsoft/sp-core-library';
import {
  BaseClientSideWebPart,
  IPropertyPaneConfiguration,
  PropertyPaneTextField,
  PropertyPaneCheckbox,
  PropertyPaneDropdown,
  PropertyPaneToggle,
  PropertyPaneSlider
} from '@microsoft/sp-webpart-base';

import {
  SPHttpClient, SPHttpClientResponse
} from '@microsoft/sp-http';
```
❶

ヒント

設定内容

リストアイテムから取得したデータをコード内で扱うための型指定です。spListItemでは、取得する列内容を定義しており、spListitemsはspListItemの配列として定義しています。

❸ TestWebPartWebPartクラス内に、次のメソッドを追加する。

```
private LoadListItems(): void{
  let url: string = this.context.pageContext.web.absoluteUrl + "/_api/web/lists/getbytitle
  ('"+this.properties.listname+"')/items?$select=Title,Created,Author/Title&$expand=Author";

  this.GetListItems(url).then((response)=>{
  if(!response.value)
  {
      this.domElement.querySelector('#spListContainer').innerHTML =
"正しくリスト名を指定してください";
    }
    else{
      this.RenderListItems(response.value);
    }
  });
}

  private GetListItems(url: string): Promise<spListItems>{
    return this.context.spHttpClient.get(url,SPHttpClient.configurations.v1)
    .then((response: SPHttpClientResponse)=>{
      return response.json();
```

```
      });
  }

private RenderListItems(items: spListItem[]): void{
    let html: string = '<table>';
    html += `<th>タイトル</th><th>登録者</th><th>登録日</th>`;
    items.forEach((item: spListItem) => {
    html += `<tr><td>${item.Title}</td>
        <td>${item.Author.Title}</td>
        <td>${item.Created}</td></tr>`;
    });
    html += `</table>`;
    this.domElement.querySelector('#spListContainer').innerHTML = html;
}
```

コードの内容

- **LoadListItems**

SharePoint REST API実行のためのエンドポイントURLを次のように指定しています。

```
this.context.pageContext.web.absoluteUrl + "/_api/web/lists/getbytitle('"
+ this.properties.listname + "')/items?$select=Title,Created,Author/Title&$expand=Author"
```

- this.context.pageContext.web.absoluteUrl
  Webパーツが挿入されたサイトURL

- /_api/web/lists/getbytitle('プロパティ画面より入力されたリスト名')/items
  Webパーツのプロパティ画面で指定されたリスト内のアイテム取得

- ?$select=Title,Created,Author/Title&$expand=Author
  取得する列を指定（タイトル、登録日時、登録者の表示名）

指定したエンドポイントをパラメーターとしてGetListItemsメソッドを呼び出し、RESTの実行結果はRenderListItemsメソッドに渡して画面に表示させています。

- **GetListItems**

次のコード部分で、REST呼び出しを実行しています。

```
this.context.spHttpClient.get(url,SPHttpClient.configurations.v1)
```

SPHttpClientクラスは@microsoft/sp-httpパッケージに含まれるSharePointへのRESTクエリを実行するためのクラスです。RESTアクセス時に指定が必要なODataのバージョンや、Request Digest値を含むヘッダーを自動的に追加して実行されます。get、post以外にも、fetch、beginbatchメソッドが用意されています。SPHttpClientクラスはHTTPClientクラスのサブクラスです。
spHttpClient.get()メソッドの第1パラメーターにはエンドポイントURLを指定、第2パラメーターにはSPHttpClientクラスの構成（SPHttpClientConfiguration型）を指定します。

- **RenderListItems**

RESTの実行結果をspListItem[]として扱い、foreachで画面に表示するためのHTML内容を生成しています。生成したHTML内容は、Webパーツ内のdivタグ内に表示させています。

4 render()メソッドを次のように変更する。

```
public render(): void {
    this.domElement.innerHTML = `
      <div class="${styles.testWebPart}">
        <div class="${styles.container}">
          <div class="${styles.row}">
            <div id="spListContainer" class="${styles.listTable}"></div>
          </div>
        </div>
      </div>`;
    this.LoadListItems();
}
```

5 **TestWebPart.module.scss**に次を追加する。
※Webパーツ内で利用するCSSを定義している。

```
.listTable table{
  border-collapse: collapse;width:100%;margin-top:5px;
}

.listTable th{
  padding: 6px; text-align: left;
  vertical-align: top;  color: #333;
  background-color: #eee;  border: 1px solid #b9b9b9;
}

.listTable td{
  padding: 6px;  background-color: #fff;  border: 1px solid #b9b9b9;
}
```

6 ローカル上ではなく、SharePointサイトの/_layouts/15/workbench.aspxを利用して、プレビュー確認する。
※開いたままだった場合は、画面を更新する。

● プロパティ画面のリスト名に、プレビューで利用しているサイト内に存在するリスト名を入力し、［適用］をクリックする。

➡ 指定したリスト内のアイテムが一覧されることが確認できる。

Step7：プロパティ画面にリスト一覧

Step6では、プロパティ画面で入力したリストのアイテム一覧を表示しました。続いてプロパティ画面のドロップダウンにリスト一覧を表示し、それを選択することでWebパーツ内に表示するリストが選択できるよう変更を行います。

❶ TestWebPartWebPart.ts内の**@microsoft/sp-webpart-base** import内に次の内容を追加する。

`,IPropertyPaneDropdownOption`

❷ **TestWebPartWebPart.ts**に、次のインターフェイスを追加する。

```
export interface spList{
  Title:string;
  id: string;
}
export interface spLists{
  value: spList[];
}
```

```
import { Version } from '@microsoft/sp-core-library';
import {
  BaseClientSideWebPart,
  IPropertyPaneConfiguration,
  PropertyPaneTextField,
  PropertyPaneCheckbox,
  PropertyPaneDropdown,
  PropertyPaneToggle,
  PropertyPaneSlider,
  IPropertyPaneDropdownOption
} from '@microsoft/sp-webpart-base';
```

ヒント

設定内容

取得したリスト一覧をコード内で扱うための型指定です。spListでは、取得する列内容を定義しており、spListsはspListの配列として定義しています。

❸ TestWebPartWebPartクラス内に、次の変数定義を追加する。

`private dropDownOptions: IPropertyPaneDropdownOption[] =[];`

```
export default class TestWebPartWebPart extends BaseClientSideWebPar
  private dropDownOptions: IPropertyPaneDropdownOption[] =[];

  public render(): void {
```

404 ひと目でわかる Office 365 サイトカスタマイズ＆開発編 SharePoint Server 2016対応版

❹ **TestWebPartWebPart.ts**のpropertyPaneSettings プロパティを、次のように変更する。

※複数行テキスト、チェックボックス、トグル、スライダーのプロパティは削除している。実際にはimportやインターフェイス上の定義、既定値も併せて削除すべきだが、ここでは行っていない。

```
protected getPropertyPaneConfiguration(): IPropertyPaneConfiguration {
    return {
        pages: [
            {
                header: {
                    description: "設定してください"
                },
                groups: [
                    {
                        groupName: "設定グループ1",
                        groupFields: [
                            PropertyPaneTextField('listname', {
                                label: "リスト名"
                            })
                        ]
                    },
                    {
                    groupName: "設定グループ2",
                        groupFields: [
                            PropertyPaneDropdown('select_test', {
                                label: 'リストを選択',
                                options: this. dropDownOptions,
                                disabled: false
                            })
                        ]
                    }
                ]
            }
        ]
    };
}
```

❺ **TestWebPartWebPart**クラス内に、次のメソッドを追加する。

```
protected onPropertyPaneConfigurationStart(): void {
    // ドロップダウン内容がすでにあるかどうかチェック
    if(this.dropDownOptions.length>0) return;
    this.LoadDropDownValues();
}

private LoadDropDownValues():void{
```

```
let listresturl: string = this.context.pageContext.web.absoluteUrl + "/_api/web/lists?$
    select=Id,Title";

  this.LoadLists(listresturl).then((response)=>{
      response.value.forEach((list:spList)=>{
      this.dropDownOptions.push({key:list.Title,text:list.Title});
      });
  });
}

private LoadLists(listresturl:string): Promise<spLists>{
  return this.context.spHttpClient.get(listresturl,SPHttpClient.configurations.v1)
  .then((response: SPHttpClientResponse)=>{
  return response.json();
  });
}
```

コードの内容

- **onPropertyPaneConfigurationStart**

ドロップダウンの選択肢内容が存在しなければ、LoadDropDownValues メソッドを実行するよう指定しています。

- **LoadDropDownValues**

SharePoint REST API実行のためのエンドポイントURL を次のように指定しています。

```
this.context.pageContext.web.absoluteUrl + "/_api/web/lists?$select=Id,Title"
```

- ・this.context.pageContext.web.absoluteUrl
  Webパーツが挿入されたサイトURL

- ・/_api/web/lists/
  サイト内のリスト一覧を取得

- ・$select=Id,Title
  取得する列を指定（ID、タイトル）

指定したエンドポイントをパラメーターとしてLoadLists メソッドを呼び出し、RESTの実行結果をドロップダウンの選択肢として設定しています。

- **LoadLists**

次のコード部分で、REST呼び出しを実行し、結果を返しています。

```
this.context.spHttpClient.get(listresturl,SPHttpClient.configurations.v1)
```

❻
Step6で追加したLoadListItems()メソッドの内容を変更する。
※変更箇所はRESTエンドポイント内に含めているプロパティ名のみ。

```
private LoadListItems(): void{
  let url: string = this.context.pageContext.web.absoluteUrl + "/_api/web/lists/getbytitle
('"+this.properties.select_test+"')/items?$select=Title,Created,Author/Title&$expand=Author";
  this.GetListItems(url).then((response)=>{
    this.RenderListItems(response.value);
  });
}
```

❼
ローカル上ではなく、SharePointサイトの/_layouts/15/workbench.aspxを利用して、プレビュー確認する。
※開いたままだった場合は、画面を更新する。

▶ プロパティ画面内のドロップダウンに現在のサイト内のリスト一覧が表示されること、また一覧から選択したリストのアイテムがWebパーツ内に一覧されることが確認できる。

❽
Ctrl + C キーを押してプレビューを停止する。

Step8：デバッグ実行を行うための準備

Visual Studio Codeで、コードのステップイン等を行うため、デバッグ実行を行うための準備、およびデバッグ実行方法を解説します。デバッグ実行を行うためには、開発環境にGoogle Chromeブラウザーがインストールされていることが前提です。

❶
Visual Studio Codeで［拡張機能］をクリックし、［Debugger for Chrome］をインストールする。
※既にインストールしている場合は必要ない。手順❸に進む。

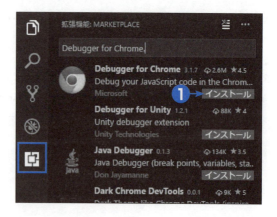

❷ インストールが完了したら、[再読み込み] をクリックする。

❸ [デバッグ] を開き、[構成] ドロップダウンより [構成の追加] をクリックする。

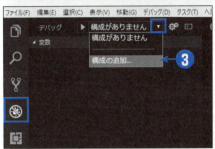

❹ [環境の選択] より [Chrome] を選択する。

❺ launch.jsonが開くので、次の内容に置き換えて、上書きする。
※下線部はSharePointサイトのURLを指定する。サブサイトでもかまわない。

```
{
    "version": "0.2.0",
    "configurations": [
        {
            "name": "Local workbench",
            "type": "chrome",
            "request": "launch",
            "url": "https://localhost:4321/temp/workbench.html",
            "webRoot": "${workspaceRoot}",
            "sourceMaps": true,
            "sourceMapPathOverrides": {
                "webpack:///.././../src/*": "${webRoot}/src/*",
                "webpack:///../../../src/*": "${webRoot}/src/*",
                "webpack:///../../../../src/*": "${webRoot}/src/*"
            },
            "runtimeArgs": [
                "--remote-debugging-port=9222"
            ]
        },
        {
            "name": "SharePoint workbench",
            "type": "chrome",
```

```
            "request": "launch",
            "url": "https://contoso.sharepoint.com/_layouts/workbench.aspx",
            "webRoot": "${workspaceRoot}",
            "sourceMaps": true,
            "sourceMapPathOverrides": {
                "webpack:///../../../src/*": "${webRoot}/src/*",
                "webpack:///../../../../src/*": "${webRoot}/src/*",
                "webpack:///../../../../../src/*": "${webRoot}/src/*"
            },
            "runtimeArgs": [
                "--remote-debugging-port=9222"
            ]
        }
    ]
}
```

❻ コード内の任意の場所にブレークポイントを指定する。

❼ [表示] メニューの [統合ターミナル] をクリックする。

❽ 統合ターミナル内で次のコマンドを実行する。

```
gulp serve --nobrowser
```

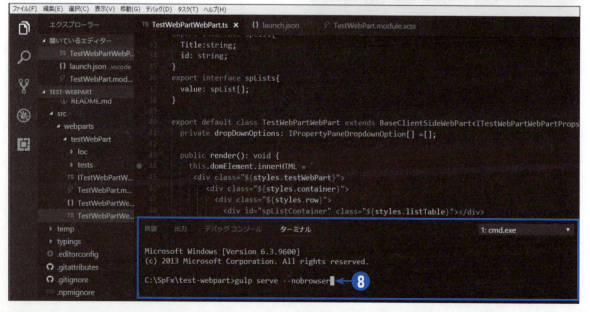

第8章　SharePoint Frameworkによるクライアントサイド Web パーツ開発

❾ デバッグを開き、ローカル上のWorkbench もしくはSharePoint 上のWorkbench どちらかを選択する。

❿ デバッグ実行する。

⓫ デバッグ実行が開始され、選択したWorkbenchページがChromeで開く。

⓬ ページ内でクライアントWebパーツの追加や、任意の操作を行う。

⓭ ブレークポイントで一時停止されることが確認できる。

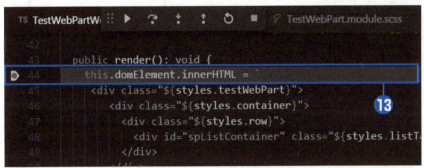

⓮ デバッグを停止する。

⓯ 統合ターミナル内で、Ctrl＋Cキーを押してプレビューを停止する。

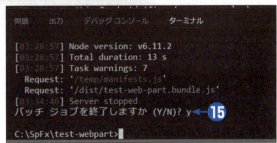

4 クライアントサイドWebパーツの展開

完成したクライアントサイドWebパーツをSharePoint環境へ展開する場合、大きく2か所に対して、各ファイルを展開します。

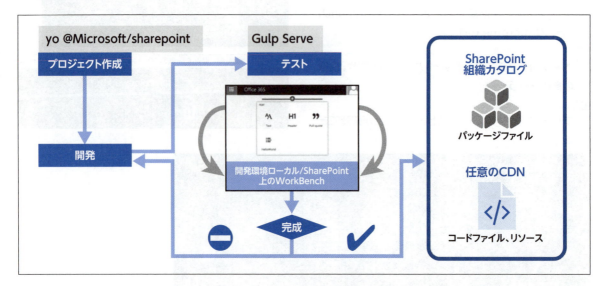

- **組織カタログ**

SharePointサイト上でWebパーツとして動作するために必要なマニフェストファイルが含まれるパッケージ（sppkgファイル）を作成し、組織のカタログサイトにアップロードします。

> 組織カタログサイトの準備方法については、第7章の「1　SharePointアドインの概要」の「アドインカタログの作成」を参照してください。

- **任意のCDN**

クライアントWebパーツの本体とも言えるコードファイルや各種リソースファイルを、SharePointサイトから接続可能な場所にあるCDN上へ展開します。Azure等のクラウドストレージ上への展開、SharePointサイト内への展開など、展開先は自由に選択できます。

プロパティ内容の編集

① Visual Studio Codeで、プロジェクト名フォルダー以下にある**プロジェクト名.manifest.json**を開く。

② group、title、descriptionを任意に編集して、上書きする。

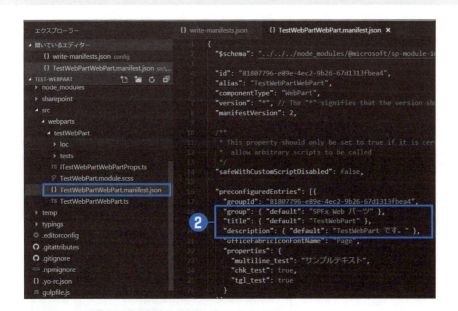

CDNパスの構成

クライアントサイドWebパーツの各ファイルはCDNパスで参照できる場所にアップロードして利用します。Webサーバー上、クラウドストレージ、SharePoint上と場所はどこでもかまいません。ここではSharePoint上に展開することをベースに手順を解説します。

❶
Visual Studio Codeでconfigフォルダーにあるwrite-manifests.jsonを開く。

❷
CDNパスを指定する。SharePointの場合、利用者がアクセス権を持つライブラリに格納するため、あらかじめ組織カタログサイト等のSharePointサイト内にライブラリを作成しておくか、[サイトのリソースファイル] ライブラリ等既存のライブラリを利用する。また各モジュールをわかりやすく格納するために、ライブラリ内にフォルダーを作成してもかまわない。この後の手順で各モジュールを展開する場所として利用するパスを指定する。
例：組織カタログの [サイトのリソースファイル] ライブラリ内に、フォルダーを作成して格納

❸
上書きする。

パッケージ作成

Gulpを利用してパッケージ化を行います。次の2種類が必要です。

- ソースコードのバンドル/
- クライアントサイドWebパーツのパッケージファイル（sppkgファイル）

❶ Node.jsコマンドプロンプトを起動する。

❷ プロジェクトフォルダーのディレクトリに移動する。

`cd プロジェクトフォルダーのディレクトリ`

❸ 次のコマンドを実行し、ソースコード等の各ファイルをバンドルする。

`gulp bundle --ship`

❹ 実行が完了したら、プロジェクトフォルダー以下のtemp/deployフォルダーに出力結果が格納されていることを確認する。

❺ 次にクライアントサイドWebパーツのパッケージファイルを作成する。次のコマンドを実行する。

`gulp package-solution --ship`

❻ 実行が完了したら、プロジェクトフォルダー以下のsharepoint/solutionフォルダーに出力結果が格納されていることを確認する。
※sppkgファイルがパッケージファイルである。

CDNへのバンドルファイルのアップロード

write-manifests.jsonファイルでCDNパスとして指定した場所に、バンドルファイルをアップロードします。gulp bundleの結果として、プロジェクトフォルダー以下のtemp/deployフォルダー以下に生成されたファイルをすべて、CDNパスの場所に保存します。

・SharePointライブラリを利用した場合

パッケージファイルの展開

　gulp package-solutionコマンドの結果として生成されたsppkgファイルを、組織カタログへ展開します。組織カタログは第7章で解説したSharePointアドインの展開先としても利用する場所です。組織カタログがまだ用意できていない場合は、第7章の「1　SharePointアドインの概要」の「アドインカタログの作成」を参照し、事前に作成しておいてください。

❶ 組織カタログサイトを開く。

❷ ［SharePoint用アプリ］をクリックして開く。

❸ プロジェクトフォルダー以下のsharepoint/solutionフォルダー以下に生成されたsppkgファイルをアップロードする。

❹ アップロード時に信頼画面が表示されるため、［展開］をクリックする。

クライアントサイドWebパーツの利用

　展開されたクライアントサイドWebパーツは、モダンサイト、クラシックサイトのどちらでも利用できます。利用の流れは次のとおりです。

①アプリの追加より、サイトにクライアントサイドWebパーツを追加する

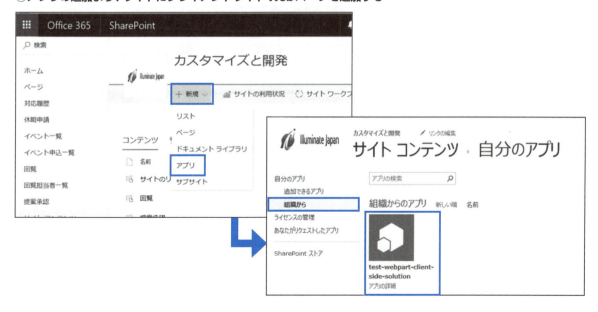

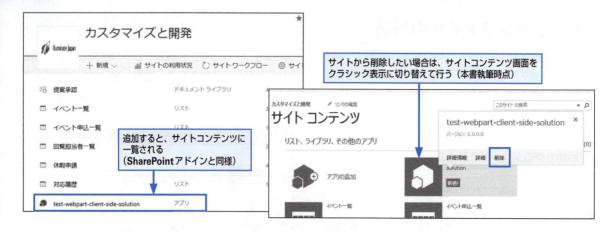

②任意のページにクライアントサイドWebパーツを追加し、設定を行う

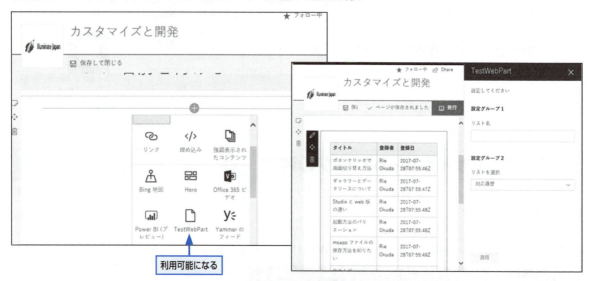

クラシックサイトでは、標準のWebパーツの追加と同様の手順でページ内に追加できます。

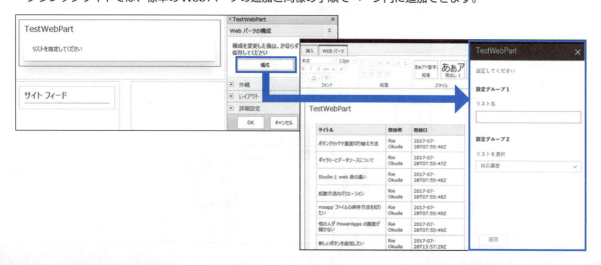

5 Office UI Fabricの利用

　Office UI Fabricは、Officeアプリケーションと同様のデザインを持つWebアプリケーションの作成が行えるUI作成フレームワークです。文字の体裁や色、アイコン、ボタンやテキストボックス、ドロップダウンなどの各種コントロール、データテーブル、ダイアログ、吹き出しなどのコンポーネントなどが含まれています。

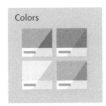

　JavaScript、iOS、AngularなどにJ対応しているため、SharePoint開発だけではなく、またプラットフォームを問わずさまざまな開発時に利用できます。次の図は公式サイト（https://dev.office.com/fabric）内の内容です。

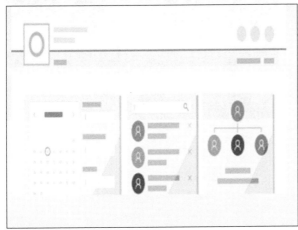

　Office UI Fabricは、SharePointモダンサイトでも利用されています。
　SharePoint Framework開発時に併せて利用することで、SharePointサイトのデザインと合わせたデザインや、SharePointと同様の各種コントロールを利用した開発が行えます。

Office UI Fabricのドキュメントカードを使用してクライアントサイドWebパーツを開発する手順を用いて、Office UI Fabricを利用した開発方法を解説します。

この手順を行うためには、下記が必要です。

- **開発環境の準備**
  この章の「2　利用するツールと開発環境の準備」の「開発環境の準備」を参照、また開発ツールはVisual Studio Codeを利用する手順となっています。
- プレビュー時に利用できる**SharePoint Online**サイト
- **Chrome**ブラウザー（デバッグ実行を行う場合のみ）

Step1：プロジェクト作成

Yeomanを利用して、クライアントサイドWebパーツ開発時に必要なモジュールを生成します。

❶ Node.jsコマンドプロンプトを起動する。

❷ プロジェクトフォルダーを作成したいディレクトリに移動する。
※ここでは［C:¥SpFx］フォルダーを指定している。場所はどこでもかまわない。

`cd 任意のディレクトリ`

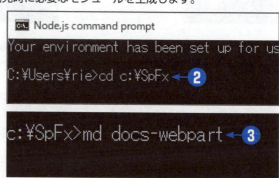

❸ 指定したフォルダー内に新しいフォルダーを作成する。
※ここで作成した［docs-webpart］フォルダーをプロジェクトフィルダーとして利用する。

`md docs-webpart`

❹ 作成したフォルダーに移動する。

`cd docs-webpart`

❺ Yeoman SharePoint Generatorにより、フォルダー内に各モジュールを作成する。次のコマンドを実行する。

`yo @microsoft/sharepoint`

❻ プロジェクト作成に必要な値を指定する。最初はソリューション名である。既定値として表示されているdocs-webpartのままとするため、Enterキーを押す。

❼ 次に開発する内容を選択する。［WebPart］もしくは［Extension（Preview）］が選択できる。［WebPart］を矢印キーで選択し、Enterキーを押す。

❽ 次にWebパーツの名前を指定する。「Docs」と入力し、Enterキーを押す。

❾ 次にWebパーツの説明を指定する。ここでは既定値のままEnterキーを押す。

❿ 次にJavaScriptフレームワークを選択する。Fabric Reactを利用するため、［React］を矢印キーで選択し、Enterキーを押す。
※選択したReactを利用するための関連設定が含まれた状態でプロジェクトファイルが生成される。

⓫ プロジェクトの作成が始まるのでしばらく待つ。数分要することがある。

⓬ 作成が完了すると、画面のような表記となる。

⓭ 作成したプロジェクトをVisual Studio Codeで開くため、次のコマンドを実行する。

```
code .
```

⓮ Visual Studio Codeが起動し、プロジェクトフォルダーが開く。

Step2：既定のプロジェクト内容の確認

既定で用意される内容を確認します。
　Visual Studio Codeのエクスプローラーで、src/webparts/docsディレクトリ内に、各ファイルが確認できます。

Web パーツクラス

src¥webparts¥docs フォルダー内にある **DocsWebPart.ts** ファイルは、Web パーツのエントリポイントです。クライアントサイド Web パーツでは、**BasicClientWebPart クラス**が継承されています。

また render メソッドに、React オブジェクトを作成し、Web パーツに DOM 内容として表示するコードが含まれています。React オブジェクトとして Docs クラスが指定され、description というプロパティを渡しています。Docs クラスの description プロパティには、Web パーツの description プロパティ（this.properties.description）を指定しています。

```typescript
export default class DocsWebPart extends BaseClientSideWebPart<IDocsWebPartProps> {

  public render(): void {
    const element: React.ReactElement<IDocsProps > = React.createElement(
      Docs,
      {
        description: this.properties.description
      }
    );

    ReactDom.render(element, this.domElement);
  }
}
```

React コンポーネント

src¥webparts¥docs¥components フォルダー内にある **Docs.tsx** ファイルは、React コンポーネントが定義されています。render メソッドから返される HTML 内容を Web パーツクラスが受け取り、画面に表示します。

```typescript
import * as React from 'react';
import styles from './Docs.module.scss';
import { IDocsProps } from './IDocsProps';
import { escape } from '@microsoft/sp-lodash-subset';

export default class Docs extends React.Component<IDocsProps, void> {
  public render(): React.ReactElement<IDocsProps> {
    return (
      <div className={styles.docs}>
        <div className={styles.container}>
          <div className={`ms-Grid-row ms-bgColor-themeDark ms-fontColor-white ${styles.row}`}>
            <div className="ms-Grid-col ms-u-lg10 ms-u-xl8 ms-u-xlPush2 ms-u-lgPush1">
              <span className="ms-font-xl ms-fontColor-white">Welcome to SharePoint!</span>
              <p className="ms-font-l ms-fontColor-white">Customize SharePoint experiences using W
              <p className="ms-font-l ms-fontColor-white">{escape(this.props.description)}</p>
              <a href="https://aka.ms/spfx" className={styles.button}>
                <span className={styles.label}>Learn more</span>
              </a>
            </div>
          </div>
        </div>
      </div>
    );
  }
}
```

既定の状態だと、次図のようなWebパーツ内容です。

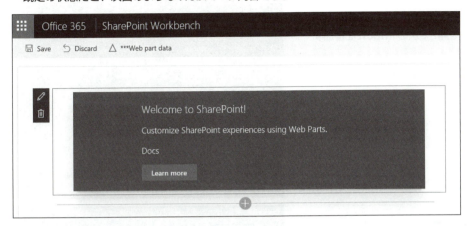

Step3：Document Cardを追加

Office UI Fabricで提供されるDocument Cardコントロールを追加します。

❶ src¥webparts¥docs¥componentsフォルダー内の**IDocsProps.ts**を開き、Reactコンポーネントとして利用するDocsクラスのインターフェイスを定義する。次のように編集する。

```
export interface IDocsProps {
  documents: IDocument[];
}

export interface IDocument {
   title: string;
   url: string;
   imageUrl: string;
   iconUrl: string;
   acttitle: string;
   actName: string;
   actImageUrl: string;
}
```

❷ src\webparts\docs\components フォルダー内の **Docs.tsx** ファイルを開き、次の import を追加する。

※ Office UI Fabric の Document Card への参照を追加。

```
import {
    DocumentCard,
    DocumentCardType,
    DocumentCardPreview,
    DocumentCardTitle,
    DocumentCardActivity,
    IDocumentCardPreviewProps
} from 'office-ui-fabric-react/lib/
    DocumentCard';
```

❸ **Docs.tsx** 内に次の import を追加する。

※ IDocsProps.ts に追加した IDocument インターフェイスへの参照を追加。

```
import {IDocument} from './IDocsProps';
```

❹ **Docs.tsx** で、React コンポーネントとして利用する Docs クラスの **render** メソッドの内容を次のように変更する。

```
public render(): React.ReactElement<IDocsProps> {
  const documents: JSX.Element[] = this.props.documents.map((document: IDocument, index: number,
      array:IDocument[]): JSX.Element => {


    return (
      <DocumentCard type={DocumentCardType.compact} onClickHref={document.url} accentColor=
          '#ce4b1f' key={index}>
        <DocumentCardPreview previewImages={[{
            name: document.title,
            url: document.url,
            previewImageSrc: document.imageUrl,
            width: 140
        }]} />
        <div className='ms-DocumentCard-details'>
          <DocumentCardTitle title={document.title} shouldTruncate={true} />
            <DocumentCardActivity
              activity={document.acttitle}
              people={
                [
                  { name: document.actName,
```

```
            profileImageSrc: document.actImageUrl }
          ]
        }
      />
    </div>
  </DocumentCard>
);
});

return (
  <div>
    {documents}
  </div>
);
}
```

5 src¥webparts¥docsフォルダー内の**DocsWebPart.ts**を開き、次のimportを追加する。
※IDocsProps.tsに追加したIDocumentインターフェイスへの参照を追加した。

```
import {IDocument} from './components/IDocsProps';
```

```
1   import * as React from 'react';
2   import * as ReactDom from 'react-dom';
3   import { Version } from '@microsoft/sp-core-library';
4   import {
5     BaseClientSideWebPart,
6     IPropertyPaneConfiguration,
7     PropertyPaneTextField
8   } from '@microsoft/sp-webpart-base';
9
10  import * as strings from 'docsStrings';
11  import Docs from './components/Docs';
12  import { IDocsProps } from './components/IDocsProps';
13  import { IDocsWebPartProps } from './IDocsWebPartProps';
14  import {IDocument} from './components/IDocsProps';          5
15
16  export default class DocsWebPart extends BaseClientSideWebPart<ID
```

6 **DocsWebPart.ts**の**render**メソッドの内容を次のように変更する。

※IDocumentの配列をReactコンポーネントのDocsクラスに渡し、Docsクラスから返ってきたDocument
Cardを含むHTML内容をWebパーツに表示している。

※ここではIDocument内のtitle、url等の各プロパティ内容はすべてダミー文字列"string"を指定している。

```
public render(): void {
    let resultdocuments:IDocument[]=[
        {
            title: "string", url: "string", imageUrl: "string", iconUrl: "string",
            acttitle: "string", actName: "string", actImageUrl: "string"
        },
        {
            title: "string", url: "string", imageUrl: "string", iconUrl: "string",
            acttitle: "string", actName: "string", actImageUrl: "string"
        }
    ];

    window.setTimeout((): void => {
        const element: React.ReactElement<IDocsProps > = React.createElement(
            Docs,
            {     documents: resultdocuments   }
        );

        this.context.statusRenderer.clearLoadingIndicator(this.domElement);
        ReactDom.render(element, this.domElement);
    }, 300);
}
```

```
public render(): void {
    let resultdocuments:IDocument[]=[
        {
            title: "string", url: "string", imageUrl: "string", iconUrl: "string",
            acttitle: "string", actName: "string", actImageUrl: "string"
        },
        {
            title: "string", url: "string", imageUrl: "string", iconUrl: "string",
            acttitle: "string", actName: "string", actImageUrl: "string"
        }
    ];

    window.setTimeout((): void => {
        const element: React.ReactElement<IDocsProps > = React.createElement(
            Docs,
            {     documents: resultdocuments   }
        );

        this.context.statusRenderer.clearLoadingIndicator(this.domElement);
        ReactDom.render(element, this.domElement);
    }, 300);
}
```

第8章 SharePoint Frameworkによるクライアントサイド Webパーツ開発　423

❼ ここまでの内容を確認する。Node.jsコマンドプロンプトで、プロジェクトフォルダーに移動した状態で、次のコマンドを実行する。

```
gulp serve
```

❽ プレビュー画面で、Docs Webパーツを追加し、確認する。
内容はダミー文字列であるため、ファイル画像は表示されず、すべての内容がstringとなっているが、Document Cardの表示イメージが確認できる。

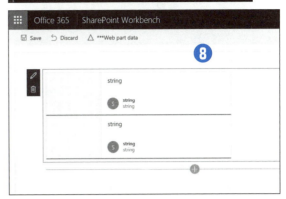

この後の手順で、Webパーツのプロパティで URLを指定したサイト内のアクセス数が多いファイル5つを検索から取得し、表示するように内容を変更します。

Step4：Webパーツのプロパティ変更

Webパーツのプロパティ定義方法を確認します。

❶ src¥webparts¥docsフォルダー内の **IDocsWebPartProps.ts** を次のように変更する。
※Webパーツのプロパティ内容を変更した。

```
export interface ITestWebPartWebPartProps {
  webUrl:string;
}
```

❷ src¥webparts¥docsフォルダー内の **DocsWebPart.ts** のpropertyPaneSettingsプロパティを、次のように変更する。
※プロパティ編集画面の内容を変更した。

```
protected getPropertyPaneConfiguration(): IPropertyPaneConfiguration {
    return {
      pages: [
        {
          header: {
            description: strings.PropertyPaneDescription
          },
          groups: [
            {
              groupName: strings.BasicGroupName,
              groupFields: [
```

```
                    PropertyPaneTextField('webUrl',{
                        label:"サイトURLを指定"
                    })
                ]
            }
        ]
    }
    ]
    };
}
```

③

DocsWebPartクラス内に次のメソッドを追加する。

※Webパーツの編集画面に［Apply］ボタンを追加する設定を行っている。

```
protected get disableReactivePropertyChanges():boolean{
    return true;
}
```

④

DocsWebPart.manifest.json内のプロパティバッグを次のように編集し、既定値を設定する。

※既定値は設定しない。既定で用意されていて削除したdescriptionに対する既定値を削除。

```
"preconfiguredEntries": [{
    "groupId": "ef4f3244-f298-47db-99c2-0367f5ccbab8",
    "group": { "default": "Under Development" },
    "title": { "default": "Docs" },
    "description": { "default": "Docs description" },
    "officeFabricIconFontName": "Page",
    "properties": {

    }
}]
```

第8章　**SharePoint Framework**によるクライアントサイド**Web**パーツ開発　　**425**

Step5：検索による人気コンテンツ取得

　ドキュメントカード内に表示する人気ファイルを取得するため、REST APIを利用して検索サービスへの呼び出し機能を追加します。

❶

DocsWebPart.tsに次のimportを追加する。

```
import {
  SPHttpClient,
  SPHttpClientConfiguration,
  SPHttpClientResponse,
  ODataVersion,
  ISPHttpClientConfiguration
} from '@microsoft/sp-http';
```

```
import * as React from 'react';
import * as ReactDom from 'react-dom';
import { Version } from '@microsoft/sp-core-library';
import {
  BaseClientSideWebPart,
  IPropertyPaneConfiguration,
  PropertyPaneTextField
} from '@microsoft/sp-webpart-base';

import * as strings from 'docsStrings';
import Docs from './components/Docs';
import { IDocsProps } from './components/IDocsProps';
import { IDocsWebPartProps } from './IDocsWebPartProps';
import {IDocument} from './components/IDocsProps';
import {
  SPHttpClient,
  SPHttpClientConfiguration,
  SPHttpClientResponse,
  ODataVersion,
  ISPHttpClientConfiguration
} from '@microsoft/sp-http';

export default class DocsWebPart extends BaseClientSideWebPart<ID
```

❷

DocsWebPartクラス内に次の2つのメソッドを追加する。

```
private GetItems(): Promise<any>{
  const spSearchConfig:ISPHttpClientConfiguration=
      { defaultODataVersion:ODataVersion.v3 };
  const clientConfigODataV3: SPHttpClientConfiguration = SPHttpClient.configurations.v1.
      overrideWith(spSearchConfig);

  var url = this.context.pageContext.web.absoluteUrl +
      "/_api/search/query?querytext='IsDocument:true fileextension<>aspx path:"
      + this.properties.webUrl +
      "'&RowLimit=5&sortlist='ViewsLifeTime:descending'&selectProperties=
      'ModifiedOWSDATE,AuthorOWSUSER,Path,UniqueId,SiteId,WebId,FileName'";

  return this.context.spHttpClient.get(url,clientConfigODataV3,{
    headers:{
      "Accept": "application/json;odata=verbose",
      'odata-version':''
    }
  })
  .then((response: SPHttpClientResponse) => {
    response.json().then((responseJSON: any) => {
        this.RenderItems(responseJSON);});
    });
}
```

```
public RenderItems(response): void{
  let resultdocuments:IDocument[]=[];
  var responseItems =response.d.query.PrimaryQueryResult.RelevantResults.Table.Rows.results;

  for (let rslt of responseItems){
    resultdocuments.push({
        title: rslt.Cells.results[8].Value,
        url: rslt.Cells.results[4].Value,
        imageUrl: "/_layouts/15/getpreview.ashx?guidSite="
                + rslt.Cells.results[6].Value
                + "&guidWeb=" + rslt.Cells.results[7].Value
                + "&guidFile=" + rslt.Cells.results[5].Value
                + "&ClientType=modernwebPart",
        iconUrl: '',
        acttitle: rslt.Cells.results[2].Value + "に変更されています",
        actName: rslt.Cells.results[3].Value.split('i:0#.f|membership|')[1],
        actImageUrl: "https://outlook.office365.com/owa/service.svc/s/GetPersonaPhoto?email="
            + rslt.Cells.results[3].Value.split('i:0#.f|membership|')[1]
    });
  }

  this.context.statusRenderer.displayLoadingIndicator(this.domElement, 'documents');

  window.setTimeout((): void => {
    const element: React.ReactElement<IDocsProps > = React.createElement(
      Docs,
      {    documents: resultdocuments  }
    );

  this.context.statusRenderer.clearLoadingIndicator(this.domElement);
    ReactDom.render(element, this.domElement);
  }, 300);
}
```

コードの内容

● GetItems

SharePoint REST APIを利用して検索(/_api/search/query)を実行しています。エンドポイントのクエリ文字列に次のクエリ文を指定しています。

```
IsDocument=true fileextension<>aspx path:Webパーツ編集画面で指定したURL
```

このクエリにより、「指定したURL以下にある」「ドキュメントである」「aspx拡張子以外」の検索を実行しています。併せて指定している&RowLimit=5&sortlist='ViewsLifeTime:descendingによりアクセス数が多い最大5件を検索結果として返すよう指定しています。
返される結果にはModifiedOWSDATE、AuthorOWSUSER、Path、UniqueId、SiteId、WebId、FileNameプロパティを含めるよう、下記も指定しています。

```
&selectProperties='ModifiedOWSDATE,AuthorOWSUSER,Path,UniqueId,SiteId,WebId,FileName'
```

実際のREST実行は次のコード部分です。

```
this.context.spHttpClient.get(url,clientConfigODataV3
```

SPHttpClientクラスのgetメソッドの第2パラメーターとして指定するSPHttpClientクラスの構成が、この章の「3　クライアントサイドWebパーツの開発 - 基本」でのリストアイテム取得の場合とは異なる点も注意してください。SPHttpClient.configurations.v1と指定した場合ODataのバージョンは4となります。検索REST APIの実行時にはこの内容だと、500エラーとなります。そのため下記のコード部分でODataのバージョンを3に指定し上書きした構成を利用しています。

```
const spSearchConfig:ISPHttpClientConfiguration=
{ defaultODataVersion:ODataVersion.v3 };
   const clientConfigODataV3: SPHttpClientConfiguration = SPHttpClient.configurations.v1.overrideWith(spSearchConfig);
```

● RenderItems

検索サービスの実行結果をIDocument[]配列に変換し、それをReactコンポーネントに渡し、返ってきたDOM内容をWebパーツ内に表示しています。
IDocumentの各プロパティには次の内容を指定しています。

プロパティ名	Document Cardの指定	指定したREST結果の値
title	ファイル名	検索結果のFileName
url	ファイルURL	検索結果のPath
imageUrl	ファイルサムネイル画像	検索結果のSiteId、WebId、UniqueIdを利用してURLを生成
iconUrl	未使用	
acttitle	アクティビティ名	検索結果のModifiedOWSDATEを利用して文字列生成
actName	アクティビティユーザー	検索結果のAuthorOWSUSERよりメールアドレスのみを指定
actImageUrl	アクティビティユーザー写真	検索結果のAuthorOWSUSERを利用してURLを生成

❸ **DocsWebPart.ts**のrenderメソッドの内容を次のように変更する。
※ プロパティ編集画面でURLが指定されている場合に、GetItems関数を実行する内容に変更。

```
public render(): void {
    if(this.properties.webUrl)
        this.GetItems();
}
```

❹ [ファイル] メニューの [すべて保存] をクリックし、変更内容を保存する。

❺ ローカル上ではなく、SharePointサイトの/_layouts/15/workbench.aspxを利用して、プレビュー確認する。
※開いたままだった場合は、画面を更新する。
またプレビューを終了していた場合は、再度gulp serveを実行する。
プレビューによる内容の確認後は Ctrl ＋ C キーを押してプレビューを終了する。

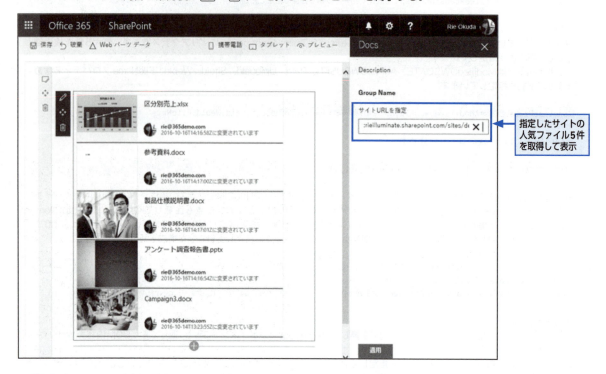

指定したサイトの人気ファイル5件を取得して表示

SharePoint Frameworkの今後のロードマップ

　SharePoint Frameworkにおいて現在正式リリースされているのは、本章で解説したクライアントサイドWebパーツ開発です。またモダンサイトは現在SharePoint Onlineでのみ利用できます。今後のロードマップとして次のような内容が予定されています。
※ここで紹介している内容は、今後変更となる可能性があります。

SharePoint Serverでのサポート

　SharePoint Server 2016にも同様の機能がFeature Pack 2で追加される予定です。

クライアントサイドWebパーツ以外の開発要素

　SharePoint Framework Extensionsにより、クライアントサイドWebパーツ以外に、サイトやリストの表示をカスタマイズする方法がプレビュー版として提供されています。クライアントサイドWebパーツと同様に、クライアントサイドの開発により、ツールバーや、メニューなどの開発が行えるしくみです。
　本書執筆時点ではプレビュー版（2017年6月にプレビュー版リリース）であり、Yeomanにより

SharePoint Frameworkソリューションを作成する際に、次図のように選択できます。

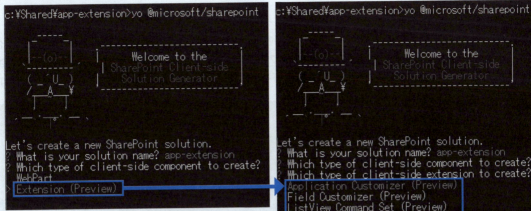

モダンページやリスト、ライブラリを開発するためのしくみとして、次のプレビュー内容があります。

● **Application Customizer**
新しいダイアログAPI（BaseDialog）の利用や、page placeholderを利用してページ内にカスタムヘッダー、フッターの追加が行えます。

● **FieldCustomizers**
列のカスタマイズが行えます。クラシックサイトで利用できるJSリンクと似ています。

● **CommandSets**
リストのツールバー内にメニューを追加できます。クラシックサイトでのユーザーカスタムアクションと同様です。

Graph APIへのアクセスをサポートするGraphHttpClient

　Microsoft Graph APIは、Office 365やコンシューマー向けのマイクロソフトサービス上のユーザー、ファイル、メール、予定表などのさまざまな情報にアクセスできるAPIです。クラウドサービス上の各種リソースに、ユーザーの関連性を基に接続できます。SharePointとExchangeとOneDriveのすべてからユーザーに関連するデータを集約して表示するなど、複数のサービスを組み合わせた機能を作成する際に活用できるものです。Graph API利用してOffice 365データにアクセスする際には、そのアプリケーションはAzure ADに登録されている必要があり、またOAuthフローによりAzure ADに対する認証を行う内容をアプリケーション内に含めなくてはいけません。これはSharePoint Frameworkでの利用時も同様です。
　現在プレビュー版として提供されているGraphHttpClientクラスは、SharePoint OnlineからのGraph APIアクセスをサポートする機能を持ちます。GraphHttpClientの利用により、直接Graph APIにアクセスできます。現在利用できる許可レベルはRead and write all groupsとRead all usage reportsのみであり、これ以外の許可レベルが必要な内容へのアクセスは通常の認証フローを利用する必要がありますが、今後利用できる許可レベルが拡張されることを期待したいプレビュー内容と言えます。

[参考]Microsoft Graph APIの利用

　Microsoft Graph APIは、マイクロソフトが提供する各種クラウドサービスにアクセスするためのエンドポイントです。Office 365やコンシューマー向けのマイクロソフトサービス上のユーザー、ファイル、メール、予定表などのさまざまな情報にアクセスでき、複数サービスからのデータ取得を、統一されたエンドポイントにより行えます。

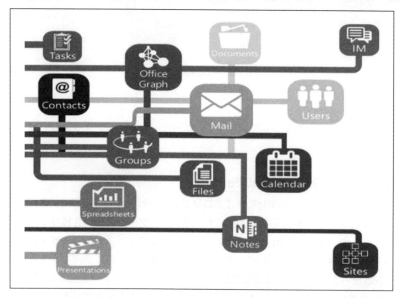

　ユーザーの関連性を基に接続できるため、自分に関係性のあるユーザーの情報にさらにアクセスするといったことも可能です。Office 365で利用できるDelveはこれを利用しています。

　モバイル、Webアプリケーション、デスクトップとあらゆるプラットフォームで利用できるため、開発ツールや言語に依存せず扱えます。.NETベースだけではなく、PHP、Python等のWebアプリケーションや、Windowsアプリ、iOS、Androidといったデバイス向けアプリ開発、JavaScriptなど、SDKもさまざまなプラットフォーム向けのものが提供されています。

　Graph APIを利用してOffice 365上のデータにアクセスする際、ユーザー認証は、Azure Active Directory（Azure AD）で提供されるOAuth認証フローを利用してアクセストークンを取得し、それを利用してさまざまなサービスへのアクセスを提供します。

- ユーザー、グループ
- ファイル（**OneDrive for Business**、**SharePoint** ライブラリ）
- メール、予定表、連絡先
- タスク
- **Excel** ファイル（**OneDrive for Business**、**SharePoint** ライブラリに格納されている **Excel** ブック）
- 添付ファイルなど

　Azure AD、Exchange Online、SharePoint Online、OneDrive for Businessなどの各種サービスへのアクセスを1つのエンドポイントを利用して行えるため、各リソースごとにアクセストークンを取得する必要もなく、複数のエンドポイントを組み合わせた実装を行う必要はありません。

SharePoint FrameworkでのGraph API利用時の注意点

　アプリケーションの形態により利用するOAuth認証フローは異なりますが、SharePoint Frameworkのようにクライアントサイドで実行を行う場合には、Implicit Flow（暗黙的フロー）を利用します。またAzure ADへのOAuthフローをサポートするActive Directory Authentication Library for JavaScript（Adal.js）の利用も可能です。

　OAuthフローを簡潔にまとめると、ユーザーがサインインおよびアプリケーションへのアクセス許可を行うことで、認可サーバーがアプリケーションにアクセストークンを発行するという動作が基本です。本当にアクセストークンを発行してもよいアプリケーションかどうかを判断できるように、認可サーバーとアプリケーション間では共通の値を保持します。具体的にはAzure ADにアプリケーションのURL登録が必要です。登録時にAzure ADはクライアントID値を生成し、アプリケーションではOAuthフローを行うようコーディングを行う際に、このクライアントID値を利用します。クライアントIDとアプリケーションURLが正しくない場合は認証エラーとなります。

　こういったしくみから、アプリケーションURLはAzure ADとアプリケーション間でOAuthフローを行うための重要な値となります。通常のWebアプリケーションでは問題ありませんが、SharePointのWebパーツ内で利用する際には大きな考慮事項になります。OAuthフローが含まれるWebパーツを利用するページは、URLをAzure ADに登録しておかないといけないということになるからです。OAuthフローを利用してGraph APIを利用するWebパーツを開発した場合、運用面からそのWebパーツを利用できる場所はある程度限定的になるでしょう。

AAD認証フローの確認：JavaScriptによるMicrosoft Graph APIの利用

　下記は、通常のWebページ（SharePointではない、通常のHTMLベースのWebサイト）において、JavaScriptによりMicrosoft Graph APIを利用する手順です。Azure AD認証フローのしくみを理解するための参考としてください。

JavaScript サンプル

```
<!DOCTYPE html>
<html>
<head>
<meta http-equiv="Content-Type" content="text/html; charset=utf-8"/>
    <title></title>
        <meta charset="utf-8" />
    <meta charset="utf-8" />
    <title>Microsoft Graph API テスト</title>
```

```javascript
<script src="//ajax.googleapis.com/ajax/libs/jquery/1.11.1/jquery.min.js"></script>
<script type="text/javascript">
 var access_token;
 var client_id = 'クライアントID - AzureADに登録後値を入れる';
 var resource_uri = 'https://graph.microsoft.com/';
 var redirect_uri = 'このページのURLを指定';
 var url_auth = 'https://login.microsoftonline.com/common/oauth2/authorize'
                + '?response_type=token'
                + '&client_id=' + client_id
                + '&resource=' + encodeURIComponent(resource_uri)
                + '&redirect_uri=' + encodeURIComponent(redirect_uri);

    $(document).ready(function () {
   if (location.hash) {
   var hashary = location.hash.substr(1).split("&");
   hashary.forEach(function (elem) {
   var elemarr = elem.split("=");
   if (elemarr[0] == "access_token" && elemarr[1] != "undefined") {
       access_token = elemarr[1];
     }
   }, this);
   }
 });

   function signin() {
       location.href = url_auth;
   }

   function exec() {
       $.ajax({
           url: 'https://graph.microsoft.com/v1.0/me/messages',
           type: 'GET',
           beforeSend: function (xhr) {
             xhr.setRequestHeader('Authorization', 'BEARER ' + access_token);
           },
           success: display,
           error: function (error) {
             $('#results').text(error.statusText);
           }
       });
   }

   function display(response) {
      resulthtml = "";
      for(var i = 0; i<response.value.length; i++)
      {
      resulthtml += "<p><h2>"+ response.value[i].subject +"</h2>"
```

```
                + response.value[i].from.emailAddress.name +"</p><hr>";
            }

                $('#results').html(resulthtml);
        }
    </script>
</head>
<body>
    <input type="button" onclick="signin();" value='サインイン' />
    <input type="button" onclick="exec();" value='実行' />
    <div id="results"></div>
</body>
</html>
```

※Webサイトとして任意のホスティング場所に展開します。Visual Studio等の開発ツールでデバッグ実行により動作確認する場合は、Webサイトとして展開する必要はありません。

※次の手順で行うAzure ADへのアプリ登録後、取得したクライアントIDをソースコード内の指定箇所に含めます。

ソースコード内で、Microsoft Graph API：https://graph.microsoft.com/v1.0/me/messagesを実行しています。Azure ADにアプリ登録する際には、併せてユーザーのメール取得を行うアクセス許可の要求設定が必要です。

※ソースコード内のリダイレクトURLにはこのソースコードを実行するWebページのURLを指定します。

Visual Studio等の開発ツールでデバッグ実行での動作確認を行う場合は、リダイレクトURLに指定するページURLは、開発環境ローカル実行時のURLとして、http://localhost:ポート名/test.htmlといった指定も可能です。

Azure ADへのアプリの登録

Azure Active Directoryを利用したOAuthフローを利用する場合、その組織内のAzure ADにあらかじめアプリとしての登録が必要です。登録時にはアプリのURLを指定します。登録されていないアプリからの認証は受け入れられません。

❶ Office 365管理センターを開き、［管理センター］－［Azure AD］をクリックする。

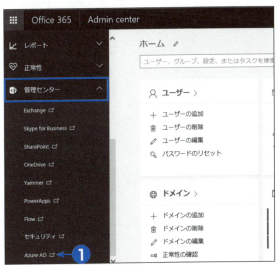

❷ Azure ADの管理画面が開く。[Azure Active Directory]をクリックし、さらに[アプリの登録]をクリックする。

❸ [新しいアプリケーションの登録]をクリックする。

❹ 次の情報を入力し、[作成]をクリックする。
● 名前：任意のアプリケーション名
● アプリケーションの種類：[Webアプリ/API]
● サインオンURL：Graph APIを利用しているページURL
※ WebページのURLを指定する。HTMLファイル内のリダイレクトURLと一致する必要がある。

❺ 保存されたら、一覧より登録したアプリをクリックし、[アプリケーションID]をコピーして、HTMLコード内にクライアントIDとして含める。

❻ [マニフェスト]をクリックする。

❼ マニフェストの編集画面が開くため、「oauth2AllowImplicitFlow": false」の箇所を「oauth2AllowImplicitFlow": true」に変更し、[保存]をクリックする。
※ Implicit Flow（暗黙的フロー）は既定で無効となっているため、有効に設定。

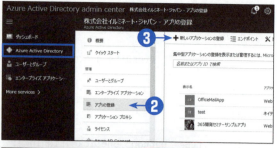

❽ 画面を戻り、[必要なアクセス許可] で [追加] をクリックする。

❾ [APIを選択します] で [Microsoft Graph] を選択し、[選択] をクリックする。

❿ アクセスの有効化一覧より、APIから操作したい項目を選択する。
ここでは、[Read user mail] を選択し、[選択] をクリックする。

⓫ [完了] をクリックする。

動作内容

サンプルコードを含めたWebページをAzure等の任意のWebホスティング環境に展開するか、もしくは開発ツールの実行機能で動作します。

ページ内に表示される [サインイン] をクリックすると、Azure ADのサインイン画面が表示されます。ユーザーがサインインを行った後、アプリケーションに対するアクセス許可を承認する画面が表示されます。

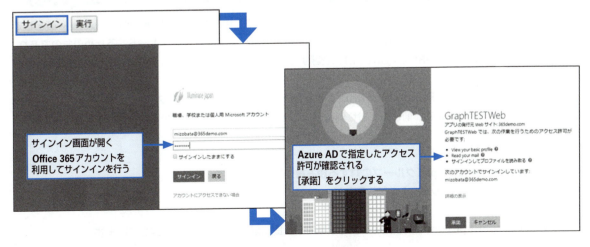

Azure ADに対するサインイン、およびアプリケーションが要求する操作に対する承認を行うと、アプリケーション内の機能が利用できます。画面内の［実行］をクリックすると、Microsoft Graph APIによりメール内容が取得され、表示されます。

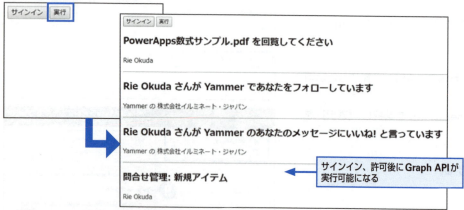

- 参考

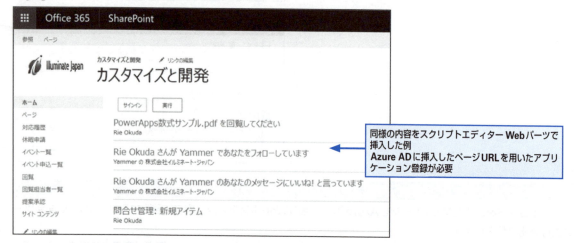

GraphHttpClientを利用したGraph APIの利用（プレビュー機能）

　この章のコラム「SharePoint Frameworkの今後のロードマップ」内で触れましたが、現在プレビュー版として提供されているGraphHttpClientは、SharePointからGraph APIへのアクセスをサポートするためのものであり、Webパーツを利用するページURLをAzure ADに登録することなく、SharePoint FrameworkからGraph APIを利用できます。

　GraphHttpClientはSharePoint Frameworkで利用でき、Graph APIへアクセスするためのアクセストークンを受け取り、API実行が行えます。前述のとおり現在プレビューであり、アクセスできるGraph APIの操作は次の内容のみです。

- Read and write all groups（グループに対する読み書き）
- Read all usage report（レポートの読み取り）

　次の手順はGraphHttpClientを試すための参考手順です。既に解説済みの手順は省略しています。

第8章 SharePoint FrameworkによるクライアントサイドWebパーツ開発 **437**

❶
次のコマンドを利用し、任意の場所に新しいSharePoint Frameworkプロジェクトを作成する。

yo @microsoft/sharepoint

- ●ソリューション名：TestGraph
- ●作成するコンポーネント選択：WebPart
- ●Webパーツ名：TestGraph
- ●説明：任意（既定値でもかまわない）
- ●フレームワーク選択：No JavaScript framework

❷
Webパーツクラス（TestGraphWebPart.ts）内を次のように変更する。

```typescript
import { Version } from '@microsoft/sp-core-library';
import {
  BaseClientSideWebPart, IPropertyPaneConfiguration,
  PropertyPaneTextField
} from '@microsoft/sp-webpart-base';
import { escape } from '@microsoft/sp-lodash-subset';

import styles from './TestGraph.module.scss';
import * as strings from 'testGraphStrings';
import { ITestGraphWebPartProps } from './ITestGraphWebPartProps';

import { GraphHttpClient, HttpClientResponse } from '@microsoft/sp-http';

export default class TestGraphWebPart extends BaseClientSideWebPart<ITestGraphWebPartProps> {
  public render(): void {
    this.domElement.innerHTML = `
        <div className={"ms-Grid-row ms-bgColor-themeDark ms-fontColor-white"}>
          <div className="ms-Grid-col ms-u-lg10 ms-u-xl8 ms-u-xlPush2 ms-u-lgPush1">
            <p className="ms-font-l ms-fontColor-white">自分が所属しているグループ名一覧</p>
            <div id="myGroupList"></div>
          </div>
        </div>`;
    this.ExecGraph();
  }

  public ExecGraph(): void {
    let mygroupnames: string="" ;
    this.context.graphHttpClient.get(`v1.0/groups/`, GraphHttpClient.configurations.v1).then
        ((response: HttpClientResponse) => {
      if (response.ok) {
        response.json().then((result: any) => {
            for (var i = 0; i < result.value.length; i++) {
              mygroupnames += result.value[i].displayName + "</br>";
            }
```

```
          this.domElement.querySelector('#myGroupList').innerHTML = mygroupnames;
        });
      } else {
        alert(response.statusText);
      }
    });
  }


  protected get dataVersion(): Version {
    return Version.parse('1.0');
  }


  protected getPropertyPaneConfiguration(): IPropertyPaneConfiguration {
    return {
      pages: [
        {
          header: {
            description: strings.PropertyPaneDescription
          },
          groups: [
            {
              groupName: strings.BasicGroupName,
              groupFields: [
                PropertyPaneTextField('description', {
                  label: strings.DescriptionFieldLabel
                })
              ]
            }
          ]
        }
      ]
    };
  }
}
```

❸ gulp serveを実行し、動作を確認する。
ローカル上ではなく、SharePointサイトの/_layouts/15/workbench.aspxを利用する。

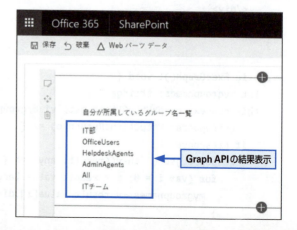

索引　**439**

記号

.aspx	62
.master	71
.NET開発	9, 17, 19, 430
.NETクライアントサイドオブジェクトモデル (CSOM)	8, 10, 356
.spcolor	30
.spfont	30
_api	8

A

Accessアプリ	12
Android	187, 430
Angular	381, 384, 415
App.js	318
App Management Service	293, 295
ASP.NET	71
Azure	186
Azure Active Directory	349, 430, 433

B

BaseViewIDプロパティ	77

C

C#	9
CallOut	81
CAMLクエリ	155
CDN	410
Chrome	406
CNAME	295
Common Data Service (CDS)	186, 190
CSOM	10
CSS	3, 16, 25, 33, 88
Webパーツの再利用	93

D

DB2	186
DNS	293
DOM Explorer	38
Dropbox	186
Dynamics 365	186, 190

E

Exchange Online	431
ExecuteOrDeleyUntilScriptLoaded関数	140

F

Feature Pack	12

G

Googleドライブ	186
GraphHttpClient	429, 436
Gulp	385, 387, 390

H

HTML	3, 16

I

iframe	309, 340, 383
InfoPath 2013	12, 14
init.js	141
iOS	187, 415, 430

J

JavaScript	3, 16, 33, 36, 50, 132, 306, 348, 381, 382, 384, 415
Webパーツによる組み込み	143
オブジェクト	140
操作例	150
ライブラリの動的なロード	141
JavaScriptオブジェクトモデル (JSOM)	8, 10, 16, 132, 139, 150, 314
jQuery	134, 381, 384
JSOM	10
JSリンク	10, 16, 33, 73

K

Knockout	381, 384, 389

L

ListTemplateTypeプロパティ	77

M

Microsoft Flow	12, 15, 188, 216, 250
PowerAppsとの連携	254, 285
SharePointとの連携	255
テンプレート	253
フローの管理	254, 267
フローの作成	260, 269, 277, 285
ライセンス	258
Microsoft Flow管理センター	259
Microsoft Flowポータル	258
Microsoft Graph API	11, 17, 381, 384, 429, 430
利用	435
Microsoft Teams	195

N

Node.js	385
noscriptサイト	16, 382
NPM	385, 387

O

OAuth	8, 349, 356, 430
OData	6
Office 365	2, 11, 186, 190, 430
Office Developer Tools for Visual Studio	311

Office UI Fabric...415
Officeストア 18, 298, 310, 370, 383
OneDrive for Business................................. 186, 431
OnPostRender 84
Oracle.. 186
oslo.master.. 23

P

PHP.. 430
PowerApps 12, 14, 186, 254
  Microsoft Flowとの連携............................. 216, 285
  SharePointとの連携 189
  アプリの管理 243
  アプリの共有 244
  アプリの削除 245
  アプリの作成.................................196, 216, 229
  アプリの実行...192
  アプリの設定変更 244
  アプリの発行... 215
  ライセンス 190
  リストをデータソースとして利用 229
PowerApps Studio......................................192, 198
PowerApps管理センター......................................191, 247
PowerAppsポータル...190, 243
PowerShell 162
  スナップイン 163
Python.. 430

R

React 389, 417
REST 10, 16, 50
REST API..............6, 10, 135, 138, 150, 314, 381, 384
Restlet Client 137

S

Salesforce... 186
seattle.master.. 23
SharePoint API 5
SharePoint Color Palette Tool................................. 30
SharePoint CSOM PowerShell...................... 162, 179
SharePoint Designer 2013..................................... 12
SharePoint Framework........10, 16, 17, 19, 20, 36, 380
  開発環境 384
  デバッグ 406
  ロードマップ... 428
SharePoint Framework Extentions............... 380, 428
SharePoint Online........ 2, 22, 162, 175, 293, 349, 431
SharePoint Online Client Components SDK........ 179
SharePoint Online管理シェル......................... 162, 175
SharePoint Patterns and Practices..........................10
  JavaScript Core ライブラリ 384
SharePoint Server.......... 162, 186, 293, 349, 350, 428

SharePoint Server 2016..................................... 2, 22
SharePoint Server 2016 Client Components SDK ... 8, 179
SharePoint Server管理シェル 162
SharePoint Server発行機能 40
SharePoint Workbench 390, 392
SharePointアドイン 17, 18, 20, 51, 292, 369, 383
  SharePoint Server用の事前構成.......................... 293
  アクセス許可 312
  インストール... 297
  開発 305
  開発環境 311
  画面 308
  購入 298
  購入の管理 304
  削除 300
  承認ポリシー... 313
  パッケージ 306
  パッケージの展開 310
  ホスティング方法 306
SharePointトークン 77
SharePointホスト型アドイン 10, 293, 306, 308, 314
  アクセス許可 330
  開発 314
  組織内アドインカタログへの展開 371
  デバッグ 318
SharePoint用アプリ 18, 292
SharePointワークフロー.................................... 12, 15
sp.js.. 132
sp.runtime.js 132
SP.SODクラス.. 141
sp.userprofiles.js.. 132
SQL Server 186
SSOM...10
Subscription Settings Services............................ 296

T

TypeScript... 384

U

UIカスタムアクション.................................309, 310, 369
  開発 342

V

Visual Basic 9
Visual Studio 311
Visual Studio Code 385, 387
  デバッグ 406

W

Web 305, 306, 369
WebPartWPQ.. 88
Webテンプレート.. 168

Webパーツ........................10, 16, 19, 88, 380	クライアントAPI......................5, 16, 17, 18, 41, 50, 307
再利用.. 93	クライアントID... 349
タイトルバー.. 48	クライアントサイドWebパーツ........16, 19, 36, 380, 382
判別.. 77	開発.. 388, 416
Windows PowerShell 163	展開..410
	利用.. 413

Y

Yeoman.....................................385, 387, 389	クライアントサイドオブジェクトモデル...................... 6, 8

あ

	クライアントサイド開発................................... 17
アイテム表示テンプレート 111	クライアントサイドレンダリング（CSR）...................... 73
アクション 255, 256	表示モード.. 87
アドイン......................................2, 17, 18, 292	クラシックUI... 22
アドインURL 296, 318	クラシックサイト........................ 3, 4, 23, 143, 381
アドインWeb................... 306, 308, 314, 383	クリックジャッキング攻撃 340
アドインカタログ...................................301	グローバルナビゲーション（トップリンクバー）............. 44
アドインパーツ.............................. 309, 383	グローバル変数.. 214
開発.. 333	クロスドメイン 348, 350, 383
アドインパッケージ.......................... 306, 369	クロスプラットフォーム................................... 187
アドイン用ポリシー.......................... 313, 366	検索... 95
アプリWeb 369	検索結果..101
暗黙的なフロー.. 431	高信頼プロバイダーホスト型アドイン......... 349, 350, 362
色合い.. 29	組織内アドインカタログへの展開 377
エンタープライズ検索センター..................................101	高速なサイトコレクション作成.......................... 167
エンドポイント.. 6	コネクタ............................ 12, 186, 250, 262
オンプレミスゲートウェイ 252	コミュニケーションサイト 4
	コンテンツエディターWebパーツ 33, 88, 143

か

	JavaScriptの挿入 147
外観 29	コンテンツ検索Webパーツ......................95, 118, 130
開発 2, 17	コンテンツプレースホルダー 26
開発者ツール 37	コンテンツページ................................. 23, 26, 317
開発者向けサイト.......................................311	コントロール表示テンプレート............................108
回覧 269	

さ

カスタマイズ 2, 12	サーバーAPI 5, 9, 10, 17, 19
CSS 41	サーバーサイドオブジェクトモデル 10
考慮点.. 34	サーバーサイド開発 17
サイト全体のデザイン............................... 32, 34	サービス... 255
設定ベースのデザイン変更 28	サイト.. 2
デザイン 16	アイテム数 170, 179
特定のコンテンツ表示................................ 33	アイテム操作.. 182
モダンサイト.. 36	作成... 150
カスタムタイル.. 165	ライブラリへのファイルのアップロード 183
カスタムテーマ.. 31	リスト一覧 170, 179
カスタム表示テンプレート...............................117	サイトコレクション
カスタムページレイアウト 33, 61	Office 365グループのサイト一覧 177
利用.. 70	一覧... 177
カラーパレット.. 30	サイト一覧.. 170
環境 191, 246, 259	サイトのアクセス権の確認 170
アクセス権の設定 248	作成.. 167, 176
作成.. 247	復元... 169
管理プロパティ 114, 120, 130	利用容量の確認.. 173
キャンバス 381	サイトデザイン... 22
	サイドリンクバー...47, 52

サンドボックスソリューション 17, 20
シークレット 349, 375
条件 255
条件付き書式 84
承認 277, 349
証明書 350, 362, 377
スイートバー 22, 35, 44
スクリプトエディターWebパーツ 33, 41, 143, 382
　JavaScriptの挿入 144
スクリプトファイル 164
　定期的な自動実行 174
スタートページ 309
セキュリティトリミング 32
前方参照ゾーン 293
組織内アドインカタログ 297, 310, 350, 371, 410, 413

た

代替CSS 32, 36, 40
ダウンロード最小化戦略 26, 56
タスクスケジューラー 174
チームサイト 4, 34
通知 260
低信頼プロバイダーホスト型アドイン 349
　組織内アドインカタログへの展開 374
デザインマネージャー 62, 72
ドキュメントカード 416, 425
トリガー 255, 256

な

内部名 74, 197
入力フォーム 85
認証 6, 8, 349, 356, 430

は

背景画像 29
パッケージ 310
発行ページ 27, 61
表示テンプレート 33, 95
　カスタマイズ方法 100
　標準 96
ファームソリューション 9, 10, 17, 19
ファイルサイズの上限値 165
フィルター 203
フォーム 14
フォント 29, 30
吹き出し 81
フッター 54
フルページ 309
フロー 12
プロバイダーホスト型アドイン ...9, 10, 306, 308, 348, 383
　開発 348
　高信頼 349, 350, 362

組織内アドインカタログへの展開 374, 377
　低信頼 349
プロパティマッピング 120, 130
分離ドメイン 293, 306
ページ
　HTML構造 42
　要素のスタイル 48
ページモデル 22
[ページ] ライブラリ 61
ページレイアウト 27, 36, 51, 61, 70
　カスタマイズ方法 62
　カスタム 33
ポータルサイト 34
ホストWeb 306, 308, 348
ホバーパネル 95

ま

マスターページ 23, 26, 32, 34, 36
　CSS 25
　カスタマイズ方法 71
マスターページギャラリー 61
マニフェストファイル 305, 306, 318, 369
モダンUI 22
モダンサイト 3, 4, 22, 36, 380, 415
モダンページ 4, 381
モダンライブラリ 4, 269
モダンリスト 4, 189, 194, 196, 216, 260

や

ユーザーカスタムアクション 32, 50
　管理 60
　適用 57

ら

リスト
　アイテムの上書き 158
　アイテムの削除 157
　アイテムの作成 156
　アイテムの取得 153
　削除 152
　作成 151
リモートApp 307, 308, 348, 356, 369, 374, 377, 383
リモートプロビジョニング 51
ループ 255
レイアウト 29, 30
レスポンシブデザイン 22, 380
列の内部名 74
ロゴ画像 28

わ

ワークフロー 12, 15, 188

■著者紹介

奥田 理恵（おくだ りえ）

トレーナー、コンサルタント
株式会社イルミネート・ジャパン 取締役 副社長

2004年、イルミネート・ジャパン・コーポレーション入社。.NET開発、Officeクライアント製品において、マイクロソフト認定トレーナーとして技術トレーニングの実施、カリキュラム開発を担当。2006年、株式会社クリエ・イルミネートに移籍し、SharePoint/Office 365関連サービスの提供を担当。2016年、社名を株式会社イルミネート・ジャパンに変更。

現在、株式会社イルミネート・ジャパン（http://www.illuminate-j.jp）は、マイクロソフトのクラウドサービスやサーバー製品、またそれら関連技術に関するトレーニングや技術資料/サンプルプログラム開発、技術支援/活用支援サービスの提供をメイン事業としている。SharePointに関するオリジナル研修コースは、ユーザー向け/サイト管理者向け/IT管理者向け/開発者向けと幅広く、また国内屈指のラインナップ数で提供しており、そのすべてのコースコンテンツ開発を著者が担当。また同社の公式技術ブログ「イルミネート・ジャパンブログ」（http://crieilluminate.wordpress.com）執筆者。

各種カンファレンス、イベント、セミナーでの講演多数。Microsoft MVPをOffice Server and Services分野にて受賞しており、2007年にInfoPath分野で初受賞してから、現在で10年間連続受賞している。

著書
・「ひと目でわかるSharePoint 2013サイトカスタマイズ＆開発編」
・「InfoPath 2007とSharePoint Server 2007によるフォーム活用」（マイクロソフト公式解説書）
・「Excel 2007とSharePoint Server 2007によるデータ連携」（マイクロソフト公式解説書）共著

●本書についてのお問い合わせ方法、訂正情報、重要なお知らせについては、下記Webページをご参照ください。なお、本書の範囲を超えるご質問にはお答えできませんので、あらかじめご了承ください。

https://project.nikkeibp.co.jp/bnt/

●ソフトウェアの機能や操作方法に関するご質問は、製品パッケージに同梱の資料をご確認のうえ、日本マイクロソフト株式会社またはソフトウェア発売元の製品サポート窓口へお問い合わせください。

ひと目でわかるOffice 365サイトカスタマイズ&開発編 SharePoint Server 2016対応版

2017年10月17日　初版第1刷発行
2020年 7月27日　初版第4刷発行

著　　　者　　株式会社イルミネート・ジャパン 奥田 理恵
発 行 者　　村上 広樹
編　　　集　　柳沢 周治
発　　　行　　日経BP社
　　　　　　　東京都港区虎ノ門4-3-12　〒105-8308
発　　　売　　日経BPマーケティング
　　　　　　　東京都港区虎ノ門4-3-12　〒105-8308
装　　　丁　　コミュニケーションアーツ株式会社
DTP制作　　日野 絵美
印刷・製本　　図書印刷株式会社

・本書に記載している会社名および製品名は、各社の商標または登録商標です。なお、本文中に™、®マークは明記しておりません。
・本書の例題または画面で使用している会社名、氏名、他のデータは、一部を除いてすべて架空のものです。
・本書の無断複写・複製（コピー等）は著作権法上の例外を除き、禁じられています。購入者以外の第三者による電子データ化および電子書籍化は、私的使用を含め一切認められておりません。

© 2017 Rie Okuda
ISBN978-4-8222-5352-3　　Printed in Japan